D1728430

Ralph Erik Hartleben
Kommunikationskonzeption und Briefing

Ralph Erik Hartleben, Jahrgang 1954, ist seit 2004 selbständiger Revisor und Unternehmensberater zur Steigerung der Effizienz und der Effektivität in Marketing, Kommunikation und Messewesen. Seit 2006 ist er außerdem Professor für „Internationales Marketing und Unternehmensführung" an der Ostbayerischen Technischen Hochschule Amberg-Weiden. Zuvor führte er in der Industrie zahlreiche Kommunikationsprojekte und Controllingaufgaben im In- und Ausland durch – mehr als 15 Jahre davon in Managementverantwortung. Seit 1993 ist er Dozent an der Bayerischen Akademie für Marketing und Werbung in Nürnberg. Neben Maßnahmen und Tools zur Verbesserung der strategischen Ausrichtung von Kommunikation ist ein besonderer Schwerpunkt seines Portfolios die Anwendung von Balanced Scorecards zum Performance-Management speziell in der Kommunikation und bei Messen.

hartleben@irku.de, http://www.irku.de, IRKU GmbH & Co. KG Institut zur Revision der Kommunikationsabteilung im Unternehmen, www.werben-mit-konzept.com

Kommunikations-
konzeption und
Briefing

Ein praktischer Leitfaden zum Erstellen
zielgruppenspezifischer Konzepte

von Ralph Erik Hartleben

3., wesentlich überarbeitete und
erweiterte Auflage, 2014

PUBLICIS

Bibliografische Information Der Deutschen Nationalbibliothek
Die Deutsche Nationalbibliothek verzeichnet diese Publikation in
der Deutschen Nationalbibliografie; detaillierte bibliografische Daten
sind im Internet über http://dnb.d-nb.de abrufbar.

Autor und Verlag haben dieses Buch mit großer Sorgfalt erarbeitet.
Dennoch können Fehler, auch bei der Übernahme aus anderen Quellen,
nicht ausgeschlossen werden. Eine Haftung des Verlags oder des Autors,
gleich aus welchem Rechtsgrund, ist ausgeschlossen.

www.publicis-books.de

Lektorat: Dorit Gunia, dorit.gunia@publicis.de

Print ISBN: 978-3-89578-401-9
ePDF ISBN: 978-3-89578-911-3

Verlag: Publicis Publishing, Erlangen
© 2014 by Publicis Erlangen, Zweigniederlassung der PWW GmbH

Printed in Germany

Danksagung

Dieses Buch widme ich meinen Eltern. Ihnen verdanke ich Erziehung und Ausbildung, die Grundlagen meines heutigen Wissens und Leistungsportfolios.

Danken möchte ich all jenen, die mir bewusst oder auch ohne es zu wissen mit Feedbacks, Anregungen, Beispielen, Praxiserfahrungen und Beratungsaufgaben geholfen haben, dieses Buch zu verfassen:

Dr. Gerhard Seitfudem von Publicis Publishing, der mich dazu brachte, überhaupt als Buchautor tätig zu werden, für die detaillierte Unterstützung bei Korrektur und Umsetzung auch der dritten Auflage des Buches.

Prof. Dr. Wolfram von Rhein, für sein Vertrauen in meine Dozentenbefähigung und seine vielen Tipps und Praxiserfahrungen als Kollege und Freund.

Dieter G. Schandera, ehemals Siemens AG, der mir die Ausrichtung der strategischen Werbeplanung bei Siemens anvertraute und damit meinem Berufsweg eine entscheidende Weichenstellung verlieh.

Heinz Klandt, ehemals Siemens AG, der mich als meine erste Führungskraft durch sein Marketingwissen und seine außerordentliche konzeptionelle Kompetenz nachhaltig für Kommunikation und deren planungsbasierte Umsetzung begeisterte.

Den vielen in- und ausländischen Kollegen und Geschäftspartnern, die als Auftraggeber, Ideenspender und Sparringspartner im Laufe meiner Berufstätigkeit meine Praxiserfahrungen formten.

Meinen vielen Studenten, die mich durch Fragen und Erklärungsbedarf zu kontinuierlicher Verbesserung und Aktualisierung zwingen.

Und last but not least meinen Angehörigen und Freunden für ihre Toleranz, die mir letztendlich den Freiraum gab, dieses Buch zu verfassen.

Ralph Erik Hartleben

Inhaltsverzeichnis

Geleitwort

von Prof. Dr. Wolfram von Rhein
Lehrstuhl für Marketing
Hochschule Amberg-Weiden

Kommunikationskonzeption und Briefing – eine praktische Anleitung zur systematischen Kommunikationsarbeit

Es ist schon erstaunlich, wie wenige Unternehmen sich ein systematisches Marketing leisten, das in seinem Stellenwert auch in der Geschäftsleitung kompetent und dominant angesiedelt ist. Dieses Defizit tritt insbesondere bei den mittelständischen Unternehmen zutage. Aber auch die Vorzeigeunternehmen der deutschen Wirtschaft sind vielfach noch in der hierarchischen Aufbauorganisation vergangener Jahrzehnte gefangen. In den meisten Fällen ist noch nicht einmal organisatorisch ein konsequentes Marken- und Marketingprofil erkennbar.

Dabei versuchen Marketer immer wieder, die Manager zu animieren, Marketing den notwendigen Stellenwert einzuräumen. So wird derzeit viel über Customer Relationship Management, und noch mehr über Social Media geschrieben und geredet, doch die täglichen Erfahrungen zeigen, dass die wenigsten Unternehmen mit der Marketingaufgabe überzeugend zurechtkommen. Stattdessen ist das Marketingbudget immer noch beliebter Puffer und erste Quelle für Kürzungen in unternehmensspezifisch schlechten Zeiten.

Eine existenzielle Herausforderung: Denn die ständig wachsende Zahl an Anbietern und an Me-too-Produkten, die Notwendigkeit, über Zusatznutzen den Kunden für seine Produkte und seine Marke zu begeistern, machen Marketing – und in einer Zeit der gnadenlosen Informationsüberflutung vor allem die Marketing-Kommunikation – zum Erfolgsschlüssel.

Es gibt reichlich interessante Literatur zum Thema Marketing, Planung, Konzeption, Strategie und Instrumente. Leider fehlt oft der unmittelbare Bezug für den Hilfesuchenden, ein Leitfaden für die konkrete Umsetzung in die praktische Arbeit. Wer möchte auch gerne aus häufig 800 bis 1100 Seiten sein Drehbuch für den Marketingerfolg basteln. Viele Manager schrecken davor eher zurück. Auch die großen Erfolgsstories der Wirtschaft sind meist kein brauchbarer Leitfaden. Oft situativ einzigartige Bravourstücke einzelner Marketinghelden, PR-mäßig glänzend vermarktet, begeistern sie den Lernwilligen; andererseits erfährt er nicht, ob und wie er sie auf seine Verhältnisse übertragen kann.

Kann ein Unternehmer folglich aus Kommunikationskampagnen, wie Red Bull, Lucky Strike oder Sixt keinen Nutzen ziehen? Doch, er kann! Nämlich dann, wenn er das Puzzle der Erfolgskonzepte korrekt zusammenzulegen weiß. Und dazu trägt dieses Buch wesentlich bei, lehrt es doch den Bauplan einer wirksamen Kommunikation, schlechte Werbung von guter zu unterscheiden, die Gründe dafür zu analysieren und schließlich mit rationaler Vorgehensweise durchaus auch emotional so zu kommunizieren, dass die gewünschte Zielgruppe mit im Vergleich zur Konkurrenz überproportionaler Nachfrage antwortet.

Für diesen Prozess sind Profihilfen äußerst wertvoll, aber auch nur dann, wenn der Autor über die Methoden schreibt, die er wirklich tagtäglich anwendet und mit denen er im Marketingalltag positive Erfahrungen gemacht hat.

Die konsequente Praxiserprobung der in diesem Buch vorgestellten Vorgehensweise verhalf dem Verfasser auch zu einem Karriereweg bei einem Global Player, der seinen Ausführungen zusätzliche Glaubwürdigkeit verleiht. Ralph Hartleben macht die strategischen Grundlagen für eine zielgerechte Marketing-Kommunikation zu seinem besonderen Anliegen. Hier wird die Basis geschaffen, die zu einem realen Bewusstseinsprozess, zu einem ressourcengerechten Abwägen der Chancen und Risiken und schließlich zu einer treffsicheren und unternehmensweit integrierten Kommunikation führt. Sein Ziel ist es, mit diesem Buch den Wert einer systematischen Vorgehensweise bewusst zu machen und die Analyse- und Steuerungsinstrumente darzustellen, die nach seinen langjährigen Erkenntnissen maßgeblich sind, Geschäftsprozesse und Kommunikationsaufgaben optimal zu planen und durchzuführen.

Systematische Marketinghilfen lassen sich nur aus einer sorgfältigen Analyse des Marktes und Unternehmenspotenzials erstellen. Dies verdeutlicht der Autor überzeugend, aufbauend auf einem gründlichen theoretischen Grundlagenwissen hat er einen nützlichen Leitfaden für konzeptionelle Kommunikationsarbeit von der Planung bis zur Umsetzung verfasst.

Dabei geht Hartleben bei Marktkriterien ins Detail, die in der Theorie häufig zu kurz kommen. Die Unterscheidung von Bedarfsträgern und Zielgruppen ist ein ebenso maßgeblicher praktischer Meilenstein für den Kommunikationserfolg wie die Unterscheidung zwischen der marktfokussierten Wettbewerbspositionierung und der personenorientierten psychologischen Positionierung.

Der Autor lässt auch den Rat suchenden Kommunikator bei einem Thema nicht allein, das in der Praxis ebenfalls oft sträflich vernachlässigt wird: Es geht um ein professionelles Briefing, das z.B. einer Agentur irritationsfrei die zu lösende Aufgabe beschreibt. Hartleben räumt hier mit der Mär auf, dass ein Briefing nur die Kreativität der Agentur einschränkt. Vielmehr wird ohne systematisches Briefing mit großer Wahrscheinlichkeit ein Ergebnis generiert, das nichts mit den Unternehmens-, Marken- oder Marketingzielen, so diese überhaupt bekannt sind, zu tun hat. Außerdem werden wertvolle Etatmittel durch ein zufallsorientiertes, uneffektives Vorgehen verschwendet.

Jeder Praktiker weiß, dass ein gutes Konzept erst die halbe Miete darstellt. Es muss beim Auftraggeber auch erfolgreich „verkauft" werden, sonst war die konzeptionelle Arbeit umsonst. Der Autor gibt auch hier wertvolle Tipps für eine überzeugende Präsentation.

Hartleben liefert einen perfekten phasengerechten Kommunikationsablauf, der keine Wünsche offen lässt. Es gilt, die Situation, in der sich ein potenzieller

Kunde gerade befindet, richtig einzuschätzen und danach die Kommunikations-inhalte konsequent auszurichten. Andernfalls werden Budgets vergeudet.

Ein exzellentes Anschauungs- und Vergleichsmaterial bieten die vielfältigen Bei-spiele in diesem Buch. Mir ist kein vergleichbares Werk bekannt, das einen der-art klaren nachvollziehbaren theoretischen Konzeptionspfad so gut mit konkre-ten Praxisbeispielen verknüpft. Dieses Buch sollte jeder Marketingpraktiker in seinem unmittelbaren Blickfeld haben; für Marketingstudenten empfiehlt sich diese ergiebige Wissens- und Erfahrungsquelle eines Insiders als professioneller Einstieg in die anstehende Praxis.

Der Leser lernt ohne unnötige Redundanzen den konzeptionellen Pfad zu erfolgreicher Kommunikation kennen, er wird dabei zum selbst- und fremd-kritischen Betrachter gleichermaßen ausgebildet und ist ganz nebenbei durch den systematischen Ansatz dieses Buches auch noch bestens gewappnet für alle übrigen konzeptionellen Marketingaufgaben.

Hilfreiche Checklisten, viele Beispiele und ein Glossar, das eine schnelle Orien-tierung bietet, runden ein gut lesbares Werk ab.

Ich bin überzeugt, dass auch diese 3. Auflage so schnell vergriffen sein wird wie die ersten beiden Auflagen.

Amberg-Weiden, Juli 2013

Prof. Dr. Wolfram von Rhein

Vorwort zur dritten Auflage

Nachdem sich bereits die Erstauflage von „Werbekonzeption und Briefing" viel schneller als erwartet verkauft hatte, sorgten unter anderem auch die guten Bewertungen der Leser dafür, dass inzwischen die zweite Auflage Geschichte ist. Nun kann die dritte, von manchen bereits ungeduldig erwartete und inhaltlich wieder erweiterte Auflage publiziert werden. Danke an dieser Stelle für die vielen positiven Feedbacks, die ich von Lesern bekam, die also nicht nur höfliche Anerkennung an den Verfasser waren, sondern offensichtlich auch in reger Mund-zu-Mund-Propaganda unter Kollegen und in Fachkreisen aktiv weitergegeben wurden. Das zeigt auch, dass mit dem Konzept und Inhalt dieses Buches ein dringender Bedarf der Kommunikationsbranche erkannt und – wohl in immer noch einzigartiger Weise – qualitativ überzeugend bedient wurde und wird. Auch heute noch gibt es kaum ähnlich akzentuierte und substanziell gründliche Fachliteratur zu diesem Thema. Anlass genug, denen zu danken, die mein Buch bisher bereits gekauft, gelesen, weiterempfohlen haben. Und mir damit den schönsten „Lohn" für einen Fachbuchautor zurückgezahlt haben: Die Bestätigung, eine bestehende Themenlücke erkannt und bedarfsgerecht bedient zu haben.

Das Konzept, mit diesem Buch etwas zwischen wissenschaftliches Lehrbuch und praxisspezifischen Leitfaden zu setzen, ist also aufgegangen. Aber auch nach der zweiten Auflage ist das kein Grund, sich zurückzulehnen und einfach eine unveränderte dritte Auflage zu drucken. Es gab Veränderungen in der Kommunikationsbranche und diese sind insbesondere im Medienbereich schnell und vielfältig, insbesondere nach Einführung von Web 2.0 und der Etablierung der „Sozialen Medien". Darauf geht diese 3. Auflage natürlich auch ein. Zudem sollen zwischenzeitliche Veränderungen in der Kommunikationslandschaft von Unternehmen und Dienstleistern aktualisiert aufgegriffen werden. Dazu zählen insbesondere eine stärkere Erfolgs- und Kostenorientierung, eine gestiegene Controllingmentalität, aber auch die zunehmende Zeitverknappung von Prozessen, Kampagnen und Planungshorizonten. Zudem unterzieht die 3. Auflage auch das Thema Messen und Events einer fundierten Betrachtung. Zwar handelt es sich dabei nicht mehr um Werbung im engeren Sinne, aber natürlich findet auch Werbung im Rahmen dieser Marketinginstrumente statt und es handelt sich dabei um Aktivitäten, die das Kommunikationsbudget von Unternehmen in der Regel mit 35 bis 40% Etatanteil mit Abstand am stärksten belasten. Und natürlich sind in vielen Kapiteln zahlreiche visuelle Praxisbeispiele aktualisiert und ergänzt worden. Da deren Erläuterung – auf die ich aus Objektivitätsgründen in der 1. Auflage noch verzichtete – viel Wertschätzung und keine Kritik erfuhren, wurden diese auch für diese 3. Auflage beibehalten. Dennoch sei wieder auf die Problematik hingewiesen, dass jede Interpretation von Umsetzungsergebnissen zwangsläufig subjektiv ist, egal wie sehr man sich als Autor auch um faktische, rationale, begründbare Objektivität bemüht. Dies gilt umso mehr, als die dahinter liegenden Konzepte für einen Soll-Ist-Abgleich in der Regel nicht vorliegen. Andererseits erfolgt die Rezeption von Werbung durch den Betrachter auch immer subjektiv, unerklärt, ohne Kenntnis der ursprünglichen Konzepte, Ziele und Absichten des Werbetreibenden.

Firmen, Marken, Beteiligte, die nicht so gut wegkommen, mögen mir dies großzügig nachsehen. Sie dürfen davon ausgehen, dass ich unparteiisch urteilte, niemandem Unrecht tun möchte und Provokation in keinem Fall beabsichtigt ist.

Was ich mit meinen Fallbeispielen einzig und alleine möchte, ist das Beleben und Belegen meiner Textaussagen, das Griffig-Machen der ohnehin nicht einfachen Materie, das spitze Auf-den-Punkt-Bringen von Erfolgskriterien, das differenzierende Bewerten von Werbemitteln nach möglichst objektiven Kriterien, abseits von pauschalen „Gefällt mir"-„Gefällt mir nicht"-Urteilen.

Ich will Sie als Leser anregen zum Nach- und Mitdenken. Ich will nicht, dass Inhalte unreflektiert übernommen werden, ich will mit meiner Meinung Ihre Meinung stimulieren und schärfen. Nicht mehr, aber auch nicht weniger. In diesem Sinne – auf in die 3. Auflage.

Schwabach, im Juli 2013
Ralph Erik Hartleben

Prolog

Nicht selten läuft es doch so ...

Fall 1: „Verbesserungswille"

Leiter Division Communications eines großen Konzerns anlässlich eines zufällig zustande gekommenen Gesprächs mit einem externen Berater auf seinem Messestand:

Kommunikations-leiter:	*„Gut, dass ich Sie treffe, haben Sie ein paar Minuten Zeit, ich habe da ein Thema, das würde ich gerne mit Ihnen besprechen."*
Berater:	*„Wenn Sie jetzt dafür die Zeit haben, dann gerne sofort. Worum geht's denn?*
Unternehmer:	*„Ich möchte, dass wir mit unserer Kommunikation besser werden!"*
Berater:	*„Was meinen Sie mit besser?"*
Unternehmer:	*„Naja, dass wir uns in unserer Kommunikation zum Markt hin verbessern!"*
Berater:	*„Ja, schon, aber was verstehen Sie unter besser? Kostengünstiger, schnellere Prozesse oder mehr Wirkung?"*
Unternehmer:	*„Ja, genau das ..."*

Aus den paar Minuten wurden dann fast 1,5 Stunden mit insgesamt fünf weiteren Mitarbeitern, die im Laufe des Gesprächs hinzugezogen wurden ...

Fall 2: Erfolgskontrolle

Headquarter Corporate Communications zusammen mit Einkauf per E-Mail an Dienstleister:

„ ... möchten wir ein umfassendes Erfolgscontrolling für alle Konzernmessen und bitten um ein Angebot zum Festpreis."

Dienstleister:	*„Das können wir leider so noch nicht, dazu fehlen uns entscheidende Grundlagen für jede Art einer seriösen Kalkulation!*
	Welche Marketing- und Messeziele haben Sie denn?
	Wie sehen die Geschäftsmodelle und -strategien Ihres Unternehmens aus?
	Wollen Sie das Erfolgscontrolling den Business Units verordnen oder sollen diese freiwillig mitmachen?

Von wie vielen Messen pro Jahr ist die Rede?

Wie tief soll das Controlling gehen?

Was bedeutet für Sie überhaupt Erfolg?

Wann ist für Sie eine Messe erfolgreich?

Fall 3: Resonanz

Ein mittelständischer Unternehmer (Inhaber) aus der Elektronikbranche wendet sich (erstmalig) an eine Agentur: *„Ich brauche ganz schnell eine Broschüre."*

Agentur:	*„Schön, weshalb denn und wozu?"*
Unternehmer:	*„Ich habe Coupon-Anzeigen geschaltet und möchte die Resonanz bedienen."*
Agentur:	*„Wie lange sind die Anzeigen bzw. der Resonanzeingang denn bereits her?"*
Unternehmer:	*„Etwa ein Jahr, aber jetzt kommen keine Coupons mehr zurück."*
Agentur:	*„Vergessen Sie das mit der Resonanz. Nach einem Jahr brauchen Sie das nun auch nicht mehr zu machen. Lassen Sie uns lieber von vorne beginnen, diesmal aber über eine systematische Darstellung Ihres Unternehmens nachdenken."*

Fall 4: Unternehmensbroschüre

Derselbe Unternehmer, dieselbe Agentur. Briefing-Gespräch zu Kommunikationsinhalten einer Unternehmensbroschüre.

Fast eine Stunde sprudelt der Unternehmer über vor Themen: Seit wann es sein Unternehmen gibt – wie viele Menschen dort arbeiten – welche Maschinen er hat – was er alles macht usw.

Kontakter:	*„Unternehmen Ihrer Größe gibt es in der Branche in Deutschland wohl mehrere Dutzend. Was können Sie denn, was die anderen nicht können?"*
Unternehmer:	*„Wieso?"*
Kontakter:	*„Weil sich das Ihr potenzieller Kunde auch fragen wird. Weshalb soll er sich denn für Sie entscheiden und nicht für einen der anderen, der vielleicht sogar räumlich viel näher läge?"*

Fast 10 Minuten angestrengte Stille und eifriges Nachdenken. Dann kommt der Unternehmer mit 2 Leistungsaspekten, die für einen Kunden Vorteile bieten und die aufgrund eigener Entwicklung seine Wettbewerber nicht können.

Kontakter:	*„Genau darauf konzentrieren wir unsere Botschaften. Denn das ist es, was Ihre Kunden sich für Sie entscheiden lässt. Den Rest nehmen wir höchstens als Beiwerk."*

Fall 5: Zielgruppe

Es geht um eine kombinierte Dach- und Produktmarkenkampagne. Der Kommunikationschef einer großen international tätigen Genossenschaft zur Agentur: „Ich weiß, dass unser Ansatz am Kunden vorbeigeht. Aber unsere Mitglieder möchten sich darin wiederfinden, sonst sind sie nicht mit uns zufrieden und entziehen uns ihr Vertrauen!"

Fall 6: Social Media

Ein mittelständischer Marketingleiter eines Unternehmens aus der Maschinenbaubranche im persönlichen Gespräch mit einem Agenturvertreter: „Wir müssen jetzt auch ganz schnell in die neuen Medien, Facebook, Twitter und YouTube, Sie wissen schon ..."

Agentur:	*„Weshalb denn, was wollen Sie denn damit erreichen?"*
Unternehmer:	*„Das gehört doch heute dazu."*
Agentur:	*„Sind Ihre Zielkunden denn auch in diesen Medien?"*
Unternehmer:	*„Eher nicht, die schlafen ja alle etwas, da wollen wir schneller sein."*
Agentur:	*„Aber welchen Sinn macht das, wenn Sie in diesen Medien Ihre Zielgruppen nicht treffen."*
Unternehmer:	*„Wir sind dann einfach ‚in'! Das ist doch gut! Und unseren Geschäftsführer freut das bestimmt auch."*
Agentur:	*„Haben Sie denn passende Inhalte und Botschaften?"*
Unternehmer:	*„Klar, wir können unser neues Produktvideo z.B. auf YouTube hochladen."*
Agentur:	*„Aber wieso sollten sich das User anschauen oder sogar weiterempfehlen? Und was haben Sie von Leuten, die Sie zwar zunächst vielleicht erreichen, die aber für Ihr Unternehmen gar keine Rolle spielen?"*

Gemacht wurde es dann trotzdem, kostet ja nicht so viel ...

Fall 7: Imageuntersuchung

Zwei Kommunikationsleiter unterhalten sich.

„Wie lange liegt denn Ihre letzte Imageuntersuchung zurück?"

„Imageuntersuchung? Haben wir noch keine gemacht."

„Wie, noch keine gemacht? Halten Sie es nicht für wichtig zu wissen, wie Ihr Unternehmen gesehen wird?"

„Doch, doch, ich schon. Aber unser Vorstand meint, wir haben gute Produkte, da kommt das Image ganz von selbst."

Fall 8: Anzeigenschaltung

Vertriebsleiter zum Werbeberater: *„Ich brauche eine Anzeige für die Fachpresse."*

Werbeberater:	*„Zu welchen Themen? Wer sind denn Ihre Zielgruppen?"*
Vertriebsleiter:	*„Wir haben drei bis vier neue Referenzen, die wir kundtun möchten. Zielgruppe sind die Top-Entscheider der deutschen Automobilhersteller."*
Werbeberater:	*„Aber das sind doch nur ein paar wenige."*
Vertriebsleiter:	*„Ja, ja, ca. 60. Die kenne ich sogar alle persönlich."*
Werbeberater:	*„Warum dann Anzeigen in der Fachpresse? Sie bezahlen bei einer Zehntausender Auflage 9940 Kontaktchancen völlig umsonst!"*

Realisiert wurde dann eine gezielte Mailingstaffel.

Fall 9: Dialog im Detail

Anzeigen sollen Dialog schaffen. Also wurde die Anzeige eines mittelständischen Unternehmens konsequenterweise mit einem Coupon versehen, mit Rücksendeadresse und einer Auswahl von Resonanzmitteln zum Ankreuzen. Leider wurde vergessen, dass der Absender Platz braucht, seine Adresse einzutragen. Die Resonanzquote war erfreulich hoch, man wusste leider nur nicht, von wem die Coupons kamen.

Fall 10: Verständnis

Werbeberater zum Vertriebsbeauftragten: „Wie hoch ist denn unser Marktanteil?"

Vertriebsbeauftrager: „Was hat Sie als Werber denn unser Marktanteil zu interessieren?"

Fall 11: Besucherakquisition

Studentische Ganghostess zum Messebesucher: *„Wollen Sie sich das nicht mal näher anschauen?"*

Und sie zeigt dem Besucher auf ihrem iPad das Chart eines Produktes.

Besucher:	*„Was ist das denn?"*
Hostess:	*„Das integrierte Abwasseraufbereitungssystem XYZ 315/4?"*
Besucher:	*„Aha, und, was ist daran Besonderes?"*
Hostess:	*„Das kann ich Ihnen leider nicht sagen. Da müssten Sie mit jemandem vom Standpersonal sprechen."*
Besucher:	*„Wo finde ich das Produkt denn im Stand?"* (Der Stand war sehr groß und vom Gang her kaum einsehbar.)
Hostess:	*„Weiß ich nicht genau, da hinten etwa, Sie werden das schon finden!"*

Im Übrigen war die Hostess im Gang die einzige, von der der Besucher angesprochen wurde, obwohl er dann mehr als 20 Minuten durch den Messestand ging …

Fall 12: Präferenzen

Marketingleiter eines größeren Handelsunternehmens zum Agenturkontakter:

„Die zwei Anzeigenkampagnen, die Sie uns präsentiert haben, gefallen uns prima. Aber wir legen das Projekt jetzt erst einmal auf Eis. Wir wollen eine Kundenbefragung machen, um herauszufinden wie der Markt aussieht, was die Kunden interessiert und was eigentlich die entscheidungsrelevanten Themen sind. "

Fall 13: Reizvolles Angebot

Per E-Mail erhielt ich die Einladung eines großen internationalen Konzerns aus der Technologiebranche, ein Konzept mit Angebot für eine ganzheitliche Marken- und Imageuntersuchung am Unternehmensstandort und an drei ausgewählten Hochschulen der Region einzureichen. Das Briefing war dünn, konnte aber telefonisch noch hinreichend konkretisiert werden. Es konnte ein raffiniertes Konzept zusammen mit einem Marktforschungs-Partnerinstitut entwickelt und das Projekt kalkuliert werden. Den Auftrag bekamen wir nicht, sondern die Agentur(!), mit der das Unternehmen in der Vergangenheit seine Kampagnen realisierte. Über einen guten Kontakt ins Unternehmen hinein erfuhren wir, dass diese Agentur auch noch teurer war als unser Vorschlag, aber dank unseres Angebots konnte man sie im Einkauf gut im Preis drücken …

Fall 14: Internationaler Auftritt

Und dann war da noch der mittelständische deutsche Aussteller auf der Messe Aimex in Taiwan, der auf seinen großen, schönen Flachbildschirmen einen Imagefilm ohne Ton, aber mit spanischen Untertiteln zeigte …

Geschichten, die täglich passieren; als Berater selbst erlebt oder von Kollegen als Leid geklagt. Geschichten, wie sie leider viel zu oft passieren und in denen Sie wahrscheinlich auch Parallelen zu Ihren eigenen Berufserfahrungen entdecken.

Dieses Buch soll helfen, dass Geschichten dieser Art vermieden werden. Sie, geschätzter Leser, geschätzte Leserin, soll es in Ihrem Bestreben nach intelligenter, gezielter, hochwirksamer Kommunikation unterstützen.

Kommunikation – Erfolgsfaktor im Marketing

Seit sich Verkäufermärkte in Käufermärkte wandelten, sich Märkte zunehmend gesättigt zeigen und Verdrängungswettbewerb Prinzip ist, stieg und steigt die Bedeutung bewusster, zielgerichteter, professioneller Kommunikation als Marketinginstrument. In vielen Fällen kann eine Wettbewerbsdifferenzierung nur noch über Kommunikation erreicht werden, die Produkte, Distributionskanäle und Preisgestaltungen unterscheiden sich nicht und sind mehrheitlich austauschbar. Intelligente Kommunikation, die sich in informationsüberfluteten Märkten durchsetzen kann, wird immer mehr zum Erfolgstreiber. Durch die Macht des Empfehlungsmarketings und der Mund-zu-Mund-Kommunikation im Web 2.0 kann mit klassischen Marketingmaßnahmen vieles nicht mehr gesteuert werden, was früher aktiv beeinflussbar war. Genug Literatur über Kommunikation als Teil des Marketing-Mix gibt es bereits, dies soll hier nicht wiederholt werden. Wie entscheidend Kommunikation sein kann, belegen wenige Beispiele eindrucksvoll genug:

- Wie hätten Zalando, Trivago und Co. Kunden finden und sich als Anbieter etablieren können, ohne sich über klassische Kommunikation bekannt zu machen?

- Wer würde bei den vielen Zehntausend in Deutschland aktiv geführten Marken und der auch daraus resultierenden geringen Markttransparenz ohne Kommunikation überhaupt noch von neuen Produkten erfahren?

- Weshalb genügt es nicht, als Anbieter bzw. mit einem Angebot im Internet lediglich präsent zu sein? Warum verschwinden laut Forschungsergebnissen genau die Internet-Anbieter sehr schnell, die es versäumen, über konventionelle Kommunikation auf ihre Internet-Sites hinzuweisen, sie bekannt zu machen und sich dadurch als Internet-Marke zu positionieren?

- Wieso gilt der heutige Verbraucher in seinem Kaufverhalten als nicht mehr so berechenbar wie früher? Heute Premium-Design-Produkt, morgen Billig-Angebot? Oder ist er es schon noch, nur nach anderen Mustern und Kriterien?

- Wieso hat Benetton aufgrund seiner provokanten Werbekampagnen in der Vergangenheit gravierend Marktanteile verloren?

70 % der Unternehmenszusammenschlüsse (Fusionen, Mergers, Acquisitions) scheitern – rund 40 % alleine auf Grund kultureller Unterschiede, mangelhafter Informationspolitik und gravierender Mitarbeiterreaktanzen. Probleme, die mit frühzeitiger und offener interner wie externer Kommunikation deutlich verringert, vielleicht sogar ganz vermieden werden könnten.

Studien belegen: Marktführer kommunizieren auf signifikant höherem Niveau als die schlechter platzierten Unternehmen. Und – Unternehmen, die ihre Kommunikation reduzieren, büßen überproportional an Kundenloyalität ein.

Es besteht nachweislich ein starker Zusammenhang zwischen Werbeintensität, Bekanntheitsgrad und Marktanteil.

Wie anders ist zum Beispiel der Marktanteil von rund 15 % der Zigarette Marlboro Red zu erklären, bei einem qualitativ austauschbaren Produkt?

Warum wurde eine Eiskrem erst zum Renner, nachdem der Name in Cremissimo geändert wurde?

Ebenfalls durch Forschungsresultate belegt: Ein gutes Unternehmens-/Markenimage beeinflusst Kaufentscheider mehr als technische oder wirtschaftliche Produkteigenschaften und sogar die Kontaktintensität mit dem Unternehmen (z.B. über den Außendienst).

Und noch etwas aus der Forschung: Gute, differenzierende Kommunikation ist im Schnitt 15 % effizienter als austauschbare. Hohe Kontinuität zahlt sich ebenfalls aus: Ihr Return-on-Investment liegt um mindestens 20 % höher.

Sicher ist: Auf Kommunikation kann heute kein Unternehmen mehr verzichten. Um so mehr, als es unmöglich ist, *nicht* zu kommunizieren. Egal, ob man aktiv kommuniziert oder nicht, man sendet immer Signale in den Markt, die Frage ist nur, ob bewusst und gezielt oder unbewusst und zufällig, ob richtig oder falsch, ob genug, zu viel oder zu wenig. Als gravierendstes Beispiel für die Folgen unbedachter Kommunikation mag das Interview mit dem damaligen Deutsche-Bank-Chef Breuer dienen, der damit den Untergang des Kirch-Medienimperiums zumindest beschleunigte, wenn nicht sogar auslöste.

Bild 1 Rolf Breuer (rechts) von der Deutschen Bank wurde für schuldig befunden, durch seine – wenn auch wohl unbedachten – Interviewäußerungen die Pleite der Kirch-Gruppe zumindest mitverschuldet zu haben.

Gute Kommunikation kann ungeheuer viel bewegen – und schlechte bzw. fehlende kann alles verderben. Gerade wegen ihrer oft existentiellen Bedeutung muss Kommunikation als Marketinginstrument mindestens so ernst genommen und professionell gestaltet werden wie Distributions-, Preis- und Produktpolitik. Wenn sich nicht sogar die These mancher Experten bewahrheitet, dass Kommunikation schon zum eigentlichen Träger des Geschäftserfolges geworden ist. Denn die Spielräume der anderen Instrumente sind zunehmend ausgereizt.

Stabile Wettbewerbsdifferenzierung ist mehr und mehr nur noch über psychologische Mechanismen, insbesondere auch über Emotionen möglich (was zum Beispiel Apple vorzüglich beherrscht), Unternehmens- und Markenwerte sind oft nur noch über kommunikative Wertschöpfung, wie Vertrauen, Sympathie, Goodwill – die sogenannten Intangible Assets – zu steigern.

Doch unbegreiflich häufig werden die Möglichkeiten intelligenter Kommunikation, bzw. die Risiken schlechter Kommunikation gewaltig unterschätzt, nach wie vor wird die Wirkung von Kommunikation vernachlässigt, wird mühsam verdientes Kapital durch unüberlegte, austauschbare, kurzfristige und unzusammenhängende Kommunikationsmaßnahmen verschwendet. Gerade in wirtschaftlich schwierigen Zeiten dominiert oft eine reine Kostenbetrachtung. Es wird nicht mehr über Ziele geredet und den effektivsten Weg, diese zu erreichen. Zu oft regieren Aktionismus und Schnellschuss, die kreative Idee und der flotte Spruch, anstatt zuerst nachzudenken und dann strategisch zielgerichtet zu handeln. Hier greifen Konzepte und Briefings, denn ihr tieferer Sinn ist es ja gerade, Entscheidungen sicherer zu machen und Fehlleistungskosten zu reduzieren.

Dieses Buch will deshalb ein Plädoyer für *geplante, konzeptionell fundierte* Kommunikation halten; für eine Kommunikation, die Budgets effizient einsetzt und Vermarktungsziele effektiv unterstützt.

1 Einleitung

1.1 Planung als strategische Aufgabe

Kernaufgabe des Werbe- oder Kommunikationsberaters in Unternehmen (bzw. eines Kontakters oder Strategic Planners bei Agenturen) ist die strategische Planung von Werbe-/Kommunikationsaktivitäten. Im Wesentlichen geht es dabei um die inhaltliche Ausarbeitung von Werbe- oder Kommunikationskonzeptionen (im Folgenden als Konzept oder Konzeption bezeichnet) und deren verdichtete Weitergabe an interne und/oder externe Auftragnehmer in Briefingform.

Das Buch ist für diese Kommunikationsverantwortlichen geschrieben und soll

- dem Praktiker helfen, seine Umsetzungsorientierung zu erweitern und auch strategisch gezielt zu handeln, indem er die notwendigen strategischen Entscheidungen der Marketingtheorie praxisgerecht einbeziehen und anwenden kann,
- den Praktiker wie den Strategen dabei unterstützen, die theoretische Abstraktheit der meisten Lehrbücher zu überwinden und ihn mit Tipps und Checklisten bis zur finalen Umsetzung begleiten,
- Werbetreibenden und Kommunikationsverantwortlichen die Wissensgrundlage vermitteln, um Umsetzungsvorschläge und -ergebnisse, z.B. von Agenturen, konstruktiv-kritisch zu hinterfragen, zielgerichtet und qualitätsorientiert zu bewerten und so
- die Beurteilung kreativer Umsetzungsvorschläge zu objektivieren und zu professionalisieren, indem subjektive „Gefällt mir"- oder „Gefällt mir nicht"-Aussagen durch begründete Urteile ersetzt werden und gestalterische Beliebigkeit und der Reiz (vor)schneller Ideen überwunden werden können.
- den Blick für's Ganze stärken und das Know-how für ganzheitliche Kommunikationskonzepte zur Verfügung stellen, um immer mehr geforderte integrierte Lösungen zu erarbeiten, anstatt isolierte Teilansätze, die unzureichend immer nur ein kommunikatives Fragment betrachten, und Wechselwirkungen, Synergien und Konsistenzen unberücksichtigt lassen.

Dazu vermittelt das Buch einen erprobten systematischen Konzeptansatz und verdeutlicht

- die erforderlichen Planungsschritte,
- eine geeignete Konzeptstruktur und die
- zu planenden Kommunikationsparameter.

Die thematische Fokussierung der Ausführungen auf den Schwerpunkt Werbung dient vor allem der Anschaulichkeit und Durchgängigkeit des Inhalts, schränkt jedoch eine Anwendung auf andere Kommunikationsinstrumente überhaupt nicht ein. Durch Übertragung der werblichen Begrifflichkeiten z.b. auf die unternehmerische Ebene können gleichermaßen Konzepte zur Unternehmens-, Marken- oder Imagewerbung erstellt werden. Dem Vertrieb entspricht dann die Unternehmensleitung, dem zu vermarktenden Produkt entspricht das Unternehmen bzw. eine Marke. Auch Planungen für andere Marketing-Kommunikationsinstrumente, wie zum Beispiel Verkaufsförderung oder Pressearbeit, können damit analog erstellt werden. Die zu klärenden Fragen sind im Kern immer dieselben – nur die Antworten und instrumentalen Lösungsoptionen sind unterschiedlich.

Grund, das Buch nominell eher auf Werbung zu fokussieren, ist auch die Tatsache, dass häufig die Begrifflichkeiten je nach Kommunikations-Instrument, Fachdisziplin und „Schule eines Autors" variieren, obwohl durchaus identische Sachverhalte damit beschrieben werden. Spricht beispielsweise ein Psychologe von „Aktivierung", drückt dies der Betriebswirtschaftler mit „Motivation" aus, spricht der Produktmarketeer von Bedarfsgruppen, meint er dasselbe wie der PR-Experte, der Anspruchsgruppen anvisiert.

Eines jedoch ist immer gleich: In jedem Fall sind die unverzichtbar zu klärenden Fragen für den Konzeptverfasser/Kommunikationsexperten dieselben. So ist die präzise Klärung und Beschreibung von Zielgruppen nicht nur bei der Werbung erforderlich, um einen intelligenten Maßanzug von Werbemaßnahmen zu definieren, sondern analog auch bei Konzepten zur Verkaufsförderung, der Pressearbeit usw. – bis hin zur personalen Kommunikation, wo sich ein guter Akquisiteur ja auch sorgfältig auf seine Gesprächspartner vorbereiten sollte. Dies gilt für alle Planungsabschnitte und Konzeptschritte.

1.2 Planungsschritte der Kommunikationskonzeption

Jede Kommunikationsplanung, also jedes Konzept, durchläuft verschiedene Planungsschritte. Gespiegelt an den Praxisanforderungen und abgeleitet aus vielen Projekten ist eine Aufteilung dieses Planungsprozesses in 6 Stufen sinnvoll:

1. Analyse und Definition der Kommunikationsplattform (oft auch als Situationsanalyse bezeichnet)
2. Entwicklung der Kommunikationsstrategie
3. Strategische Umsetzung
4. Konsequenzen für die kreative Umsetzung
5. Festlegen der Maßnahmen zur Kommunikationsforschung
6. Briefing (als ergänzender, sich dem eigentlichen Konzept anschließender Punkt)

In der ersten Stufe erfolgt eine intensive Auseinandersetzung mit den Vorgaben, Aufgabenstellungen, geschäftspolitischen Entscheidungen, Planungen usw. des Marketing, des Produktmanagements oder auch der strategischen Geschäftsfeldplanung von Vertrieb, Key-Account-Management, Business Development u.a. Entsprechend viele Ansprechpartner gibt es in einem Unternehmen, die der Konzeptersteller angehen kann, um die Informationen zu bekommen, die er zur Erarbeitung der sogenannten Kommunikationsplattform benötigt (Bild 2).

Bild 2 Ansprechpartner/Informationsquellen im Unternehmen

Die Erarbeitung der Kommunikationsplattform ist eine vornehmlich analytisch geprägte Stufe, die auch als Situationsanalyse bezeichnet wird. Recherche und Informationsaufbereitung sind die oft langwierigen und arbeitsintensiven Schwerpunkte dieser Phase, in der alle relevanten Informationen aus den vorgenannten Gebieten beschafft, gesichtet und aufbereitet werden, die für die Ableitung einer fundierten Kommunikationsstrategie erforderlich sind. Allerdings sollte man sich darüber klar sein, dass Analyse und Recherche alleine nichts wert sind – wertvoll werden sie erst durch die Ableitung von Erkenntnissen, Zusammenhängen und Konsequenzen, die sich für die nachfolgenden strategischen Überlegungen und kommunikationspolitisch zu treffenden Entscheidungen daraus ergeben. Dies zu erkennen bzw. herauszuarbeiten, ist der eigentliche Sinn einer Situationsanalyse und die oft langwierige und verantwortungsvolle Aufgabe des Konzeptors. Die ermittelten Informationen sind für die Kommunikation meist eine fixe Ausgangslage, da sie in die Entscheidungsgewalt und Verantwortlichkeit anderer Unternehmensstellen fallen und damit vom Konzeptor nicht mehr beeinflussbar sind (z.B. Preisstellung). In jedem Falle bilden sie die Basis für alle nachfolgenden Kommunikationsüberlegungen und -entscheidungen, insbesondere für die Entwicklung der Kommunikationsstrategie – *der Hauptaufgabe des Konzepterstellers!* Es ist deshalb wichtig, strategischer Arbeit diesen Analyseschritt voranzustellen, ihn möglichst sorgfältig und konsistent durchzuführen und alle Erkenntnisse daraus auf eventuelle, spätere kommunikative Konsequenzen bzw. Entscheidungsoptionen zu überprüfen.

Beim Erarbeiten der Konzeption kann meist keine lineare und schon gar keine starre Reihenfolge durchgehalten werden. Die einzelnen Analysen, Folgerungen und Entscheidungen stehen untereinander immer in Wechselwirkung (Bild 3). Entsprechend

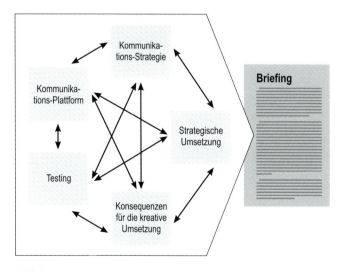

Bild 3 Vernetzte Planung

müssen sie auch immer wieder auf Stimmigkeit und Konsistenz hin überprüft werden. Eventuelle Ungereimtheiten müssen durch Nachjustieren einer oder mehrerer, früherer oder späterer Annahmen, gewählter Optionen oder getroffener Entscheidungen bereinigt werden.

Vernetztes Denken und retrograde Betrachtungsweise sind daher Voraussetzung, um so ein komplexes Gebiet, wie es Kommunikation mit und zwischen Menschen nun einmal ist, konzeptionell zu erfassen und professionell zu planen. Die empfohlene Abfolge der Planungsschritte in diesem Buch ist daher weder zwingend, noch notwendigerweise identisch mit Ihrem Vorgehen bei einem konkreten Planungsprozess. Wichtiger als das Einhalten eines Schemas ist es, dass Sie Ihre Planung fallgerecht individuell und flexibel in der Abfolge gestalten können. Die Frage der Dokumentation und einer gegliederten, schriftlichen Darstellung muss dazu sekundär sein.

Entscheidend ist weniger die Form und Struktur Ihres Konzeptes, sondern dass Sie die Methoden und Zusammenhänge intelligenter Kommunikationsplanung erkennen, verstehen und anwenden können. Denn dann können Sie professionelle Konzepte entwickeln, egal für welches Produkt, welche Branche, welches Unternehmen.

2 Kommunikationsplattform (Situationsanalyse)

In der ersten Konzeptionsstufe werden alle relevanten Vorbedingungen und Informationen beschafft, analysiert und ausgewertet, die unentbehrlich sind, um eine zu einer Vermarktungsaufgabe passende, zielgerichtete Kommunikationsstrategie aufzubauen – egal, ob es um Absatzwerbung, Firmenwerbung, Verkaufsförderung, Öffentlichkeits- oder Pressearbeit geht oder um personale Kommunikation. Das gilt gleichermaßen für interne Kommunikation (Mitarbeiterkommunikation), Messen und Events, Web- und Social-Media-Konzeptionen oder Investor-Relations-Kommunikation.

Diese Analyse umfasst die relevanten Marktspezifika ebenso wie die Kernelemente anderer Marketinginstrumente, insbesondere der Produkt-, Distributions- und Kontrahierungspolitik.

Bild 4 zeigt die wesentlichen Elemente der Kommunikationsplattform.

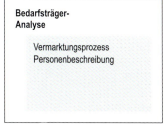

Bild 4 Elemente der Kommunikationsplattform

2.1 Analyse des Vermarktungsziels

Leitfrage *Welche vertriebliche oder geschäftspolitische Zielsetzung soll mit der Angebotsvermarktung eigentlich erreicht werden?*

Durch Beantwortung dieser – nicht immer bequemen – Frage klären Sie, worum es Ihrem Auftraggeber geht und weshalb es erforderlich ist, aktiv zu werden. Zweckmäßigerweise sollten Sie diese Frage nach dem Handlungsanlass so früh wie möglich stellen, denn es sind ja die Ziele, die es – mit Hilfe von Kommunikation – zu erreichen gilt. Und da eine Strategie den Weg zur Zielerreichung beschreibt, muss erst ein Ziel klar definiert sein, sonst sind strategische Überlegungen Makulatur. Es ist wie beim Buchen einer Urlaubsreise: Zuerst muss die Entscheidung über das Urlaubsziel fallen und es sollte der Startpunkt definiert sein, erst dann können Entscheidungen zu Reiseroute und Verkehrsmittel gezielt getroffen werden.

Handlungsanlass

Leitfrage *Aus welchem vertrieblichen oder geschäftspolitischen Anlass resultiert eigentlich der Wille bzw. Ihr Auftrag, kommunikative Aktivitäten zur Vermarktung eines Leistungsangebots zu konzipieren und zu realisieren?*

Die Antwort auf diese Frage kennzeichnet vor allem die Aufgabe, die Ihr interner oder externer Auftraggeber (intern zum Beispiel der Produktmanager an Sie als Werbeberater, extern zum Beispiel der Geschäftsführer eines mittelständischen Unternehmens an Sie als Agenturkontakter) *selbst* zu lösen hat. Diese Aufgabe müssen Sie jedoch (er)kennen und mit allen Konsequenzen verstehen, denn nur dann können Sie die kommunikativen Aufgaben, Notwendigkeiten, Strategien und Maßnahmen ableiten, die geeignet sind, das Problem Ihres Auftraggebers zielgerichtet anzugehen und effektiv zu lösen.

> Nur aus einer soliden Situationsanalyse heraus können Kommunikationsstrategien und -maßnahmen zielgerichtet abgeleitet werden. Relevant und für die weitere Konzeptionsarbeit zu beachten sind dabei nur die Informationen, die später bei der Kommunikation auch zu Konsequenzen führen oder zumindest zum Verständnis der Aufgabe notwendig sind. Alle anderen Informationen sind Ballast, verschleiern den Blick für das Wesentliche und sollten deshalb so früh wie möglich aus dem Konzept genommen werden.

Tabelle 1 umfasst die gebräuchlichsten Handlungsanlässe, verknüpft sie mit der daraus resultierenden, allgemeinen kommunikativen Aufgabe und nennt jeweils ein dazu passendes Kampagnenbeispiel:

Tabelle 1 Handlungsursachen

Grund zum Handeln	Kommunikative Aufgabe	Kampagnenbeispiel
Der eigene Marktanteil soll generell erhöht werden	Gezielt Schwachstellen/Nachteile aufdecken (soweit rechtlich möglich), eigene Vorteile pushen, zum Vergleich auffordern, andere, neue zusätzliche Angebotsnutzen ins Feld führen	Mobilcom-Kampagne gegenüber Telekom (2000), Media-Markt-Kampagnen
Der eigene Marktanteil soll erhöht werden, indem einem bestimmten Anbieter Marktanteile abgezogen werden	Gezielt gegen die schwächsten Konkurrenzargumente angehen oder Schwachstellen/Nachteile aufdecken (soweit rechtlich möglich), eigene Vorteile pushen, zum Vergleich auffordern, andere, neue zusätzliche Angebotsnutzen ins Feld führen	Thylenol-Schmerzmittel gegen Aspirin (USA), TELE 2 (01013) gegen Telekom, Renault-Antwort nach Einführungskampagne Golf V
Ein neuer Markt soll geschaffen werden	Es müssen neue Nachfragepotenziale erschlossen werden. Dazu muss Problembewusstsein geschaffen werden, Mangelempfinden erzeugt werden. Das Angebot muss bekannt gemacht werden und über Bedarf zur Nachfrage hin konkretisiert werden	Tamagotchi-Einführung, DVD, Walkman
Es soll eine Pull-Strategie realisiert werden	Kommunikation muss an den direkten Nachfrager (nicht unbedingt der Endkäufer!) gerichtet sein und die Angebotsvorteile für ihn herausstellen	Einzelhandelswerbung, Händler-Verkaufsförderungsmaßnahmen, z.B. Schulung des Verkaufspersonals des Händlers
Es soll eine Pull-Strategie umgesetzt werden	Kommunikation muss an den Kunden des direkten Nachfragers (also z.B. an den Endverbraucher!) gerichtet sein und die Angebotsvorteile für ihn herausstellen, um einen Nachfragesog auf den direkten Nachfrager (z.B. den Einzelhändler) auszuüben	Typische Werbung bei Endverbrauchern (Distribution schaltet Absatzmittler ein), z.B. Milka, Persil, aber auch T-Aktie
Pannen, Störfälle, schlechte Nachrichten müssen gemanagt werden	Offene, ehrliche, schnelle Aufklärung an die Betroffenen, Abhilfe/Vorbeugemaßnahmen kundtun und später Umsetzung nachweisen	Einführung der Mercedes-A-Klasse, Brent-Spar-Krise (Shell)
Der Außendienst soll entlastet/unterstützt werden	Marktvorbereitung, Kontaktanbahnung und -qualifizierung, vorgelagerte Informationsstufen im Kaufentscheidungsprozess stärker medial vornehmen, Akquisitionsnachbearbeitung und Kundenkontaktpflege ebenso	Internetkommunikation, Direkt-Marketing-Maßnahmen um Interessenten zu gewinnen oder Kunden zu pflegen, Außendienst zu steuern, z.B. von BMW oder Mercedes bei der Inhouse-Präsentation neuer Modelle
Es soll ohne personale Akquisition verkauft werden (Angebot und Nachfrageverhalten müssen dafür prinzipiell geeignet sein!)	Alle Phasen des Informations- und Kaufprozesses müssen mit den medialen Kommunikationsinstrumenten bedient werden. Besonderes Gewicht auf Dialogkommunikation und kaufaktivierende Faktoren legen. Direct-Marketing-Maßnahmen, Responsebehandlung, Data Base Processing und Auftragsabarbeitung exakt planen und detailliert durchorganisieren	E-Commerce im Internet, z.B. Amazon, Buch.de
Es soll auf einer Messe ausgestellt werden. Es soll eine Hausmesse durchgeführt werden	Messe als Prozess sehen. Rechtzeitig vor der Messe informieren und einladen. Spätestens 2-3 Wochen vor der Messe nachfassen/erinnern. Während der Messe Exponate und Botschaften inszenieren. Nicht nur an den Stand denken, auch im Messegelände und -umfeld kommunizieren. Nach der Messe: Infowünsche bedienen und Messerückblick geben, frühestens 1-2 Wochen nach der Messe. Verhinderte Messebesucher nicht vergessen!	z.B. Consumata, Hannover-Messe, Technikforen von Bosch, bis hin zu mobilen Präsentationen mit Show-Trucks
Eine Marke/ein Angebot soll im Bewusstsein des Verbrauchers/Kunden aktuell gehalten werden	Marke/Angebot in regelmäßigen Abständen kommunizieren (Aktualisierungswerbung), Marke/Angebot muss zum Zeitpunkt der Kaufentscheidung erinnert werden bzw. bewusst gesucht/nachgefragt werden	Typische Konsumgüterwerbung an Endverbraucher, z.B. Persil

Tabelle 1 Handlungsursachen

Grund zum Handeln	Kommunikative Aufgabe	Kampagnenbeispiel
Ein neues Angebot soll in den Markt eingeführt werden	Angebot muss bekannt gemacht werden, Bedürfnis geweckt und über Bedarf zur Nachfrage hin konkretisiert werden	Die Einführung des neuen Online-Anbieters Zalando (2010)
Das Angebot wurde durch ein neues, ähnliches ersetzt (Produktsubstitution)	Angebot ist im Grunde bekannt: neue/zusätzliche Seiten herausstellen, positive Imageaspekte des Vorgängers transferieren	Das iPhone 5 als Nachfolger des iPhone 4 (2012)
Das Sortiment wurde durch Variationen eines Angebots ergänzt (Produktvariation, oft mit Aktionscharakter)	Angebot ist im Grunde bekannt: neue/zusätzliche Seiten herausstellen, eventuell durch begrenzte Erhältlichkeit aktivieren	VW-Sondermodelle, z.B. Polo Life (2013)
Ein etabliertes Angebot soll wieder einmal forciert werden (Re-Vitalisierung)	Angebot wie gewohnt oder mit noch nicht ausgelobten Aspekten inszenieren	Persil im Sonderpack, MonCheri nach der Sommerpause
Ein veraltetes oder anders unattraktiv gewordenes Angebot soll noch einmal gepusht werden, z.B. um Zeit zu gewinnen, bis das Nachfolgeangebot marktreif ist (Lebenszyklusverlängerung, Relaunch)	Besondere Kaufanreize herausstellen (Ausgereiftheit, Preisnachlass, Aktionspaket ...), noch nicht genutzte, zusätzliche Angebotsvorteile ausloben oder neue Bedarfsträger aktivieren (z.B. Nachzügler)	S35i Handy von Siemens, da sich Markteinführung der nächsten Gerätegeneration S40/SL45 verzögerte (2000/2001)
Ein Angebot soll vom Markt genommen werden (Fade-Out)	Ankündigen, aufklären, begründen, letzte Chance signalisieren, sagen, wie es weitergehen wird, auf Nachfolgeangebot überleiten	Wind-Down-Kampagne zur Schließung der Braun-HiFi-Anlagen-Sparte (1990)
Absatzentwicklung geht zu schleppend (obwohl markttaugliches Angebot)	Für stärkere Marktdurchdringung sorgen: breiter und/oder intensiver kommunizieren; eventuell weitere Kaufanreize inszenieren	Ericsson-Handy-Kampagne (2001)
Nicht marktfähiges Angebot vermarkten	Kommunikation kann hier auf Sicht nichts tun; Vorspiegeln „falscher Tatsachen" kann den Markt für kommende Angebote sogar eher zerstören!	Iridium-Satelliten-Handy (1999)
Ein spezieller Anlass, z.B. Aktionswochen oder Saisoneröffnung	Ankündigen, schnell und intensiv kommunizieren, besondere Kaufanreize signalisieren, Events einsetzen	Media-Markt-Jubiläumskampagne 25-Jahre (2013)
Ein schlechtes Image verbessern	Den negativen Imageaspekten mit relevanten positiven Botschaften intensiv begegnen	Imagekampagnen Mineralölunternehmen, z.B. BP
Ein schlechtes (falsches) Image korrigieren	Falsches Wissen, Vorurteile oder Gefühle/ Voreingenommenheilen beseitigen, fehlendes Wissen oder emotionale Defizite ausgleichen	Imagekampagnen Chemie-Branche, z.B. von Bayer
Ein Image aufbauen	Erstinformationen zum Anbieter/zur Marke/ zum Angebot kommunizieren, Gefühlswellen aufbauen	Markteintritt BRD der Automarke Daewoo (1995), Evonik als neues Industrieunternehmen (2007)
Firmenpolitik (z.B. Kooperationen, Übernahmen, Filialgründungen usw.)	Imageorientierte Unternehmensdarstellung, Visionen, Ziele, Gründe kommunizieren, eventuellen Beunruhigungen begegnen	Fusion VEBA/VIAG zu EON, Commerzbank und Dresdner Bank (2008)
Konkreten Vermarktungsaktivitäten eines Konkurrenten soll begegnet werden	Attraktivität des Konkurrenzangebotes relativieren, eigene Kaufanreize intensiv kommunizieren, falls nicht möglich, evtl. durch erhöhten Kommunikationsdruck beeindrucken	Preisvergleichende Kampagne von TELE2 (01013) gegen die Telekom (2001)
Der Marktanteil soll stabilisiert/gehalten werden	In erster Linie Kontakt zu den vorhandenen Kunden vertiefen, Kundenbindungsmaßnahmen, Bestätigen von getroffenen Kaufentscheidungen	Generell Customer-Relationship-Maßnahmen, z.B. Kundenveranstaltungen von Autohäusern
Der Marktanteil muss verteidigt werden (klären, gegen wen? Feindbild!)	Attraktivität des Konkurrenten/seines Angebots relativieren, eigene Vorteile intensiver kommunizieren, falls nicht möglich, evtl. durch erhöhten Kommunikationsdruck Angriff abblocken	Automatisierungs-Kampagne „SINUMERIK-Offensive" von Siemens/deutsche Maschinenbauer gegen Angriff der japanischen Automatisierungsindustrie (1992)

Der direkte Auftraggeber

Sofern es für Ihre weitere Ausarbeitung, deren spätere Präsentation oder das Briefing von Bedeutung ist, sollten Sie auch ihren Auftraggeber und sein Umfeld sondieren und charakterisieren:

- Was sind seine geschäftlichen, was vielleicht seine persönlichen Interessen am Projekt?   Leitfrage
- Welche Funktion/Rolle hat er?
- Woher kommt die Initiative zu dem Projekt (freiwillig bzw. selbst ergriffen oder unfreiwillig)?
- Wie weit und für welche Projektteile ist er selbst verantwortlich, wo nur Zulieferer/Entscheidungsvorbereiter?

Mit dieser Betrachtung können Sie grundlegende Zusammenhänge der Auftraggeberseite hinsichtlich der beteiligten Personen, Hierarchien und vorhandenen Interessenssphären sondieren. Je besser Sie Ihre Gegenüber kennen, desto besser können Sie Ihr „Produkt", das Konzept, „an den Mann/die Frau bringen" (Bild 5). Alleine schon, weil Sie sich gut auf die Schlüsselpersonen einstellen und sich in Ihrer Argumentation auf deren unterschiedliche Rollen, Interessen und Befindlichkeiten ausrichten können.

Bild 5 Der Auftraggeber

Unternehmerische Ziele des Auftraggebers

> Die eigentlich anzugehenden Probleme des Auftraggebers können häufig andere sein als die, die aus dem – oft vordergründig genannten – Handlungsanlass direkt erkennbar werden.

Dahinter liegende, nicht direkt genannte Probleme, Ziele oder Interessen zu erkennen, ist wichtig. Nicht nur um besser beraten zu können, sondern auch, damit Sie die wirklich zu lösenden Probleme Ihres Auftraggebers angehen können. Damit Sie Ihrem Kunden (intern wie extern) nicht einfach das geben, was er will oder zu brauchen glaubt, sondern das, was er wirklich braucht: Eine

Lösung seines Problems, seiner Aufgabenstellung. Nicht „nice-to-have" zählt, sondern „must have".

Von Auftraggebern wird nicht selten ein Handlungsanlass in den Mittelpunkt gestellt, der nur Symptome ausdrückt oder höchstens Einzelaspekte einer Lösung zuführt. Der eigentliche, tiefer liegende Problemkern wird oft nicht erfasst. Gründe dafür gibt es einige: fehlender Einblick in unternehmerische Zusammenhänge,

Das wichtigste & des Jahres

Wir machen Urlaub

Zwei starke Partner haben sich zusammengeschlossen: Condor und Neckermann Reisen sind jetzt C&N Touristic AG. Mit einem konsolidierten Konzernumsatz von 7,5 Mrd. Mark und einem erstklassigen Markenportfolio hat der integrierte Touristikkonzern bereits heute eine führende Position im internationalen Markt. Mehr als 8.500 Mitarbeiter realisieren jährlich die Urlaubsträume von knapp 9 Millionen Gästen. Und das ist erst der Anfang. Schließlich machen bei C&N jetzt viele starke Marken gemeinsam Urlaub.

Umsetzung 1 Information anlässlich der Fusion von Condor und Neckermann Reisen zur C&N Touristik AG. Vermutlich kennen Sie heute noch gut die ursprünglichen Unternehmen. Aber sagt Ihnen C&N etwas? Das ging wohl den meisten so, denn seit 2001 heißt das Unternehmen bereits wieder anders: Thomas Cook AG

zu geringes Wissen um die Möglichkeiten und Wirkungsweisen kommunikativer Maßnahmen, Bequemlichkeit oder manchmal auch schlicht Aktionismus, das taktische Interesse an schnellen, vorzeigbaren Maßnahmen, nicht an nachhaltigen Lösungen.

So werden bei Unternehmenszusammenschlüssen oder Übernahmen meist sehr schnell Anzeigenkampagnen, manchmal sogar TV-Spots produziert und geschaltet oder auch eigene YouTube-Channels bespielt. Dabei wäre es viel wichtiger, statt gleich aufwändig und breit angelegt nach extern zu kommunizieren, erst einmal sehr früh und schnell intensive interne Kommunikations-Maßnahmen durchzuführen, um die (zukünftigen/neuen) Mitarbeiter zu informieren, sie einzuschwören, emotionale und kulturelle Reaktanzen abzubauen etc. Erstaunt es Sie da noch, dass die meisten Fusionen aufgrund von Mitarbeiterwiderständen und kulturellen Barrieren die gesetzten Ziele verfehlen?

Beispiele für drei unterschiedliche Informations-Kampagnen zeigen die Umsetzungen 1 bis 3.

Als Werbe- oder Kommunikationsberater bzw. Kontakter sollten Sie daher im Zusammenhang mit dem Handlungsanlass zumindest versuchen, auch die oft nicht direkt angegebenen Ziele, Probleme oder Aufgaben des Auftraggebers zu erkennen und in Ihre Überlegungen einzubeziehen.

Eine kleine Auswahl oft „verborgener" unternehmerischer/persönlicher Ziele:

1. Ertragssituation stabilisieren, verbessern
2. Positiven Deckungsbeitrag erwirtschaften
3. Unternehmenswert steigern (Shareholder Value)
4. Wachstum erzielen
5. Marktzugang schaffen, ihn für andere erschweren
6. Konkurrenzschwächen ausnutzen
7. Kritische Unternehmensgröße erreichen
8. Kapazitätsauslastung und Kostensituation verbessern
9. Höhere Produktionsmengen erreichen, um ein günstigeres Verhältnis von Produktionskosten zu Ertrag zu erzielen oder um zu niedrigeren Preisen anbieten zu können (Kostendegression, Kostenführerschaft)
10. Synergieeffekte erschließen
11. Innerbetriebliche Reaktanzen und Barrieren abbauen oder vermeiden
12. Schaffen, Stabilisieren und Erhöhen von Identität
13. Individuelle Strebungen (sich profilieren, politische Vorteile ziehen, sich selbst ein Denkmal setzen, Machtstellung erreichen etc.)

Checkliste 1
Verborgene Ziele
des Auftraggebers

SIEMENS
Westinghouse

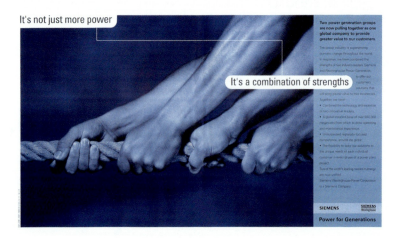

Umsetzung 2 Information zur Übernahme von Westinghouse durch Siemens. Sie wurde begleitet von intensiver interner Kommunikationsarbeit und wurde so ein Beispiel für einen erfolgreichen Unternehmenszusammenschluss mit hoher Markenbekanntheit und Wertschätzung seitens der Zielbranchen

Umsetzung 3 Werbeauftritt der Commerzbank nach der Fusion mit der Dresdner Bank

 2 Kommunikationsplattform (Situationsanalyse)

Planungshorizont

Der sogenannte Planungshorizont umfasst die Zeitspanne vom Zeitpunkt der Betrachtung bis zum geplanten Ende eines gesamten Projekts. Strategische Kommunikationsplanung sollte sich grundsätzlich zumindest mittelfristig orientieren. Im Normalfall sind dies etwa 2 bis 3 Jahre. Das setzt natürlich auch auf der Marketing-/Geschäftsplanungs-/Vertriebsseite mittelfristige Planung voraus, also Daten, Pläne, Zielsetzungen, Informationen, Analysen, die sich auf denselben Zeitraum beziehen. Sonst mutiert die mittelfristige Kommunikationsplanung vom gezielten Programm zu purer Hypothese und unsicherem Szenario.

Prinzipiell können drei Planungsfristen unterschieden werden: lang-, mittel- und kurzfristige Planung (Bild 6).

Die langfristig-strategische Ebene wird oft als relativ allgemeiner Szenario-Rahmen oder kommunikationspolitischer Strategierahmen definiert. Sie gibt fundamentale Entwicklungen als übergeordnete Formulierung von Zielen oder auch Visionen vor oder definiert Maßnahmen, die nur langfristig mit nachhaltiger Wirkung zum Erfolg führen. *Langfristige Planung*

Beispiele dafür sind Maßnahmen zur Imagekorrektur (z.B. aktuell in der Finanz-Branche), Umpositionierung eines Unternehmens oder einer Marke (z.B. Nokia vom Gummistiefelhersteller zum Hi-Tech-Kommunikationsunternehmen), tiefgreifende Verhaltensänderungen bei Menschen (z.b. bei der Deutschen Bahn der Wandel einer Beamten- zu einer Dienstleistermentalität) oder Corporate-Identity-Programme (z.B. Erarbeitung und Umsetzen eines werteorientierten Unternehmens-Leitbilds, wie bei der Evenord-Bank, Nürnberg).

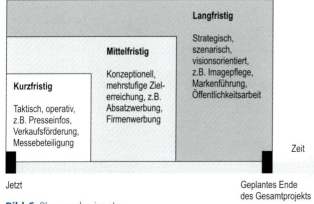

Bild 6 Planungshorizonte

Mittelfristige Planung	Die mittelfristig-konzeptionelle Ebene ist gekennzeichnet durch meist mehrstufige Zielerreichungsprozesse. Sie ist dementsprechend in mehrere, aufeinander aufbauende Kommunikationsphasen unterteilt. So zum Beispiel bei absatzwerblichen Kampagnen, die eine Zielgruppe von der Schaffung eines Problembewusstseins bis hin zur Nachfrageauslösung führen sollen. In diesem Prozess müssen immer wieder Markt-/Zielgruppen-Feedbacks eingeholt bzw. berücksichtigt werden, müssen Richtungskorrekturen in der Feinplanung implementiert und Wirkungskontrollen vorgenommen werden, um festzustellen, wie weit der Prozess bereits erfolgreich vorangebracht wurde.
Kurzfristige Planung	Die kurzfristige Planung umfasst die taktisch-operative Ebene mit kurzfristigen Aktivitäten, sehr oft mit Aktionscharakter. Typisch dafür sind zum Beispiel Verkaufsförderungs-Maßnahmen, wie etwa Aktionswochen für ein bestimmtes Produkt oder auch laufende Pressearbeit, die ja besonders von der Aktualität einer Nachricht lebt – nichts ist wertloser als die Schlagzeile von gestern!
Relativität des Planungshorizontes	Die zeitliche Differenzierung des Planungshorizontes ist – das sei ausdrücklich vermerkt – relativ und hängt unter anderem vom zu vermarktenden Angebot ab, dessen Lebenszyklus, den spezifischen Kaufentscheidungsprozessen und auch den geschäftspolitischen Zielsetzungen sowie der Marktcharakteristik. Sind in einem Fall, zum Beispiel bei einer Tiefdruckmaschine, vielleicht 5 Jahre noch eher als kurzfristig anzusehen, wäre das bei Speicherchips/Prozessoren oder im Modebereich mit typischen Innovationszyklen von wenigen Monaten, manchmal sogar nur Wochen (z.B. beim Modelabel Street One) bereits ein extrem langfristiger Planungshorizont.

Abgleich mit den non-kommunikativen Maßnahmen

Kommunikation ist zwar das einzige Marketinginstrument, um Marketingentscheidungen im Markt sichtbar zu machen und in kaufentscheidende Wirkung umzusetzen. Aber: Kommunikative Maßnahmen alleine können ein Angebot meist nicht nachhaltig „verkaufen". Dazu gehört ein insgesamt markttauglicher Marketing-Mix.

Kommunikationspolitik kann ihre volle Wirkung nicht isoliert entfalten, sondern nur im synergetischen Miteinander mit den übrigen Marketing-Instrumenten in Form eines integrierten Marketing-Mixes. Dabei sollte die Kommunikation die übrigen Marketingaktivitäten für ein Angebot aufgreifen, sie ankündigen, vorbereiten, verstärken, sie qualifizieren und nachbearbeiten.

Stimmigkeit der Maßnahmen	Besonderes Augenmerk ist dabei zu richten auf die Stimmigkeit der kommunikativen Aussagen und Signale an den Markt mit denen, die von den anderen Marketing-Maßnahmen ausgehen. So sollte z.B. die Marketing-Entscheidung, ein Low-Price-Produkt im

Markt zu positionieren, sowohl bei der Namensgebung wie auch bei der visuellen Umsetzung in der Werbung berücksichtigt werden und dann z.B. nicht gerade die Anmutung von Wertigkeit und Exklusivität erwecken. Nicht umsonst liegen beispielsweise Welten zwischen den Verkaufsbroschüren eines Kleinwagens, z.B Nissan Micra, Dacia Logan oder Ford Kia und denen von Oberklassefahrzeugen wie Porsche Panamera, VW Phaeton oder Audi A8. Und auch die Werbung, das Warenangebot und die Sortimentsdarbietung von Discountern wie Aldi, Lidl oder Norma unterscheiden sich bewusst und wesentlich von Fachgeschäften, Boutiquen und Luxusläden – entsprechend dem Preis- und Leistungsangebot der angebotenen Produkte.

2.2 Angebotsprofil

Was soll als Angebot überhaupt vermarktet werden?　　　Leitfrage

Was kann es faktisch, was kann es nicht?

Was hat ein Kunde von dem, was das Angebot faktisch kann?

Was bietet es dem Kunden an Nutzen mehr als die Wettbewerbsangebote?

Diese Fragen stellt sich ein Käufer auch spätestens bei seiner Kaufentscheidung. Deshalb sollten Sie diese Fragen beim Konzept vorwegnehmen und möglichst ehrlich beantworten (bzw. beantwortet bekommen). Dazu dient dieser Abschnitt. Sie analysieren darin die Eigenschaften des zu vermarktenden Produkts/Angebots, für das die Kommunikationsstrategie letztendlich entwickelt werden soll. Das Ergebnis ist das sogenannte Angebotsprofil (Bild 7).

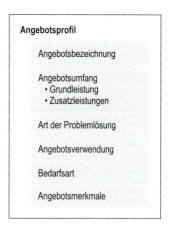

Bild 7 Das Angebotsprofil

Zunächst muss das Produkt erst einmal in seinen Kerneigenschaften kurz beschrieben werden. Damit wird zu Beginn klargestellt, was eigentlich vermarktet werden soll. Dabei ist auch zu bestimmen, ob es sich um ein Produkt im Sinne eines klassischen Konsumgutes handelt oder um ein Gebrauchsgut, ein Investitionsgut, ein System, eine Anlage und/oder eine Dienstleistung.

Natürlich kann auch ein Unternehmen, ein Verband oder jede andere Organisation als „Produkt" betrachtet werden, welches bei definierten Zielgruppen „vermarktet" werden soll (Unternehmens-/Imagewerbung).

Im weiteren Text wird als Synonym für die verschiedenen „Produktarten" generell der absatzwirtschaftlich etablierte Begriff „Angebot" oder ebenfalls synonym „Leistungsangebot" verwendet. Denn letztendlich geht es immer um eine zu vermarktende Leistung eines Unternehmens, die am Markt angeboten wird.

2.2.1 Angebotsbezeichnung

Sollte das Angebot bereits eine Namensbezeichnung aufweisen: Prüfen Sie diese auf ihre Kommunikationsfähigkeit hin. Ist sie verbesserungswürdig, sollte der Name – so noch machbar – modifiziert werden. Denn nicht selten entscheidet bereits die Qualität der Angebotsbezeichnung (Produktname) über Markterfolg oder Flop.

Namensgebung | Ist die Namensgebung noch nicht erfolgt bzw. sollte sie noch verändert werden können, gelten für die Wahl des Namens insbesondere folgende Kriterien:

Checkliste 2
Kriterien zur Wahl des Produktnamens oder der Angebotsbezeichnung

Kriterium für Namensgebung	Gutes Beispiel	Schlechtes Beispiel
1. Wie gut kommuniziert der Name den Angebotsnutzen/lässt er diesen assoziieren?	Handelsblatt	Praline
2. Wie gut repräsentiert er den Markenkern oder passt er dazu (über welche Kernleistung definiert sich die Marke, wofür steht die Marke im Markt)?	Lexus	Xsara
3. Wie einprägsam ist er, wie leicht ist er zu merken?	Polo	Hawesko
4. Lässt er sich gut aussprechen?	Persil	Daewoo
5. Hat er einen möglichst geringen Abstraktionsgrad?	Telekom	Evonik
6. Ist er eindeutig und irritationsfrei?	Software AG	November AG

7. Hat er eine positive Assoziationskraft? Wie stark?	Mon Cheri	Commerzbank
8. Wie eigenständig und unverwechselbar ist er?	Renntiger	Cruiser SX 10
9. Ist er evtl. international einsetzbar?	Apple	Pajero (span. unanständiges Wort)

Häufig wird ein Angebot nicht singulär vermarktet, sondern es steht in mehr oder weniger starker Anbindung zu oder Abhängigkeit von einem Sortiment. Eventuell zu beachtende Sortimentsaspekte eines Angebots sollten daher ebenfalls gleich zu Beginn dargestellt werden:

Anbindung an ein Sortiment

1. *Handelt es sich um ein singulär zu vermarktendes Angebot?*
   Dann kann sich die Kommunikation darauf konzentrieren, nur dieses spezifische Angebot herauszustellen, ohne Sortimentsaspekte berücksichtigen zu müssen!
   Beispiel: Windows 8, Nokia-Handy

2. *Handelt es sich um ein Angebot, das Bestandteil eines Sortiments ist?*
   Dann muss die Kommunikation eventuelle Sortimentsanbindungen prüfen und gegebenenfalls beachten bzw. mit herausstellen!
   Beispiel: Milka Lila Pause, Nivea Haircare

3. *Soll vielleicht sogar das Sortiment selbst im Mittelpunkt stehen, ist das Angebot nur eine Art „Aufreißer", um für das Sortiment Aufmerksamkeit zu wecken?*
   Dann muss auch die Kommunikation das Sortiment in den Mittelpunkt ihrer Argumentation stellen und das Angebot lediglich als – vordergründigen – Anlass nehmen, darüber zu „reden".
   Beispiel: Müller Milch oder auch Aktionswerbung eines Supermarktes

2.2.2 Angebotsumfang

In den meisten Fällen besteht ein Angebot nicht aus einem reinem Produkt, einem System oder einer Anlage, sondern auch aus zusätzlichen Leistungen, insbesondere aus dem Dienstleistungsbereich (Beratung, Finanzierungshilfen, Funktionsübernahmen ...). Auch kann eine Dienstleistung ein eigenständiges, vermarktungsfähiges Produkt sein! In vielen Branchen sind bzw. werden Dienstleistungen sogar zum Träger erfolgreichen Geschäfts (vgl. Umsetzungen 4 und 5).

Umsetzung 4 Anzeige des Flughafens München, in der sein Dienstleistungsangebot als Zusatznutzen vermarktet wird

Produkte, Systeme oder Anlagen sind hinsichtlich ihrer Grundfunktionen oder ihrem Grundnutzen (also den funktionalen, technischen, physikalischen oder chemischen Eigenschaften) mittlerweile häufig austauschbar. Objektiv-rationale Kaufpräferenzen können daraus kaum noch abgeleitet werden. Deshalb können heute in vielen Märkten oder Branchen nur noch Zusatzleistungen (zum Beispiel ästhetische Eigenschaften oder Umweltaspekte) und ganz besonders Dienstleistungen zur Leistungsdifferenzierung gegenüber Wettbewerbsangeboten herangezogen werden.

Austauschbarkeit von Produkten

Anders ausgedrückt: Bei den heute vorherrschenden gesättigten Marktsituationen mit hoher Austauschbarkeit der Anbieter und Angebote kann der Kaufentscheider objektive Entscheidungskriterien und Kaufpräferenzen oft nur noch aufgrund angebotener Dienst- und Zusatzleistungen bilden. Verbunden mit der extremen Informationsüberflutung entscheidet er sich vermehrt auf Basis subjektiver Entscheidungskriterien, zum Beispiel den bei ihm vorhandenen Angebots- und/oder Anbieterimages.

Umsetzung 5 Anzeige der Deutschen Bank zur Vermarktung
ihrer Beratungsdienstleistung

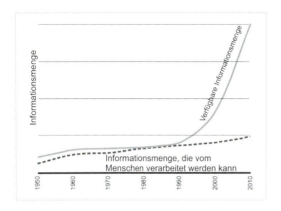

Bild 8 Informationsüberflutung erhöht Problematik, mit Kommunikation
wahrgenommen zu werden (Quelle: http://tippingpointlabs.com/2010/
10/20/chart-of-the-week-the-information-overload-paradox/)

Ihre Kommunikationsstrategie muss oft eine eigentliche „Neben-leistung" oder eine Zusatzleistung eines Angebots stark herausstel-len, mit dem Ziel, das eigentliche Angebot überhaupt noch Wett-bewerbs-differenzierend positionieren und erfolgreich vermarkten zu können. Emotionen und Images werden als kaufentscheidende Kriterien immer wichtiger und ersetzen rationale Kaufentschei-dungen. Aus der Neuromarketingforschung weiß man, dass Kauf-entscheidungen bis zu 80 % emotional beeinflusst sind – auch im B2B-Bereich!

Ein Beispiel dazu zeigt Umsetzung 6.

Monique Kochems, 13 Jahre

„Mein Vater macht für tolle Autos eine Federung aus Luft."

Der Vater von Monique entwickelt gemein-sam mit Automobilherstellern neuartige Feder-Dämpfer-Systeme, die Autofahren komfortabler und sicherer machen.

Wir gehören zu den erfolgreichsten inter-nationalen Automobilzulieferern.

Jürgen Kochems und seine Kollegen von ThyssenKrupp haben in Zusammenarbeit mit Automobilherstellern ein völlig neuartiges elektronisch geregeltes Dämpfersystem mit Luftfederung entwickelt. In Sachen Sicherheit und Komfort setzt es Maßstäbe. Als weltweiter Partner der Automobilindustrie liefern wir Komponenten, Module und Systeme sowie umfassende Dienstleistungen aus einer Hand.

Solche Systemlösungen sind weltweit gefragt. Auch darum ist ThyssenKrupp ein Investment

Wir entwickeln die Zukunft für Sie.

ThyssenKrupp

Umsetzung 6
Beispiel aus der Firmenimagekampagne der ThyssenKrupp AG

In Ergänzung zur Namensproblematik und der Sortimentsanbindung sollten Sie deshalb klären:

Welche Zusatz- und Dienstleistungen sind im Angebot enthalten und welche Wertschätzung genießen sie beim Kunden? Leitfrage

2.2.3 Art der Problemlösung

Grundsätzlich gilt: Nicht Produktmerkmale werden gekauft, sondern die daraus resultierenden (insbesondere auch emotionalen) Vorteile/Nutzen, die sich der Käufer vom Erwerb eines Angebots erwartet. Gekauft wird also z.b. der HD-LED-Fernseher nicht wegen seiner 200-Hz-Bildtechnik, sondern wegen des unter anderem daraus resultierenden flimmerfreien Bildes.

Stellen Sie deshalb klar, welches Kundenproblem durch das Angebot gelöst werden kann, welches Bedürfnis befriedigt wird, welche seiner Erwartungen der Nachfrager damit erfüllen könnte, welche Befindlichkeiten und Gefühlswelten verbessert und welcher bisherige Nachteil dadurch beseitigt werden kann. Der Kundennutzen muss nicht immer finanzieller Natur sein. Er kann auch darin bestehen, umfangreicheren oder intensiveren Genuss zu erleben, einer Gruppe, Szene oder einem Club anzugehören oder – schlicht und ergreifend – es einfach nur mal bequemer zu haben oder sich irgendwie gut/besser zu fühlen.

2.2.4 Angebotsverwendung

Wie, wo, wozu und wann wird das Angebot verwendet, eingesetzt oder verbraucht:

1. Von Einzelpersonen oder von Gruppen?
2. Zu Hause, im Beruf, in der Freizeit?
3. In welchen Unternehmen?
4. In welchen Branchen?
5. In welchen Ländern und Wirtschaftsräumen?
6. Welche Art und Weise der An-/Verwendung?
7. Zeitpunkt und Zeitraum der An-/Verwendung?
8. Mit welchen verbundenen Gefühlen und involvierten Gefühlswelten?

Checkliste 3
Wie, wo, wozu und wann wird das Angebot verwendet?

Aus dieser Betrachtung können Sie bereits entscheidend auf Bedarfsträger schließen (Input für Kapitel 2.8) und entsprechende Konsequenzen ableiten für die Definition der Zielgruppen und deren wirkungsvolle Ansprache.

2.2.5 Bedarfsart

Ein weiterer wichtiger Aspekt im Angebotsprofil ist der Bedarf, der mit dem Angebot bedient werden kann. Handelt es sich dabei um

Checkliste 4
Definition der
Bedarfsart

1. Erstmaligen Bedarf (Erstkäufer, z.B. das erste Auto)?
2. Wiederholten Bedarf (Wiederkäufer, Markentreue, z.B. der mittlerweile dritte BMW)?
3. Modifizierten Wiederkauf (leicht veränderter Bedarf, Wiederkäufer, hohe Markentreue, z.B. ein neuer BMW, diesmal aber nicht der 3er, sondern ein 5er und nicht Barkauf, sondern Leasing)?
4. Routinebedarf (Routinebeschaffung, oft formalisiert, Routinekäufer, hohe Markentreue, z.B. der regelmäßige Kauf von BMW-Fahrzeugen durch ein Mietwagenunternehmen)?
5. OEM-Bedarf (Original Equipment Manufacturer, Fertigungsbedarf, z.B. von BMW als PKW-Hersteller an einem elektronischen Steuergerät von Bosch für das Motormanagementsystem eines BMW)?
6. Ersatzbedarf (Servicebedarf, Altkunde, z.B. ein BMW-Ersatzteil)?
7. Reservebedarf (Sicherheitsaspekt, Altkunde, z.B. Ersatzsicherungen für BMW-Sicherungskasten)?
8. Wohlfühlbedarf/Belohnungsbedarf (Steigerung positiver Befindlichkeit (z.B. Anerkennung, Stolz), Überwindung negativer Befindlichkeit (z.B. Frust, Angst))
9. Latenten Bedarf (Noch kein angebotsrelevantes Problembewusstsein bzw. Mangelempfinden vorhanden, z.B. noch kein Bedarf an einem BMW-Navigationssystem)?

Auch aus dieser Betrachtung können Sie bereits Rückschlüsse auf Art und Einstellung bestimmter späterer Zielgruppen ziehen, zum Beispiel über deren Vorwissen, Erfahrungen, Gefühle, Befindlichkeiten, Kaufverhalten oder ihre Risikobereitschaft. Tabelle 2 stellt wesentliche Grundzusammenhänge dar:

2.2.6 Angebotsmerkmale

Hier müssen Sie nun – oft mit viel Fleiß und Ausdauer – dem zu vermarktenden Angebot so richtig auf den Grund gehen! Insbesondere müssen Sie die vielen Merkmale und Eigenschaften eines Angebots analysieren und hinsichtlich ihrer Nutzenstiftung für potenzielle Käufer/Verwender hinterfragen. Denn niemand kauft ein Produkt wegen seiner Merkmale/Eigenschaften. Geld auszugeben ist jemand nur für individuelle Vorteile bereit, die er/sie sich von bestimmten Merkmalen/Eigenschaften des Produkts ableiten kann und somit erhofft. Und auch solche Vorteile eignen sich weder automatisch noch in gleichem Maße für eine erfolgreiche Vermarktung. Sie eignen sich nur dann, wenn sie vom Kaufent-

Tabelle 2 Bedarfsarten und ihre Konsequenzen

Bedarfsart	Kaufrisiko			Vorwissen		Markentreue		
	Hoch	Mittel	Niedrig	Anbieter	Angebot	Hoch	Mittel	Fraglich
Erstbedarf				Gering bis keines	Eher gering			
Wiederholter Bedarf				Ja	Ersterfahrung			
Modifizierter Bedarf				Ja	Ersterfahrung			
Routinebedarf				Gefestigt	Gefestigt			
OEM-Bedarf	Bei Erstent-scheidung	Bei Folgeent-scheidung	Bei Routine-entscheidung	Pflicht, mittel bis hoch	Pflicht, hoch			
Ersatzbedarf				Gering-mittel	Frühere Erfahrung	Wenn zufrieden		Wenn unzufrieden
Reservebedarf	Bei Erstent-scheidung	Bei Folgeent-scheidung	Bei Routine-rntscheidung	Fraglich	Frühere Erfahrung			
Latenter Bedarf				Zufällig	Keines			
Wohlfühlbedarf	Risiko ist abhängig von Vorerfahrungen			Beides kann, muss aber nicht		Unbestimmt		

Bedarfsart	Kundenart				Besonderes
	Neukunde	Gelegenheits-kunde	Stammkunde	Konkurrenz-kunde	
Erstbedarf					Beim Bedarfsträger sind oft noch Wissenslücken bzgl. Anbieter/Angebot vorhanden. Diese beheben und der Unsicherheit "des ersten Mals" durch Imagekommunikation entgegenwirken.
Wiederholter Bedarf					
Modifizierter Bedarf					Mediale Kommunikation kann für diese Bedarfsträger auf kundenbindende Maßnahmen/Botschaften reduziert werden!
Routinebedarf					
OEM-Bedarf					Angebot/Marke wird beim Endkunden/-anwender meist nicht mehr sichtbar. Kann aber als Imageaufwertung des OEM-Produkts verwendet werden, wie z.B. bei "Intel inside".
Ersatzbedarf					Konkret angebotsbezogene Kommunikation greift meist noch nicht, erst muss Problembewusstsein/Bedürfnis geweckt werden.
Reservebedarf					
Latenter Bedarf					
Wohlfühlbedarf					Oft nicht rational; kann auch Erst- oder wiederholter oder Ersatz- oder Routinebedarf sein (z.B. Zigaretten)

scheider hinreichend wertvoll (auch immateriell/non-monetär) im Verhältnis zum Produktpreis bewertet werden. Das im Wettbewerbsvergleich „Wert"-vollere Angebot wird bevorzugt den Zuschlag erhalten. Analysieren Sie das Angebot deshalb so konkret wie nur möglich, um herauszufinden, ob es überhaupt deutliche Wettbewerbsvorteile des Angebots gibt, und falls ja, welche. Im Einzelnen analysieren Sie dazu:

- die direkten Merkmale/Eigenschaften des eigenen Angebots (gemäß Checkliste 5),
- die für das Angebot relevanten Kernelemente der anderen Marketing-Instrumente,
- die Kundennutzen, die aus den diversen Merkmalen bzw. Eigenschaften resultieren.

Danach führen Sie eine

- analoge Analyse der relevanten Konkurrenzangebote durch und
- vergleichen dann die Leistung des eigenen Angebots mit den Leistungen der Konkurrenz-Angebote (Bild 9).

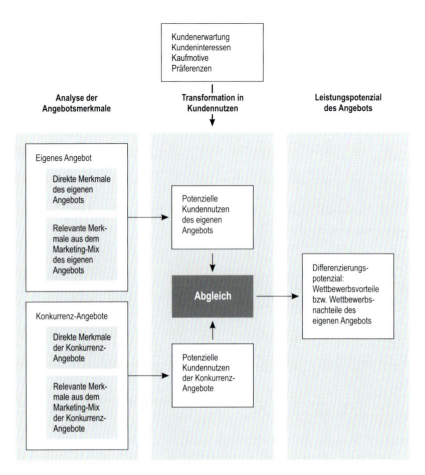

Bild 9 Kompetitiver Angebotsabgleich

Aus diesem Abgleich erkennen Sie dann die Wettbewerbs- und Differenzierungspotenziale ihres Angebots.

Prüfen Sie, bei welchen Merkmalen sich Ihr Angebot besonders auszeichnet und stellen Sie deutlich heraus, ob und falls ja, welchen Nutzen der Käufer/Verwender davon hat.

Die Analyse der Merkmale macht sichtbar, was ein Angebot objektiv kann. Betrachten Sie als nächstes, ob aus den anderen Marketing-Instrumenten heraus weitere Angebotsvorteile abgeleitet werden können.

Die Analyse der direkten Angebotsmerkmale/-eigenschaften umfasst fünf Merkmalskategorien:

- Die technischen Merkmale/Eigenschaften
- Die funktionalen Merkmale/Eigenschaften
- Die ästhetischen und immateriellen Merkmale/Eigenschaften
- Die wirtschaftlichen Merkmale/Eigenschaften
- Die Umweltmerkmale/-eigenschaften

Die technischen Merkmale decken im Wesentlichen ab:

1. physikalische, chemische, werkstofftechnische Merkmale
2. Leistungsklassen/-größen
3. Materialbeschaffenheit, Belastbarkeiten
4. Energieverbrauch
5. Wirkungsgrad
6. Zertifizierungen usw.

Technische Merk-
male/Eigenschaften

Bei den funktionalen Merkmalen geht es zum Beispiel um

7. Art der Anwendung/Verwendung
8. Einsatzgebiete
9. Integration/Integrierbarkeit in vorhandene Systeme/ Kompatibilität
10. Bedienbarkeit
11. Größe, Handling
12. Ergonomie
13. Dokumentation
14. Haltbarkeit usw.

Funktionale Merk-
male/Eigenschaften

Unter ästhetische und immaterielle Merkmale fallen beispielsweise

15. die optische Anmutung
16. haptische Eigenschaften
17. Designqualität
18. Zeitgeist (Trends, Farben, Formen …)
19. Wertigkeit, Anmutung, Ausstrahlung
20. Wertebezug
21. Markenbekanntheit, Exklusivität, Kultcharakter.

Ästhetische und
immaterielle Merk-
male/Eigenschaften

Bei den wirtschaftlichen Merkmalen werden u.a. betrachtet

22. Angebotspreis, Preispolitik
23. Preis-/Kostentransparenz
24. Amortisation, Lebensdauer, Qualität
25. Finanzierung, Kontrahierung
26. Folge-/Unterhaltskosten
27. Return-on-Investment (ROI)
28. Total-Cost-of-Ownership usw.

Wirtschaftliche
Merkmale/Eigen-
schaften

Teil der Kategorie „Umweltmerkmale" sind etwa

29. Inhaltsstoffe, Umweltverträglichkeit
30. Abfallstoffe, Entsorgung
31. Energiebilanz, Nachhaltigkeit
32. Produktionsprozess
33. Recyclingmöglichkeit
34. externe Effekte usw.

2.3 Angebotsrelevante Merkmale aus dem Marketing-Mix

Für einen Vermarktungserfolg können auch Eigenschaften des Marketing-Mix um ein Angebot herum entscheidend sein. Beispielsweise ein außergewöhnliches oder besonders pfiffiges Vertriebskonzept (Distributionspolitik) wie bei Dell-Computern, das den üblichen Einzelhandelskanal überwiegend komplett umgeht. Oder reine Online-Vertriebsformen wie amazon.de. Oder besonders vorteilhafte Finanzierungsangebote (Kontrahierungspolitik), beispielsweise eine 0%-Finanzierung beim Kauf eines neuen PKW. Oder Dienstleistungen wie Liefer- und Zustelldienste, z.b. bei Tiefkühl-Lebensmitteln oder Getränken. Das heißt: Nicht nur das Angebot selbst ist zu analysieren, Sie sollten auch den damit verbundenen Marketing-Mix auf potenzielle, angebotsrelevante Nutzen- und Wettbewerbsvorteile hin untersuchen. Bewerten Sie bemerkenswerte Aspekte hinsichtlich ihrer Kundennutzen. Vergleichen Sie diese mit den Nutzen der Konkurrenzangebote (Bild 9), so stellen Sie fest, ob daraus markt- bzw. kundenrelevante Wettbewerbsvorteile oder eventuell sogar signifikante Wettbewerbsnachteile resultieren.

2.3.1 Absatz-, Preis- und Servicepolitik

Im Vermarktungsprozess sind oft absatzpolitische Aspekte entscheidend:

1. Wie ist zum Beispiel der Absatz organisiert, wie kommt also das Angebot zum Käufer bzw. Kaufentscheider (Vertriebsweg direkt ohne Absatzmittler, z.B. Fabrikverkauf, oder indirekt über zwischengeschaltete Handelsstufen – vgl. auch Bild 10)
2. Wo und wie schnell ist das Angebot erhältlich, in welchen Packungsgrößen, Verpackungseinheiten, in handelsüblichen Blister-Verpackungen (z.B. kleine Haushaltsartikel), als vorverpacktes Geschenk (z.B. im Parfumbereich) oder als lose Ware ...?

3. Wie sind die Lieferzeiten, eventuelle Serviceleistungen oder Funktionsübernahmen (zum Beispiel Regalbestückung im Warenhaus durch den Lieferanten) seitens des Anbieters, wie ist dessen Lagerhaltungspolitik (Zentrallager, Zwischenlager, Fertigung on Demand/Auftragsfertigung), erfolgt Exklusivvertrieb, gibt es saisonale Besonderheiten usw.?

4. Wie ist das Angebot preislich gegenüber den Mitbewerberangeboten positioniert?

5. Wer ist Preis-, wer Kosten-, wer Technologie-, wer Qualitäts-, wer Markt- und wer Imageführer?

6. Steht die Preispolitik mit der Angebotsleistung (Preis-Leistungs-Verhältnis) für den Nachfrager im Einklang, ist entsprechende Preisakzeptanz gegeben, oder muss der Angebotspreis durch Leistungsnachweise explizit begründet oder durch emotionale Wertigkeit aufgeladen werden?

7. Gibt es eine Marktsegmentierung nach preispolitischen Kriterien bzw. wäre es sinnvoll, eine vorzunehmen?

8. Gibt es Besonderheiten im Kontrahierungs-Mix, z.B. Rabatte, Skonti, Finanzierungsangebote usw.?

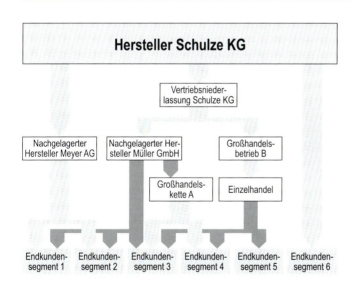

Bild 10 Analysebeispiel Absatz- und Vertriebswege (Distributionslandkarte)

Oft machen heute nur noch Dienstleistungen Angebote objektiv unterscheidbar und geben den Ausschlag für die Kaufentscheidung. Besonders wichtig sind dazu Serviceleistungen, Wartung und

Kundendienst, Beratung und Finanzierungshilfen. Auch Flexibilität bei der Vertragsgestaltung kann den Ausschlag geben. Die Möglichkeiten reichen von Bartergeschäften, der modernen Form des Naturalienhandels (ein PC-Hersteller verkauft Computer in ein Entwicklungsland und nimmt als Bezahlung ein Produkt dieses Landes entgegen, z.B. Bananen. Diese verkauft er an einen Bananenimporteur weiter und erwirtschaftet so seinen Erlös) bis hin zu BOT-Modellen (Build-Operate-Transfer, wenn z.b. ein Kraftwerks-Hersteller die Anlage nicht mehr unmittelbar an eine Kommune verkauft, sondern nach der Errichtung Eigentümer bleibt, das Kraftwerk zunächst auch selbst betreibt und den erzeugten Strom an die Kommune verkauft, bis das Kraftwerk „abbezahlt" ist und schließlich in kommunales Eigentum übergeht).

2.3.2 Branding und Markenpolitik

Ein besonders bedeutender Teil eines Unternehmensvermögens (Asset) hinsichtlich Vermarktungs- und Angebotswert stellen in der Regel Marken dar. Gerade bei hoher Austauschbarkeit substanzieller Angebotsleistung, bei starker Informationsüberflutung der Entscheider und geringer Markttransparenz werden Marken (Brands) zur subjektiven Angebotsbewertung herangezogen. Sie wirken oft als entscheidendes Differenzierungs- und Kaufentscheidungskriterium im Wettbewerb. Deshalb sind Produkt- bzw. Unternehmensmarken einer der wichtigsten, wenn auch eher immateriell zu betrachtenden Vermögenswerte eines Unternehmens, die zum Teil ob ihrer Kundenbedeutung für enormes Geld gehandelt werden. So zahlte Adidas 2005 für den Erwerb des Mitbewerbers

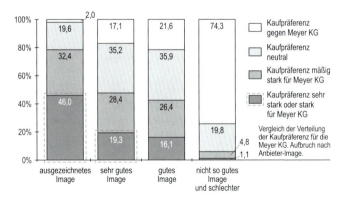

Bild 11 Beispiel für Zusammenhang zwischen Anbieter-/Markenimage und Kaufpräferenz

Reebok und seiner Markenrechte nicht umsonst 3,1 Mrd. Euro. Marken sollen Angebote „markieren" und für Kontinuität und Wiedererkennung sorgen, von der Bekanntmachung bis zur Verwendung, vom Regal bis zur Entsorgung. Sie sind sichtbarer Ausdruck sogenannter „Markenartikel", besitzen starke Imagewirkung und lösen beim Nachfrager häufig besonders positive Emotionen und Assoziationen aus bzgl. Qualität, Zuverlässigkeit, Kontinuität und anderen präferenzbildenden „Angebotsvorstellungen". Bei guter Ersterfahrung seitens des Käufers, zugewiesener Qualität und entsprechender Reputation schaffen Marken beim Entscheider stabiles Vertrauen (Bild 11). Wie Marken in Szene gesetzt werden, zeigen die Umsetzungen 7 und 8.

Marke ist jedoch mehr als ein gestaltetes Firmenlogo! Eine Marke entsteht erst in den Augen des Konsumenten/Kunden, indem ihm ein „markiertes Angebot" kontinuierlich und mit hoher inszenatorischer und formaler Disziplin kommuniziert wird und die Erwartungen der Nachfrage an eine Marke (Qualität, Preis-Leistung-Verhältnis, Erhältlichkeit, Wertekonformität u.a.) erfüllt werden. Dies ist notwendig, um ein derart positives Markenimage und so hohe Markenbekanntheit zu erreichen, dass sich die Marke im Wettbewerb der Marken um Kundenpräferenz durchsetzt (in Deutschland werden schätzungsweise etwa 70.000 bis 90.000 Marken aktiv geführt!). Gerade im sogenannten Zeitalter der Algorithmen (Web 2.0), mit Suchmaschinen wie Google, sind Marken und ihre Auffindbarkeit (durch Top-Positionen im Ergebnisranking) wesentli-

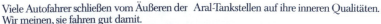

Viele Autofahrer schließen vom Äußeren der Aral-Tankstellen auf ihre inneren Qualitäten. Wir meinen, sie fahren gut damit.

Ihr Autopartner. ARAL

Umsetzung 7 Inszenierung einer Marke ohne Produkt am Beispiel ARAL

Umsetzung 8 Inszenierung einer Marke mit Produktpräsentation am Beispiel Ralph Lauren

che Such- und Erwartungskriterien. Mit den Vernetzungsfunktionen der Applikationen (z.B. Facebook) und den entstandenen interaktiven Mitteilungs-, Bewertungs- und Austauschmöglichkeiten der Konsumenten (z.B. eBay, Amazon, idealo.de usw.) steigt aber auch gerade für Markenartikler die Notwendigkeit zur Qualität.

Kaum etwas ist für eine Marke und deren Absatz schlimmer als eine miserable Bewertung im Netz oder in Warentests (wie objektiv diese auch immer sein mögen). Immer weniger Menschen buchen z.B. heute noch Hotels, ohne sich vorher im Internet die Bewertungen der Häuser durch frühere Gäste anzusehen. Schlechte Bewertungen verbreiten sich in Communities oft in rasender Geschwindigkeit (viral) und sind nicht revidierbar – was einmal im Netz ist, bekommt man nicht mehr heraus. Und noch so gutes und aktives Marketing kann einmal erfolgte Negativurteile nicht wieder rückgängig machen!

Bild 12 verdeutlicht den Wettbewerb der Marken.

Im Wesentlichen unterscheidet man zwei Arten der Markenpolitik: die Einmarken-, oft auch als Dachmarkenpolitik, sowie die Mehrmarkenpolitik, oft auch als Produktmarkenpolitik bezeichnet.

Einmarkenpolitik Bei der Einmarkenpolitik werden unter einer Marke – sehr oft ist der Firmenname darin enthalten – alle Angebote des Unternehmens vermarktet (z.B. Philips). Hauptvorteil ist die leichtere und wesentlich kostengünstigere Marken-Einführung in die relevanten

Bild 12 Wettbewerb der Marken (Quelle: http://www.business.uzh.ch/professorships/market-research/teamoverview/teamnews/brands.jpg)

Märkte und die andauernde Markenpflege in ihnen. Allerdings hängt das Markenimage dann auch mehr oder minder direkt vom Angebot ab. So können Angebotskrisen auf die Marke negativ bis vernichtend durchschlagen – so erlebt beim Elchtest zur Einführung der Mercedes A-Klasse, dem Ungeziefer-Skandal um Müller-Brot (Umsetzung 9) usw. Solche Imagegefährdungen und -verluste wirken bei der Einmarkenpolitik unmittelbar auf das Gesamtimage des Unternehmens zurück.

Umsetzung 9 Ein Skandal reicht, um bei einer Einmarkenpolitik das ganze Unternehmen in die Insolvenz zu stürzen

Mit Hilfe einer Marke haben Sie die ausgezeichnete Möglichkeit, ein Angebot psychografisch gegenüber Wettbewerbsangeboten wirksam zu differenzieren. Ganz wichtig ist es aber, dass Sie prüfen, ob Angebotsart und -leistung auch zum vorhandenen oder angestrebten Markenprofil passen.

Eine weitere Gefährdung der Marke resultiert aus den Dezentralisierungs- und Vertikalisierungsbestrebungen vieler Unternehmen. Es werden kleinere und operativ selbständigere Unternehmenseinheiten gebildet, die alle unter der einen Marke auftreten sollen, aber mit der Zeit zwangsläufig Eigenleben und Differenzierungswillen entwickeln – gerade im formalen Bereich. Der Wunsch nach Submarken, Bereichs-Logos, Produktmarken, irgendwelchen Sonder- und Aktionszeichen ist die Folge. Diese aber kannibalisieren zwangsweise eine Unternehmensmarke, ihren Wert, ihre Prägnanz, ihre Wettbewerbskraft und beeinflussen sie damit negativ bis hin zur Vernichtung durch totale Fragmentierung.

Mehrmarkenpolitik

Bei der Mehrmarken- bzw. Produktmarkenpolitik (zum Beispiel Unilever oder Autohersteller VW) werden die verschiedenen Angebote oder zumindest Angebotsgruppen mit eigenen Markennamen (VW, Audi, SEAT, Skoda, Porsche, Bentley u.a.) versehen und

Bild 13 Beispiel für Mehrmarkenpolitik im Nahrungsmittelbereich (Quelle; http://blogs-images.forbes.com)

markentechnisch geführt und vermarktet, so dass der Hersteller oft überhaupt nicht mehr bewusst vom Nachfrager als dahinter stehender Anbieter identifiziert wird.

Diese Markenpolitik erfordert natürlich ungleich mehr Investment in Markenetablierung und -pflege, da ja statt einer Marke beliebig viele Produktmarken entwickelt und geführt werden müssen. Allerdings bleiben der Hersteller und seine anderen Marken von Imagegefährdungen durch Probleme einer einzelnen Marke normalerweise weitgehend verschont. Außerdem gestattet dieses Konzept, seine Produkte in verschiedenen Preissegmenten (Marktsegmentierung, Preisdifferenzierung) anzubieten, die unter dem Dach einer Marke kaum konsistent und damit irritationsfrei Platz hätten.

Wie schwierig irritationsfreie Präsentation von Marken sein kann, belegt Umsetzung 10.

Umsetzung 10 Markenirritation: Wer stellt hier aus? Die Firma Binder oder Garry? Eigentlich ist Garry nur ein Subunternehmen der Binder Group, allerdings belegt Garry den dominanten Messeteil an der Hauptlaufrichtung der Besucher, und das Innenverhältnis der beiden Unternehmen wird auch auf dem Stand für den Besucher nicht erkennbar aufgelöst.

Da beide Strategien Vorteile und Nachteile haben (zum Beispiel bei der Möglichkeit von Imagetransfers), sollten Sie prüfen, ob sich aus der vorgegebenen Markenpolitik Wettbewerbsvorteile ergeben könnten oder nicht.

Andere Strategien Gerade zum aktuell intensiv wiederentdeckten Thema Branding existieren viele weitere Begrifflichkeiten. So werden auch Dachmarken-, Zweitmarken-, Handelsmarken- und Gemischtstrategien beschrieben, sowie unterschiedlich gewichtete Marken-Allianzen (Cobranding). Eine umfassendere Darstellung der Markentheorie würde jedoch für dieses Buch zu weit führen, umso mehr, als aktuelle Fachliteratur zu Handelsmarketing, Branding und Markenpolitik reichlich verfügbar ist (z.b. das „Jahrbuch Markentechnik").

Nach Analyse der Angebotsmerkmale und Differenzierungspotenziale sollten Sie nun Stellenwert und strategische Bedeutung des Angebots für das Sortiment und das Unternehmen klären.

2.4 Markt- und Wettbewerbskonstellation

Neben dem Angebotsprofil ist für die Ausarbeitung einer Kommunikationsstrategie eine möglichst genaue Kenntnis des Marktes und seiner Wettbewerber unerlässlich, um sich gezielt differenzieren und profilieren zu können. Deshalb ist dieser Abschnitt für Sie vielleicht sogar oft auch der Einstieg in den gesamten Planungsprozess. Denn er liefert Informationen, die Sie auch bei der Angebotsanalyse berücksichtigen müssen, beispielsweise, wer überhaupt die relevanten Wettbewerber sind. Die Abschnitte 2.2 bis 2.7 ergänzen sich, dürfen also nicht als isolierte Abschnitte verstanden werden, sondern müssen miteinander vernetzt angegangen und umgesetzt werden!

2.4.1 Marktstrukturen

Marketing bedeutet Unternehmensführung vom Markt her. Und das erfordert Marktkenntnis. Das bedeutet, Sie müssen die Marktstrukturen kennen, die Marktteilnehmer und die wesentlichen Kennzahlen zur Marktklassifizierung. Analysieren Sie dazu den Markt und beschreiben Sie ihn in seinen wesentlichen Merkmalen, sofern diese für die Vermarktungsaufgabe relevant und für die Kommunikationsplattform erforderlich sind, weil sie Auswirkungen auf nachgelagerte Entscheidungen im Kommunikationskonzept haben.

Marktteilnehmer

Märkte werden geprägt von denen, die an ihnen teilnehmen. Deshalb sind zu Beginn dieser Konzeptphase zunächst die wesentlichen Marktteilnehmer zu eruieren. Dazu gehört das eigene Unternehmen bzw. Ihr Auftraggeber ebenso wie die Mitbewerber. Aber auch relevante Institutionen, Absatzmittler, Bedarfsträger, Kunden usw. sind einzubeziehen. Bei den Mitbewerbern ist zu differenzieren zwischen Mitbewerbern:

1. im Sortimentssegment bzw. in der Branche (z.b. Computer)
2. im Angebots-/Marktsegment (z.b. Notebooks)
3. mit Substitutions-Angeboten (z.b. Tablets/Smartphones)

Zudem wäre es strategisch ratsam, die wesentlichen Wettbewerber auf ihr Bedrohungspotenzial hin zu bewerten:

....

1. Wie groß sind die Mittbewerber (Mitarbeiterzahl, Umsatz, Anzahl Outlets usw.)?
2. Welche Kapitalstärke haben sie (Ressourcen, Eigenkapitalquote, Kapitalverteilung usw.)?
3. Welche Marktstellung nehmen sie ein (vorhandene oder absehbare Marktbeherrschung, Marktpräsenz)?
4. Welche Imageposition haben sie bei Kunden und anderen relevanten Zielgruppen (Stärken, Schwächen, Lücken)?
5. Wie ist ihr bisheriges Marktverhalten (Aggressivität, Passivität, aktiv oder reaktiv, kooperativ, usw.)?

....

Checkliste 7
Bedrohungspotenzial
der Wettbewerber

Aus diesen Informationen können Sie eine Rangfolge erstellen, aus der die Mittbewerber ersichtlich werden, auf die Sie das größte Augenmerk zu richten haben, da sie die gefährlichsten, weil mächtigsten oder besonders schnellen, flexiblen Gegner im Markt sind. Diese Wettbewerber sind von Ihnen nachfolgend auch bei anderen Entscheidungen in besonderem Maße zu berücksichtigen. Zum Beispiel bei Überlegungen zur Positionierung, bei der Erwägung möglicher Differenzierungs-Strategien, bei Szenarien angenommener Konkurrenzreaktion auf eigene Aktivitäten und bei der Bewertung der eigenen Vermarktungsziele.

Will ein Unternehmen beispielsweise „schneller wachsen als der Markt", so ist ein Marktanteilsabzug von den stärksten Mitbewerbern oft eine Bedingung zur Zielerreichung. Dazu muss aber bekannt sein, wer die stärksten Konkurrenten sind.

Über die Marktteilnehmer hinaus ist es notwendig, die wesentlichen Kennzahlen zu wissen, die einen Markt charakterisieren, und entsprechende strategische Schlussfolgerungen daraus zu ziehen.

Marktpotenzial

Das Marktpotenzial – ausgedrückt in Mengen (zum Beispiel Stück) oder in Wert (zum Beispiel €) – gibt an, was ein Markt maximal (= 100 % Marktdurchdringung) hergibt (Bild 14). Als Kennzahl

Bild 14 Marktkennzahlen

dient es zur Beurteilung der maximalen Marktgröße und, zusammen mit Nachfragewachstum, Marktvolumen und Lebenszyklus-Betrachtungen, zur Beschreibung der Marktattraktivität.

Marktvolumen

Das Marktvolumen repräsentiert den Teil des Marktpotenzials, der von allen Anbietern zusammen bereits absatz- bzw. umsatzmäßig abgeschöpft wird. Der Quotient [Marktvolumen : Marktpotenzial] gibt den Grad der Marktausschöpfung an. Je größer dieser Wert ist, desto geringer – und damit meist auch unattraktiver – sind die noch nicht realisierten Vermarktungsmöglichkeiten bzw. noch nicht ausgeschöpften Marktsegmente. Beispiel: Marktpotenzial 200.000 Stück, Marktvolumen 50.000 Stück; Marktausschöpfung = 50.000 : 200.000 = 0,25 – das entspricht 25%, gleichbedeutend mit noch 75% vorhandenem, erschließbarem Potenzial).

Absatzvolumen

Das Absatzvolumen gibt die von einem Unternehmen in der betrachteten Zeitperiode (üblicherweise Geschäfts- oder Kalenderjahr) abgesetzte Menge eines Angebots in Stück an. In Geldeinheiten spricht man vom Umsatzvolumen. Setzen Sie für einen bestimmten Markt das Absatzvolumen eines Unternehmens (z.B. 1.000 Stück) in Beziehung zum Marktvolumen (z.B. 50.000 Stück), bekommen Sie den Marktanteil dieses Unternehmens (z.B. 1.000 : 50.000 = 0,02, d.h. 2% Marktanteil).

Marktanteile

Marktanteile sind wohl die gebräuchlichsten Kennziffern zur Marktbeschreibung. Allerdings sagen sie alleine nichts über den Erfolg oder die Zukunft eines Unternehmens oder eines Angebots aus. Der Marktanteil gibt lediglich die momentane Aufteilung des Marktvolumens auf die verschiedenen Anbieter an, erfasst in Prozent (prozentualer Marktanteil) oder absolut in abgesetzten Mengen (Stückzahl) bzw. wertmäßig (Umsatz).

Beim relativen Marktanteil bezieht man den Marktanteil eines Unternehmens auf den des jeweils größten Wettbewerbers (oder des zweitgrößten, wenn man selbst der größte Anbieter ist) in einem betrachteten Markt(segment). Er wird insbesondere bei der Portfolioanalyse (Geschäftsfeldplanung) verwendet und dient – in Beziehung gesetzt zum Marktwachstum – zur strategischen Beurteilung eines Geschäftsfelds oder eines Angebots (vgl. Kapitel 2.2). Ist ein Unternehmen nicht das größte, ist sein relativer Marktanteil < 1, ist es selbst der größte Anbieter, ist sein relativer Marktanteil > 1; im Sonderfall relativer Marktanteil = 1 ist ein Unternehmen genauso groß wie sein größter Mitbewerber. Beispiel: Marktanteil Unternehmen A = 8 %, Marktanteil des größten Wettbewerbers = 10 %; relativer Marktanteil Unternehmen A = 8 % : 10 % = 0,8.

Wie man Marktanteile grafisch darstellt, zeigt Bild 15.

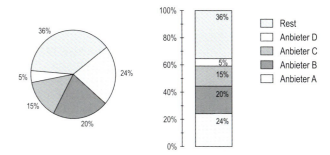

Bild 15 Darstellung Marktanteile

Marktsegmente

Märkte werden üblicherweise in Marktsegmente unterteilt. Diese stellen Teilmärkte dar, die hinsichtlich bestimmter Kriterien wie zum Beispiel Branche, Unternehmensgröße, Mitarbeiterzahl, Vertriebsstruktur, Preisstellung oder Abnehmerstruktur definiert werden und relativ homogen sind und daher ohne differenzierte Vermarktungsstrategie weitgehend einheitlich angegangen werden können.

Das bewusste Suchen gleichartiger Marktsegmente zur undifferenzierten Marktbearbeitung auf internationaler Ebene wird mit dem Schlagwort „Globalisierung" bezeichnet. Im Zusammenhang mit der Formulierung von Vermarktungsstrategien bildet die Marktsegmentierung, d.h. die Definition eigenständiger Marktsegmente, *Globalisierung* häufig die Grundlage für ein zeitlich, regional, branchenmäßig, preispolitisch usw. unterschiedliches Vorgehen.

> Konzentrieren Sie Ihre Bemühungen und die Verteilung der eingesetzten Ressourcen auf die Marktsegmente, die am wichtigsten oder am einfachsten erreichbar sind, um eine schnelle Marktdurchdringung zu erzielen, um Konfrontationen mit starken Wettbewerbern aus dem Wege zu gehen, um höhere Preise zu erzielen usw.

Marktnische Der Sonderfall eines Marktsegments ist die Marktnische. Sie entsteht – oft nur temporär – wenn ein Anbieter ein innovatives Angebot auf den Markt bringt. Als erster Anbieter besitzt er eine Alleinstellung auf diesem Marktsegment, es existiert noch kein Konkurrent. Es herrscht kein Wettbewerb, sondern eine zunächst monopolistische Situation. Erweist sich die Marktnische allerdings als lukrativ, werden meist bald andere Anbieter mit nachgeahmten, variierten oder ähnlichen Angeboten nachziehen. Aus der Marktnische wird ein „gewöhnliches" Marktsegment mit oligopolistischer oder sogar polypolistischer Struktur.

Eine Marktnische kann umgekehrt auch aus einem Marktsegment entstehen, z.b. weil sich Anbieter aufgrund bereits zurückgegangener oder anhaltend abnehmender Marktattraktivität zurückziehen oder ihre Aktivitäten auf andere Segmente verlagern. Es verbleiben nur wenige, meist kleinere Unternehmen, oft mit sehr engem, spezialisierten Angebotsspektrum, für die das veränderte Marktsegment – aufgrund seiner geringen Größe jetzt als Marktnische bezeichnet – noch hinreichend Absatz- und Ertragspotenzial bietet. Die verbliebenen Anbieter werden entsprechend als Nischenanbieter bezeichnet.

Beispielhaft ist hier aus der Unterhaltungselektronik der Plattenspielermarkt zu nennen. Dieses ehemals hart umkämpfte Marktsegment, in dem jeder namhafte Hifi-Anbieter vertreten war, wurde in dem Maße unattraktiv, wie die Schallplatte von der Compact Disk (CD) als Tonträger substituiert wurde und die Nachfrage nach Plattenspielern drastisch abnahm. Als Folge nahmen die auf Mengenabsatz ausgerichteten Hifi-Anbieter Plattenspieler aus ihrem Programm und konzentrierten sich stattdessen auf das Wachstumssegment CD-Spieler. Der stark geschrumpfte Plattenspielermarkt wurde zur Marktnische, mit wenigen Hifi-Spezialunternehmen als Nischenanbieter.

Gesamtmarkt- Den Gegensatz zur Marktsegmentierung stellt die Gesamt-
Strategie markt-Strategie dar. Es werden keine Marktsegmente unterschieden, alle Marktpotenziale werden undifferenziert angegangen, d.h. mit gleichartigem Marketing-Mix. Es kommt zu einer Konfrontation mit allen Wettbewerbern gleichzeitig. Für diese Strategie ist

eine bereits starke Marktposition oder ein langer Atem mit entsprechender Kapitalstärke und ein global vermarktbares Angebot (zum Beispiel Coca-Cola) und/oder ein überdurchschnittlich, fast schon „sensationell" gutes Angebot erforderlich.

Wichtigste Vermarktungskriterien

Jeder Markt hat seine eigenen Gesetze und Spielregeln. Die wichtigsten davon zu kennen, ist eine der „Hausaufgaben" professionellen Marketings. Ansonsten muss der Unternehmer Lehrgeld in Form von Verzögerungen, Ineffizienzen oder gar Fehlschlägen (Flops) bezahlen. Als Input-Information sind sie bei der Entwicklung kommunikativer Strategien für Sie unentbehrlich.

Zu klären ist von Ihnen dazu, von welchen Kriterien die Märkte und damit die Angebotsvermarktung maßgeblich bestimmt werden. Zum Beispiel sollten Sie beurteilen können:

1. Herrscht ein reiner Preiskampf oder gibt es Möglichkeiten, ihm auszuweichen (z.b. über Design, Qualität, etc.)?
2. Ist ein Markt durch bestimmte Charakteristika geprägt, deren Berücksichtigung erfolgskritisch ist (z.b. kulturelle Eigenarten, gesetzliche Bestimmungen, etc.)?
3. Gibt es regulierten Wettbewerb (z.b. durch staatliche Subventionen oder Importbeschränkungen) oder haben alle Anbieter die gleichen Chancen?
4. Welche Möglichkeiten gibt es, mit neu- oder andersartigem Marketing-Mix Etabliertes aufzubrechen und neue Spielregeln zu setzen (z.b. Computerabvkauf über Aldi statt über etablierten Fachhandel, Spieleverkauf über Android-Shops oder Schuhe/Textilien über Zalando)?

Checkliste 8
Analyse der Wettbewerbssituation 1

Konzentrationen

Im Zusammenhang mit der Marktsegmentierung spielen Konzentrationen auf Anbieter- wie auf Nachfragerseite eine wichtige Rolle. Vor allem wenn Sie die Bedeutung der Marktsegmente und der Prioritätensetzung beurteilen:

1. Wie teilt sich der Markt regional auf (z.B. Postleitzahlenbezirke, Landesgrenzen, Wirtschaftsräume)?
2. Gibt es Schwerpunktbranchen (z.B. Maschinenbau, Süßwaren, Touristik)?
3. Wo oder worauf konzentriert sich der Wettbewerb (z.B. Sportwagen, Erlebnisreisen, Naturkosmetik)?
4. Gibt es Kooperationen, strategische Allianzen (z.B. Bosch und Siemens bei Hausgeräten oder SG-Carbon und BMW)?

Checkliste 9
Analyse der Wettbewerbssituation 2

5. Existiert Nachfragemacht? Wo? Mit welchen Konsequenzen (Preisgestaltung, rechtliche, kulturelle, politische oder andere Restriktionen, Funktionsverlagerungen zum Anbieter hin, Logistikforderungen usw.) (z.B. die Macht von Automobilherstellern, wie VW, gegenüber der Zulieferindustrie)?
6. Gibt es Schlüsselkunden, die ein Key-Account-Management rechtfertigen bzw. verlangen (z.B. Coca Cola für Siemens oder Aldi für einige Lebensmittelhersteller)?

....

Marktabgrenzung

Im Sinne der vorgenannten Betrachtungen ist es für Ihre Kommunikationsplanung wichtig, dass der Vertrieb, das Produktmanagement bzw. das Marketing die richtigen Schlussfolgerungen zieht und den relevanten, anzugehenden Markt, die entsprechenden Marktsegmente, möglichst exakt definiert und voneinander abgrenzt.

Exakt bedeutet:

- Klare Schwerpunktsetzung; Definition der Kern- und der Nebensegmente und Herausstellen der jeweils essenziellen Marktkriterien und -teilnehmer (Wettbewerber, Branchen, Zielgruppen ...), auf die sich die Vermarktungsbemühungen konzentrieren sollen; Prioritäten und eventuell stufenweises Vorgehen sind festzulegen.
- Möglichst homogene innere Struktur; d.h. die Ausprägung der verwendeten Beschreibungs- und Abgrenzungskriterien gilt möglichst durchgängig im definierten Segment.
- Maximale Heterogenität zwischen verschiedenen Segmenten; d.h. möglichst große Unterschiede zwischen den Ausprägungen der verwendeten Beschreibungs- und Abgrenzungskriterien verschiedener Marktsegmente.

Bild 16 zeigt je ein symbolisches Beispiel für gute und schlechte Marktsegmentierung.

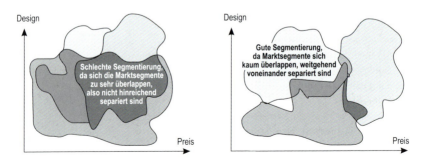

Bild 16 Gute und schlechte Marktsegmentierung

In der Praxis werden zur Marktsegmentierung natürlich oft mehr als nur zwei Kriterien verwendet. Dies bedingt dann eine mehrdimensionale Darstellung, ähnlich wie bei der Positionierung (Bilder 16 bis 18). Als mathematisch-statistische Verfahren unterstützen Diskriminanz- und Clusteranalysen bei der Definition von Marktsegmenten. Clusteranalysen berechnen Ähnlichkeiten als Gruppierungskriterium (Was gehört in dasselbe Marktsegment?), Diskriminanzanalysen geben an, wie gut die Trennung verschiedener Marktsegmente ist.

2.4.2 Sales Positioning/Marktsegmentierung

Dieser Abschnitt ist eigentlich auch Aufgabe der Marketingabteilung, der Strategischen Planung oder des Business Development und Sie sollten diese Informationen von diesen Abteilungen bzw. von Ihren Auftraggebern als Input für die Kommunikations-Plattform bekommen. Leider wird Ihnen dies in der Praxis häufig nicht frei Haus geliefert und dann ist es Ihre Aufgabe, in diesem Planungsschritt zu klären, auf welche Marktsegmente sich die Vermarktungsbemühungen und der Ressourceneinsatz konzentrieren sollen (Sales Positioning). Ziel ist es, sich nicht zu verzetteln und nicht alles gleichzeitig zu versuchen, sondern dort, wo man für ein Angebot die größten Chancen sieht, seine Kräfte zu bündeln, höhere Effektivität und Durchschlagskraft zu erreichen und dadurch mit größerer Wahrscheinlichkeit im Markt erfolgreich zu sein.

Den Schlüssel dazu bilden folgende Fragen:

....

1. Wodurch wird das Marktsegment X charakterisiert?
2. Welches Angebot/Teilsortiment soll dort vermarktet werden?
3. Was sind die Zielbranchen?
   3.1 Abnehmerstruktur: Unternehmensgröße, regionale Verteilung, Key Accounts (Schlüsselkunden)
   3.2 Bedarfsstruktur, Konsumaspekte
   3.3 Technologische Differenzierung usw.
4. Wer sind dort die zu beachtenden Wettbewerber?
5. Wer besetzt die Leaderpositionen?
   5.1 Technologieführer
   5.2 Preisführer
   5.3 Qualitätsführer
   5.4 Kostenführer
   5.5 Marktführer
   5.6 Imageführer
6. Wo sind die jeweiligen Stärken und Schwächen der Wettbewerber in diesem Segment?

....

Checkliste 10
Definition des anzugehenden Marktsegments

Zur Visualisierung der relevanten Kriterien, mit denen Markt- bzw. Kernsegmente definiert werden,

- werden die Kriterien entweder paarweise in Form eines Koordinatensystems angeordnet, in dem die eigene Positionierung (die vom eigenen Angebot abgedeckten Felder) ebenso eingezeichnet wird wie die von Wettbewerbern A, B und C belegten Flächen (Bild 17).
- oder multidimensional angeordnet, als Ist-Positionen-Profil (Bild 18)

Zur Kennzeichnung besetzter Positionen dienen Symbole, deren Anordnung auf den Achsen angibt, wie stark die Position ausgeprägt ist. Zur Angabe von Bandbreiten (z.B. auch für Sortimente) können auch größere Felder eingezeichnet werden.

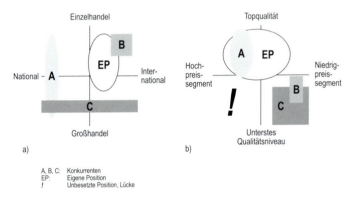

A, B, C: Konkurrenten
EP: Eigene Position
! Unbesetzte Position, Lücke

Bild 17 Darstellung eines Sales Positioning im Koordinatensystem

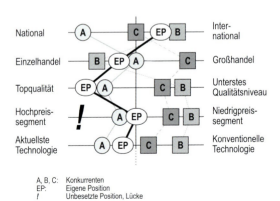

A, B, C: Konkurrenten
EP: Eigene Position
! Unbesetzte Position, Lücke

Bild 18 Darstellung des Sales Positioning als Ist-Positionen-Profil

Ein Vergleich der eigenen Ist-Positionen mit denen der Konkurrenten ist so einfach möglich. Eventuelle Lücken als strategische Differenzierungs-Chancen werden klar ersichtlich. Ebenfalls gut visualisierbar: die Definition entsprechender Ziel-Positionen und die Richtung erforderlicher strategischer Veränderungen (Ziel-Positionen-Profil, Bild 19).

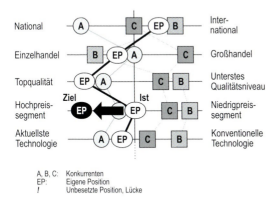

A, B, C: Konkurrenten
EP: Eigene Position
! Unbesetzte Position, Lücke

Bild 19 Darstellung des Sales Positioning als Profil mit strategischen Optionen

Die Marktabgrenzung ist, insbesondere mit der Definition der Kernsegmente, also der Sales Positioning, neben der Portfolio- und der Lebenszyklus-Analyse ein weiteres zentrales Instrument zur Formulierung einer Geschäftsstrategie. Sie ist somit auch Basis zur Definition der Kommunikationsplattform. Sie fixiert die Stoßrichtung aller Vermarktungsbemühungen und definiert damit natürlich auch den „Korridor" für die kommunikative Strategieentwicklung.

Je vollständiger, klarer und präziser Marktabgrenzung und Sales Positioning ausgearbeitet werden, desto exakter können Sie später die Kommunikationsziele definieren, kommunikative Maßnahmen klar ausrichten und fokussiert, wie ein Laserstrahl, ins Ziel treffen.

Ihre Fortsetzung findet das Sales Positioning später im kommunikationsstrategischen Teil mit der psychologischen Positionierung (Kapitel 3.4, Seite 162).

2.5 Strategische Angebotsbewertung

Die strategische Angebotsbewertung kann für die Zielsetzung dieses Buchs auf die Betrachtung von Produkt-Lebenszyklus, die klassische 4-Felder-Portfolioplanung und die SWOT-Analyse komprimiert werden – drei zentrale, gängige und eingängige Methoden der strategischen Marketingplanung. Natürlich gibt es noch viele weitere Methoden, z.b. die SPACE-Analyse oder das 5-Kräfte-Modell von Porter. Deren Vorstellung würde hier aber zu weit führen, bei Interesse wird auf die einschlägige Fachliteratur verwiesen.

2.5.1 Lebenszyklus

Der Lebenszyklus eines Angebots (auch einer Branche, einer Technologie, eines Trends) wird in Form einer Kurve dargestellt, die die Nachfrageentwicklung des Angebots über die Zeit wiedergibt (Bild 20). Je steiler die Kurve zu Beginn ansteigt, desto besser kommt ein Angebot im Markt an und desto schneller wird es sich im Markt etabliert haben. In der Lebenszyklus-Analyse wird weiter beurteilt, ob es sich um ein junges, gerade am Markt eingeführtes Produkt handelt, das sein Absatzwachstum noch vor sich hat und in das es sich deshalb lohnt, zu investieren. Oder um ein Angebot, welches bereits „in die Tage gekommen ist" und höhere Investitionen nicht mehr rechtfertigt oder das – gerade wegen seiner abnehmenden Attraktivität – nochmals interessant gemacht werden muss.

Aus der Position eines Angebots im Lebenszyklus (Phase) können Sie bereits Folgerungen für eine zielgruppenorientierte Kommunikation ziehen (zum Beispiel Innovatoren bei Neueinführungen) oder auf bestimmte Eigenschaften, zum Beispiel die Risikobereitschaft eventueller Zielpersonen. Aus der Lebenszyklus-Analyse können kommunikative Normstrategien abgeleitet werden. So ist bei Produktneueinführungen grundsätzlich die Neuigkeit prominent heraus zu stellen und Sie sollten Innovatoren und Frühadoptoren kommunikativ gezielt angehen. Selbst Ansätze für sinnvolle

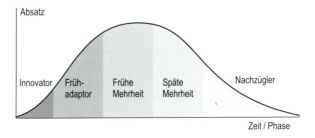

Bild 20 Lebenszyklus und Nachfragertypus

Themen und Argumentationslinien können sich bereits ergeben (zu den Ersten gehören, Vorsprung gewinnen, trendy sein, etc.).

Da es nicht möglich ist, im Voraus exakte Lebenszykluskurven zu berechnen, stellt die Lebenszyklus-Kurve die idealtypische Entwicklung der Nachfrage im Zeitablauf dar. Damit lassen sich typische Nachfragephasen und Nachfragertypen kategorisieren. Man unterscheidet die

- Einführungsphase – Innovatoren (erste Nachfrager, an Neuem besonders interessiert, hohe Risikobereitschaft, Trendsetter, im statistischen Regelfall (Gauß'sche Normalverteilung) ca. 2,5 % aller Nachfrager). Zum Beispiel Menschen, die sofort nach Ankündigung eines kommenden neuen Automodells dieses – quasi blind – bestellen (vgl. Umsetzung 11).

- Wachstumsphase – Frühadoptoren (zeitlich frühe Nachfrager, Neuem aufgeschlossen, durchaus noch risikobereit, springen auf sich abzeichnende Trends auf und verstärken sie, durchschnittlich 13,5 % aller Nachfrager). Zum Beispiel Menschen, die das angekündigte neue Automodell ebenfalls noch vor der Markteinführung bestellen, aber erst nachdem sie zumindest schon Fotos, Presseinformationen und erstes Prospektmaterial kennen.

Umsetzung 11 Beispiel für eine Anzeige an Innovatoren, die auf den neuen Opel Meriva in Form einer (zu) langen Teaserkampagne hinführen sollte. Erzeugte bei Ihnen diese Werbung nicht eher Irritationen und Schulterzucken als Produkt-affine Assoziationen? Dachten Sie nicht auch, Meriva wäre eher ein neues Waschmittel, eine neue Modemarke oder eine innovative Textilfaser?

- Reifephase – Frühe Mehrheit (wartet bereits ab, ob sich das Angebot im Markt durchsetzt, aber wartet nicht zu lange, da er den Anschluss nicht verpassen will, etwa 34% aller Nachfrager). Zum Beispiel der Autokäufer, der das neue Automodell nach Markteinführung, Life-Präsentation, ersten Testberichten und Probefahrt bestellt.
- Sättigungsphase – Späte Mehrheit (wartet immer etwas länger als normal, Neuigkeiten interessieren ihn nicht besonders, ebenfalls ca. 34% aller Nachfrager). Im Beispiel der Autokäufer, der das mittlerweile nicht mehr so ganz neue Automodell bestellt, oft aus ohnehin anstehendem Ersatzbedarf oder nachdem erste Langzeiterfahrungen bekannt sind.
- Auslaufphase – Nachzügler (sehr risikoscheu, wartet lange, will Bewährtes und Ausgereiftes, im Schnitt etwa 16% aller Nachfrager). Der Autokäufer, der vielleicht erst bestellt, wenn Sondermodelle besondere Kaufanreize setzen (zur Nachfragestimulation des mittlerweile etwas in die Jahre gekommenen Automodells) oder das Nachfolgemodell bereits angekündigt ist und Preisvorteile zum Kauf motivieren (Umsetzung 12 ist ein Beispiel für eine derartige Aktion).

Die Frühphase nutzen! Besonders zu Beginn des Vermarktungsprozesses ist es wichtig, dass Sie alles tun, um ein neues Angebot möglichst schnell

Umsetzung 12 Eine typische Anzeige für Nachzügler. VW will die Nachfrage nach dem Touran durch das Ausloben zusätzlicher Handlungsimpulse in Form von vielen Extras und expliziten Preisvorteilen stimulieren.

in den Markt zu bringen. Nutzen Sie die Beschleunigungs- und Verstärkungseffekte in den frühen Phasen des Lebenszyklus, die aus dem hohen Interesse an Neuem und der überdurchschnittlichen Risikobereitschaft von Innovatoren und Frühadoptoren entstehen (early adopters: relativ risikobereite Nachfrager, die bereit sind neue Angebote zu kaufen). Nutzen Sie diese so weit und so gezielt wie möglich aus, damit für das Angebot möglichst bald eine gesicherte Marktstellung und die Gewinnzone erreicht werden. Gelingt dies nicht oder wird der Etablierungsprozess verbummelt, so führt das zumindest zu vermeidbaren Verlusten und ungenutzten Chancen, bis hin zu einem Flop (fehlgeschlagene Markteinführung eines Angebots).

Tabelle 3 fasst die Zusammenhänge und Folgerungen zur Lebenszyklus-Betrachtung in aller Kürze zusammen. Noch detailliertere Ableitungen sind natürlich möglich, so wie auch Ausnahmen vom Regelverlauf denkbar sind.

Tabelle 3 Lebenszyklusphasen, Konsequenzen und Charakteristika

Lebenszyklus-phase	1 Einführungs-phase	2 Wachstumsphase	3 Reifephase	4 Sättigungsphase	5 Auslaufphase
Kennzeichen dieser Phase	Normal ist ein stark überproportionaler Nachfrageanstieg	Ein noch überproportionales Nachfragewachstum	Noch steigende, aber deutlich abgeschwächte Nachfrage	Stagnierende bis abnehmende Nachfrage	Stark rückläufige Nachfrage
Angebots-zukunft	Fraglich, hängt von Angebotsleistung und Marketing-stärke ab	Hat Markteinführung überstanden, kommt in die Gewinnzone	Angebot ist am Markt etabliert, hat Zenith seines Marktanteils erreicht	Angebot wird langsam obsolet, kommt an die Schwelle vom Ertrags- zum Verlustbringer	Angebot hat normalerweise keine Zukunft mehr, ist Verlustbringer
Normstrategie Marketing	Volle Power in die Markteinführung, um schnell in der Breite in den Markt zu kommen	Weiter ins Angebot investieren, um möglichst viel Nachfrage abzuschöpfen und Markt weiter zu penetrieren	Investitionen deutlich senken, um trotz evtl. Preisverfalls Erträge zu erzielen	Kaum noch investieren, nur noch ernten oder bewusst in Relaunch investieren	Kaum noch investieren, bereit sein, das Angebot vom Markt zu nehmen, durch Nachfolger zu ersetzen
Nachfragetypus (Zielgruppe)	Innovator, im Regelfall etwa 2,5 %	Frühadoptoren, 13,5 %	Frühe Mehrheit, 34 %	Späte Mehrheit, 34 %	Nachzügler, 16 %
Kennzeichen dieser Gruppe	Hohe Risikobereitschaft, ihn reizt das Neue, ist häufig Multiplikator und Meinungsführer	Auch noch risikobereit, wartet aber erste Berichte/Erfahrungen ab	Will ziemlich sicher sein, dass das Angebot etwas taugt, wartet nicht zu lange, um den Anschluss nicht zu verpassen	Wartet immer länger als normal, braucht Neues nicht als Status	Wartet bis 5 vor 12, ist extrem risikoscheu, muss stark überzeugt und aktiviert werden
Normstrategie Kommunikation	Innovatoren als Verstärker benutzen, um schnell in den Markt, d.h. in die Gewinnzone zu kommen	Schnell durchdringen, um Angebot zu etablieren und Marktzugang für andere zu erschweren	Sicherheit vermitteln, breit streuen	Zusätzliche/weitere Anreize geben, z.B. durch Aktionen, Preissenkung, usw. breit streuen	Nur aktiv angehen, falls Zeit gewonnen oder überbrückt werden muss oder bei einem Relaunch
Argumenta-tionslinie	Bekannt machen, Neuigkeit herausstellen	Erste positive Erfahrungen und Praxisberichte kommunizieren	Angebotserfolg betonen, Sicherheit vermitteln, Referenzen und Testurteile kommunizieren	Signalisieren, dass sich das Warten gelohnt hat, weitere Angebotsnutzen vermitteln	Wie vorher und das Angebot als besonders erprobt und sicher darstellen. Evtl. Testimonials

2.5.2 Portfolioplanung

Die Lebenszyklus-Analyse ist eng verbunden mit der von der Boston Consulting Group (amerikanische Unternehmensberatung) eingeführten Portfolioplanung, einem Instrument zur strategischen Unternehmensplanung. Darin werden zwei Kriterien – meist Marktwachstum und relativer Marktanteil – grafisch in Zusammenhang gesetzt und in zwei Ausprägungen differenziert: gering – hoch. Dadurch entstehen 4 Felder, bezeichnet als Fragezeichen, Armer Hund, Star und Melkkuh. In diese Quadranten werden Produkte, Geschäftssegmente, Branchen, verschiedene Anbieter bzw. deren Angebote eingeordnet und strategisch beurteilt (Bild 21).

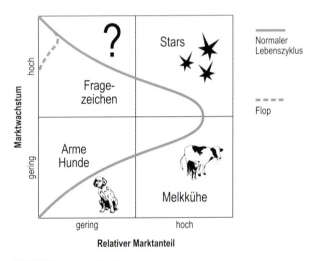

Bild 21 Die Portfolio-Matrix

Fragezeichen-Angebote

Fragezeichen-Angebote sind dadurch gekennzeichnet, dass sie auf hohes Marktwachstum, also eine sehr attraktive, zukunftsweisende Nachfrageprognose treffen, sie allerdings im Wettbewerb noch keine oder noch keine wesentliche Rolle spielen. Sie sind also noch nicht im Markt etabliert. Das Bestreben muss daher sein, sie durch gezieltes Investieren und intensive Kommunikation im Markt nachhaltig zu etablieren und ihren Marktanteil zu erhöhen – auch wenn ein gewisses Risiko des Scheiterns besteht und das Engagement zunächst mehr kostet als es einbringt. Aber diese Angebote sind die möglichen Zukunfts-Erfolgspfeiler, die Sie rechtzeitig fördern müssen, um auch in Zukunft Ertrag zu erwirtschaften und den Unternehmenserfolg zu sichern. Beispiel: Blu-ray-Player als Ersatz von DVD und Video, E10-Benzin als neue Benzinsorte.

Star-Angebote (Stars) haben dies bereits geschafft. Sie sind im Star-Angebote Wettbewerb etabliert und spielen eine gewichtige Rolle. Häufig haben sie sogar bereits die Marktführerschaft errungen. Investiert werden muss noch zur weiteren Steigerung des Marktanteils oder zur Verteidigung des Erreichten. Dazu muss auch das erreichte Kommunikationsniveau signifikant hoch bleiben. Denn noch hat das Angebot Zukunft: Der Markt wächst weiterhin stark und davon sollte profitiert werden. Meist fällt in diese Phase auch der sog. Break-even-Punkt (Gewinnschwelle) zu einer insgesamt positiven Ergebnisbilanz. Beispiele: SUVs, iPhones.

Bei Melkkühe-Angeboten (Cash Cows) hat das Marktwachstum Melkkühe-Angebote schon mehr oder minder stark nachgelassen. Weiteres Investieren in das Angebot ist aufgrund seiner absehbaren Obsoleszenz (Veraltérung) meist nicht mehr sehr sinnvoll. Die Basiskommunikation beschränkt sich auf Erinnerungs- und Aktualisierungswirkung.

Umsetzung 13 Alles beim Alten – nur eine neue Flaschenform soll das Produkt verjüngen und wieder Nachfrage nach Bols generieren

Eine Ausnahme ist gegeben beim sogenannten Relaunch, wo zum Beispiel aus taktischen Gründen – um Zeit zu gewinnen (beispielsweise verzögert sich die Markteinführung des Nachfolgeprodukts oder ein Konkurrenzangebot drängt stark auf den Markt) – das Melkkühe-Angebot noch einmal interessant gemacht werden soll. Ein Beispiel für einen Relaunch zeigt Umsetzung 13. Ansonsten geht es darum, aus dem Angebot noch soviel Ertrag zu ernten, wie möglich, ohne dass man viel dafür tun muss. Dass das Angebot gegenüber seinen Wettbewerbern zunehmend an Boden verliert, nimmt man – quasi als normal – in Kauf, der relative Marktanteil nimmt somit mit der Zeit ab. Beispiel: In den 2-3 Jahren vor Einführung des jetzigen, völlig neu konzipierten Mercedes SL die letzte Mercedes SL Baureihe, die es so im Grunde seit 1989 gab.

Arme-Hunde-Angebote Mit der Zeit wird ein Angebot meist zu einem Arme-Hunde-Angebot (Poor Dogs). Der Marktanteil liegt unter dem der Konkurrenz, der Markt wächst kaum noch, kurz, das Angebot hat keine Zukunft mehr, es ist nur noch eine Frage der Zeit, bis es nicht mehr vermarktet werden kann und aus dem Markt genommen werden muss. Dies wissend, investieren Sie natürlich in dieses Angebot möglichst wenig, am besten gar nichts mehr (Ausnahme Relaunch oder strategische Sortimentspolitik, bei der man ein Produkt im Sortiment behält, weil seine Eliminierung den Abverkauf anderer Angebotsleistungen im Portfolio negativ beeinflussen würde (z.B. würde vielleicht der Absatz von TV-Geräten eines Herstellers sinken, wenn er – an sich unrentable – Festplattenrecorder eigener Marke aus dem Portfolio nehmen würde. Fördern Sie statt dessen Fragezeichen- und Star-Angebote, damit sie mit ihren Erträgen das Arme-Hund-Angebot best- und schnellstmöglich substituieren können. Beispiel: Modeartikel zum Saisonschluss.

Bild 22 zeigt ein exemplarisches Portfolio.

Angebot A ist ein Fragezeichen-Angebot. Es ist fraglich, ob es sich am Markt etablieren kann. Denn das Marktvolumen (evtl. auch das Marktpotenzial) an sich ist noch klein und der Marktanteil von A noch sehr gering. Es muss daher – trotz gewissen Risikos – spürbar in die Entwicklung von Angebot A investiert werden um es zu etablieren und einen Absturz als Flop zu verhindern.

Angebot B ist auch ein Fragezeichen-Angebot. Allerdings ist das Marktvolumen deutlich größer und B konnte sich bereits ganz gut im Wettbewerb behaupten. Das Schwerste scheint geschafft.

Angebot C ist ein Star. Hoher relativer Marktanteil, weiter gutes Marktwachstum – die fetten Jahre (oder Monate – je nach Lebensdauer eines solchen Produkts) stehen bevor.

Die hat Angebot D schon erreicht. Ein hoch entwickeltes Marktvolumen, hoher relativer Marktanteil, vielleicht sogar die Führungsposition. Seine Investitionen hat es längst wieder hereingeholt. Es

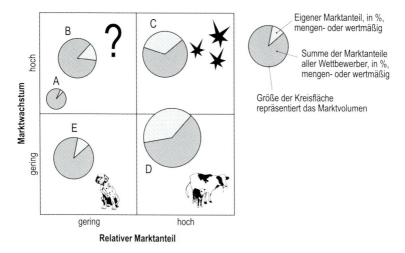

Bild 22 Portfolio-Matrix mit Darstellung von Marktanteil und Marktvolumen

verdient kräftig, wenn sich auch am Horizont schon eine potenzielle Alterung abzeichnet.

Angebot E hat eigentlich keine Zukunft mehr. Die guten Jahre sind definitiv vorbei. Der Markt wird immer kleiner, der relative Marktanteil von E schrumpft. Hoffentlich hat der Anbieter rechtzeitig für Nachwuchsangebote gesorgt, um auch in Zukunft Ertrag bringende Angebote im Markt zu haben.

Zur Darstellung strategischer Angebotsbetrachtungen wird häufig die SWOT-Analyse (Bild 23) verwendet. Dabei werden das Angebot und seine wesentlichen Vermarktungsaspekte aus einem internen (Unternehmensperspektive) und einem rein externen (Markt-/Umfeldperspektive) Blickwinkel analysiert und hinsichtlich vier Kriterien bewertet: Welche Stärken hat es (intern, Strengths), welche Schwächen hat es (intern, Weaknesses), welche Chancen bestehen (extern, Opportunities), welche Risiken gibt es (extern, Threats)? Diese Methode ist so einfach, wie verbreitet, und die lapidare Strukturierung von Unternehmens- und Markt-/Umfeldinformationen bringt bereits oft eine sehr gute Grundlage für strategische Überlegungen und Entscheidungen. Wichtig ist eine klare Trennung der internen und der externen Einflussfaktoren! Zu den internen Aspekten gehört alles, was ein Unternehmen selbst, unabhängig von Dritten, beeinflussen und ändern kann bzw. könnte. Alles, was ein Unternehmensmanagement nicht in eigener Regie verändern kann, gehört zu den externen Faktoren, also Risiken oder Chancen. In der Praxis passieren hier die meisten Fehler, weil diese Trennung nicht konsequent beachtet wird.

SWOT-Analyse

Strengths/Stärken	Weaknesses/Schwächen
• • • •	• • • •

Opportunities/Chancen	Threats/Risiken
• • • •	• • • •

Stärken	Schwächen	
1. Eine der Top-Positionen der Nahrungsmittel-Unternehmen auf der Besten-Liste des Fortune-Magazins 2. Hat eine der stärksten globalen Marken 3. Ist weltweit aktiv 4. Bietet je nach Kulturraum spezifisch angepasste Produkte 5. Verfügt über exzellente Standorte in Freizeitparks, Flughäfen und Hauptstraßen 6. Sehr effiziente Arbeitsprozesse 7. Kaum Abhängigkeit von Fachkräften	1. Hat den Pizzamarkt verfehlt, daher eingeschränkte Wettbewerbsfähigkeit im Fast-Food-Markt 2. Hoher Trainings-/Qualifizierungsaufwand 3. Sehr geringe Ausrichtung auf Bio-Nahrung und kaum ein Angebot für gesundheitsbewusste Ernährung 4. Hohe Gewinn-Schwankungen schwächen Investorenattraktivität 5. Kaum saisonale Produkte im Sortiment 6. Schwierige Qualitätssicherung innerhalb eines Franchisesystems	Interne (Unternehmens-) Perspektive
Chancen	**Risiken**	
1. Hohes Potenzial für weitere Joint Ventures mit Einzelhandel 2. Zunehmende Amerikanisierung in Schwellenländer-Kulturräumen 3. Zunehmende Zeitknappheit der Menschen und verstärkte Hinwendung zu Fast Food 4. Zunehmende Kaufkraft in Entwicklungs- und Schwellenländern 5. Geringe Zahl neuer Imitations-Wettbewerber	1. Einschränkende gesetzliche Regelungen in Bezug auf die Gesundheit von Nahrungsmitteln 2. Zunehmendes Gesundheitsbewusstsein der Menschen bei der Ernährung 3. Abhängigkeit von Lebensmittelskandalen (z.B. BSE) 4. Anti-Amerikanisierung in manchen Kulturkreisen	Externe (Markt-) Perspektive

Bild 23 Die SWOT-Analyse: Prinzipdarstellung und praktische Anwendung am Beispiel McDonald's

Strategisch wird man auf Basis der SWOT-Analyse versuchen, seine Stärken auszubauen, seine Schwächen zu mindern, sich bietende Chancen zu nutzen und erkannte Risiken zu vermeiden. Die optimale Konstellation besteht natürlich darin, existente Stärken mit bestehenden Chancen verbinden und aktuelle Schwächen von absehbaren Risiken abkoppeln zu können.

2.6 Kundenorientierung

2.6.1 Kundennutzen, Benefits

Insbesondere bei technischen Angeboten beherrschen häufig Angebots- bzw. Produktmerkmale oder -eigenschaften die Denk- und Sichtweise Ihrer Auftraggeber (häufig zum Beispiel beim technischen Vertrieb, bei Produktmanagern oder bei Entwicklungsingenieuren). Entsprechend oft werden dann leider auch nur genau diese Merkmale kommuniziert, anstatt in Kundennutzen (Benefits) zu denken und kundenrelevant, besser noch kaufentscheidungsrelevant zu argumentieren.

Dabei sind für den eigentlichen Empfänger der Botschaft reine Angebotsmerkmale oft nur schwer verständlich. Resultierende Nutzen wären – wenn überhaupt – nur mit einigem Nachdenken decodierbar. Was ist beispielsweise der Verbrauchernutzen aus „Mix it!", dem Angebot des Energieunternehmens e.on, Strom (angeblich) selbst mixen zu können? Und welcher private Stromkunde weiß, dass seine Stromversorgung auch bei einem gebuchten Umweltstromtarif immer noch zumindest teilweise aus Kernkraftwerken oder fossiler Energieerzeugung ins Haus kommt, weil sich der Stromanbieter in der Regel nur verpflichtet, ein Energiemengenadäquat aus regenerativen Energiequellen zu erzeugen. Man spricht in solchen Fällen heute auch gerne vom Vorliegen einer Informationsasynchronität – der Kunde hat nicht denselben Informationsstatus wie der Anbieter oder er kann die Informationen nicht hinreichend dechiffrieren und damit seine Kaufentscheidung nicht wirklich fundiert treffen. Diese Asynchronität wird oft bewusst gestaltet und zum eigenen Vorteil genutzt, typisch ist dafür z.b. immer noch die Branche der Finanzdienstleistungen mit all ihren kleingedruckten und komplexen Formularen. Im Sinne, sich bietende Chancen zu nutzen, und im Hinblick auf eine notwendige Vertrauensbildung/Customer Relationship käme hier einer verstärkten Kommunikationsethik, die Transparenz und synchrone Informiertheit schafft, hohe Bedeutung zu.

Nutzen darstellen, nicht Merkmale!

Empirisch steht fest, dass sich ein Rezipient unter den heutigen Kommunikationsbedingungen der Informations- und Reizüberflutung kaum die Zeit nimmt zur Entschlüsselung komplexer, indirekter oder gar rätselhafter Botschaften. Hinzu kommen Kompetenzprobleme, derartige Botschaften als „relevant" oder „nicht relevant" zu bewerten. Oft ist das dazu erforderliche Wissen beim Rezipienten überhaupt nicht oder nur unzureichend vorhanden.

Umsetzung 14 zeigt ein Beispiel für eine rein merkmalsorientierte Werbeanzeige, die Umsetzungen 15 und 16 zeigen je eine Anzeige mit einem klar kommunizierten Nutzenbezug. Beispiele für komplexe Botschaften finden Sie in den Umsetzungen 17 bis 19.

Star ComputerDrucker LC24-2OO

Umsetzung 14 Star Computerdrucker – Beispiel einer rein detailorientierten Merkmalsanzeige. Lesen setzt bereits relativ hohes Produktinteresse voraus, Nutzeninterpretation der Aussagen ist nur mit Vorkenntnissen möglich. Oder wissen Sie, was „LQ-, Draft- und HS-Draft Ausdrucke (max. 222 cps)" bedeutet? Und ob das für Sie gut ist? Würde eine Anzeige, die z.B. einen Buchstaben, einmal im groben, ausgefransten Druckbild eines (offensichtlich schlechteren) 9-Nadel-Druckers neben dem exakten, scharfgezeichneten Druckbild des 24-Nadel-Star-Druckers zeigt, nicht schnell, plakativ und für jeden verständlich den Nutzen dieses Produkts viel besser kommunizieren können?

Kommunikationserfolg unter derart – fast könnte man sagen fahrlässig – erschwerten Bedingungen ist damit äußerst unwahrscheinlich. Wichtig und richtig wäre es, statt der Angebotsmerkmale oder -eigenschaften (zum Beispiel 24-Nadel-Drucker) die daraus für den Käufer, Anwender, Verwender oder Entscheider resultierenden Nutzen, Vorteile oder Bedürfnisbefriedigungen verbal wie visuell herauszustellen (zum Beispiel gestochen scharfes Druckbild). Erst die Erwartungen, Interessen usw. des Kunden transformieren die Angebotsmerkmale in einen Kundennutzen (Bild 24). Tabelle 4 zeigt dazu ein praktisches Beispiel.

Umsetzung 15 Nutzenorientiert ist die Anzeige der Firma Beissbarth Rohé: „Pro Jahr ein paar Tausender sparen" Noch dazu beim Finanzamt. Das packt, hier schaut wohl jeder erst einmal näher hin – auch wenn man dann beim Lesen merkt, dass das Angebot eines Bordcomputer-Fahrtenbuchs natürlich nicht für jeden passt.

Umsetzung 16 Dass man Drucker auch mit klarem Kundennutzen kommunizieren kann, zeigt die Anzeige von Lexmark. „Weniger drucken, mehr sparen" und „... 40 % weniger Kosten", da weiß der Leser sofort, weshalb er diese Anzeige lesen und was ihm dieses Angebot bringen würde. Dieser Nutzenbezug zieht sich bis in die Web-Adresse „www.wenigerdrucken.de" konsequent durch.

Umsetzung 17 Was will ETRO dem Betrachter mit dieser Anzeige wohl sagen? Wer ETRO nicht kennt, weiß nicht einmal, worum es überhaupt geht, es sei denn, er erkennt auf den ersten Blick die Besonderheit der Kleidungsstücke in dieser Anzeige. Und wer ETRO als Marke kennt, soll sich der-/ diejenige dann als komischer Vogel angesprochen fühlen, oder will ETRO so einen aus ihm/ihr machen, oder was mutmaßen Sie?

Umsetzung 18 Die Teaserkampagne zur Einführung des Golf V erzeugte mit kryptischen Botschaften in erster Linie Unverständnis und Befremden. Oder ging es Ihnen anders? Wird damit nicht sogar das Vorgängerprodukt schlecht gemacht? Wie glauben Sie, fühlen sich VW-Kunden, die das Vorgängermodell kauften und noch fahren?

Umsetzung 19 Auch bei dieser Anzeige der TV-Zeitschrift HÖRZU ist es zu schwierig, um nicht zu sagen, im Rezeptionszeitfenster kaum möglich, die Botschaft zu decodieren.

Kundenerwartung
Kundeninteressen
Kaufmotive
Präferenzen

Merkmale eines Angebots → Transformation → Kundennutzen eines Angebots

Bild 24 Transformation der Angebotsmerkmale in Kundennutzen

Tabelle 4 Transformation von Angebotsmerkmalen in Kundennutzen
am Beispiel PKW

Angebots- merkmale	Kundenerwartung/-interesse	Kundennutzen
Hohe PS-Zahl	Schnell beschleunigen können	Höhere Sicherheit durch kurze Überholvorgänge, Fahrspaß
Kleiner Hubraum	Geringer Benzinverbrauch	Niedrigere Unterhaltskosten
8-Zylinder- Motor	Laufruhiger Motor	Höherer Fahrkomfort
Vollwertiges Ersatzrad	Muss nach Radwechsel nicht innerhalb der nächsten 50 km eine Werkstatt aufsuchen, dort unter Umständen teuer einen neuen Reifen kaufen und montieren lassen	Kein weiterer Zeit- und Kostenaufwand nach einer Reifenpanne
Elektronische Einparkhilfe	Muss nicht schätzen, wo das eigene Auto aufhört und das nächste anfängt	Höhere Sicherheit und schnelleres Einparken, weniger Kosten durch Beschädigungen.
Tank links	Will Benzin problemlos ein- füllen können	Eher kein Nutzenempfin- den, da Seite eigentlich egal

Eine Ihrer entscheidenden Aufgaben bei der Ausarbeitung der Kommunikationsplattform ist es, die gefundenen Angebotsmerkmale/-eigenschaften in Kundennutzen bzw. zu weckende Vorteils-Assoziationen zu überführen. Damit diese auch so empfunden werden, muss der Rezipient bei sich einen Mangel empfinden, ein Bedürfnis erkennen, ein Problem haben oder befürchten, eines zu bekommen, wenn er Ihr Angebot nicht kauft, gekoppelt mit dem Bestreben oder der Erwartung, dieses dann aber auch zu beseitigen, wenn er es kauft (er muss also ein Motiv haben, einen Beweggrund für ein bestimmtes Tun, Handeln, Unterlassen oder Verhalten).

Der Rezipient hat dann also bereits ein Grundinteresse, er befindet sich in einer Situation des Interessiert-Seins (Involvement)! Ist dieses nicht gegeben, müssen Sie einen Rezipienten erst aus diesem sogenannten No-Involvement herausreißen. Zum Beispiel, indem Sie ihm potenzielle oder latent bereits vorhandene Probleme zunächst in einer ersten Kommunikationsstufe bewusst machen (was entgeht ihm/ihr, auf welchen Gebrauchsvorteil verzichtet er/sie, wenn er/sie z.B. kein automatisches Geschwindigkeitsregelsystem bei einem PKW als Sonderausstattung ordert?).

Unitedairline sfliegtjetztohn eunterbrechu ngvondüsseld orfnachchica go.

Schneller und bequemer von Düsseldorf nach Chicago. Täglich nonstop. Mit United Airlines und unserem Kooperationspartner Lufthansa. Das verstehen wir unter ausgezeichneten Verbindungen. Mehr darüber unter Tel.-Nr. 0 69/60 50 20 oder Fax-Nr. 0 69/60 50 23 99. Come fly the airline that's uniting the world. Come fly our friendly skies.

UNITED AIRLINES

http://www.ual.de

Umsetzung 20 Selbst wenn nach einigem Nachdenken die Umsetzungsidee klar wird, sollte man seinem Leser die Rezeption der Botschaft künstlich wirklich so erschweren?

Die Bewertung von Angebotsmerkmalen als relevanter Kundennutzen/Kundenvorteil setzt voraus, dass beim Rezipienten bereits ein Motiv ausgeprägt ist. Der Wunsch also, ein empfundenes Bedürfnis, einen bestehenden Mangel bzw. ein erkanntes Problem zu beseitigen. Umgekehrt gilt: Hat der Rezipient kein Motiv, kein Interesse am Angebot, dann wird ein potenzieller Nutzen erst gar nicht als für ihn relevanter Nutzen interpretiert und akzeptiert.

Je besser Sie Angebotsmerkmale in Form von Kundennutzen kommunizieren, desto schneller (vgl. Umsetzung 20) und klarer kann der Rezipient erkennen, was er von dem Angebot hat. Desto positiver wird er dieses Angebot einschätzen und entsprechende Präferenzen herausbilden. Mit der Matrix aus Bild 25 als Arbeitshilfe können Sie aus Angebotsmerkmalen systematisch Motive ableiten.

Merkmalstransformation Merkmals-/Eigenschaftsgruppe	Konkretes Angebotsmerkmal/ -eigenschaft	... kann folgende Probleme lösen, stillt folgende Bedürfnisse, bringt dem Kunden Ver-/Anwender folgende Vorteile	... dem liegen folgende Beweggründe (Motive), Interessen, Erwartungen der potenziellen Kunden/Ver-/Anwender zugrunde
Technische Merkmale/ Eigenschaften			
Funktionale Merkmale/ Eigenschaften			
Ästhetische Merkmale/ Eigenschaften			
Wirtschaftliche Merkmale/ Eigenschaften			
Umweltmerkmale/-eigenschaften und ethische Merkmale/ Eigenschaften			
Merkmale-/Eigenschaften, die aus dem Lebenszyklus des Angebots resultieren			
Angebotsrelevante Merkmale/ Eigenschaften aus dem übrigen Marketingmix			

Bild 25 Arbeitshilfe Matrix zur Angebotsanalyse

2.6.2 Kundenrelevanz, Kundenzufriedenheit und Kundenbegeisterung

Haben Sie aus den Angebotsmerkmalen den Kundennutzen abgeleitet, so können Sie diesen Nutzen einteilen in

- Grundnutzen (hauptsächlich resultierend aus den technischen und funktionalen Merkmalen) und
- Zusatznutzen (liegen meist im Bereich der wirtschaftlichen, der ästhetischen/immateriellen und der Umwelt-/Ethikmerkmale, oft auch im Dienstleistungsbereich).

Auf Basis angenommener oder per Umfrage zum Beispiel im Rahmen der Marktforschung ermittelter Kundenrelevanz (einem sogenannten Erwartungsprofil, vgl. auch Bild 30) kann eine Rangfolge der Bedeutung der einzelnen Kundennutzen und Vorteilsassoziationen erstellt werden. Bild 26 zeigt, wie Angebotskomponenten hinsichtlich Kundenzufriedenheit bewertet und differenziert betrachtet werden können.

> Nicht jedes Angebotsmerkmal trägt gleich viel zur Kundenzufriedenheit bei. Es wird also nicht gleich stark als Nutzen oder Vorteil seitens des Nachfragers, Kunden, Entscheiders eingestuft. Wenn man das als Anbieter weiß – Kundenbefragungen sind eine Möglichkeit, dies herauszufinden – dann können zum Beispiel im Rahmen von Kostensenkungsmaßnahmen ganz gezielt Angebotsmerkmale eliminiert werden: alle Merkmale, die in Relation zu ihren Kosten keinen oder keinen wesentlichen Beitrag zu höherer Kundenzufriedenheit leisten, könnten weggelassen werden. Und Investitionen und Verbesserungsmaßnahmen sollten umgekehrt bevorzugt bei den Produkteigenschaften getätigt werden, wo die Kundenrelevanz am höchsten ist. Man sollte also versuchen, das Leistungsprofil eines Angebots an dem Erwartungsprofil der Zielkunden auszurichten.

In diesem Zusammenhang können Sie folgende Merkmalskategorien unterscheiden:

Unentbehrliche Merkmale   Unentbehrliche Merkmale sind die elementaren, unverzichtbaren Bestandteile des Angebots, z.B. Bremsen bei einem Auto. Nicht-Vorhandensein schließt eine Vermarktbarkeit nahezu oder völlig aus In Bild 26 wird das sichtbar durch den extrem steilen Abfall der Kundenzufriedenheit bzw. des empfundenen Nutzens bei Reduzierung der Angebotsleistung. Typisch dafür ist zum Beispiel die Kühlfunktion bei Kühlschränken.

Nutzlose Merkmale   Unter die nutzlosen Merkmale fallen Zusatzleistungen beim Angebot, die vielleicht nice-to-have für den Anbieter sind, ihn aber meistens nur Geld kosten, ohne beim Nachfrager die Kundenzu-

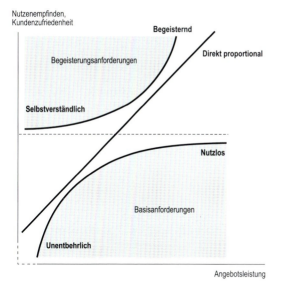

Nutzenempfinden,
Kundenzufriedenheit

Begeisternd

Begeisterungsanforderungen

Direkt proportional

Selbstverständlich

Nutzlos

Basisanforderungen

Unentbehrlich

Angebotsleistung

Bild 26 Angebotsleistung und Kundenzufriedenheit (Kano-Diagramm)

friedenheit und damit seine Entscheidungspräferenz zu erhöhen, egal wie umfangreich der Anbieter sein Angebot damit auch ausstattet.

Wer nutzt beispielsweise wirklich alle Funktionen, die ihm seine Digitalkamera bietet (z.b. den Weißabgleich oder eine manuelle Empfindlichkeitskorrektur)? Die meisten nutzen ihre digitalen Zaubergeräte im automatischen Programmmodus. Wäre es daher nicht besser, weniger Technikfeatures, stattdessen z.b. eine qualitativ hochwertigere Optik oder eine intuitivere Bedienerführung und verständlichere Bedienungsanweisung zu haben?

Selbstverständliche Merkmale sind Angebots-Pflichtkomponenten, die vom Kunden als Selbstverständlichkeit angesehen werden, ohne einen wesentlichen Beitrag zur Kundenzufriedenheit zu leisten. Dies kann sich aber – im Gegensatz zu den nutzlosen Merkmalen – mit steigender Intensität des Bedarfs ändern. Sicherheit im Auto beispielsweise. Sicherheitsgurte sind vom Gesetzgeber vorgeschrieben und selbstverständlich. Doppel- und Seitenairbags sind mittlerweile Standard und selbstverständlich, also kein Auswahlkriterium mehr beim Autokauf. Spezielle andere Airbags, zum Beispiel für Fondpassagiere oder Motorhaubenairbags, dagegen (noch) nicht.

Selbstverständliche Merkmale

Begeisternde Merkmale können überproportional hohe Kundenzufriedenheit bewirken. Für die Ausstattung eines Angebotes sind solche Eigenschaften natürlich besonders wertvoll, sind sie doch

Begeisternde Merkmale

in hohem Maße geeignet zur Profilierung und Differenzierung gegenüber Wettbewerbsangeboten.

Begeisternde Merkmale resultieren aus einer Über-Erfüllung von Kundenerwartungen (positive Überraschung) bei gleichzeitig wahrgenommenem Nutzen. Kaufen Sie eine Flasche Rotwein – 3,98 €, eine Ihnen bis dato unbekannte Marke – erwarten Sie wahrscheinlich mehr oder minder Tafelweinqualität. Ist der Wein dann aber rund und vollmundig, mit angenehmem Tannincharakter, langem Abgang und rubinroter Farbe – sind Sie wahrscheinlich angenehm überrascht. Und sollten Sie am nächsten Morgen ohne Kopfschmerzen aufwachen und diesen Wein dann noch in einem Weinguide oder einer Gourmetzeitschrift „als Geheimtipp" gut bewertet wiederfinden, dann werden Sie begeistert sein über den Wein, sein Preis-Leistungs-Verhältnis, den Händler und über sich selbst, der so klug und günstig gekauft hat. Wahrscheinlich gehen Sie am nächsten Tag noch einmal in das Geschäft, um nachzukaufen. Und auch beim nächsten Weineinkauf werden Sie zunächst in dieses Geschäft gehen.

Direkt proportionale Merkmale Als letzte Gruppe gibt es noch die direkt proportionalen Merkmale. Sie entsprechen der Vorstellung, dass jede zusätzliche Einheit Angebotsleistung eine adäquate Steigerung der Kundenzufriedenheit nach sich zöge. Von so einem linearen Zusammenhang wird zwar oft ausgegangen, in der Praxis ist dieser aber so gut wie nie gegeben.

Beurteilung einer Angebotsleistung

Wenn es also um die Beurteilung und Konfiguration einer Angebotsleistung geht, d.h. um die Merkmale und Eigenschaften, die Kundennutzen/-vorteile bringen sollen, ist von Ihnen zu unterscheiden bzw. zu entscheiden,

- welche Merkmale unbedingt erforderlich sind, da sie vom potenziellen Kunden als selbstverständlich vorausgesetzt werden (oft als K.o.-Kriterien bezeichnet),
- welche als Nutzen geschätzt, aber nicht als selbstverständlich angesehen werden und damit Differenzierungs- und Präferenzbildungs-Potenzial aufweisen und
- welche eigentlich überflüssig sind, da sie die Kundenzufriedenheit nicht signifikant beeinflussen. Sie stellen Rationalisierungspotenzial dar, da sie auch weggelassen werden könnten. Die Herstellungskosten würden damit sinken und es könnten entweder bessere Spannen oder niedrigere Verkaufspreise realisiert werden, ohne dass der Kunde weniger zufrieden wäre.

Kundenzufriedenheit und Kundenbegeisterung

Üblicherweise wird der zufriedene Kunde zum Ziel guten Marketings erklärt. Zufrieden ist ein Kunde normalerweise dann, wenn er das bekommen hat, was er sich als Leistung des Lieferanten oder als Angebotsnutzen erwartet hat. Das ist aber eigentlich nichts Besonderes, denn der größte Teil seiner Erwartungen resultiert ja nur aus den vor der Kaufentscheidung kommunizierten Leistungen der Anbieter, den in Aussicht gestellten Angebotsnutzen.

Kunden-
zufriedenheit

Zugegeben: Je höher die Erwartungen des Kunden sind, desto schwieriger wird es sein, ihn zufriedenzustellen. Dennoch ist dann lediglich die Leistung erbracht, die er als „normal" erwartet hat. Zufriedenheit heißt also nur: Er hat keinen Grund zur Klage und Reklamation. Schon deshalb sollte man vermeiden, durch übertriebene Botschaften überhöhte Erwartungen zu wecken, die man später nicht erfüllen kann – man erzeugt damit nur Enttäuschung, Unzufriedenheit und schlechte Mund-zu-Mund-Propaganda, was gerade im Hinblick auf die neuen Medien des Web 2.0 und die virale Kommunikation in sozialen Netzwerken besonders gefährlich ist.

Aus dieser eigentlich selbstverständlichen Kundenzufriedenheit leitet sich daher noch keine außergewöhnliche Lieferanten- oder Angebotsbindung ab. Die getroffene Kaufentscheidung des Kunden hat sich nicht als falsch erwiesen – gut – aber ein anderer Hersteller hätte es vielleicht ebenso zufriedenstellend gekonnt.

Anders wäre dies bei einem begeisterten Kunden. Dieser Kunde schwört auf seine Lieferanten- bzw. Angebotswahl, er würde das Angebot X von Hersteller Y oder bei Händler Z sofort wieder kaufen – denn er ist mehr als nur zufrieden.

Kundenbegeisterung

> Begeisterte Kunden müssen das Ziel exzellenter Unternehmen sein, zufriedene sind nur Me-too-Anspruch. Dies gilt gleichermaßen für die Mitarbeiter eines Unternehmens.

Begeisterte Kunden besitzen hohe Marken-/Herstellerloyalität und höchste Wiederkaufsraten. Sie sind stolz auf ihre Kaufentscheidung und Lieferantenwahl und das teilen sie auch aktiv Anderen mit (Beispiel Apple-Kunden). Sie werden zum Propagandisten für ein Angebot oder ein Unternehmen (analog Mitarbeiter/Arbeitgeberempfehlung). Bei der hohen Einflusskraft von Mund-zu-Mund-Kommunikation zwischen potenziellen Käufern und bestehenden Erfahrungsträgern bei Kaufentscheidungen ist das ein unschätzbarer Wettbewerbsvorteil. Hinzu kommt, dass es durchschnittlich rund 5 bis 6 mal weniger kostet, einem zufriedenen Kunden wieder etwas zu verkaufen, verglichen damit, einen

Neukunden zu gewinnen. Bei begeisterten Kunden darf dieses Verhältnis sogar als noch günstiger angesetzt werden. Umgekehrt gilt dies aber leider auch: Unzufriedene Kunden teilen sich – noch viel aktiver als es zufriedene Kunden tun – Anderen mit und raten von der betreffenden Marke, dem für sie enttäuschenden Produkt, dem negativ empfundenen Unternehmen ab. Im Schnitt bis zu 11 potenzielle Kunden beeinflusst ein völlig unzufriedener Kunde derart alleine über klassische Kommunikationswege. Über soziale Netzwerke und Verbraucherplattformen, Blogs und Foren sind Verbreitungsgeschwindigkeit und Multiplikationsfaktor nicht mehr abzuschätzen. Hier können rasend schnell Zehn- und Hunderttausende erreicht werden (sog. Shitstorm), wie das Beispiel in Bild 27 zeigt.

Bild 27 Neue Medien ermöglichen, dass sich negative Kundenmeinungen rasend schnell verbreiten und zur Unternehmenskrise führen können

Bild 28 zeigt, wie das Erfüllen von Kundenerwartungen zur Markenloyalität führen kann.

Kundenzufriedenheit entsteht meist aus der Erfüllung der vom Kunden erwarteten oder der ihm medial oder vertragsmäßig versprochenen objektiven Angebotsleistung, den sogenannten Hardfacts: Die Waschmaschine wird am Dienstag zwischen 10 und 12 Uhr geliefert, sie wird fachgerecht eingebaut, sie kostet genau den vereinbarten Preis, sie wäscht so leise wie vom Verkäufer versprochen usw.

Kundenbegeisterung entsteht aber normalerweise noch nicht aus der objektiven Leistungserfüllung. Selbst eine Übererfüllung vermag das oft nicht. Nur weil die Waschmaschine nochmals um technische 5 Dezibel leiser ist als versprochen, ist der Kunde nicht unbedingt begeistert. Er kann diesen „über-erfüllten Nutzen" vielleicht mit dem Gehör schon gar nicht mehr wahrnehmen. Die Waschmaschine ist leise, das ist es, was er auch erwartet hatte. Also alles in Ordnung.

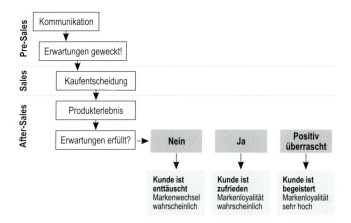

Bild 28 Erfüllen von Kundenerwartung – Voraussetzung für
Markenloyalität

Voraussetzung für Kundenbegeisterung ist das positiv Unerwartete.
Kunden, die positiv überrascht sind, werden begeistert sein. Diese
Überraschungseffekte liegen häufig nicht im direkt leistungsbezo-
genen, objektiven Bereich, sondern bei den sogenannten Softfacts
als Ausdruck außergewöhnlicher Kundenorientierung.

Oft sind es Kleinigkeiten, die Kundenbegeisterung hervorrufen.
Stellen Sie sich nur einmal vor, der Waschmaschinenhersteller
würde eine Woche nach Lieferung durch den Fachhändler beim
Kunden anrufen und fragen, ob er mit Lieferung, Händler und
der Installation zufrieden gewesen und mit der Maschine alles
wie erwartet in Ordnung sei ... Oder er würde dem Kunden nach
einiger Zeit einen neuen Bericht der Stiftung Warentest zusenden,
der aussagt, welche Waschmittel besonders gut, umweltverträglich
und preiswert sind. Oder nehmen Sie das keineswegs alltägliche
oder gar zu erwartende Angebot einer Parfümeriekette, auch ange-
brochene Parfüms bei Nichtgefallen einfach zurück zu nehmen.
Sind da treue Kunden nicht vorprogrammiert?

Kurz vor Drucklegung der ersten Auflage dieses Buches habe ich so
etwas persönlich erlebt. Ich wollte mir ein Sakko oder einen Anzug
kaufen und suchte auf Empfehlung eines Freundes die Herrenkleiderfa-
brik Kastell auf. Ein Sakko gefiel mir sehr gut, lediglich andere Knöpfe
sollten noch angenäht werden. Der Verkäufer sagte, dies wäre ein
selbstverständlicher Service und überhaupt kein Problem. Das Sakko
würde mir nach der Änderung zugesendet werden. Also entschloss ich
mich zum Kauf. An der Kasse wurde dann ein höherer Preis verlangt,

als das Sakko laut Auszeichnung kosten sollte. Auf meine befremdete Nachfrage hin wurde mir gesagt, dass entsprechende Änderungs- und Versandkosten berechnet wurden (die in der Sache sicherlich gerechtfertigt waren). Der Verkäufer hatte dies nur mit keinem Wort erwähnt, was er aber aus meiner Kundensicht heraus hätte tun müssen. Die Diskussion darüber an der Kasse, mitten im Verkaufsraum, war gewiss für beide Seiten nicht angenehm. Ich bezahlte und verließ das Geschäft mit gemischten Gefühlen: Einerseits freute ich mich über das neue Sakko, andererseits ärgerte ich mich über das Verhalten des Verkäufers und den Disput im Geschäft und ich hatte das schlechte Gefühl, nicht wirklich fair behandelt worden zu sein. 5 Tage später wurde das Sakko geliefert. Beigelegt war ein Paar hochwertige Herrensocken und ein Lieferschein mit dem handschriftlichen Vermerk „Wir möchten uns nochmals für das Missverständnis entschuldigen und erlauben uns, Ihnen ein Paar Strümpfe als Ausgleich für das Knöpfe-Annähen beizulegen. Wir hoffen, Sie haben viel Freude an Ihrem neuen Sakko." Hatte ich bis dahin eine höchstens indifferente Einstellung zur Firma Kastell, sie änderte sich schlagartig. Natürlich hatte ich nicht mit dieser Geste gerechnet und war entsprechend überrascht. Ich freute mich über diese Aufmerksamkeit – fast mehr als über das neue Sakko. Man hatte mein Befremden nicht einfach abgehakt, oder mich als „blöden Kunden" möglichst rasch verdrängt. Jemand hatte zugehört, meine situative Befindlichkeit registriert, Kritik angenommen, sich in mich hinein versetzt und wollte sich dann etwas einfallen lassen, um meine richtigerweise vermutete Verstimmung zu kompensieren. Zumindest hier war dies Kundenorientierung par excellence. Wahrscheinlich wäre ich zur Firma Kastell ein zweites Mal nicht hingefahren. Jetzt aber werde ich in Zukunft ganz bewusst dort wieder kaufen.

Ähnlich war 2011 meine Erfahrung bei einer Auslandsreise in einem Hotel in den Niederlanden. Nach einem anstrengenden Messetag kam ich durstig in mein Hotelzimmer zurück und wollte mich – entgegen meiner sonstigen Gewohnheit aufgrund der meist völlig überzogenen Preise – aus der Minibar bedienen. In den Zimmerunterlagen und im Kühlschrank fand ich alles, nur keine Preisliste für die Getränke aus der Minibar. Ich bediente mich dennoch, getreu dem Motto „No risk, no fun!". Beim Auschecken merkte ich an, dass es hilfreich gewesen wäre, eine Preisauszeichnung zu haben, und erfuhr, dass die Nutzung der Minibar im Zimmerpreis inklusive ist. An sich ein schöner Service und ich war auch positiv überrascht, dass das ein Hotel so macht, schön wäre es nur gewesen, man hätte mir das beim Einchecken gesagt oder wenigstens irgendwie im Zimmer kommuniziert …

Bild 29 zeigt den Weg vom Angebotsmerkmal zur Kundenbegeisterung.

Kundenloyalität	**Kundenbegeisterung**	„Es war eine Super-Entscheidung, bei Firma Meyer zu kaufen. Beim nächsten Mal mache ich das sicher wieder!"
	Kundenzufriedenheit	„Es war eine richtige Entscheidung, bei Firma Meyer zu kaufen. Beim nächsten Mal könnte ich das wieder tun."
Kaufentscheidung, Präferenzbildung	**Kundenvorteil**	Welchen besonderen Vorteil hat der Kunde vom Angebot der Firma Meyer? Warum soll er sich ausgerechnet für das Angebot von der Firma Meyer entscheiden und nicht für Schulze, Müller oder andere?
Kundeninteresse	**Kundennutzen**	Was hat der Kunde von der angebotenen Lösung, warum soll er sich überhaupt dafür interessieren?
Kundenrelevanz (subjektiv, rational und emotional)	**Kundenerwartungen** **Kundenbedürfnis, Problemstellung**	Was will der Kunde, was erwartet er als Problemlösung? Was braucht der Kunde?
Leistungsebene (rational, faktisch)	**Technik, Leistungsmerkmale, Dienstleistungsmerkmale**	Ist nur Mittel zum Zweck. Das sind die objektiven Angebotseigenschaften. Sie kommunizieren noch keine Kundennutzen.

Bild 29 Der weite Weg vom Angebotsmerkmal zur Kundenbegeisterung

Konsequenzen für die Kommunikation

Ein Leistungsmerkmal, eine Angebotseigenschaft stellt nur dann einen Nutzen für den potenziellen Kunden, Entscheider, Anwender, Verbraucher usw. dar, wenn dieser daraus einen für ihn relevanten, bedeutsamen Vorteil ableiten und erwarten kann. Wenn er also meint, einen bewusst gewordenen Mangel, ein empfundenes Bedürfnis oder ein Problem, das er erkannt hat, mit Hilfe des Angebots beseitigen zu können.

Wenn hingegen Mangelempfinden, Bedürfnis, Problembewusstsein beim Adressaten noch nicht bewusst vorhanden sind, sollte sich die Kommunikation auch noch nicht auf konkrete Angebotsmerkmale beziehen. Denn der Rezipient ist daran (noch) nicht interessiert. Er bezieht die Botschaft mangels Interesse noch gar nicht auf sich oder auf seine Situation. Und deshalb ist er nicht willens, sich damit auseinanderzusetzen. Bei sehr spezifischen Merkmalen ist er mangels Vorwissen manchmal auch gar nicht in der Lage, sie zu reflektieren oder zu verstehen.

Wer zum Beispiel noch nicht erkannt hat, dass Computer für ihn interessant sein könnten, weil er damit seine Briefe vielleicht leichter, besser und schneller schreiben und korrigieren könnte als per Hand, der wird in der Regel mit Angaben wie Dual Core Prozessor XYZ, 2,0 GHz Taktfrequenz, onboard shared Videocard 512 MB RAM, 256 Pipeline Burst Cache usw. nicht viel anfangen können. Und es ist äußerst unwahrscheinlich, mit dieser Art Botschaft aus diesem durchaus potenziellen Bedarfsträger einen Interessenten und dann einen Nachfrager, sprich Kunden zu machen.

In solchen Fällen muss Kommunikation eine Stufe tiefer ansetzen und beim Rezipienten erst einmal Interesse wecken, ihn aus seiner Neutralität reißen und versuchen, ihm seine nur latent (unbewusst) vorhandenen Bedürfnisse, seine Mangelsituation oder Probleme bewusst zu machen (Umsetzungen 21 und 22: Werbung für „Profis" und „Einsteiger").

Allerdings – ein Nachteil ist unvermeidlich:

> Bei generischer (allgemein ausgerichteter) Basiskommunikation bereiten Sie nicht nur den Boden für die Nachfrage nach dem eigenen Angebot, sondern zwangsläufig – aufgrund der Allgemeingültigkeit der kommunikativen Inhalte – auch für die Angebote der Wettbewerber (zum Beispiel manche Bierwerbung). Daher muss sich eine zweite Kommunikationsstufe, zeitlich wohldosiert, anschließen, in welcher der (nunmehr interessierte) Bedarfsträger klar und rechtzeitig auf das eigene Angebot bzw. die eigene Marke gesteuert wird. (vgl. auch 3.2.4 Kommunikative Ansprache, S. 129 ff)

Umsetzung 21 Beispiel einer Anzeige für „Fortgeschrittene". Wer nicht weiß, was ein LC9450 V2.3 mit 400 W, 80 Plus Gold zertifiziert ist oder ein Aktiv-PFC etc. bedeutet – wird man den mit dieser Anzeige gewinnen? Bleibt zu hoffen, dass das auch nicht beabsichtigt wurde.

2 Kommunikationsplattform (Situationsanalyse)

**ICH BIN DIE AXT,
DIE KAPPT, WAS AN DEN
SCHREIBTISCH FESSELT.**

ICH KANN KABEL ÜBERFLÜSSIG MACHEN. ICH KANN IHNEN DAS GESAMTE
NETZWERK ZUR VERFÜGUNG STELLEN. UND ZWAR NUR DEN BERECHTIGTEN
LEUTEN. EGAL OB SIE VOR ORT SIND ODER ZU HAUSE ODER UNTERWEGS. ICH
KANN MITARBEITER SOGAR MITEINANDER IN VERBINDUNG HALTEN, WENN
SIE IRGENDWO IM BÜRO HERUMSCHWIRREN. DAS ERHÖHT DIE PRODUKTIVITÄT.
VERKABELTE UNTERNEHMEN TUN MIR LEID. ICH BIN EIN VÖLLIG NEUER
ABSCHNITT FÜR IHR BUSINESS. ICH BIN MEHR ALS EIN CISCO 1200 SERIES
DUAL BAND WI-FI ACCESS POINT.

DAS IST DIE KRAFT, DIE IM NETZWERK STECKT. **jetzt.**

cisco.com/de/wirelessjetzt

Umsetzung 22 CISCO dagegen beschreibt ganz einfach und
anschaulich, was ihre Netzwerktechnologie macht und nutzt.
Damit kann auch der thematische Einsteiger viel anfangen.

2.7 Wettbewerbsvorteile, Alleinstellung

Die Transformation der Angebotsmerkmale in Nutzen bzw. Vorteile für potenzielle Kunden und ihre Prüfung auf Kundenrelevanz
ist ein wesentlicher Schritt bei der Definition einer Kommunikationsplattform. Aber das genügt noch nicht. Notwendig ist auch
ein Vergleich mit den Leistungen der Mitbewerber-Angebote.
Denn nur dieser Abgleich macht sichtbar, ob das eigene Angebot
hinsichtlich der entscheidenden kundenrelevanten Kriterien und
der Kundenerwartungen mehr bietet als die Angebote der anderen
Anbieter, lediglich gleich viel oder vielleicht sogar weniger.

Eine Grundlage dieser Betrachtung sind sogenannte Kunden-
Erwartungsprofile (Bild 30), die – gewonnen aus Marktforschungs-
daten, zum Beispiel aus Kundenbefragungen – wiedergeben,
was Kunden bei ihrer Entscheidung für einen Anbieter oder ein

bestimmtes Angebot besonders wichtig, weniger wichtig oder völlig unwichtig ist. Mit Hilfe solcher Analysen kann nicht nur das Angebot passgenau auf Bedarfsprofile und Kundensegmente maßgeschneidert werden, sondern auch der gesamte Marketing-Mix einschließlich der Kommunikation.

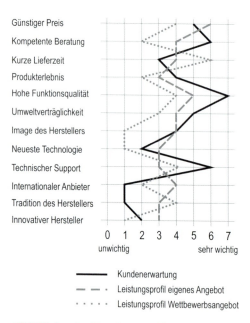

Bild 30 Kunden-Erwartungsprofil

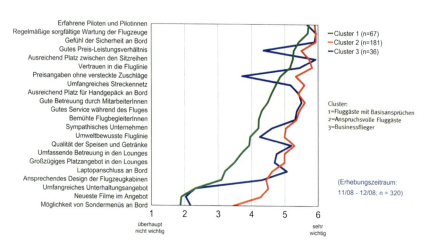

Bild 31 Kundenerwartungsprofil am Beispiel von Flugreisenden
(Quelle: transfer Werbeforschung & Praxis, 01/2012, S. 41 ff.)

2 Kommunikationsplattform (Situationsanalyse)

Unique Selling Proposition und komparativer Wettbewerbsvorteil

Bewusst getroffene Kaufentscheidungen sind Ausdruck zugewiesener Angebots-, Marken- und Kaufpräferenz, nachdem der Entscheider die verschiedenen Angebote analysiert und letztlich immer subjektiv bewertet hat. Hier gilt es, besser abzuschneiden als der Mitbewerb. Leistet ein Angebot – besonders in seinen Grundfunktionen – Einzigartiges, dann besitzt es einen absoluten Wettbewerbsvorteil (USP = Unique Selling Proposition). Leistet es im Vergleich zu den Mitbewerber-Angeboten Ähnliches, aber besser, dann hat es einen relativen Wettbewerbsvorteil (in der Marketingwissenschaft auch als Komparativer Konkurrenzvorteil (KKV) bezeichnet, nach Prof. Dr. Klaus Backhaus, Marketinginstitut der Universität Münster). Auf beiden Vorteilen können Sie eine Differenzierungsstrategie aufbauen: beim USP in Form einer Alleinstellung, beim KKV über eine bessere Erfüllung von Kaufmotiven/Bedürfnissen.

Umsetzung 23 Auch wenn USPs selten sind, manchmal gibt es sie doch; hier eine ältere Siemens-Anzeige, die eine klare Alleinstellung unmissverständlich proklamiert.

Wie schwierig USPs sein können, beweisen die Umsetzungen 23 bis 25. Und wie wichtig es ist, kaufentscheidungsrelevante Angebotsnutzen zu kommunizieren, zeigen die Umsetzungen 25 bis 28.

Wenn **Benzin gleich Benzin wäre, wäre Ferrari auch nur ein Auto.**

Umsetzung 24 Schon anders ist das bei der Anzeige zum Shell-Benzin. Weiß der Verbraucher nicht spätestens seit Stiftung Warentest, dass sich Benzin im Wesentlichen nur durch verwendeten Farbstoff unterscheidet? Mit der Analogie zum Vergleich zwischen Auto und Ferrari versucht Shell diese Meinung jedenfalls aufzubrechen und sein Benzin zumindest imagemäßig über dem der Mitbewerber zu positionieren.

Umsetzung 25 Yello-Strom, eine Strommarke der EnBw, wurde mit enormen Aufwand in den Markt eingeführt, allerdings tat man sich schwer, Kunden zu gewinnen. Kein Wunder, zum einen weiß man ja, dass Strom keine Farbe besitzt, und zudem ist die angebliche Farbe auch mit keinerlei Kundennutzen verbunden, hat also keine Kaufentscheidungsrelevanz.

Umsetzungen 26 und 27 Anders ist das bei der Werbung von Düsselstrom, denn hier werden die zwei wesentlichen Entscheidungsaspekte von Kunden kommuniziert: der Strompreis und die Preisstabilität.

Umsetzung 28 Nicht nur bei der Platzierung ist es bei diesen Großplakaten unglücklich gelaufen, es wird auch in beiden Fällen dasselbe Leistungsmerkmal dominant herausgestellt – wie soll das nun präferenzbildend wirken? Me-too in reinster Form.

Psychografische Differenzierung

Bei Leistungsgleichheit, also einer objektiven Austauschbarkeit des Angebots, können Sie entweder ganz bewusst auf eine Me-too-Strategie setzen oder versuchen, das Angebot wenigstens psychografisch zu differenzieren (vgl. Kapitel 3.4, Psychologische Positionierung, S. 162 ff). Dabei können Sie anstreben, das Angebot zumindest kommunikativ andersartig darzustellen, als dies die Konkurrenz tut, oder es mit stärkerem Kommunikationsdruck zu vermarkten. Denn eine intensivere mediale Angebotsdarbietung führt häufig dazu, dass auf Nachfrageseite dem Angebot bessere Eigenschaften zugewiesen werden, als sie objektiv der Fall sind (Imagevorteil). Ein Beispiel dafür ist der werbliche Auftritt von Media-Markt oder auch von OBI-Baumärkten. Aggressivität und hohe mediale Präsenz differenzieren das Unternehmen Media-Markt psychografisch deutlich von seinen Wettbewerbern hinsichtlich zugewiesener Kompetenz, Angebotsvielfalt und vor allem Preiswürdigkeit. Etwas weniger aggressiv, aber ebenfalls über hohe Medienpräsenz versucht das OBI-Baumärkte. Ein objektiver Leistungsvergleich würde in beiden Fällen eine Präferenzwirkung jedoch wohl nicht annähernd so stark erzielen, umso mehr, da er gesamtheitlich faktisch gegenüber den wesentlichen Mitbewerbern nicht haltbar wäre (vgl. Umsetzungen 29 und 30).

Positives Anbieterimage Ein positives Anbieter-/Marken-/Angebotsimage korreliert deutlich positiv mit Kaufpräferenzen und gibt besonders bei austausch-

Umsetzungen 29 und 30 Media-Markt und OBI werben seit Jahren mit teils aggressiver Preisthematisierung. Ergebnis: Ihnen wird eine besondere Preiswürdigkeit zugewiesen. Objektiv ist dies über das Gesamtsortiment nicht gegeben – vergleichen Sie ruhig einmal mit Saturn, TeVi oder anderen bzw. Bahr, Toom oder anderen Baumärkten.

Umsetzung 31 Die Marke als zentraler Imageträger muss im Modebereich meist die Wettbewerbsdifferenzierung und Präferenzbildung leisten.

baren Angeboten häufig den Ausschlag bei der Kaufentscheidung zugunsten eines Anbieters. Dies gilt klassisch im Konsum- und Gebrauchsgüterbereich, wo manchmal nur noch Images gekauft werden (Beispiel: Zigaretten). Untersuchungen wiesen aber nach, dass ein gutes Anbieter- oder Markenimage Kaufentscheidungen im Investitionsgüterbereich ebenso stark beeinflusst, wie es technische oder wirtschaftliche Angebotsmerkmale tun. Im traditionellen Bereich intensiver personaler Kommunikation (Akquisition) wirkt das Herstellerimage oft sogar stärker auf Kaufpräferenzen ein, als es die Intensität der persönlichen Kontakte vermag. Mit anderen Worten: Je besser das Image eines Anbieters, einer Marke oder eines Angebotes ist, desto höher sind seine Chancen im Markt! Besonders zeigt sich das im Modebereich, wo außer einer in der Regel emotionalen Bildinszenierung die Anbietermarke die einzige differenzierende Botschaft darstellt (Umsetzung 31).

Optionen bei Leistungsnachteilen

Hat das zu vermarktende Angebot Leistungsnachteile gegenüber den Konkurrenzangeboten, können Sie zweierlei versuchen:

Erstens können Sie die Kommunikationsstrategie auf „Nebenkriegsschauplätze" verlagern, bei denen mit der Konkurrenz zumindest mitgehalten werden kann. Sie stellen bewusst Nutzen und Themen in den Mittelpunkt, die für den Nachfrager zunächst gar nicht so interessant sind oder sein sollten. Über die Thematisierung dieser Aspekte lenken Sie von den „unangenehmen" Themen ab, machen Nebenaspekte interessant und versuchen dadurch, vorhandene Angebotsdefizite zu überdecken.

Als klassisches Beispiel möge wieder die Einführung der A-Klasse von Mercedes dienen, wo nach dem Elchtest erst einmal der Test als solches, dann die Seriosität der Berichterstattung in Frage gestellt und dann die Diskussion auf die Reifenausstattung gelenkt wurde, bevor man dann die Testergebnisse letztlich doch akzeptieren musste, noch bevor das öffentliche Interesse erloschen war (Umsetzungen 32 und 33).

Als zweites können Sie bei Leistungsnachteilen auch über intensiven Kommunikationsdruck – wie schon bei Leistungsgleichheit – dem Rezipienten einen subjektiven Angebotsvorteil suggerieren. Dies sollten Sie allerdings nur als Notfallprogramm tun, denn es ist so gut wie unmöglich, ein unterlegenes Angebot mit Kommunikation – und sei diese noch so gut – auf Dauer erfolgreich im Markt zu halten. Eine zeitnahe Verbesserung des Angebotes ist auf jeden Fall anzuraten.

Grundlage des Abgleichs der eigenen Angebotsleistung mit der Leistung der Wettbewerber-Angebote ist es, diese nach derselben Methode zu analysieren wie das eigene Angebot (Abschnitte 2.2 bis

Umsetzungen 32 und 33 Bei der Einführung der A-Klasse wurde kommunikativ zunächst einiges ungeschickt, um nicht zu sagen falsch gemacht. Bis man schließlich freimütig einräumte, Fehler begangen und dazu gelernt zu haben. Mit dieser Selbstkritik und mit kostenloser technischer Zusatzausrüstung, wie einem elektronischen Stabilitätsprogramm (ESP), konnten die Kunden überwiegend gehalten und ein nachhaltiger Imageschaden abgewendet werden.

2.6). Dabei ist aber das bloße Vorhandensein potenzieller Kundennutzen oder Vorteile nicht entscheidend. Es zählt vielmehr nur, inwieweit diese Angebotsleistungen von den Mitbewerbern auch kommuniziert und damit aktiv in den Kaufentscheidungsprozess eingebracht werden. Denn nur was kommuniziert wird, kann von Rezipienten und Nachfragern überhaupt erkannt, gelernt, bewertet und damit in den Entscheidungsprozess einbezogen werden.

Ergo: Verfügt der Mitbewerb über Angebotsnutzen, „spricht" aber nicht darüber, so ist diese Leistung im Markt quasi nicht existent und man kann selbst, ohne die Gefahr der Austauschbarkeit, diese Leistungskomponente für das eigene Angebot differenzierend verwenden und diese Kommunikationslücke für sich besetzen und nutzen.

Natürlich ist es in jedem Fall am besten, ein Angebot zu haben, das bezüglich der Kundennutzen, die es bietet, einen möglichst großen Vorsprung gegenüber den Konkurrenzangeboten hat. Dann ist auch die Chance am größten, schnell in den Markt zu kommen und sich dort zu etablieren.

2.8 Bedarfsträgeranalyse

Die Bedarfsträgeranalyse besitzt zentrale Bedeutung für die spätere Entwicklung passender Kommunikationsstrategien. Es geht dabei um die Erfassung, Definition und Beschreibung der Personen, die für die Vermarktung eines Produkts von zentraler Bedeutung sind: Diejenigen, die als direkte Bedarfsträger durch das Produkt ihren – wie auch immer gearteten – eigenen Bedarf decken. Hinzu kommen Erkenntnisse über die am Vermarktungsprozess maßgeblich beteiligten Personen (indirekte Bedarfsträger).

Umsetzung 34 zeigt, wie wichtig es ist, über Zielgruppen nachzudenken, um dann über eine raffinierte Ansprache letztlich die richtigen Bedarfsträger zu erreichen.

Bild 32 zeigt die wichtigsten Bestandteile der Bedarfsträgeranalyse. Sie belegt auch erneut die Notwendigkeit, Kommunikation vernetzt zu betrachten: Erkenntnisse anderer Kapitel fließen ein, bzw. die anderen Abschnitte werden von der Bedarfsträgeranalyse beeinflusst.

Umsetzung 34 Nicht die vordergründig zu vermutenden Männer, die ein Abenteuer suchen, stehen hier im Fokus, sondern besonders AIDS-gefährdete Personen. Kein Wunder, steht hinter dieser Anzeige doch die AIDS-Beratung. Und wie sonst, als über so eine „Masche", könnte diese mit ihrer Klientel zumindest schon einmal in Kontakt kommen, auch wenn die weitere Dialogführung sicher nicht einfach ist. Wer hier anruft, ist Bedarfsträger pur – meinen Sie nicht auch?

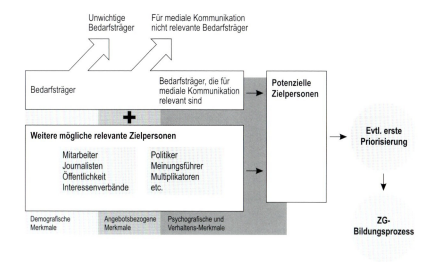

Bild 32 Elemente der Bedarfsträgeranalyse

2.8.1 Grundfragen

Folgende Fragen helfen Ihnen, relevante Personenkreise als Bedarfsträger zu identifizieren:

1. Wer braucht das Produkt/Angebot? (Beispiel Kinderzahncreme: A. Kinder B. Inhaber von Einzelhandelsgeschäften (Apotheken, Drogerien, Kaufhäuser, etc.)
2. Wer verwendet es? (Kinder)
3. Wie braucht/verwendet er/sie es? (A. Zum Zähneputzen oder B. zum Wiederverkauf als Ertragsquelle)
4. Wer kauft? (A. Mutter/Vater oder B. Einkäufer im Einzelhandel)
5. Wo wird gekauft? (A. im Einzelhandelsgeschäft oder B. Beim Großhandel oder beim Hersteller direkt)
6. Wer entscheidet? (A. Mutter/Vater oder Kind oder B. Einzelhandels-Einkäufer oder -Inhaber)
7. Wer beeinflusst den Käufer/den Entscheider dabei? (A. das Kind, der Verkäufer im Einzelhandelsgeschäft, der Zahnarzt, die Presse, Facebook-Freunde, Bekannte ... oder B. der Akquisiteur des Großhändlers/Herstellers, die Fachpresse)
8. Wodurch und warum? (A. Kindeswille, z.B. wegen Geschmacks oder durch Freundeseinfluss, oder auch Eltern durch Testergebnisse, Expertenmeinung ... oder B. Konditionen, Incentives, Ertragsstreben)
9. Wer wird vom Außendienst besucht? Wer nicht? Warum? (Großhandel ja, Einzelhandel nur dann, wenn Umsatz > 100.000 € p.a.)

Checkliste 11
Bedarfsträgeranalyse

10. Wer alles spielt auf dem Absatzweg vom Hersteller zum Endkunden eine wesentliche Rolle und welche? (Absatzmittler, Absatzhelfer, Kunden, Institutionen/Verbände, z.b. das Bundesgesundheitsministerium bei der Zulassung der Zahncreme, etc.).

Merkregel: Die Personengruppen, auf die Sie stoßen, wenn Sie den Weg eines Produkts von der Herstellung bis zur finalen An-/ Verwendung verfolgen, sind Bedarfsträger, direkte oder indirekte.

2.8.2 Personenbeschreibung

Generell kann gesagt werden, dass die Bedarfsträger und auch die nachfolgend darauf aufbauenden Zielgruppen nur so gut sind, wie sie zwar knapp, aber hinreichend präzise charakterisiert werden. Dazu sollten Sie beide Gruppen mit demografischen und absatzbezogenen Merkmalen, insbesondere aber die Zielgruppen später auch mit psychografischen Kriterien beschreiben.

> Eine im kommunikationspolitischen Sinne gute Beschreibung von Personen zeichnet sich dadurch aus, dass sie ein geradezu plastisches Bild eines Personentyps zeichnet – ein menschliches Profil, das die angebotsrelevanten Denkweisen, Einstellungen, Wünsche, Erwartungen, Vorurteile, Interessen, Motive, Haltungen, Verhaltensweisen präzise, aber auch möglichst kompakt widerspiegelt.

Je deutlicher, bildhafter und prägnanter Ihnen diese Charakterisierung gelingt, desto leichter fällt es später, eine kreative Umsetzung zu finden, die mit hoher Wahrscheinlichkeit den definierten Typus erfolgreich ansprechen wird.

Demografische Personenbeschreibung Demografische Kriterien sind normalerweise am einfachsten anzuwenden, um Personen zu beschreiben. Allerdings stehen sie auch für Eigenschaften, die für kommunikative Rückschlüsse auf die Persönlichkeit eines Bedarfsträgers nur bedingt etwas hergeben, oft sogar überhaupt nichts. So sagt beispielsweise die Konfession eines Menschen im Regelfall (also wenn es nicht gerade um die Vermarktung konfessioneller Produkte/Dienstleistungen geht) kaum etwas darüber aus, wie, wo, wann und womit dieser kommunikativ am besten erreicht werden kann oder wie viel und welche Art von Information er wünscht oder welche Einstellung er zu einer bestimmten Marke hat.

> Übliche demografische Merkmale sind Alter, Geschlecht, Wohnort, Familienstand, Konfession, Einkommensklasse, Schulbildung usw. Informationen dieser Art erlauben zwar eine klare und einfache Einteilung der betrachteten Personen in kleinere, vordergründig homo-

genere Gruppierungen und deshalb werden sie auch häufig zur Marktsegmentierung verwendet – aber Zielgruppen, die für die Entwicklung intelligenter kommunikativer Strategien geeignet sind, liefern sie nicht. Schon deshalb nicht, weil sie zum entscheidenden „Wie?" kommunikativer Ansprachemöglichkeiten der Zielpersonen kaum etwas aussagen.

Unverzichtbar sind die demografischen Merkmale später, wenn es um die Mediaselektion geht. Denn häufig beziehen sich die Mediadaten, wie zum Beispiel Reichweiten oder Leserstrukturdaten, noch vornehmlich auf diese demografischen Kriterien, so dass die Demografie der Zielgruppe zur Auswahl geeigneter Medien und Kommunikationskanäle bekannt sein muss. Manchmal müssen Sie mit ihr sogar als einziger möglicher Selektionsbasis zufrieden sein, insbesondere bei Printmedien in Entwicklungs- und Schwellenländern, in denen qualitative Mediaanalysen oft noch fehlen.

Bei der Beschreibung von Bedarfsträgern nach angebotsbezogenen Merkmalen wird die Beziehung der Bedarfsträger zum Anbieter und dessen Leistungsangebot betrachtet. Beispielsweise mit der Frage nach bereits existierenden Kundenbeziehungen und deren Stabilität. Falls noch keine Beziehung besteht und es sich nicht um absolute Neukunden oder Erstkäufer (d.h. bisherige Nichtverwender) handelt, hat man es zwangsläufig mit Konkurrenzkunden zu tun. Dann ist es meist aufschlussreich, zu hinterfragen, was diese Personen bisher abgehalten hat, bei Ihrem Unternehmen oder Ihrem Auftraggeber zu kaufen.

Angebotsbezogene Personenbeschreibung

Diese Kaufbarrieren können nicht nur Ansatzpunkte für eine zukünftige Argumentationskette liefern, sie sagen auch schon viel aus über die psychologischen Voraussetzungen, unter denen Sie später mit einer Zielperson kommunizieren werden. Die Erkenntnisse können auch auf Verbesserungsmöglichkeiten außerhalb der Kommunikation hindeuten, zum Beispiel im Vertrieb oder bei der Preispolitik.

Bei der angebotsbezogenen Personenbeschreibung können Ihnen folgende Fragen helfen:

....

1. Wie intensiv ist der Bedarf eines Bedarfsträgers?
2. Wie oft kauft er und welche Mengen?
3. Gibt es noch Möglichkeiten einer Steigerung?
4. Wie relevant ist das Leistungsangebot bzw. sind die diversen daraus resultierenden Nutzen für den Bedarfsträger?
5. Welche davon sind besonders relevant für die Kaufentscheidung?
6. Welches Erwartungsprofil hat der Bedarfsträger und wie entspricht diesem das Leistungsangebot des Anbieters? (Liefert

Checkliste 12
Angebotsbezogene Personenbeschreibung

Input für die psychografische Personenbeschreibung! Vgl. Kapitel 3.2.3)

7. Passt das alles noch zur Struktur der vertrieblichen Segmentierung des Marktes, also zu den Teilmärkten, Zielbranchen, zum Sales Positioning?

8. Wer kauft das Angebot?

9. Wer entscheidet über den Kauf?

10. Wer nimmt Einfluss auf die Kaufentscheidung – bewusst oder unbewusst, freiwillig oder aufgrund beruflicher Verpflichtung?

11. Worin besteht diese Einflussnahme?

12. Wer verwendet das Angebot nach dem Kauf bzw. wendet es an?

13. Welche Erwartungen und Bedürfnisse hat dieser Anwender? (liefert Input für die psychografische Personenbeschreibung! Vgl. Kapitel 3.2.3)

14. Handelt es sich bei der Kaufentscheidung grundsätzlich um eine Einzelentscheidung (oft zum Beispiel im Konsumgüterbereich gegeben) oder um eine Gremienentscheidung (typisch im Investitionsgütergeschäft)?

Bild 33 zeigt ein Beispiel für mögliche Bedarfsträger und eine Bedarfsträgerbeschreibung.

Das Angebot:

Neuartige Illustrierfaserschreiber/Layoutstifte, die nicht mehr austrocknen und eine variabel einstellbare Strichbreite haben.

Bedarfsträgergruppe 1:

Grafik-Designer, die Layouts noch konventionell (ohne PC) machen. Männer oder Frauen oft bereits mittleren bis höheren Alters (ab 45 Jahren). Sie sind selbstständig oder angestellt in einem Unternehmen, einer Werbeagentur oder einem Verlag in Deutschland. Verwenden bisher Stifte verschiedenster Hersteller (keine explizite Markenbindung). Treffen selbst die Kaufentscheidung, kaufen meist als Ersatzbedarf, wenn ein Stift zu Ende geht. Kaufen selbst ein im Spezialhandel für Grafik- und Zeichenbedarf (Einzelhandel), per Katalog oder per Internet bei Spezialversendern. Geben Einkauf oder Recherche nach bestimmten Artikeln eventuell auch bei einer Teamassistentin in Auftrag. Werden in ihrer Angebotswahl beeinflusst von Kollegen, von Profimeinungen in Graphikforen und Blogs oder beim Einzelhändler vom Fachverkäufer, der sie auch meist (aus Umsatzabsicht) über Produktneuheiten informiert.

Bedarfsträgergruppe 2:

Kinderbuchillustratoren, die Kinderbücher mit farbigen Grafiken versehen ...

Bedarfsträgergruppe 3:

Innen- und Landschaftsarchitekten, die Entwürfe zur Steigerung der Anschaulichkeit colorieren wollen...

Bedarfsträgergruppe 4:

Modedesigner, die ihre Modellskizzen farblich akzentuieren wollen ...

Bild 33 Beispiel Bedarfsträgerbeschreibung

Buying Center

Von Gremienentscheidungen ist immer dann auszugehen, wenn die Kompetenz einer Einzelperson nicht ausreicht, um die Komplexität eines Angebots zu prüfen und zu bewerten, ferner um hohe Investitionen zu verantworten oder wenn unterschiedliche betriebliche Funktionen und Kompetenzfelder von der Kaufentscheidung betroffen werden. Typisch ist dies im Business-to-Business-Bereich, insbesondere im Investitionsgütermarketing, zum Beispiel in der Fertigungsindustrie bei der Anschaffung einer neuen Spritzgussmaschine.

Im Falle einer Gremienentscheidung ist von Ihnen zu klären:

- Welche Funktionen und Rollen sind in diesem Gremium – das meist als Buying Center bezeichnet wird – vertreten?
- Welches Buying-Center-Mitglied ist in welcher Phase des Kaufentscheidungsprozesses involviert, wobei und wie sehr?

Buying Center (Bild 34) setzen sich meist aus folgenden Personen bzw. Funktionsträgern zusammen:

- Anwender – denn sie müssen mit dem (Investitions-)Gut später arbeiten und gute Ergebnisse erzielen.
- Entscheidungsvorbereiter – auch als Informationsselektierer oder Gate Keeper bezeichnet. Nur sie haben oft das fachliche Know-how, um Angebotsdetails zu bewerten. Daher ist es ihre Aufgabe, Angebotsinformationen zu selektieren, zu qualifizieren und zu einer Entscheidungsvorlage zu komprimieren.
- Entscheider – Personen, die formal oder auch aufgrund von Macht- oder Fachkompetenz entscheiden.
- Berater//Beeinflusser – besonders fachkompetente betriebsinterne oder -externe Personen, die bei der Entscheidungsbildung helfen sollen.
- Einkäufer – die meist wirtschaftlich orientiert sind und Konditionen, Amortisationsdauer und Angebotsdetails bewerten.

Für das Vorliegen eines Buying-Centers ist es hinreichend, wenn mindestens zwei der vorgenannten Funktionsträger bei der Be-

Bild 34 Das Buying Center

schaffung zusammenwirken, denn dann erfolgt bereits keine Individualentscheidung mehr, es müssen also nicht immer alle fünf Rollen oder genau fünf Personen vorzufinden sein!

Zusammengefasst handelt es sich bei der angebotsbezogenen Charakterisierung von Bedarfsträgern um Informationen über Personen, die am Informations- und Kaufentscheidungsprozess mittelbar oder unmittelbar beteiligt sind. Einbezogen werden die Parameter, die in direktem Zusammenhang mit der Vermarktung des Angebots stehen.

Aufgrund der höheren Relevanz für die Vermarktungsaufgabe ist diese Art von Informationen für die Entwicklung einer Kommunikationsstrategie aussagekräftiger und von höherer Bedeutung als die demografischen Merkmale. So können Sie z.b. bei Wiederkäufern von einer gewissen Kundenzufriedenheit ausgehen, einem positiv ausgeprägten Image, einem höheren Interesse am Unternehmen oder Angebot und einer entsprechend positiven Einstellung dazu.

3 Entwicklung der Kommunikations-Strategie

Bei den in diesem Kapitel dargestellten Aktivitäten entscheidet sich in hohem Maße der Weg von der Vermarktungsaufgabe zur späteren kommunikativen Zielerreichung. Und – hier steckt für Sie das größte Potenzial, intelligentere Kommunikation als Andere hervorzubringen.

Der entscheidende Mehrwert (Added Value) Ihrer Tätigkeit als Kommunikationsexperte ist die Entwicklung einer ausgeklügelten Kommunikationsstrategie. Dieser Abschnitt ist deshalb das Herzstück Ihrer Konzeptionsarbeit. Als Kommunikations-/Werbeberater-/Werbe/Media- oder PR-Berater („Konzeptor") treffen Sie hier Ihre wesentlichen kommunikationspolitischen Entscheidungen (insbesondere in den Entscheidungsfeldern Zielgruppe, Kommunikationsziel und psychologische Positionierung), ziehen Sie Konsequenzen aus Ihren bisherigen Betrachtungen und fixieren die strategische Richtung für alle späteren kommunikativen Aktivitäten.

Die strategischen Bausteine und die empfohlene Reihenfolge ihrer Ausarbeitung zeigt Bild 35.

Bild 35 Kommunikative Strategieentwicklung

3.1 Ausgangszustand

Zu Beginn der kommunikativen Strategieentwicklung sollten Sie zunächst zumindest grob klären, inwieweit Sie kommunikativ auf bereits Vorhandenes aufbauen können oder an frühere Maßnahmen/Kampagnen anknüpfen sollten.

3.1.1 Bisherige kommunikative Aktivitäten

Machen Sie sich daher zunächst den kommunikativen Ausgangs-
zustand für Ihre Konzeption bewusst. Sie sollten dazu feststellen,
was in der Vergangenheit in kommunikativer Hinsicht für den
Anbieter, die Marke und/oder das Angebot getan wurde und –
nach Möglichkeit – mit welchen Erkenntnissen und Ergebnissen.

Nachfolgende Fragen helfen Ihnen dabei:

Checkliste 13
Analyse bisheriger
Kommunikations-
aktivitäten

1. In welchen Marktsegmenten wurde kommunikativ was in welchem Umfang getan?
2. Bei welchen Bedarfsträgern?
3. Bei welchen Zielgruppen?
4. Welche Kommunikationsinstrumente wurden eingesetzt?
5. Welche Medien wurden genutzt?
6. Warum wurde das gemacht und welche Ziele waren damit verbunden?
   6.1 Geschäftliche/Unternehmens-/Marken-Ziele
   6.2 Marketing-Ziele
   6.3 Vertriebs-Ziele
   6.4 Kommunikations-Ziele
7. Zu welchen Resultaten führten die bisherigen Aktivitäten?
   7.1 Geschäftlich/Unternehmen/Marke – zum Beispiel durch
       Kommunikation begleiteter Eintritt in einen neuen Markt
       oder eine erfolgreiche Unternehmensakquisition oder eine
       Veränderung der Markenpositionierung
   7.2 Vertrieblich – zum Beispiel auf kommunikative Maßnahmen
       zurückführbare Marktanteilsentwicklung, Umsatz- und
       Ertragsentwicklung usw. (lässt oft Rückschlüsse zu auf die
       Wirksamkeit bisheriger Maßnahmen oder existierende Barrie-
       ren).
   7.3 Kommunikativ – zum Beispiel Bekanntheitsgrad, Imagever-
       änderung, Wissensstand, Sympathiegewinn, Steigerung des
       Interesses, Präferenzbildung, Verringerung von Vorurteilen
       usw.
8. Wo wurden Kaufbarrieren oder Hemmnisse festgestellt bzw.
   angetroffen?
9. Wo sind neue/weitere Barrieren aufgetaucht?
   9.1 Situative Barrieren, wie zum Beispiel Preis, Erhältlichkeit der
       Ware, Verfügbarkeit des Angebots, negative Beeinflussung
       des Interessenten, zum Beispiel durch Händler am POS.
   9.2 Einstellungsbarrieren, wie zum Beispiel Wissensdefizite,
       Imagedefizite, mangelnde Handlungsanreize oder Low-
       Involvement-Verharren ...

3.1.2 Bisherige Konkurrenzaktivitäten

Sie sollten die bisherigen Aktivitäten Ihres Auftraggebers bzw. des Anbieters mit denen seiner Konkurrenz im selben Zeitraum vergleichen – sofern zuvor die Hausaufgaben gemacht wurden und Benchmarkingmaterial vorliegt. Mit dieser Analyse erkennen Sie, ob ein nicht im erwarteten Ausmaß eingetretener Erfolg vielleicht deshalb nicht zustande kam, weil überdurchschnittlich gute, aggressive oder intensive Konkurrenzaktivitäten dagegen standen oder weil Probleme in anderen Marketingbereichen vorkamen, zum Beispiel Lieferengpässe.

Hinterfragen Sie:

1. Wie ist im Betrachtungszeitraum die Konkurrenz überhaupt in Erscheinung getreten?
2. Hat sie selbst agiert, unabhängig von Aktivitäten Ihres Unternehmens/Auftraggebers, oder hat sie nur reagiert?
3. Oder hat sie vielleicht überhaupt nichts getan bzw. dagegen unternommen?

Checkliste 14
Konkurrenzanalyse

Aus den Antworten auf diese Fragen können Sie die entsprechenden Schlüsse ziehen, ob und inwieweit Sie selbst weiter agieren können, ob Sie ihrerseits auf Konkurrenzaktivitäten reagieren müssen oder zumindest darauf vorbereitet sein sollten.

3.1.3 Kommunikative Rahmenbedingungen

Kommunikation findet nie alleine oder unter kontrollierten „Laborbedingungen" statt. Deshalb müssen Sie darauf achten, in welchem Umfeld Ihre kommunikativen Maßnahmen stattfinden werden. Wovon werden sie betroffen und beeinflusst, wodurch eingeschränkt, was ist an internen und externen Rahmenbedingungen konzeptionell zu beachten?

1. Externe Rahmenbedingungen
   1.1 Richtlinien (z.B. EU-Import-Richtlinien)
   1.2 Gesetze, rechtliche Bestimmungen (z.B. Wettbewerbsrecht)
   1.3 Ethische Maßstäbe, Wertesysteme (z.B. bzgl. Kinderarbeit in Indien)
   1.4 Trends, Szenen, Strömungen (z.B. steigende Nachfrage nach Bioprodukten)
   1.5 Kulturelle und andere Besonderheiten (z.B. Farbe Grün in der islamischen Kultur)
2. Interne Rahmenbedingungen beim Auftraggeber
   2.1 Vision/Leitbild/Unternehmensphilosophie
   2.2 Corporate Identity

Checkliste 15
Kommunikative
Rahmenbedingungen

2.3 Erscheinungsbild, Corporate Design als formaler Kreativ-
korridor

2.4 Eventuell interne Programme (z.B. Restrukturierung, Kosten-
senkungsprogramm, Innovationsinitiative ...)

In Bild 36 sind diese Rahmenbedingungen noch einmal übersicht-
lich dargestellt.

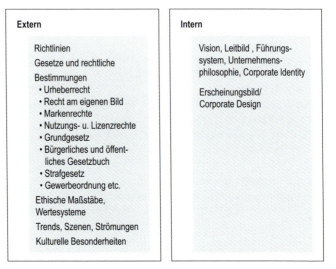

Bild 36 Rahmenbedingungen der Kommunikation

Nicht nur bei der *Durchführung* von Kommunikations-Maßnahmen sind rechtliche Bestimmungen zu beachten (zum Beispiel
Datenschutz). Schon beim *Umsetzungs- und Realisierungsprozess*
entstehen unweigerlich rechtliche Berührungspunkte. Beispielsweise Fragen zum Urheberrecht und zum Copyright in der Fotografie, beim Film, beim Grafikdesign.

Besonders relevant sind folgende Rechtsaspekte:

1. Das Urheberrecht (UrhG)
2. Das Recht am eigenen Bild (KunstUrhG)
3. Das Markengesetz
4. Nutzungsrechte und Lizenzen
5. Generell die Bestimmungen des Grundgesetzes, des bürgerlichen
und des öffentlichen Rechts, des Strafgesetzes, der Gewerbe-
ordnung usw.

Über die Bestimmungen des Gesetzgebers hinaus gibt es von Institutionen und Verbänden, wie z.B. dem ZAW (Zentralverband der deutschen Werbewirtschaft, www.zaw.de), noch weitergehende Vereinbarungen und Kontroll-Einrichtungen. Zum Beispiel den deutschen Werberat, der als Organ der werbetreibenden Wirtschaft zur Selbstkontrolle unlautere oder zum Beispiel sittlich zu beanstandende Werbung rügt (www.werberat.de).

Nach Klärung der kommunikativen Ausgangsbedingungen geht es nun im nächsten Schritt für Sie darum, die Kernelemente der Kommunikations-Strategie zu entwickeln und zur Lösung der aktuellen Vermarktungsaufgabe geeignet und aufeinander abgestimmt zu definieren.

3.2 Die Bestimmung von Kommunikations-Zielgruppen

Was nützt die schönste Anzeige, wenn sie die richtigen Rezipienten nicht erreicht? Was das argumentativ stärkste Mailing, wenn es bei den falschen Leuten im Briefkasten landet?

Nichts!

Entscheidend für Ihr gesamtes Konzept und für einen späteren Kommunikationserfolg ist es deshalb, wie gut Sie bei der Definition der Kommunikations-Zielgruppen sind. Deshalb ist dies auch der wichtigste Abschnitt bei der Ausarbeitung der Kommunikationsstrategie – ohne andere Strategie-Entscheidungen abwerten zu wollen.

Entscheiden Sie sorgfältig, bei wem Sie mit kommunikativen Mitteln etwas erreichen wollen bzw. müssen. Diese Personen sollten Sie dann möglichst plastisch als Menschentypus charakterisieren. Legen Sie bei dieser Personenbeschreibung speziellen Wert auf die für die Kommunikation besonders wichtigen Kriterien: die psychografischen und verhaltensorientierten Merkmale.

Es reicht nicht aus, Bedarfsträger definiert zu haben!

Sie werden sich an dieser Stelle vielleicht fragen: „Reicht das mit den Bedarfsträgern denn nicht aus? Die sind doch eigentlich so etwas wie Zielgruppen? Mein Auftraggeber bezeichnet die Kunden ja auch als Zielgruppe. Wozu jetzt noch einmal ein extra Abschnitt über Zielgruppen?"

Sie werden sehen, dass – vor allem qualitativ – etwas ganz anderes gemeint wird, wenn wir als Kommunikations-Profis von Kommunikations-Zielgruppen sprechen. Sie kennen sicherlich die alte Kommunikationsweisheit: „Interesse steuert Wahrnehmung." Wahrgenommen zu werden ist aber lediglich die Grundvoraussetzung, um mit Kommunikation überhaupt Wirkung erzielen zu können. Was nicht wahrgenommen wird, kann natürlich auch keine Wirkung erzielen! Das aber ist genau Ihr Auftrag: Wirkung erzielen. Und zwar nicht irgendeine, sondern eine vorher definierte, geplante Wirkung. *Und das mit geringsterforderlichem Aufwand, also auch möglichst effizient.*

Ihr Erfolg hängt also zunächst unmittelbar damit zusammen, wahrgenommen zu werden und folglich damit, das Interesse der Zielpersonen für Ihre Kommunikationsmaßnahmen und -botschaften zu bekommen. Also ist es von entscheidender Bedeutung für Sie, das ausschlaggebende Interesse – das Kernmotiv – dieser Personen in Bezug auf das zu vermarktende Angebot zu kennen und Ihre Kommunikation – wie einen Laserstrahl – zielgenau auf dieses primäre Interesse, das sogenannte Kernmotiv, auszurichten.

Genau das geht jedoch auf Bedarfsträgerniveau nicht. Denn die Personen einer Bedarfsträgergruppe haben ja kein einheitliches Kern-Interesse, sondern viele, zum Teil völlig unterschiedlich vorherrschende Interessen und Motive bezüglich des zu vermarktenden Angebots.

Welches Motiv hat beispielsweise die Bedarfsträgergruppe „Der Radiologe" bezüglich der Anschaffung eines neuen Röntgengerätes?

Diese für erfolgreiche Kommunikation entscheidende Frage kann nicht eindeutig beantwortet werden: Der eine Radiologe will damit vielleicht hauptsächlich Geld verdienen, der andere will in erster Linie Menschen helfen, der dritte vielleicht besondere medizinische Studien betreiben, um seine Habilitation zu erarbeiten, ein vierter will vielleicht auch die Wartezeiten für seine leidenden Patienten verringern usw.

Woran sollten Sie also Ihre Kommunikation treffsicher ausrichten? Was ist die den Radiologen am stärksten interessierende Botschaft, was die überzeugendste Argumentation? Das können Sie bei Bedarfsträgergruppen eben nicht eindeutig bestimmen. Und genau wegen dieses Problems müssen Sie Kommunikations-Zielgruppen bilden, die sich – soviel sei vorweggenommen – dadurch auszeichnen, dass alle Personen, die in einer Zielgruppe zusammengefasst werden, in ihrem Kernmotiv, ihrem am stärksten ausgeprägten Interesse in Bezug auf das Angebot, übereinstimmen.

So wird sofort klar, dass für obiges Radiologiebeispiel alle Ärzte der Kommunikations-Zielgruppe „Der Idealist" primär vom Kernmo-

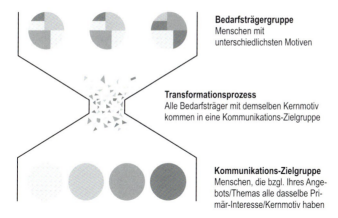

Bedarfsträgergruppe
Menschen mit
unterschiedlichsten Motiven

Transformationsprozess
Alle Bedarfsträger mit demselben Kernmotiv
kommen in eine Kommunikations-Zielgruppe

Kommunikations-Zielgruppe
Menschen, die bzgl. Ihres Ange-
bots/Themas alle dasselbe Pri-
mär-Interesse/Kernmotiv haben

Bild 37 Prinzipdarstellung der Transformation von Bedarfsträgergruppen zu Kommunikations-Zielgruppen

tiv geprägt sind, Menschen zu helfen. Und damit wird es möglich,
diese Personen alle zusammen als Kommunikations-Zielgruppe
mit einer einzigen Kommunikationslinie anzusprechen (Bild 37),
die genau auf dieses gemeinsam am stärksten ausgeprägte Interesse
hin konzipiert ist – was eben auf der Stufe der Bedarfsträger nicht
möglich ist.

Also, schauen wir uns den Prozess genauer an, mit dem Sie Bedarfsträgergruppen und weitere eventuell relevante Personengruppen
in Kommunikations-Zielgruppen überführen.

Wie kommen Sie von Bedarfsträgern zu Kommunikations-Zielgruppen?

Ausgangspunkt für Ihre Zielgruppenüberlegungen sind die Bedarfsträger, die Sie in Kapitel 2.8 gefunden haben. Aus diesen wählen Sie
zunächst die für den Kommunikationsprozess relevanten Gruppen
aus und ergänzen sie eventuell um die Personengruppen (weitere
mögliche Zielpersonen), die zwar keine unmittelbaren Bedarfsträger sind, die für eine erfolgreiche Vermarktung des Angebots in
der Kommunikation aber relevant und daher einzubeziehen sind
(z.b. Journalisten, Verbandsvertreter oder Mitarbeiter).

In diesen beiden Grundmengen – den Bedarfsträgergruppen einerseits und den zusätzlichen kommunikativ relevanten Personengruppen andererseits – stecken Ihre potenziellen Kommunika-
tions-Zielpersonen.

Analysieren Sie im nächsten Schritt möglichst genau die Befindlichkeit und Psychografie dieser Personen: ihre psychografischen
und verhaltensorientierten Merkmale, ihre „Position" im Kaufent-

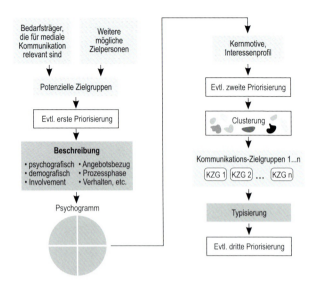

Bild 38 Der Prozess der Zielgruppenbildung

scheidungsprozess, ihr Informations- und Medienverhalten, ob und wie stark überhaupt schon jeweils ein Problembewusstsein ausgeprägt ist und ihr jeweiliges Involvement im Hinblick auf Anbieter und Angebot. Danach können Sie oft schon erkennen, ob manche Personengruppen für den Kommunikationsprozess ohne größere Bedeutung sind. Diese Gruppen können Sie von der weiteren Betrachtung ausschließen. Das erleichtert Ihnen den Überblick und hilft Ihnen, sich auf das Wesentliche zu konzentrieren. Auch erspart Ihnen diese Priorisierungsstufe Arbeit, vor allem bei der nachfolgenden Motivanalyse und der Zielgruppenbildung und -beschreibung.

Den Abschluss des Zielgruppen-Bestimmungsprozesses bilden die Schritte Clusterung, Typisierung, eventuell nochmalige Priorisierung und schließlich die Beschreibung der Kommunikations-Zielgruppen.

Diese Abfolge ist in Bild 38 nochmals dargestellt.

3.2.1 Auswahl der relevanten Bedarfsträger

Dieses ist Ihr erster Schritt in Richtung Kommunikations-Zielgruppen.

In Kapitel 2.8 „Bedarfsträger" haben Sie die verschiedenen Bedarfsträger-Gruppen fixiert. Nun haben Sie zu klären, welche Personen bzw. Personengruppen aus der Bedarfsträger-Analyse auch für die

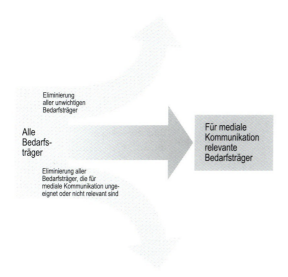

Eliminierung
aller unwichtigen
Bedarfsträger

Alle
Bedarfs-
träger

Eliminierung aller
Bedarfsträger, die für
mediale Kommunikation unge-
eignet oder nicht relevant sind

Für mediale
Kommunikation
relevante
Bedarfsträger

Bild 39 Auswahl der Bedarfsträger, die für die mediale
Kommunikation relevant sind

Kommunikation relevant sind und warum bzw. in welcher Weise
sie dies sind.

Diese Fragen sind wichtig, da nicht unbedingt jeder Bedarfsträger
auch Zielperson für z.b. werbliche oder verkaufsfördernde Maßnahmen sein muss. So könnten zum Beispiel bestimmte Branchen
oder Regionen auch über andere Kommunikationsinstrumente
oder ausschließlich über personale Kommunikation bedient oder
– als Folge selektiver Marktbearbeitung – sogar völlig ausgespart
werden (Bild 39).

3.2.2 Bestimmen weiterer für die Kommunikation relevanter Personengruppen

Es kann wichtige Zielgruppen für die Kommunikation geben, die
in den Bedarfsträgern nicht direkt enthalten und damit noch nicht
berücksichtigt sind. Zum Beispiel Mitarbeiter, Journalisten, Poli-
tiker, Interessensvertreter oder auch die Öffentlichkeit (Bild 40).
Sie müssen daher klären, ob es zusätzlich zu den kommunikati-
onsrelevanten Bedarfsträgern noch weitere Personengruppen gibt,
die kommunikativ angegangen werden müssen, um den Vermarktungsprozess bestmöglich zu unterstützen.

Diese Personen müssen dann, wie die Bedarfsträger vorher auch,
entsprechend Kapitel 2.8.2 demografisch und absatzbezogen beschrieben werden. Allerdings reichen diese Merkmale für eine Ziel-

| Weitere mögliche |
relevante Zielpersonen
Mitarbeiter
Journalisten
Öffentlichkeit
Interessenverbände
Politiker
Meinungsführer
Multiplikatoren
etc.

Bild 40 Weitere
für die Kommunikation
relevante Zielpersonen

personenbestimmung nicht aus, wie zuvor bereits erläutert. Zumindest nicht für professionelle Kommunikation. Diese will ja ein Maximum an Wirkung erzielen. Dazu müssen die Personen aber über ihre Demografie und Angebotsbeziehung hinaus in besonderem Maße auf der psychologischen Ebene erfasst und in ihrer Befindlichkeit und ihrem „Charakter" beschrieben werden.

Das Wichtigste – und zugleich Schwierigste – fehlt also noch: die Beschreibung der Menschen, mit denen Sie später kommunizieren möchten, nach insbesondere psychografischen und verhaltensorientierten Merkmalen.

3.2.3 Psychografische und verhaltensorientierte Merkmale

Die psychografischen und verhaltensorientierten Merkmale sind deshalb so essenziell, weil sie am meisten über Menschen aussagen. Und Kommunikation kann nun einmal nur mit Menschen betrieben werden. Die wesentlichen Vorgänge in Menschen, die letztlich zu einer Kaufentscheidung führen oder sie auch verhindern können, sind psychologischer Natur. Das heißt, sie laufen im Gehirn eines Menschen ab und sind damit nicht beobachtbar. Nur die Folgen dieser Vorgänge können wir direkt erkennen. So können wir zwar sehen, in welchem Supermarkt z.B. ein Konsument einkauft, welche Laufwege er dort hat und wo und wie lange er im Supermarktregal etwas sucht, welche Produkte er in die Hand nimmt, welche er wieder zurücklegt und welche er kauft – aber warum er sich so verhält oder warum er das tut, was wir beobachten können, das können wir nicht sehen. Professionelle Kommunikation ist also die Auseinandersetzung mit verborgenen, direkt nicht erkennbaren menschlichen Faktoren und deren gezielte Beeinflussung. Damit Sie dies möglichst wirkungsvoll tun können, müssen Sie sich vorher also intensiv mit der psychologischen Seite ihrer potenziellen Kommunikationspartner auseinandersetzen, quasi wie ein Profiler im Kriminalfilm, der versucht, ein Täterprofil zu erstellen:

Checkliste 17
Psychografische und verhaltensorientierte Merkmale

1. Wie denkt dieser Mensch, mit dem Sie (zunächst zumindest medial) kommunizieren möchten?
2. Was fühlt, erwartet, hofft, fürchtet, befürwortet, lehnt er/sie ab?
3. Was weiß er/sie bereits?
4. Was hemmt ihn/sie?
5. Was ist er/sie gewohnt?
6. Was will er/sie?
7. Wie verhält er/sie sich?
8. Woran ist er/sie besonders interessiert?
9. Was bewegt ihn/sie, veranlasst ihn/sie zum Handeln?
10. Was reizt ihn/sie?
11. Was macht sein/ihr Wertesystem aus?
12. Welche Einstellungen hat er/sie?
13. Und für alle diese Merkmale gilt jeweils auch die Frage „Warum?"! Die Antwort darauf liefert Ihnen üblicherweise das nicht beobachtbare menschliche Antriebsmoment, den Beweggrund hinter dem Verhalten von Menschen.

Woher erhalten Sie diese Informationen?

Die psychografischen und verhaltensorientierten Erkenntnisse sind für die Entwicklung einer wirkungsvollen Kommunikationsstrategie am wertvollsten. Allerdings sind sie auch am schwierigsten zu eruieren. Sehr häufig können Sie dazu aber auf Forschungsergebnisse zurückgreifen, sofern es bereits geeignete Resultate von Sekundärstudien gibt. Ist dies nicht der Fall, muss eventuell eine eigene Zielgruppenforschung in Auftrag gegeben werden. Ist das zum Beispiel aus Zeit- oder Kostengründen nicht möglich, bleibt Ihnen nur, sich mit vorherrschenden Sichtweisen, Erfahrungen, internem Wissen (z.B. von Vertriebsleuten), eigenen Anschauungen, Klischees, verallgemeinerten Modellen (z.B. Maslow, Reiss, Dr. Häusel), Plausibilitäten und Wahrscheinlichkeiten zufrieden zu geben.

Ein detailliertes Forschungs-Instrumentarium ist vorhanden. Es gibt zahlreiche Markt- und Meinungsforschungs-Institute, die Sekundärstudien anbieten und Primäruntersuchungen durchführen können. Oft können Sie bereits mit relativ geringem finanziellen Aufwand bemerkenswert aufschlussreiche Erkenntnisse über Zielpersonen gewinnen. So kann man zum Beispiel bereits ab etwa 4500 € einen sogenannten Fokustest bekommen, eine systemati-

Markt- und Meinungsforschung

sche Befragung von 10 bis 20 Personen durch Interviewer im Studio mit Videoaufzeichnung und schriftlicher Auswertung.

Je nach Untersuchungsanlage und Stichprobengröße kann Primärforschung jedoch auch hohe Kosten verursachen. Dennoch handelt es sich um eine Investition, die sich wohl rechnen kann, wenn entsprechende Fehlversuche und kommunikative Flops damit vermieden werden können. Was schadet es z.B., 100.000 Euro auszugeben, um die Wirkung eines TV-Spots zu überprüfen, wenn durch dessen Optimierung Schaltkosten von mehreren Millionen Euro deutlich wirkungsvoller investiert werden. Auch Verlage (z.B. Bertelsmann, Burda, Gruner & Jahr) lassen häufig Studien durchführen und bieten die Ergebnisse als Kundenservice verhältnismäßig preiswert an – manchmal sogar kostenlos.

Auch die neuen Medien bieten Ihnen viele Optionen, Ihre Zielgruppen besser zu erkennen. Das „neue", ausgeprägte Mitteilungsbedürfnis insbesondere jüngerer Menschen in Blogs, Foren und sozialen Medien, die Bereitschaft, eigene Profile ins Netz zu stellen, bietet Ihnen Datenpotenziale abseits klassischer Marktforschung wie niemals zuvor. Aber natürlich müssen auch da die Hausaufgaben gemacht werden. Blogs und Foren müssen beobachtet und Beiträge (Posts) qualitativ und quantitativ analysiert werden, ebenso wie Communities auf Facebook, Twitter, Youtube und Co. entsprechend systematisch erfasst und ausgewertet werden müssen. Aber noch nie waren intime psychografische Informationen so direkt zugänglich, konnte man so breit, schnell und meistens unentgeltlich mit potenziellen Zielpersonen in Dialog treten und standen so ausgeklügelte Datenanalysetools zur Verfügung.

Bedenken Sie aber den Faktor Zeit. Untersuchungen und Analysen können nicht von einem Tag auf den nächsten konzipiert, durchgeführt und ausgewertet werden. Der Zeitbedarf hängt von der Untersuchungsanlage und dem Untersuchungsziel ab, ist nicht pauschal zu bestimmen und mit dem jeweiligen Institut in einem Briefing-Gespräch zu klären oder bei Selbstdurchführung abzuschätzen. Grundsätzlich sollten Sie solche Maßnahmen frühzeitig andenken, sie rechtzeitig einplanen sowie ein geeignetes Institut auswählen und briefen, bzw. Ihre Analyse starten.

Und wenn Forschungs-Maßnahmen zum Beispiel aus Zeit- oder Budgetgründen nicht möglich sein sollten?

Dann kann vielleicht schon ein Gespräch mit einigen der potenziellen Bedarfsträger wertvolle Anhaltspunkte für die Kommunikations-Strategie liefern (Gehen Sie ruhig einmal mit dem Akquisiteur „raus zum Kunden" und registrieren Sie den „Originalton", das schadet nie). Auf jeden Fall ist das besser als nichts zu tun und die Wirkung der späteren Maßnahmen mehr oder minder dem Zufall zu überlassen.

Wie ist das Informationsverhalten der Personen?

Weitere Inhalte für die psychografische Personenbeschreibung können Sie aus dem Informationsverhalten der Menschen ableiten:

Checkliste 18
Informations-
verhalten

1. Ist die Zielperson an einem Angebot bzw. dessen thematischen Umfeld
   - überhaupt nicht interessiert (no-involvement, z.B. bei Autofahrern in Würzburg bzgl. einer Staumeldung in München),
   - nur gering und unspezifiziert interessiert (low-involvement; oft kennzeichnend für Konsumgütervermarktung, z.B. Kartoffelkauf) oder
   - sehr stark interessiert (high-involvement, z.B. TV-Bundesligaberichterstattung für Fußballfans)?

2. Zeichnet sich die Zielperson durch eine aktive Informationsnachfrage aus (wichtig beispielsweise für die Kommunikation in neuen Medien wie Internet, WAP usw., wo der Rezipient eventuell für werbliche Informationen bezahlen muss – sogenanntes Advertising on Demand!)? Oder muss die Zielperson erst dazu aktiviert werden, Informationen nachzufragen (Ziel vieler Mailing-Aktionen)?

3. Wie schwierig/leicht oder langwierig/schnell ist es für die Zielperson, sich eine Information zu beschaffen und sich informiert zu halten? Hält z.B. im Internet eine erforderliche Nutzerregistrierung Interessenten von einer weiteren Nutzung ab?

4. Wie viel Zeit hat die Zielperson, um sich zu informieren? Wie viel Zeit nimmt sie sich? Wie satt oder wie übersättigt durch Informationen ist sie schon?

5. Wie hoch ist der Wissensstand der Zielperson, ihr Grad an Vor-Informiertheit? Wie hoch ist ihr Informationskonsum?

6. Worüber können Sie mit den Zielpersonen überhaupt bereits „sprechen" und auf welchem Schwierigkeitsniveau? Müssen Sie noch über allgemeine Grundfragen kommunizieren, zum Beispiel, um ein Problembewusstsein erst zu schaffen und Bedürfnisse zu wecken (grundsätzlicher Nutzen eines Home-Computers)? Oder können Sie bereits über Problemlösungen und konkrete Anbieter- und Angebotsleistungen informieren (bestimmte Features eines Computermodells von Hersteller X oder Vorteile spezifischer Softwarelösungen)?

7. Wie sind die angebotsrelevanten situativen Rahmenbedingungen ausgeprägt (zum Beispiel Kundennähe, Kaufkraft, Einkaufsverhalten)?

Erstellen Sie eine Art „Psychogramm"

Insgesamt sollten Sie mit den psychografischen Merkmalen versuchen, eine Art Psychogramm des „Typus Mensch" zu zeichnen (Bilder 41 und 42), mit dem Sie später kommunizieren wollen. Es sollte klar werden, welche Einstellungen er/sie hat, welches Image vom Anbieter und vom Angebot, welche Interessen, Sympathien, Voreingenommenheiten bei ihm/ihr vorhanden sind.

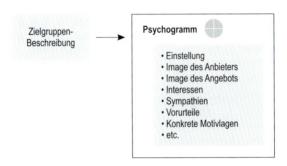

Bild 41 Erstellen eines Psychogramms

> Zentraler Punkt der psychografischen Beschreibung ist die einem Verhalten zugrundeliegende Befindlichkeit von Personen, allen voran ihre Motiv- und Interessenlage, d.h. also ihre Beweggründe, etwas zu tun oder zu lassen oder sich in einer bestimmten Art und Weise zu verhalten.

Je konkreter Sie diese Beweggründe erfassen, desto besser können Sie später Argumente, Umsetzungen und Maßnahmenpakete auf dieses Interessen- und Befindlichkeitsprofil hin maßschneidern. Sie sollten dabei von bequemen, aber vordergründigen Worthülsen – wie zum Beispiel „Sicherheit" – Abstand nehmen. Dieser Begriff ist zu vage, sagt eigentlich nichts Genaues aus. Denn welche Sicherheit meinen Sie? Existenzsicherheit? Sicherheit der richtigen Kaufentscheidung? Ruhiges Gewissen? Sicherheit des Arbeitsplatzes? Sicherheit vor Unfällen? Zukunftssicherheit? Gewiss gäbe es noch weitere Konkretisierungen des Begriffes Sicherheit. Welche davon meinen Sie also? Soll das ein Texter, ein Fotograf, ein Grafikdesigner später aus dem Briefing heraus frei interpretieren? Wohl kaum, denn die Wahrscheinlichkeit, dass er genau das herausliest, was Sie meinten (aber eben nicht klar gesagt haben), ist doch eher gering. Und Zufall ist meist ein schlechter Ratgeber. Lassen Sie also keinen Interpretationsspielraum – es ist Ihre Aufgabe und Verantwortung, hier konkrete Entscheidungen zu treffen und Dienstleistern entsprechend präzise, eindeutige Vorgaben zu machen.

Bild 42 In der psychografischen Analyse werden aus Bedarfsträgern (im Beispiel „Computeranwender") ganz unterschiedliche Menschentypen sichtbar, die man in der Kommunikation klar differenzieren muss.

Formulieren Sie deshalb ganz konkret, was Sache ist. In unserem Beispiel also, auf welches konkrete Motiv aus dem „Motivbündel" Sicherheit die Person „abfährt". Konkretisieren

Beispielsweise: „Das primäre Interesse (= Kernmotiv) der Person liegt darin, die Gewissheit zu haben, ihr Geld beim Kauf unseres neuen Produkts „X" langfristig gut angelegt zu haben" (entspräche dem Motiv Investitionssicherheit).

Oder: „Das vorrangige Interesse der Person ist es, einen sicheren Arbeitsplatz zu bekommen, deshalb will sie die Beamtenlaufbahn einschlagen" (entspräche dem Motiv „Sich beruflich absichern wollen").

Bild 43 verdeutlicht noch einmal die Verschiedenartigkeit eines Motivs am Beispiel „Sicherheit".

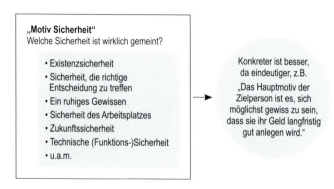

Bild 43 Konkretisierung eines Motivs

Kernmotive

Die Kernmotive/Primärinteressen der Bedarfsträger und der weiteren für die Kommunikation potenziell relevanten Personen bilden den Fixpunkt Ihrer gesamten Kommunikations-Strategie. Sie sind das beste und ausschlaggebende Kriterium zur Bildung der Kommunikations-Zielgruppen; auf sie ist das Kommunikationsziel hin abzustimmen; sie sind Bezugspunkt bei der psychologischen Positionierung.

In den vielen Schulungen, Trainings und Diskussionen seit dem ersten Erscheinen dieses Buchs habe ich erkennen können, dass es den meisten Konzeptoren sehr schwer fällt, in Motiven zu denken und Zielgruppenmotive zu definieren. Sie verharren – vermutlich aus zwar schlechter, aber gewohnter Praxis – in Produkteigenschaften, vielleicht noch in Nutzenkategorien. Aber weder sind 3,5 Gramm Fruchtanteil in einem Joghurt (= Merkmal) ein Kaufmotiv, noch guter Geschmack (aus Merkmal resultierender Nutzen). Genussstreben jedoch, also das Streben nach einem wohltuenden Geschmackserlebnis, wäre ein zugrundeliegendes Motiv, das eigentliche Interesse, das ein Konsument an so einem Fruchtjoghurt haben könnte und was ihn schließlich zu einem Kauf veranlassen würde. Der Fruchtgehalt und der vielleicht damit verbundene Geschmack sind nur Mittel zum Zweck, nur notwendig, damit der Konsument sein Genussstreben beim Verzehr des Joghurts auch erfüllt bekommt. Ein zweites Motiv könnte bei diesem Beispiel ein Gesundheitsmotiv sein, resultierend aus der Produkteigenschaft, frei von Konservierungs- oder anderen künstlichen Zusatzstoffen zu sein.

Merkmale, Produkteigenschaften und Nutzen liefern also höchstens die rationale Begründung für den Joghurt-Käufer, sich für eine bestimmte Sorte zu entscheiden oder seine Entscheidung Dritten gegenüber zu begründen. Ebenso, wie die Leistungsdaten eines

Gerätes oder einer Maschine nur Mittel zum Zweck, sprich zur Interessensbefriedigung des Kunden sind. Sie bezeichnen, was er kauft (z.b. bei einem Flachbild-Fernseher einen 200-Hertz-42-Zoll-LED-Bildschirm mit HD-Auflösung = Merkmal) und/oder welchen Vorteil sich der Käufer davon erwartet (gestochen scharfes Bild, flimmerfrei, ohne Konturenbildung, aktuelle Technologie fürs Geld = Nutzen) – aber eben nicht, warum er kauft, also den eigentlichen Grund hinter seiner Kaufentscheidung. Dieser Grund könnte z.b. darin bestehen, mit so einem neuen Fernseher im Freundeskreis angeben zu können (Geltungsmotiv), oder aber auch Selbstbestätigung, sich immer das Neueste leisten zu können …

Motive drücken also immer das unsichtbare, manchmal dem Kaufentscheider sogar selbst nicht bewusste Antriebsmoment hinter beobachtbarem Kaufverhalten aus. Ein Motiv muss von seinem Charakter her immer eine Strebung deutlich machen, warum jemand bereit ist, Geld auszugeben, um durch den Erwerb eines Angebots seine Vor-dem-Kauf-Befindlichkeit/-Situation in irgendeiner Weise vorteilhaft zu verändern. Motive müssen eine Antriebskraft im Menschen deutlich machen, einen bestehenden Zustand ändern zu wollen.

> Konsequenz der Bedeutung eines Kernmotivs/-interesses ist, dass alle Zielpersonen mit demselben Kernmotiv/-interesse später einen eigens darauf abgestimmten kommunikativen Maßanzug bekommen: eigene Botschaft, eigene Argumentationslinie, eigene Umsetzung, eigenes Maßnahmen-Paket! Forelle fängt man eben anders als Aal oder Hecht.

Personen mit unterschiedlichen Kerninteressen/Motiven müssen natürlich in der Kommunikation auch unterschiedlich behandelt werden, deshalb werden sie konsequenterweise auch verschiedenen Kommunikations-Zielgruppen zugeordnet. Nur wenn sich die Inhalte oder Auftritte für zwei oder mehr Zielgruppen infolge medialer Überschneidungen (z.B. bei zeitgleicher Plakatwerbung innerhalb einer Stadt) widersprechen oder Irritationen verursachen könnten, müssen Sie die zielgruppenspezifischen Auftritte harmonisieren, indem Sie zum Beispiel die zwei oder mehr zugrunde liegenden Kernmotive und damit Zielgruppen zusammenlegen (sofern dies möglich ist). Zum Beispiel das Motiv „Geld sparen" und das Motiv „Sich etwas gönnen" zur Motivklammer „Sich mit wenig Geld etwas leisten". Mit diesem Kompromiss wird dann zwar die Botschaft für alle Zielpersonen etwas weniger spezifisch, der „kommunikative Laserstrahl" ist weniger scharf gebündelt als vorher, aber dafür werden Reaktanzen (unnötige Widerstände) und Irritationen aus zunächst etwas gegensätzlich klingenden Interessen vermieden.

Vermeiden Sie Irritationen

3.2.4 Der Informations- und Kaufentscheidungsprozess

Bei der Analyse von Personen haben Sie insbesondere zu klären, in welcher Phase des Informations- und Kaufentscheidungsprozesses sich Ihre potenziellen Zielpersonen befinden. Es geht darum, möglichst viel Transparenz in die Vorgänge zu bringen, die ablaufen, bevor sich jemand zum Kauf eines bestimmten Angebots von einem Lieferanten oder einem Hersteller entschließt. Nur wenn Sie bestimmen, in welcher Phase sich ihre potenziellen Zielpersonen befinden und welche Rolle sie im Informations- und Kaufentscheidungsprozess spielen, können Sie später die richtige Botschaft zur richtigen Zeit an die richtige Person herantragen. Dabei können die Abläufe, die zu einer Kaufentscheidung führen, sowie Art und Anzahl der daran Beteiligten völlig unterschiedlich sein. Abhängig ist dies zum Beispiel vom Angebotspreis, von der Erklärungsbedürftigkeit eines Angebots oder auch vom Neuigkeitsgrad einer Beschaffung.

Patentrezepte und schematisierte Verfahren für die Kaufentscheidungsfindung sind daher weder möglich noch wären sie sinnvoll. Als qualitätsorientierter Konzeptor müssen Sie den Informations- und Kaufentscheidungsprozess von Fall zu Fall analysieren. Die Bandbreite reicht dabei vom spontanen Kaufentschluss einer Einzelperson – im Konsumgüterbereich zum Beispiel beim Kauf einer Tafel Schokolade – bis zum langwierigen und komplexen Entscheidungsprozess unter Beteiligung einer Vielzahl von Personen (Buying Center!) – zum Beispiel im Investitionsgüterbereich bei der Neubeschaffung einer Fertigungsstraße zur Stahlproduktion.

Dabei ist es nicht unbedingt notwendig, bei jeder einzelnen Person zu wissen, in welcher Phase sie sich befindet. Es genügt zu wissen, dass es in einer bestimmten Phase eine hinreichend hohe Anzahl von Zielpersonen gibt. Eine auf diese Phase zugeschnittene charakteristische Botschaft/Umsetzung findet dann diese Zielpersonen quasi automatisch, da deren Interesse ja von der Phase entsprechend geprägt ist und ihre Wahrnehmung danach steuert.

In der marketing- und kommunikationswissenschaftlichen Literatur gibt es zahlreiche Ansätze, den Prozess zu beschreiben, der beim Menschen abläuft, vom ersten Problembewusstsein bis zur letztendlichen Bedürfnisbefriedigung durch Erwerb einer passenden Lösung.

Die AIDA-Regel

Als einfach strukturiert und gut merkbar hat sich die **AIDA**-Regel bewährt. Sie orientiert sich an der Wirkung aufeinander folgender Phasen im Kaufentscheidungsprozess und unterteilt diesen in vier Stufen:

Aufmerksamkeit – Interesse – Wunsch – Handlung
(Attention – Interest – Desire – Action)

In Wechselwirkung mit ihrer Einstellung, ihren Motiven, den situativen Rahmenbedingungen und den auf sie einströmenden Anreizen von außen, etwas zu tun, handelt oder verhält sich eine Zielperson entsprechend dieser Stufen. Ergebnis – wenn vom Anbieter alles richtig gemacht wurde und die Angebotsleitung grundsätzlich passt – ist dann eine vorher definierte, gewünschte Reaktion. Zum Beispiel der Kauf des angebotenen Produkts. Es kann aber auch eine unerwünschte Reaktion erfolgen, wenn nicht alles richtig lief: Die Zielperson kauft das Produkt nicht, sondern eines vom Mitbewerb (beispielsweise Milka statt Lindt). Oder sie kauft etwas völlig anderes (zum Beispiel Gummibärchen). Oder sie kauft überhaupt nichts.

Am Anfang des Prozessmodells AIDA steht die Aufmerksamkeit (Attention). Denn wer nicht wahrnimmt, dass ihm etwas angeboten wird, kann auch kein Interesse dafür entwickeln und es natürlich letztlich auch nicht nachfragen oder gar kaufen.

Konnte das Interesse einer Person für ein Angebot geweckt werden (im Sinne, ihr Motiv damit eventuell befriedigen zu können), so wird sie es daraufhin bewerten, welche Vorteile für sie mit einem Erwerb verbunden wären. Erwartet sie Vorteile für sich, dann wird diese Person meist auch den Wunsch (Desire) entwickeln, mehr darüber zu erfahren, vielleicht es auch zu besitzen. Ist dieser Wunsch, dieses Verlangen nach Besitz, intensiv genug und die Person ist in der (zum Beispiel finanziellen) Lage zu kaufen, wird sie das Angebot auch mit hoher Wahrscheinlichkeit erwerben (Action).

Die AIDA-Formel stammt aus dem klassischen Marketingbereich. Im Bereich von Online besteht jedoch beim User meist bereits ein konkretes Interesse, nach bestimmten Themen/Inhalten zu suchen. Man müsste aus der AIDA- dann eine SAIDA-Formel machen, S wie Search. Die „Attention" muss dann z.B. durch entsprechend weit vorne platziertes Ranking bei einer Google-Suche erfüllt werden oder durch kontextbezogene Adwords oder Banner etc., das „Interest" dann durch den angebotenen Content etc.

Praxisorientiertes 7-Phasen-Modell

Das AIDA- bzw. SAIDA-Modell ist mit vier/fünf Phasen relativ grob und aufgrund seiner psychologischen Phasenabgrenzung auch nicht sehr einfach umzusetzen.

Für die Praxis (insbesondere für bewusst ablaufende Kaufentscheidungsprozesse wie im B2B-Bereich oder beim Erwerb von höherwertigen Gebrauchsgütern) erscheint eine Einteilung in sieben tätigkeitsorientierte Phasen hinreichend und praktikabler (die sieben Phasen müssen jedoch nicht immer explizit und bewusst durchlaufen werden, wie zum Beispiel bei einem Spontankauf). Diese sieben Phasen sind:

1. Erkenntnisphase
2. Suchphase
3. Vorauswahlphase
4. Vertiefungsphase
5. Kaufentscheidungsphase
6. Dissonanzphase
7. Erfahrungsphase

In der *Erkenntnisphase* wird ein Problem zum ersten Mal erkannt bzw. ein latentes Problem wird erstmals bewusst („Muss ich denn mein Büromaterial unbedingt im stationären Einzelhandel kaufen?"). Ein Mangel bzw. Bedürfnis (z.B. Geld sparen) wird empfunden und man will dieses Defizit befriedigen. Ideen werden geboren und man will sie verwirklichen („Das könnten wir doch auch einmal so versuchen ...").

In der *Suchphase* sucht jemand bereits nach prinzipiellen Lösungsmöglichkeiten für ein Problem (im Beispiel: Beschaffung über Versandhandel, Interneteinkauf, Genossenschaftsbezug), nach grundsätzlichen Wegen einer Bedürfnisbefriedigung (Essen) oder Umsetzungsansätzen für eine Idee (Umsetzungsoptionen A, B, C, D, E, F, G und H).

In der *Vorauswahlphase* bewertet eine Person die gefundenen Optionen zur Problemlösung, Bedürfnisbefriedigung oder Ideenverwirklichung auf ihre Eignung zur Mangelbehebung hin. Hier können auch externe Berater, Erfahrungsträger oder Meinungsbildner einbezogen werden bzw. sie können als Beeinflusser bereits eine wichtige Rolle spielen. Übrig bleiben nach dieser Phase die präferierten Lösungsmöglichkeiten (im Beispiel: Bezug über Versandhandel), die bevorzugten Wege der Bedürfnisbefriedigung (warme Mahlzeit aus italienischen, türkischen oder deutschen Gerichten), die Ideenrealisierungsmöglichkeiten A,C, D und F.

In der *Vertiefungsphase* prüft und bewertet eine Person (rational, emotional, aber immer subjektiv) die verbliebenen Optionen und deren Anbieter im Detail. Auch hier können Berater, Erfahrungsträger oder Meinungsbildner mit einbezogen werden bzw. Beeinflusser das Ergebnis mitbestimmen. Ziel ist es, die beste Problemlösung herauszufinden („Die Büromaterial-Versandhändler Schmidt&Co sowie Mayer OHG haben alles im Sortiment, was ich brauche, im Katalog finde ich mich jeweils prima zurecht und die Preise sind deutlich günstiger als bisher bei meinem Einzelhändler am Ort"), die bevorzugte Möglichkeit der Bedürfnisbefriedigung zu bestimmen („Am meisten Appetit habe ich auf Spaghetti bei Luigi oder ein Schnitzel beim Schwarzen Adler") bzw. die effektivste Art zur Ideenumsetzung zu selektieren („Methode D von Firma X geht am schnellsten und kostet am wenigsten").

In der *Kaufentscheidungsphase* werden nun – individuell oder im Buying Center, mit oder ohne externen Einfluss – die verbliebenen echten Alternativen abschließend bewertet und eine definitive Kaufentscheidung getroffen. Zum Beispiel für den Versandhändler Schmidt&Co („Ich nehme doch lieber den Schmidt, der garantiert mir eine Lieferung innerhalb von 3 Werktagen"), das Schnitzel beim Schwarzen Adler („Dem Peter hat das letzte Woche prima geschmeckt, außerdem gibt es dort die bessere Parkmöglichkeit") oder „Ja" zur Ideenverwirklichung mit Methode D von Firma X („Die erhielt als einzige die Bewertung „Sehr gut" von der Stiftung Warentest").

In der *Dissonanzphase* – die nicht immer auftreten muss – wird die getroffene Kaufentscheidung nach dem Kauf doch noch einmal in Zweifel gezogen. Je höher die getätigte Investition war, desto

Phase	Phasen-bezeichnung	Ausprägung Konsumgüterbereich	Ausprägung Investitionsgüterbereich
1	Erkenntnisphase	Idee, Mangelempfinden, Bedürfnis, Lustdefizit	Verbesserungsidee, Problemerkenntnis
2	Suchphase	Suche nach Möglichkeiten der Bedürfnisbefriedigung, Lust-stillung, Mangelbeseitigung	Informationsbeschaffung, Suche nach potenziellen Lösungsmöglichkeiten
3	Vorauswahlphase	Auswahl prinzipieller Möglichkeiten zur Bedürfnis-befriedigung und Mangel-beseitigung (kann entfallen)	Informationsselektion, Vorauswahl der geeignet erscheinenden Lösungs-möglichkeiten
4	Vertiefungsphase	Genaues Prüfen der Befriedigungsalternativen (kann insbesondere bei Schnellkäufen entfallen)	Tiefeninformation über verbliebene Lösungs-optionen, Angebotsein-holung, Projektierung
5	Kaufentscheidungs-phase	Kauf (meist) per Individual-entscheidung, spontan oder bewusst/geplant	Kauf (meist) per Gremien-entscheidung (Buying Center), geplant, formalisiert
6	Dissonanzphase	Eventuelle Zweifel an der Richtigkeit der Kaufentscheidung können dazu führen, diese rückgängig zu machen	Eventuelle Zweifel an der Richtigkeit der Kaufentscheidung können dazu führen, diese rückgängig zu machen oder Nachbesserungen anzustreben
7	Erfahrungsphase	Bedürfnisbefriedigung, Enttäuschung, Zufriedenheit oder Begeisterung, Verifikation der Kaufentscheidung	Gebrauchserfahrung, Problem-beseitigung oder Nachbesserung, Verifikation der Kaufentscheidung, Unzufriedenheit, Zufriedenheit, Begeisterung

Bild 44 Der Informations- und Kaufentscheidungsprozess und seine Ausprägungen im Konsum- bzw. Investitionsgüterbereich

wahrscheinlicher treten diese Dissonanzen (Entscheidungszweifel) auf. „Vielleicht hätte ich doch lieber bei der Mayer OHG kaufen sollen, da erfolgt die Lieferung ab 50 € Bestellwert portofrei!" Es ist daher wichtig, Kommunikationsmaßnahmen vorzusehen, welche die getroffene Kaufentscheidungen bestätigen. Tenor: „Wir freuen uns, Sie als neuen Kunden der Schmidt&Co gewonnen zu haben und werden alles tun, Sie nie zu enttäuschen", „Mit unserem Produkt X haben Sie eine hervorragende Wahl getroffen", usw.

In der *Erfahrungsphase* zeigt sich dann, ob die Kaufentscheidung wirklich richtig war. Falls ja, ist der wichtigste Schritt zu nachhaltiger Kundenzufriedenheit und Wiederkauf, zu Hersteller- und Markenloyalität und positiver Weiterempfehlung durch Mund-zu-Mund-Propaganda getan. Bereut der Käufer bzw. der An-/Verwender die Kaufentscheidung, hat Anbieter X jemanden bekommen, der in Zukunft in seinem privaten und beruflichen Umfeld seine Unzufriedenheit und seinen Unmut meist sehr aktiv kundtun und nachfragebremsend wirken wird.

Bild 44 zeigt die Phasen noch einmal im Überblick.

Entscheidungsrisiko

Jede Kaufentscheidung birgt immer auch das Risiko in sich, falsch zu sein. Je mehr Aufwand, Geld und Ansehen seitens des Kaufentscheiders auf dem Spiel stehen, desto intensiver wird er versuchen, dieses Risiko zu minimieren. Durch möglichst umfangreiche und detaillierte Information über das Angebot, den Anbieter und die Aufwand-Nutzen-Relation bis zum Einholen von Meinungen „neutraler" Dritter. Schließlich gilt immer:

> Jede Entscheidung für ein bestimmtes Angebot ist gleichzeitig die Entscheidung gegen alle anderen Angebote bzw. Anbieter. Deshalb fallen Entscheidungen dem Menschen meist schwer.

Daher muss derjenige, der einen Kauf beschließt, die subjektive Sicherheit empfinden, richtig zu handeln. Dieses individuelle Sicherheitsbedürfnis entsteht nicht nur aus der Ratio, der nachvollziehbaren, quasi-objektiven Argumentationsseite, sondern muss vor allem auch gefühlsmäßig, emotional getragen werden. Erkenntnisse aus der Neuroforschung belegen mittlerweile, dass im Prinzip keine Kaufentscheidung ohne Einfluss von Emotionen getroffen wird, auch nicht im Bereich B2B. So waren und sind Bang & Olufsen HiFi-Anlagen nie die technisch besten gewesen; ohne dass sie mehr kosten, gab es immer faktisch/messtechnisch bessere Anlagen anderer Hersteller. Aber hinsichtlich exklusivem Design und zeitloser Ästhetik wurden und werden B&O-Geräte

von vielen als „unschlagbar schön" empfunden und deswegen auch gekauft. Und das stärkere Vertrauen (hoch-emotionaler Wert) in einen Anbieter führt häufig dazu, trotz eines höheren Preises von ihm zu kaufen (z.B. unter http://www.thestrategyweb.com/ studie-b2b-entscheider-handeln-emotionaler-als-angenommen).

In den meisten Fällen wird der Anbieter im Wettbewerb die Nase vorne haben, der nicht nur „informative" Produktkommunikation betreibt, sondern auch emotional ausgerichtete Kommunikation und imageorientierte Marken- und Unternehmenskommunikation. Diese aber auch nie ausschließlich, denn Kaufentscheidungen benötigen auch faktisch-rationale Inhalte, etwas Handfestes, mit dem man eine getroffene Entscheidung dann auch argumentieren kann (Dritten gegenüber, manchmal aber auch sich selbst gegenüber)!

Kommunikative Ansprache

Zu wissen, in welcher Informations- und Kaufentscheidungsphase sich eine Zielperson befindet, kann über Erfolg oder Misserfolg Ihrer kommunikativen Mittel und Maßnahmen entscheiden, denn jede Phase verlangt nach spezifischen Botschaften, Inhalten, Argumentationslinien und Umsetzungen (Bild 45). Werden diese auf eine falsche Kommunikationsphase zugeschnitten, auf eine Phase also, in der sich die Zielperson noch nicht oder bereits nicht mehr befindet, dann werden sie – aufgrund des verfehlten Timings – zur falschen Botschaft, zur wirkungslosen Argumentation, zu belanglosem Inhalt, zur verfehlten Umsetzung. Damit wird dann nicht nur die gewollte Zielperson verfehlt, es werden vielleicht auch noch unbeabsichtigt falsche Personen erreicht.

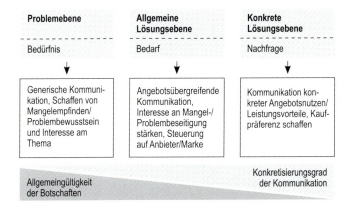

Bild 45 Phasengerechte Zielgruppenansprache

So sollte man einem Mobilitäts-Freak besser nicht mehr erzählen, dass ein Smartphone sinnvoll auch im Entertainmentbereich eingesetzt werden kann. Und bei einem, der aufgrund seiner Berührungsangst gegenüber Technik bisher zögerte, sich mit mehr als normaler Handytelefonie zu befassen, wären Detailinformationen über Mailclients, Wifi oder Apps wohl so kontraproduktiv, dass diese Person sich in ihrer Abneigung eher bestätigt fühlte, als dass sie einem Kauf näher käme.

Die Phase, in der sich eine Zielperson befindet, bzw. die Phase, auf die Sie abzielen, definiert den inhaltlichen Rahmen für Ansprache, Themen, Argumentationslinie und Informationstiefe.

Im Allgemeinen sind in den ersten Phasen Botschaften angebracht, die Problembewusstsein schaffen und noch keinen oder fast keinen direkten Angebotsbezug haben. Zum Beispiel bei der Botschaft in der Frage: „Gehören Sie auch zu denen, die täglich zu viel für Energie bezahlen?"

Im weiteren Prozessverlauf nimmt das Interesse der Zielperson normalerweise zu; im selben Maße können Sie auch den Detaillierungsgrad und den Anbieterbezug in der Kommunikation verstärken. In unserem Beispiel: „Mit Energiesparlampen der Schulze KG sparen Sie bis zu 28,- € im Jahr". Bis schließlich die Zielperson Details wissen will, da sie sich konkrete Vorteile aus dem Angebot der Firma Schulze KG verspricht: „Die Energiesparlampe X4A der Schulze KG passt in jede normale Fassung, lebt dreimal so lange wie herkömmliche Leuchtmittel und schafft mit 4200 K Lichttemperatur eine besonders behagliche Wohn-Atmosphäre. Sie erhalten Sie im Elektrofachhandel, in den Fachabteilungen der Kauf- und Warenhäuser und in guten Baumärkten."

So wie bei einer Person Problembewusstsein und Bedürfnis zunehmen, steigt auch das Interesse einer Zielperson, zunächst etwas über generelle Lösungsmöglichkeiten oder Arten der Mangelbeseitigung und daraufhin über konkrete Lösungsangebote zu erfahren. Im selben Maße müssen Sie die Akzentuierung der kommunikativen Ansprache verändern.

Beachten Sie bitte, dass es einen Unterschied gibt zwischen kommunikativer Ansprache (auf diese trifft der Rezipient zuerst, sie muss ihn „anspringen/packen") und kommunikativer Wirkung (sie entsteht erst durch Wahrnehmung und Verarbeitung im Kopf des Rezipienten und ist handlungs-/verhaltensbestimmend). Im Konzept geht es uns im Wesentlichen um die Wirkung, die wir erzielen möchten, um eine Vermarktungsaufgabe bestmöglich zu unterstützen. Die Ansprache ist eher die Aufgabe der späteren kreativen Umsetzung. Dabei müssen Ansprache und Wirkung nicht unbedingt dieselbe psychologische Ausrichtung verfolgen. Eine faktische, kognitive Ansprache, Information pur sozusagen, kann durchaus eine emotionale Wirkung erzeugen. Ein Beispiel wären Aufklärungskampagnen z.B. in der Chemieindustrie (Umsetzungen 35 und 36) oder von Energieerzeugern, die mit reinen Fakten Vertrauen (hohe emotionale Wirkung) beim Verbraucher erzeugen wollen. Besonders wichtig ist dieser Unterschied in den nachfolgenden Kapiteln „Kommunikationsziel" und „Psychologische Positionierung".

Umsetzungen 35 und 36 Beispiel einer faktenbasierten Aufklärungskampagne, die jedoch das Vertrauen in und die Sympathie und Akzeptanz für die chemische Industrie fördern soll, also emotionale Wirkungen erzeugen soll.

Einer emotionalen Ansprache kommt besonders in den frühen Phasen eine wichtige Rolle zu. Denn hier geht es oft darum, die Zielperson aufzurütteln und ihr Interesse zu wecken, da sie zunächst im No- und Low-Involvement-Zustand kaum bereit ist, Details aufzunehmen und kognitive Inhalte nachzufragen. Warum sollte sie auch, wo sie das doch überhaupt (noch) nicht interessiert?

Umgekehrt muss normalerweise der kognitive Charakter der Botschaften in späteren Phasen entsprechend hoch sein, wenn eine

High-Involvement-Situation vorliegt. Ein zusätzliches „Aufheizen" der Zielperson ist dann auch nicht mehr erforderlich.

Natürlich kostet es Zeit und Geld, eine Zielperson in mehreren Schritten kommunikativ vom Bedürfnis, vom Erkennen eines Problems bis zur Nachfrage und Kaufentscheidung zu bringen. Gerade bei Produktinnovationen ist das jedoch kaum zu vermeiden. Und manche Produkte wurden zum Flop, weil nur über Produktdetails geredet wurde, obwohl den Zielpersonen noch nicht einmal bewusst war, dass sie ein Problem haben oder unter einem Mangel leiden.

Ein weiterer Aspekt bei allgemein bedürfnisorientierter und damit generischer Kommunikation ist, dass Sie zwangsläufig auch für aktuelle oder potenzielle Wettbewerber mit kommunizieren. Wenn Sie generell die Vorteile von Blu-ray-Spielern im Homebereich kommunizieren, dann hilft das der Verbreitung von Blu-ray-Spielern allgemein, kommt also auch allen anderen Herstellern von Blu-ray-Spielern zu Gute. Das ist unvermeidlich. Allerdings erzeugen Sie dadurch auch noch keine spezifische Nachfrage – Sie generieren zunächst herstellerunabhängigen Bedarf an Blu-ray-Technologie. Sie dürfen nur nicht versäumen, den poten-

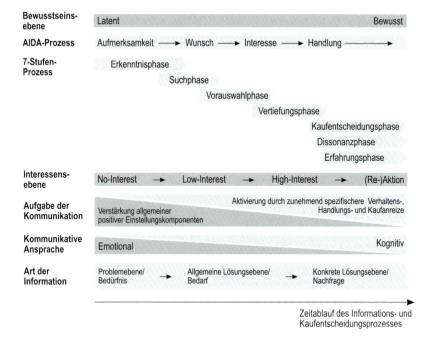

Bild 46 Prinzipdarstellung Informations- und Kaufentscheidungsprozess, Zielpersoneninteresse und Zielpersonenansprache

3 Entwicklung der Kommunikations-Strategie

ziellen Entscheider rechtzeitig auf die Blu-ray-Spieler Ihres Unternehmens bzw. Auftraggebers zu steuern und den Bedarf bzw. dann eine mögliche Nachfrage auf Ihre/dessen Marke zu lenken. Auch sind gewisse Reaktionszeiten der Wettbewerber vorhanden, so dass für den Erstkommunikator meist keine größeren Nachteile zu erwarten sind. Im Zweifel kann man versuchen, sich mit anderen Anbietern zu verbünden, Kosten und Risiken zu teilen und zum Beispiel durch Gemeinschaftswerbung einen Markt zu entwickeln.

Bild 46 stellt die beschriebenen prinzipiellen Zusammenhänge und Modelle des Informations- und Kaufentscheidungsprozesses nochmals als Übersicht dar und verbindet sie mit Ausprägungen anderer Kernelemente der Kommunikationsstrategie.

3.2.5 Priorisierung potenzieller Zielgruppen

Stellen Sie sich nach Analyse

- der psychografischen und verhaltensorientierten Merkmale der potenziellen Zielpersonen,
- ihrer Befindlichkeit und
- ihrer Phase im Informations- und Kaufentscheidungsprozess nun erneut die Frage, ob Sie alle bisher betrachteten Personengruppen auch weiterhin einbeziehen müssen.

Normalerweise können Sie an dieser Stelle bereits Personengruppen von der weiteren Betrachtung ausschließen, zum Beispiel, Ausschluss einzelner Personengruppen

- weil sie in ihrer Befindlichkeit nicht zur Vermarktungsstrategie passen (z.b. Risikoscheue bei einem innovativen Angebot),
- weil sie aufgrund situativer Barrieren gar nicht oder nur sehr schwer zu motivieren wären (z.B. hoher Angebotspreis bei kaufkraftschwachen Personen),
- weil sie für einen Vermarktungserfolg relativ unbedeutend wären (z.B. nur wenige Personen und keine mit besonderer, z.b. politischer oder strategischer Bedeutung),
- weil Einstellungen oder Gewohnheiten dagegen sprechen (z.B. überzeugte Konkurrenzkunden), oder auch
- weil ihre Motiv- und Interessenlagen kaum angebotsrelevant sind (z.b. „geringer Platzbedarf" für einen Home-PC; dies könnte zwar ein Kaufmotiv/Entscheidungskriterium sein, doch meistens sind bzgl. Home-PC andere Interessen viel dominanter. Auch unterscheiden sich die Home-PCs hinsichtlich ihrer Gerätegröße kaum. Für dieses Segment gäbe es ja dann die Laptops.).

Gewichten Sie die verschiedenen Personengruppen und setzen Sie Prioritäten. Konzentrieren Sie sich auf die Personengruppen, die für eine erfolgreiche Kommunikation und damit Vermarktungs- Priorisierung

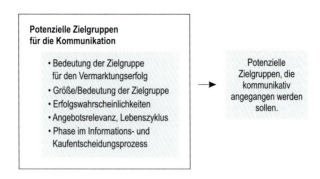

Bild 47 Priorisierung von potenziellen Kommunikations-Zielgruppen

unterstützung wesentlich sind. Sie reduzieren damit Ihre potenziellen Kommunikations-Zielgruppen auf die Zielgruppen, die Sie mit Kommunikation auch wirklich angehen möchten. Erfreulicher Nebenaspekt der Priorisierung: Sie spart Ihnen später wieder Arbeit. Denn Sie müssen für weniger Personengruppen Interessensprofile analysieren und die Motivanalyse durchführen. Und Sie haben wahrscheinlich weniger Aufwand bei der Clusterung und Typisierung der Kommunikations-Zielgruppen und bei deren Beschreibung.

Das Vorgehen dieser Priorisierung ist in Bild 47 schematisiert.

3.2.6 Die Motivanalyse

Mit dem Priorisierungsschritt aus Kapitel 3.2.5 haben Sie all jene Personen selektiert, die Sie für den geplanten Kommunikationsprozess als wesentlich ansehen. Diese Personengruppen haben Sie in ihren demografischen, angebotsbezogenen, psychografischen und verhaltensorientierten Merkmalen und in ihrer Befindlichkeit erfasst.

Listen Sie nun die Primärinteressen und Kernmotive der Menschen in diesen Personengruppen auf. Sie können dabei wahrscheinlich weitgehend auf Ihre bisherigen Erkenntnisse zurückgreifen. Andernfalls ergänzen Sie diese noch um wesentliche Motive. Im Zweifelsfall könnten Sie hier erneut Marktforschung, Sekundär- und Primärerhebungen einsetzen, um die wichtigsten Interessen und Motive im Hinblick auf Anbieter und Leistungsangebot herauszufinden bzw. abzusichern.

Das Prinzip der Vorgehensweise zeigt Bild 48.

Sinnvollerweise gehen Sie bei der Motivanalyse so vor, dass Sie zunächst alle potenziellen Verhaltensweisen, Interessen, Erwartungen und Motive in Bezug auf das Angebot betrachten. Anschlie-

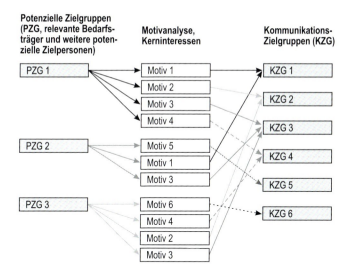

| Potenzielle Zielgruppen (PZG, relevante Bedarfs- träger und weitere poten- zielle Zielpersonen) | Motivanalyse, Kerninteressen | Kommunikations- Zielgruppen (KZG) |

Bild 48 Prinzipdarstellung Motivanalyse und Clusterung zu Kommuni- kations-Zielgruppen

ßend bewerten Sie diese hinsichtlich ihrer Bedeutung, Wahr- scheinlichkeit und Erfüllbarkeit durch das Angebot. Die für den Vermarktungserfolg wichtigsten, also die erfolgversprechendsten Motive sollten Sie bei der Ausarbeitung der Kommunikationsstra- tegie, insbesondere bei der Definition der Kommunikations-Ziel- gruppen vorrangig berücksichtigen.

Bild 49 zeigt eine konkrete Motivanalyse für Bedarfsträger von Röntgengeräten der Fa. Meyer KG, bereits ergänzt um die sich anschließende Clusterung zu Kommunikations-Zielgruppen und Typisierung (vgl. Kapitel 3.2.7 und 3.2.8).

Wenn sich jemand eine Tafel Schokolade kauft, dann vielleicht, weil er Lust auf Süßes hat (dann ist er vielleicht wählerisch). Viel- leicht aber auch als Folge von Zigarettenentzug (dann will er viel- leicht nur „irgendeine Schokolade"). Oder nur aus Hunger (dann will er vielleicht viel Schokolade für wenig Geld)? Für eine gezielte kommunikative Ansprache und damit verbundene Wirkungs- erzeugung ist es notwendig, möglichst genau zu wissen, weshalb jemand etwas tut. Es gilt also, den wahren, zugrunde liegenden Beweggrund der Zielperson zu erkennen.

Gute Dienste zum Aufspüren möglicher Motive leistet die Frage nach dem „Reason why", also dem Grund für ein Tun, ein Unter- lassen oder ein Verhalten.

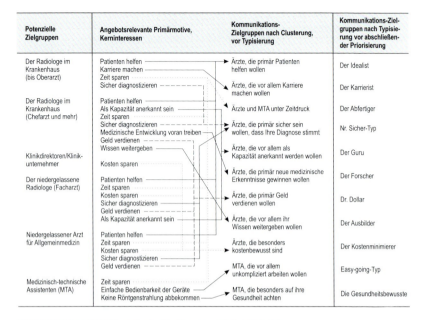

Potenzielle Zielgruppen	Angebotsrelevante Primärmotive, Kerninteressen	Kommunikations-Zielgruppen nach Clusterung, vor Typisierung	Kommunikations-Zielgruppen nach Typisierung vor abschließender Priorisierung
Der Radiologe im Krankenhaus (bis Oberarzt)	Patienten helfen Karriere machen Zeit sparen Sicher diagnostizieren	Ärzte, die primär Patienten helfen wollen	Der Idealist
		Ärzte, die vor allem Karriere machen wollen	Der Karrierist
Der Radiologe im Krankenhaus (Chefarzt und mehr)	Patienten helfen Als Kapazität anerkannt sein Zeit sparen Sicher diagnostizieren Medizinische Entwicklung voran treiben Geld verdienen Wissen weitergeben	Ärzte und MTA unter Zeitdruck	Der Abfertiger
		Ärzte, die primär sicher sein wollen, dass Ihre Diagnose stimmt	Nr. Sicher-Typ
Klinikdirektoren/Klinikunternehmer	Kosten sparen	Ärzte, die vor allem als Kapazität anerkannt werden wollen	Der Guru
Der niedergelassene Radiologe (Facharzt)	Patienten helfen Zeit sparen Kosten sparen Sicher diagnostizieren Geld verdienen Als Kapazität anerkannt sein	Ärzte, die primär neue medizinische Erkenntnisse gewinnen wollen	Der Forscher
		Ärzte, die primär Geld verdienen wollen	Dr. Dollar
		Ärzte, die vor allem ihr Wissen weitergeben wollen	Der Ausbilder
Niedergelassener Arzt für Allgemeinmedizin	Patienten helfen Zeit sparen Kosten sparen Sicher diagnostizieren Geld verdienen	Ärzte, die besonders kostenbewusst sind	Der Kostenminimierer
		MTA, die vor allem unkompliziert arbeiten wollen	Easy-going-Typ
Medizinisch-technische Assistenten (MTA)	Zeit sparen Einfache Bedienbarkeit der Geräte Keine Röntgenstrahlung abbekommen	MTA, die besonders auf ihre Gesundheit achten	Die Gesundheitsbewusste

Bild 49 Beispiel Motivanalyse, Clusterung und Typisierung

Motive finden Sie als Antwort auf folgende Fragen:

Checkliste 19
Motivanalyse

1. „Warum soll sich eine bestimmte Person für Angebot X oder Anbieter Y interessieren?"
2. „Warum soll jemand Angebot X kaufen/verwenden?"
3. „Was will eine Person mit dem Erwerb von Angebot X erreichen, welche Vorteile verspricht sie sich daraus?"
4. „Warum tut oder unterlässt jemand etwas, bzw. soll jemand etwas Bestimmtes tun oder unterlassen?"

„Warum verhält sich jemand in bestimmter Weise bzw. warum soll sich jemand so verhalten?" Wiederholtes Fragen nach dem „Warum" führt Sie zu konkreten Beweggründen (= Motiven) für das Handeln oder Verhalten von Menschen. Achten Sie darauf, dass die Antwort auf die „Warum-Frage" den Angebotsbezug nicht verliert, möglichst eindeutig ist und nicht zu trivial und generell ausfällt (wie z.B. bei Unternehmern „Will Gewinn erwirtschaften", denn das gilt für alle). Dann haben Sie normalerweise ein konkretes, unmissverständliches, angebotsrelevantes Motiv, mit dem Sie sehr gut weiterarbeiten können.

Beispiel für die Motivlage

Ein Beispiel: Das Angebot besteht aus einem Investmentfond-Anteil. Die Personen-(Bedarfsträger-)gruppe für die Motivanalyse sind berufstätige Männer mittleren Alters und mittleren Einkommens, Familienväter, mindestens 1 Kind.

Frage 1: „**Warum** soll diese Person Anteile dieses Investmentfonds erwerben?"
Mögliche Antwort: „Will Geld gewinnbringend anlegen."
Zu vermutendes Motiv: Durch Steuerersparnis und gute Renditen Geld verdienen (aber weshalb?)

Frage 2: „**Warum** will diese Person Geld gewinnbringend anlegen?"
Mögliche Antwort: „Will Kapital ansammeln für die Zeit nach der Pensionierung."
Zu vermutendes Motiv: Will vorsorgen (aber weshalb?)

Frage 3: „**Warum** will diese Person für die Zeit nach ihrer Pensionierung Kapital ansammeln?"
Mögliche Antwort: „Damit für die Familie ein finanziell sorgenfreier Lebensstandard gesichert ist."
Zu vermutendes Motiv: Will Lebensabend mit seiner Familie ohne Sorgen genießen (Könnte sein. Ist es das wirklich?)

Frage 4: „**Warum** ist für diesen Mann ein finanziell sorgenfreier Lebensstandard seiner Familie wichtig?"
Mögliche Antwort: „Er fühlt sich für sie verantwortlich und möchte sie gut versorgt wissen, falls ihm etwas zustößt."
Zu vermutendes Motiv: Will seine Familie absichern (weshalb?)

Frage 5: „**Warum** will er seine Familie absichern?"
Mögliche Antwort: „Er will ein ruhiges Gewissen haben."
Tatsächliches Motiv: Will ruhiges Gewissen haben, will „ruhig schlafen können"

Sie sehen an dem Beispiel, wie die Analyse unterschiedlichste Motive hervorbringt, die dann zwangsläufig zu ganz unterschiedlichen Argumentationslinien und Botschaften, Kommunikationsmaßnahmen und später auch Umsetzungen führen würden. Es zeigt Ihnen aber auch, dass das Interessensprofil einer Zielperson – ihre Motivlage – für jede Kommunikationsstrategie von ausschlaggebender Bedeutung ist. Nichts ist entscheidender als die Motive der Zielpersonen, d.h. ihre Beweggründe etwas zu tun oder zu lassen, sich in bestimmter Weise zu verhalten oder eben nicht. Deshalb dienen nachfolgend auch ausschließlich Motive/Kerninteressen zur Definition von Kommunikations-Zielgruppen. Wobei man alle Motive grundsätzlich in zwei Gruppen einteilen kann: Motive, die aus dem Streben nach irgendeiner Art von Belohnung oder positiven Folgen entstehen, oder Motive, die aus der Angst und der Vermeidung von Bestrafung bzw. negativen Folgen heraus resultieren. Diese prinzipielle Unterscheidung ist für die Kommunikationsarbeit jedoch noch zu grob, hier müssen deutlich konkretere und differenziertere Motive definiert werden. Infolge der Bedeutung von Motiven für effektive Kommunikation gibt es in der Literatur dazu viele Modelle, Motive abzuleiten, zu gruppieren, zu hierarchisieren. Das Spektrum reicht von der altbekannten Bedürfnispyramide von Maslow (s. Glossar „Motiv") über das empirisch breit basierte, dennoch weithin noch unbekannte Reiss-Modell bis hin zum Limbic®-Modell von Häusel (s. Glossar „Motiv"), welches auf den aktuellen Forschungserkenntnissen des sogenannten Neuromarketing beruht.

Das Reiss-Modell

Der amerikanische Testanalytiker und Motivationsforscher Steven Reiss hat das nach ihm benannte Modell auf Basis einer Befragung von über 20.000 Männern und Frauen aus USA, Kanada und Japan entwickelt. Er teilt die dabei gefundenen Grundmotive der Menschen in eine nicht hierarchische Ordnung des menschlichen Verhaltens in Form von 16 relevanten Lebensmotiven ein (Bild 50).

Macht	Streben nach Erfolg, Leistung, Führung
Unabhängigkeit	Streben nach Freiheit, Autarkie
Neugier	Streben nach Wissen und Wahrheit
Anerkennung	Streben nach sozialer Akzeptanz, Zugehörigkeit und positivem Selbstwert
Ordnung	Streben nach Stabilität, guter Organisation
Sparen/Sammeln	Streben nach dem Anhäufen materieller Güter
Ehre	Streben nach Loyalität und charakterlicher Integrität
Idealismus	Streben nach sozialer Gerechtigkeit und Fairness
Beziehungen	Streben nach Freundschaft, Kameradschaft, Humor
Familie	Streben nach eigenen Kindern, Familie
Status	Streben nach Reichtum, Social Standing
Rache/Wettkampf	Streben nach Konkurrenz, Kampf, Vergeltung
Eros	Streben nach erotischem Leben, Sexualität und Schönheit
Essen/Trinken	Streben nach Essen und Nahrung
Körperliche Aktivität	Streben nach Fitness und Bewegung
Emotionale Ruhe	Streben nach Entspannung und emotionaler Sicherheit

Bild 50 Die 16 Lebensmotive und Ausprägungen des Reiss-Modells

Das Limbic-Modell der Nymphenburg-Gruppe

Basierend auf den Erkenntnissen u.a. der Gehirnforschung, Neurobiologie und Endokrinologie wurde von der Münchner Nymphenburg-Guppe um Dr. Hans-Georg Häusel das Limbic-Modell entwickelt, benannt nach dem Limbischen System, einem kleinen, aber für das Verhalten von Menschen ausschlaggebenden Gehirnteil. Neben im Menschen meist unbewusst und automatisiert ablaufenden existenziellen Bedürfnissen (man könnte es als „Betriebssystem" bezeichnen, z.b. Atmung), werden im Limbic-Modell drei Grundprogramme unterschieden (Stimulanzprogramm, Balanceprogramm und Dominanzprogramm), die im Menschen ablaufen. Bild 51a zeigt das Grundmodell. Das Verhalten eines Menschen ist dann jeweils das Ergebnis einer Mischung aller Programme, das u.a vom jeweiligen Thema, der Lebenssituation und auch von äußeren Rahmenbedingungen des Individuums abhängt und damit zu höchst unterschiedlichen Verhaltensweisen führen kann. So kann ein Mensch z.B. in einer beruflichen Situation sehr dominant und machtorientiert auftreten, im Privatleben jedoch als fürsorglicher, sanfter, nachsichtiger Elternteil. Unter Berücksichtigung von Programm-Mischformen werden in diesem Modell sieben Menschentypen unterschieden (Bild 51b). Das Limbic-Modell hat starke Verbreitung gefunden und ist mittlerweile um mehrere Perspektiven erweitert worden (z.B. Positionierungswelten, Markenprofile, Farbcodierung oder Geomarketing). Praktische Anwendungen des Modells zeigen die Abbildungen 51c und 51d.

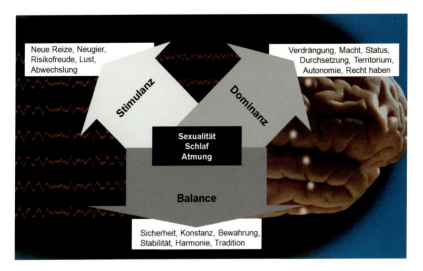

Bild 51a Grundaufbau des Limbic-Modells

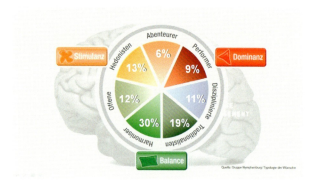

Bild 51b Menschentypologie des Think-Limbic-Modells und
Verteilung der Typen in der deutschen Bevölkerung

Bild 51c Unterschiedliche Interessen der Limbic-Typen in Bezug
auf Modetrends

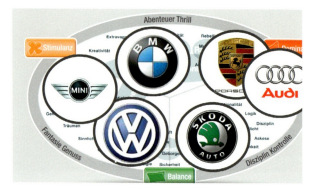

Bild 51d Unterschiedliche Verortung von Automobilmarken im
Limbic-Positionierungsraum

Auf Basis Ihrer Kenntnisse und Ihrer Vorstellung von einer Person/ Personengruppe *müssen Sie als Konzeptor entscheiden*, wie tief Sie die Beweggründe analysieren und auf welcher Motivebene Sie jeweils Halt machen. Eine klare Regel, wann Sie ein „richtiges" Motiv gefunden haben, gibt es nicht. Hier existiert kein Richtig oder Falsch, nur ein Besser (konkret) oder Schlechter (zu allgemein, unspezifisch). Auch werden Sie sich normalerweise nicht nur für ein einziges Motiv entscheiden müssen, sondern durchaus mit mehreren Motiven weiterarbeiten. Die Konsequenz ist jedoch, dass Sie bei mehreren Motiven auch mehrere Kommunikations-Zielgruppen bilden, die Sie entsprechend differenziert betrachten und später auch mit möglichst gezielten Mitteln, Maßnahmen und Umsetzungen unterschiedlich angehen müssen.

3.2.7 Clusterung zu Kommunikations-Zielgruppen

Nach erfolgter Motivanalyse fassen Sie nun alle Personen, die dasselbe Primärmotiv aufweisen, zu einer Gruppe zusammen, Sie bilden sozusagen eine „Motivgruppe". Dadurch entstehen Personengruppen, die kommunikationsstrategisch, medial, argumentativ und visuell gleichartig angegangen werden können, da sie ja – anders als zuvor die Bedarfsträgergruppen – in ihrer Interessenslage, ihrem Kernmotiv übereinstimmen: die Kommunikations-Zielgruppen.

Beachten Sie bitte:

• Die Anzahl der Bedarfsträgergruppen sagt nichts über die spätere Zahl der Kommunikations-Zielgruppen aus. Im Extremfall können aus nur einer Bedarfsträgergruppe zig Kommunikations-Zielgruppen resultieren (je nachdem, wie viele zu differenzierende angebotsrelevante Motive Sie bei den Menschen in der Bedarfsträgergruppe vorfinden). Und umgekehrt könnte auch aus mehreren Bedarfsträgergruppen nur eine einzige anzugehende Kommunikations-Zielgruppe übrig bleiben (nur ein wesentliches Motiv). Nur zufällig würden aus z.B. vier Bedarfsträgergruppen auch vier Kommunikations-Zielgruppen entstehen.

• Der Zielgruppen-Bildungsprozess ist nicht umkehrbar. Sie können bei einer Kommunikations-Zielgruppe nicht mehr sagen, welche Zielperson genau aus welcher Bedarfsträgergruppe oder weiteren relevanten Personengruppen stammt.

• In einer Kommunikations-Zielgruppe sind in der Regel Personen aus unterschiedlichen Bedarfsträgergruppen bzw. weiteren relevanten Personengruppen zusammengefasst (alle Personen, die dasselbe Kernmotiv haben, egal aus welcher Bedarfsträgergruppe).

Bedarfsträger	Zielgruppen
Unterschiedliche Ordnungskriterien z.b. • Kundenbeziehung • Angebotsverwendung • Bedarfsart • Branche, etc. Kein einheitliches Kernmotiv/Hauptinteresse Im Fokus der Betrachtung: Das Angebot	Nur 1 Ordnungskriterium: • Kernmotive/Hauptinteressen • Kommunikations-Zielgruppen sind in dieser Hinsicht homogen Bezieht weitere Personenkreise mit ein Ist anders zusammengesetzt Im Fokus der Betrachtung: Der Mensch

Bild 52 Unterschiede Bedarfsträgergruppen und Kommunikations-Zielgruppen

Bild 52 verdeutlicht die Unterschiede von Bedarfsträgergruppen und Kommunikations-Zielgruppen.

Anzahl und Zusammensetzung der Zielgruppen

Über Anzahl und Zusammensetzung der Zielgruppen entscheiden Sie, je nachdem, wie viele Motive Sie finden und unterscheiden. Abhängig davon, wie fein Sie die Interessenslagen differenzieren, entstehen also mehr oder weniger viele Zielgruppen, gehören Zielpersonen eventuell anderen Zielgruppen an. Auch hier gibt es kein Richtig oder Falsch. Denn keine Kommunikations-Zielgruppe ist fix oder automatisch vorgegeben, auch die Anzahl der Zielgruppen ist offen. Es kommt auf Ihre Entscheidung an:

• Legen Sie bei der Motivdifferenzierung ein feineres oder gröberes Raster an?

• Bilden Sie damit wenige, größere Zielgruppen oder viele, dafür kleinere?

• Formen Sie in sich homogenere (feine Motivdifferenzierung) oder heterogenere (grobe Motivunterscheidung) Zielgruppen?

Sorgen Sie für eine möglichst geringe Überschneidung, d.h. für eine gute Trennung der Zielgruppen bei den Kernmotiven. Fassen Sie Zielgruppen mit stark ähnlichen Motiven (z.B. „will gemocht werden" und „sucht Zuneigung") lieber zu einer (größeren) Zielgruppe zusammen. Sie müssen auf eine signifikante Trennung der einzelnen Gruppen achten. Andernfalls wäre eine Aufteilung der Zielpersonen in unterschiedliche Zielgruppen nicht sinnvoll, da sie ja später nicht wirklich differenziert anzugehen wären. Zielgruppen zu unterscheiden bedeutet jedoch, sie kommunikativ auch unterschiedlich anzugehen – jede mit dem für sie passenden Maßanzug. Ist das nicht möglich, macht es auch keinen Sinn, unterschiedliche Zielgruppen zu definieren!

Nur in Ausnahme- und Kompromissfällen – zum Beispiel aus Zeit- Kompromisse
oder auch aus Kostengründen – sollten Sie gut trennbare Zielgruppen, also vorher deutlich differenzierte Motive zusammenfassen
und kommunikativ gleichzeitig versuchen anzugehen. Sie können
Kompromissbildung allerdings auch anders vornehmen: Indem Sie
zeitliche Prioritäten setzen, zum Beispiel umsatzstarke Zielgruppen
vorziehen oder Werbemittel strukturell auf mehrere Zielgruppen
hin spezifisch ausrichten (z.b. statt mehrere Druckschriften – für
jede Kommunikations-Zielgruppe eine – zu produzieren, nur eine
Druckschrift, aber darin für jede Zielgruppe den jeweils passend
konzipierten Teil, beispielsweise eine maßgeschneiderte Doppel-
seite).

3.2.8 Typisierung der Kommunikations-Zielgruppen

Nach Clusterung der Personen mit gleichem Kernmotiv zu Kommunikations-Zielgruppen nehmen Sie noch die Typisierung der
Zielgruppen vor, indem Sie ihnen jeweils einen Namen geben, der
das Kernmotiv der Zielpersonen in dieser Gruppe möglichst klar
und plastisch zum Ausdruck bringt.

Ist dieses Motiv beispielsweise „möglichst billig einkaufen, um
Geld zu sparen", könnte „Die Ausgaben-Minimierer" ein treffen-
der Name sein. Sie charakterisieren alle Zielpersonen dieser Kommunikations-Zielgruppe hinsichtlich ihres Kernmotivs „Geld beim
Einkauf sparen", in dem sie alle übereinstimmen. Eine Typisierung
dieser Art zeigt Bild 53.

Ansonsten sind die Menschen einer Kommunikations-Zielgruppe
natürlich verschieden. Nur im Kernmotiv stimmen sie überein (so
wurden sie ja geformt) – und das ist für den Kommunikationserfolg entscheidend. Alternativ könnten Namen wie „Der preis-
bewusste Käufer", „Der Pfennigfuchser" oder „Der Billigkäufer"

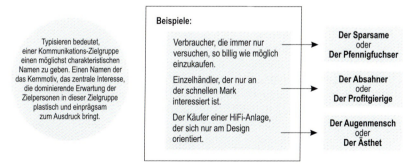

Bild 53 Zielgruppentypisierung

dienen – Ihrer zielgerichteten Kreativität ist hier keine Grenze gesetzt, solange der Name das Kernmotiv interpretationsfrei zum Ausdruck bringt. Genau deshalb verzichten Sie bitte auf nur originelle und kreative Namensgebungen, da diese in der Regel auf kein oder auf kein eindeutiges Motiv mehr schließen lassen. Eine Zielgruppenbezeichnung wie „Manuela" für einen Frauentyp sagt gar nichts aus. Die Benennung einer Zielgruppe als „Dagobert Duck" ist nicht eindeutig: Sind damit extrem wohlhabende Menschen gemeint oder extrem geizige? Also lieber weniger originell, dafür einen genau das Kernmotiv bezeichnenden Namen wählen; selbst wenn er unschön klingt, es ist die bessere, da eindeutig zu interpretierende Option, wie z.b. „Der unglücklich Einsame" als Kommunikationszielgruppe für eine Partnerschaftsvermittlung.

3.2.9 Abschließende Priorisierung

Nach der Typisierung sollten Sie sich noch einmal eine Priorisierung überlegen und abschließend prüfen,

- ob Sie alle gebildeten und typisierten Kommunikations-Zielgruppen angehen müssen und wollen,
- welche der gefundenen Zielgruppen für den Kommunikations- und Vermarktungserfolg besonders wichtig sind,
- welche erst zeitlich nachgelagert angegangen werden sollten, zum Beispiel in einer zweiten Kommunikationsstufe oder
- auf welche Sie ganz verzichten könnten.

Beachten Sie dabei, dass die Anzahl der Personen in einer Zielgruppe oder die Häufigkeit eines Motivs bei der Motivanalyse allein noch nichts über die Bedeutung einer Zielgruppe aussagt. So kann es zum Beispiel bei Regierungsaufträgen eine Kommunikations-Zielgruppe geben, die im Grenzfall aus nur einer Person besteht – dem Staatsoberhaupt als finalem Entscheider – und deshalb unverzichtbar ist.

Eine Arbeitshilfe zur Zielgruppengewichtung bietet Bild 54.

Exkurs „Substitution von Motiven"

In der Ausbildung und in Seminaren erlebe ich oft, dass sich die meisten zu Beginn schwer damit tun, in Motivkategorien zu denken und nicht, wie offensichtlich gewohnt, in Merkmalen oder Produktnutzen. Gerade zu Beginn (und ohne Feedbacks zu Übungen) fällt es oft erstaunlich schwer, auf die psychologische Ebene der Motive zu kommen, obwohl wir ja selbst alle motivgesteuert sind. Meist werden einfach Handlungs-/Verhaltensursachen nicht genug hinterfragt, um den eigentlichen Beweggrund, das bewusste oder unbewusste menschliche Antriebsmoment, herauszukristallisieren. Dann werden Produkteigenschaften oder Produktnutzen

Für die Zielgruppe: _____

Punktwert (P)	10	8	6	4	2	0	Gewich-tungsfaktor G	Kriterien-faktor PxG
Zielgruppenmotive:	Kann sehr gut bedient werden		Kann nur bedingt bedient werden		Kann kaum/gar nicht bedient werden			
Kernmotiv/ Primärinteresse:							6	
1. Nebenmotiv/ Sekundärinteresse:							4	
2. Nebenmotiv/ Tertiärinteresse:							2	
Quantitativer Zielgruppenumfang	Sehr groß		Mittelgroß		Gering		1	
Angebotsrelevanz für die Zielgruppe	Sehr hoch		Mittel		Gering		3	
Zielgruppeneinstellung gegenüber dem Anbieter: Wissen über den An-bieter (Bekanntheits-grad, Markenkenntnis...)	Ausgiebig vorhanden		Lückenhaft vorhanden		Kaum/nicht vorhanden		2	
Sympathie/Emotionen/ Vertrauen/Unterneh-mensimage	Sehr positiv ausgeprägt		Lückenhaft vorhanden		Kaum/nicht vorhanden		2	
Zielgruppeneinstellung gegenüber dem Angebot: Wissen zum Angebot	Ausgiebig vorhanden		Lückenhaft vorhanden		Kaum/nicht vorhanden		1	
Emotionale Haltung gg. dem Angebot	Positiv		Indifferent		Negativ		2	
Kauf-/Verhaltens-bereitschaft	Hoch		Mittel		Gering		3	
Mediale Zielgruppen-erreichbarkeit	Sehr leicht erreichbar		Erreichbar		Schwer bis kaum erreichbar		2	
Bedeutung der Ziel-gruppe im Vermark-tungs-/Kommunika-tions-/Entscheidungs-prozess	Sehr hoch		Mittel		Gering		3	
Rangwert für die Priori-tät der Zielgruppe (Summe aller PxG)								

Bild 54 Arbeitshilfe zur Zielgruppengewichtung

anstelle von Motiven zur Zielgruppenbildung verwendet, was natürlich Unsinn ist. „Der Schnellfahrer" ist einfach keine psychologisch definierte Kommunikations-Zielgruppe im PKW-Marketing. Häufig werden aber auch menschliche Eigenschaften zur Clusterung und Typisierung herangezogen, z.B. Eitelkeit oder Fleiß (also „Die Eitlen", „Die Fleißigen"). Eigenschaften bezeichnen, wie ein Mensch ist, aber nicht, warum er deshalb etwas tut oder sich in bestimmter Art und Weise verhält. Dies, die eigentlichen Motive hinter den Eigenschaften (z.B. Geltungssucht, Karrierestreben), werden zwar nicht erkannt und bleiben unberücksichtigt, dennoch führt auch die Verwendung solcher Eigenschaften pragmatisch zu noch besseren Zielgruppen-Ergebnissen als die ganz herkömmlichen Sichtweisen und muss als Fortschritt wohl toleriert werden, auch wenn die psychologische Qualität einer Motivbetrachtung damit natürlich noch nicht erreicht wird.

3.2.10 Beschreibung der anzugehenden Kommunikations-Zielgruppen

Die nach der abschließenden Priorisierung verbleibenden Zielgruppen sollten von Ihnen wieder in den wesentlichen Kriterien kurz, präzise und plastisch beschrieben werden. Denn der Zielgruppenname (die Typisierung) drückt zwar – wenn er gut gewählt ist – das Kernmotiv der Zielpersonen aus, sagt aber darüber hinaus noch nichts weiter über die Menschen in der Zielgruppe aus. Diese Charakterisierung muss Ihre Zielgruppen-Beschreibung leisten. Verwenden Sie dazu dieselben Merkmale und Kriterien, die Sie bereits aus den bisherigen Abschnitten zur Personenbeschreibung kennen. Dazu gehören durchaus auch die demografischen Merkmale, soweit Sie diese aus der Bedarfsträgeranalyse kennen und zuordnen können. Sie können diese Informationen für die spätere Mediaauswahl brauchen.

Grundsätzlich gilt: Beschreiben Sie das Notwendige, lassen Sie alles Überflüssige weg, verzichten Sie auf irrelevante, quasi-exakte Detailfakten (oft z.B. genaue Altersgrenzen wie 29 bis 49 Jahre alt, es reicht meist völlig die Angabe „mittleres Alter") und stellen Sie das entscheidende Kernmotiv der Zielpersonen einer Zielgruppe nochmals unmissverständlich heraus.

Qualität der Zielgruppenbeschreibungen

Die nachfolgenden Beispiele verdeutlichen die bei der Zielgruppenbeschreibung zu erzielenden Qualitätsunterschiede, wieder am Radiologiebeispiel Meyer KG.

Im ersten Beispiel (Bild 55a) wird die „Zielgruppe" vornehmlich absatzbezogen und demografisch beschrieben. Eigentlich verharrt man auf der Stufe einer Bedarfsträgerbeschreibung, denn ein qualitativer Unterschied besteht nicht. Motive sind nicht herausgearbeitet. Die psychologische Seite fehlt völlig, Menschliches wird so gut wie überhaupt nicht sichtbar. Schließen Sie die Augen: Taucht bei Ihnen aufgrund dieser Zielgruppenbeschreibung das

Oberarzt der Radiologie

Er ist in einem größeren Krankenhaus (mehr als 150 Betten) in der BRD tätig, ist ab 40 Jahre alt und kennt den Stand der radiologischen Technik von heute. Er ist bereits zu seiner Universitätszeit mit Geräten der Meyer KG in Berührung gekommen, z.T. an ihnen ausgebildet worden. Allerdings arbeitet er heute selbst weniger an den Geräten, das delegiert er an die Medizinisch-Technische-Assistenz und begutachtet letztendlich nur das Ergebnis, die Röntgenaufnahme. Heute ist er – zumindest immer wieder – Kunde der Meyer KG und wird regelmäßig von deren Akquisiteur besucht. Er nimmt an den wichtigen Fachkongressen auf dem Gebiet der Radiologie teil und veröffentlicht schon auch 'mal einen Beitrag in einer Fachzeitschrift.

Bild 55a Beispiel ungenügender Zielgruppenbeschreibung

fast plastische Bild eines bestimmten Menschentyps auf? So, wie es bei Ihnen wahrscheinlich sofort entsteht, wenn Sie sich einen „Manta-Fahrer" vorstellen sollten.

Wenn nicht ersichtlich wird, mit welchem Typ Mensch kommuniziert werden soll, wenn nicht klar wird, was die Zielpersonen bewegt und interessiert – was also wäre die richtige Zielgruppenansprache? Wie soll ein Texter später einen packenden Text schreiben, wenn er sich den Menschen, für den er ihn schreiben soll, nicht vorstellen kann. Wie soll ein Fotograf zielgenau die richtige Bilderwelt inszenieren?

Diese Qualität der Zielgruppendefinition und -beschreibung ist für intelligente, wirksame Kommunikation daher ungenügend.

Im zweiten Beispielschritt in Bild 55b wird bereits viel besser der Mensch hinter der Funktion „Arzt/Radiologe" sichtbar. Motive und Interessen sind herausgearbeitet und es entsteht ein deutlich plastischeres Bild vom „Gott in Weiß" als vorher beim „Radiologen". Allerdings fehlt eine klare Angabe, welches Motiv bei der Zielgruppe am stärksten ausgeprägt ist, das Kernmotiv also.

Nehmen Sie einmal an, Sie würden die Zielgruppenbeschreibung von Bild 55b als Briefing an vier verschiedene Agenturen geben.

- Agentur 1 entscheidet sich dafür, den „Gott in Weiß" hauptsächlich als Kosmopoliten zu sehen, der intensiv mit dem Flugzeug reist. Sie schlägt Anzeigen z.B. im Lufthansa-Magazin vor.
- Agentur 2 sieht primär den Forscher beim „Gott in Weiß". Pioniergeist und die Herausforderung medizinischer Forschung, das ist es! Sie schlägt Sponsoringmaßnahmen für Forschungsprojekte vor.
- Agentur 3 zielt auf das Prestigemotiv ab, will der Persönlichkeit des „Gottes in Weiß" schmeicheln. Sie regt an, dem „Gott in

Der „Röntgen-Gott" in Weiß

Vorwiegend männlich, ab 40 Jahre alt, verheiratet, Uni-Abschluss mit Promotion, oft auch Habilitation; arbeitet vorwiegend in großen Unikliniken, lebt in großstädtischem Umfeld, ***reist häufig per Flugzeug – aber immer First Class –***, hält international Vorträge, leitet Fachkongresse oder nimmt daran wissenschaftlich teil und sitzt in Gremien und Ausschüssen.
Er ist ***Spezialist, oft auch Forscher,*** weniger Generalist, ihn reizt die Herausforderung der Medizin. Er denkt aber diagnostisch und therapeutisch übergreifend, interdisziplinär, vernetzt, nicht nur an seine Fachdisziplin. Er orientiert sich international, wird dort an Wissen, ***Renomée und Persönlichkeit*** gemessen, steht immer unter Druck, selektiert daher intensiv seine Informationsquellen. Er ist sich seiner Bedeutung bewusst, genießt Prestige und Ansehen und die ***Annehmlichkeiten der Lebens*** und seines Wohlstandes intensiv – wenn 'mal die Zeit dafür vorhanden ist.

Bild 55b Beispiel noch nicht hinreichender Zielgruppenbeschreibung

Weiß" über geschickte Lobbyarbeit zum Vorsitz in Gremien und bei wichtigen Kongressen zu verhelfen.

- Agentur 4 schließlich interpretiert den „Gott in Weiß" hauptsächlich als einen Menschen, der sein Leben „to the max" genießen will. Sie präsentiert den Vorschlag, für den „Gott in Weiß" besonders reichhaltige Freizeit-, Erlebnis- und Rahmenprogramme rund um Messen und Kongresse anzubieten.

Alle vier Agenturvorschläge sind Briefing-konform! Die Umsetzungsvorschläge allerdings sind grundverschieden. Sie entstanden abhängig von der jeweiligen Briefing-/Zielgruppen-Interpretation seitens der Agentur bzw. der Kreativen. Denn der Konzeptor ließ bei seinem Briefing zu viele Optionen offen, traf keine klare Entscheidung über das Kernmotiv. Damit wurde von ihm kein eindeutiger Lösungskorridor definiert – mit fatalen Folgen. Denn *alle vier Vorschläge zahlen Sie als Auftraggeber! Die eigentliche Preisfrage aber bleibt: Welcher Vorschlag ist der richtige Ansatz? Und sollte der Konzeptor dieses wissen, weshalb hat er es denn nicht früher formuliert? Er hätte dann vier echte Umsetzungsalternativen bekommen, nicht vier vom Ansatz her unterschiedliche, von denen eine die richtige sein könnte.*

Schließen Sie deshalb Plattitüden, Trivialitäten und generische Begriffe (z.B. Qualität, Sicherheit, etc.) aus. Werden Sie sehr konkret. Treffen Sie bei Ihrer Zielgruppendefinition und beschreibung eine eindeutige Entscheidung über das eine, anzugehende Kernmotiv der jeweiligen Zielgruppe. So wie im dritten Beispiel (Bild 55c). Sie vermeiden damit schädliche Interpretations-Spielräume und sichern sich eine zielgerichtete Umsetzung.

Im dritten Beispiel ist klar herausgestellt, worauf der kommunikative Maßanzug auszurichten ist: dem primär idealistisch eingestellten Radiologen ist es am wichtigsten, seinen Patienten zu

Ausgebildeter Radiologe. Arbeitet entweder als niedergelassener Arzt oder in der Klinik. Dort ist er mindestens Oberarzt, manchmal leitet er auch die Klinik. Er ist vorwiegend männlich und älter als 40 Jahre. Er kennt die Meyer KG als Anbieter von Medizintechnik, speziell von Röntgentechnologie, nicht aber deren konkretes Geräteangebot. Er ist zum Teil auch Konkurrenzkunde und beeinflusst wesentlich die Entscheidung über Art und Hersteller des Röntgensystems. Er ist aber durchaus Hersteller-Wechsler!

Denn das Wichtigste bei der Auswahl der Röntgenanlage ist für ihn die bestmögliche diagnostische Versorgung des Patienten. Das ist für ihn das A & O!

Technisch hochentwickelte, aufgerüstete Röntgensysteme akzeptiert er nur dann, wenn er diese „technischen Spielereien" für den Patienten wirklich brauchen kann, d.h. wenn er ohne sie seinen Patienten nicht mindestens gleich gut untersuchen könnte. Natürlich hält er sich fachlich ständig fit, besucht Kongresse, studiert eingehend Fallstudien und sucht Erfahrungsaustausch mit Kollegen und Industrie.

Bild 55c Beispiel guter Zielgruppenbeschreibung

helfen. Alles andere ist zweitrangig. Darauf ist die Kommunikation zu fokussieren, dann wird sie beim „Idealisten" die größte Erfolgswahrscheinlichkeit haben. Streben Sie diese Qualität der Zielgruppenbestimmung und -beschreibung immer an!

Mit der Beschreibung der Kommunikations-Zielgruppen, für die Sie sich entschieden haben, ist der Zielgruppen-Bestimmungsprozess abgeschlossen. So komplex und arbeitsintensiv dieser Konzeptionsschritt beim Lesen auf Sie wirken mag, so entscheidend ist er für intelligente, professionelle Kommunikation. Sicherlich braucht es zu Beginn etwas Übung und die Willenskraft, sich „durchzubeißen", aber nach ein paar Anwendungen wird es Ihnen fast automatisch gelingen und Sie werden den qualitativen Vorsprung gegenüber konventionellen „Zielgruppen"-Definitionen (die auf Bedarfsträgerniveau verharren) nicht mehr missen wollen. Die Überlegenheit der psychologischen Zielgruppenbildung erkennen Sie auch daran, dass namhafte Verlage und Forschungsinstitute so vorgehen. Beispiele sind die bekannten Lifestyle-Typologien und die sogenannten Sinus-Milieus, die zwar keine detaillierten Motive verwenden, diese vielmehr durch menschliche Basiseinstellungen ersetzen.

Milieus

Bild 56 zeigt ein Beispiel für ein sog. Sinus®-Milieu. Dabei werden Personen nach den Kriterien „Sozialer Status: eher niedrig – mittel – eher hoch" und „Grundeinstellung: traditionell – modern – neuorientierend" differenziert, wonach sich zehn Gruppierungen differenzieren und auch quantitativ bestimmen lassen.

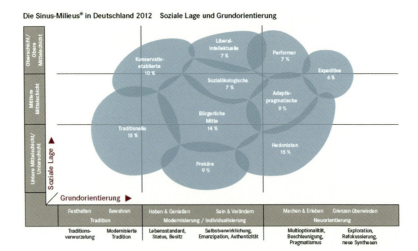

Bild 56 Beispiel einer Zielgruppentypologie, sogenanntes Sinus-Milieu
(Quelle: http://www.sinus-institut.de/)

Bild 57 sowie die Abbildungen 58a und 58b stellen exemplarisch eine von der GfK (Gesellschaft für Konsumforschung e.V., Nürnberg) entwickelte Typologisierungs-Methode vor, die sogenannten Euro-Socio-Styles. Damit werden auf extensiver empirischer Basis länderübergreifende Menschentypen identifiziert, die in ihren Einstellungen und Verhaltensweisen innerhalb einer Gruppe

Bild 57 Anwendungsbeispiel der GfK-Euro-Socio-Styles-Methode mit Quantifizierung der Gruppierungen

3 Entwicklung der Kommunikations-Strategie

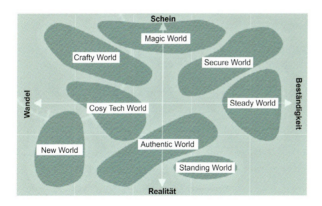

Crafty World
Junge, dynamische und opportunistische Leute einfacher Herkunft auf der Suche nach Erfolg und materieller Unabhängigkeit.

Magic World
Intuitive junge materialistische Leute mit Kindern und geringem Einkommen, die einem Platz an der Sonne hinterherjagen und ihrem guten Stern vertrauen.

Secure World
Konformistische, hedonistische Familien aus einfachen Kreisen, die sich abkapseln, von einem einfacheren Leben träumen und sich traditionellen Rollen verbunden fühlen.

Cosy Tech World
Aktive moderne Paare mittleren Alters mit meist überdurchschnittlicher Haushaltsaustattung, die auf der Suche nach persönlicher Entfaltung sind.

Steady World
Traditionsorientierte, konformistische Senioren mit mittlerem Lebensstandard, die ihren Ruhestand voll und ganz ausschöpfen.

New World
Hedonistische tolerante Intellektuelle mit gehobenem Lebensstandard auf der Suche nach persönlicher Harmonie und sozialem Engagement.

Authentic World
Rationale, moralische Cocooner-Familien mit gutem Einkommen, die engagiert und auf der Suche nach einem harmonischen und ausgeglichenem Leben sind.

Standing World
Kultivierte, pflichtbewusste und vermögende Staatsbürger, die ihren Überzeugungen treu bleiben und an Traditionen ausgerichtet sind.

Bilder 58a und 58b GfK-Euro-Socio-Styles als Beispiel einer Zielgruppentypologie (Quelle: www.GfK.com)

ähnliche Lebensstile aufweisen und ähnliche Reaktionen auf Marketingmaßnahmen zeigen. Aber auch hier liefern die Typenbezeichnungen noch keine klaren Motivfokussierungen, diese werden dann in den ausführlichen Beschreibungen der jeweiligen Euro-Socio-Styles-Typen geliefert. Die Gruppierungen können ebenfalls quantifiziert angegeben werden und es liegen mannigfaltig aufschlussreiche Informationen über die Einstellungen und Verhaltensweisen der Menschen in den Gruppen vor, bis hin zu Medienkonsum, Werbeaffinitäten oder Konsumgewohnheiten.

3.3 Kommunikationsziel

Mit Bildung, Priorisierung und Beschreibung der anzugehenden Kommunikations-Zielgruppen haben Sie festgelegt, *bei wem* Sie kommunikativ etwas erreichen müssen. Der logische nächste Schritt ist es dann, zu entscheiden, *was* Sie erreichen müssen. Vergessen Sie nicht: Es geht immer „nur" darum, gezielte kommunikative Wirkung zu erzielen – das ist Ihr Job. Ihr Konzept ist der Weg dazu! Achten Sie also darauf, dass Sie immer Wirkungsziele betrachten, d.h. Ergebnisse, die dann auch mittels Kommunikation erreicht werden können.

Eine Schwierigkeit liegt dabei in der Bewertung von Wirkung. Denn Ihre kommunikativen Maßnahmen stehen immer in Wechselwirkung mit den anderen eingesetzten Marketing-Mix-Instrumenten. Deshalb kann zum Beispiel direkter Abverkauf nur selten – zum Beispiel vielleicht bei einigen Direkt-Marketing-Aktionen, bei Online-Aktivitäten oder bei bestimmten Verkaufsförderungsmaßnahmen – ein geeignetes Kommunikationsziel sein.

Wie bereits ausgeführt, besteht das Ziel kommerzieller Kommunikation generell im Erzielen kommunikativer Wirkung. Diese Wirkung drückt sich in einer gezielten Beeinflussung und Veränderung des Handelns und/oder Verhaltens von Zielpersonen aus. Allerdings kann das Handeln und Verhalten von Menschen mit Kommunikation normalerweise nicht direkt beeinflusst werden, da beides durch die Einstellung einer Person bestimmt wird. Diese Einstellung jedoch kann man mit Kommunikation gezielt beeinflussen (Bild 59).

Kommunikative Wirkung erzielen bedeutet daher, bei einer Zielperson die Einstellung zu verändern, die einer bestimmten Handlung von ihr (z.B. einer Kaufentscheidung, dem Besuch einer Messe) oder einem konkreten Verhalten (z.B. jemandem vom Kauf eines bestimmten Produkts abzuraten, oder Postwurfsendungen grundsätzlich abzulehnen) zugrunde liegt.

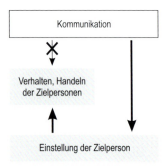

Bild 59 Verhaltensbeeinflussung über den Umweg der Einstellungsveränderung

Es geht also immer darum, pro Kommunikationsphase eine bestehende Einstellung 1 (Ist-Einstellung) mit Hilfe von Kommunikationsmaßnahmen zu einer definierten Einstellung 2 (Ziel-Einstellung) hin zu verändern (Bild 60).

Bild 60 Mit Kommunikation eine Einstellung 1 (Ist) in eine Einstellung 2 (Ziel/Teilziel) verändern

Einstellungen bestehen dabei aus drei Komponenten (Bild 61):

Die Einstellungskomponenten

- einer emotionalen,
- einer kognitiven und
- einer aktivierenden (auch als motivational bezeichneten) Komponente.

Bild 61 Komponenten für eine Einstellungsveränderung

Bei Betrachtung einer kommunikativen Aufgabenstellung müssen Sie entscheiden, ob Sie mit Ihren Kommunikations-Maßnahmen für eine bestimmte Zielgruppe und Kommunikationsstufe *primär* eine emotionale, kognitive *oder* aktivierende Wirkung, d.h. Einstellungsveränderung, erzielen müssen.

Bei präzise konzipierter Kommunikation wird die angestrebte Wirkung zumindest deutlich sichtbar (auch wenn das natürlich noch nicht bedeutet, dass diese dann mit der Art der Umsetzung auch erzielt wird). Die Umsetzungen 37 bis 39 sind Beispiele für eine Werbung mit klar erkennbarer Zielsetzung.

Entscheiden Sie also in einer bestimmten Kommunikationsphase für jede Kommunikations-Zielgruppe, ob Sie zur Bewältigung der kommunikativen Aufgabe primär etwas

- bei den Gefühlen der Zielpersonen oder
- beim Wissen der Zielpersonen oder
- an ihrer Handlungs-/Verhaltensbereitschaft verändern müssen.

Umsetzung 37 Mit dieser Anzeige will die Lufthansa zunächst eindeutig Wissen vermitteln. Der Rezipient soll erfahren, dass er nun auch per Mobiltelefon von unterwegs mobil einchecken kann und auch keine Bordkarte mehr in Papierform benötigt. Sicherlich steckt dahinter auch das Interesse der Lufthansa, durch counterloses Einchecken und papierlosen Beleg Kosten einzusparen, aber das wird durch die Anzeige nicht transportiert.

Für Finanzexperten: Fangen wir noch mal ganz einfach an.

Lucky Strike. Sonst nichts.

Umsetzung 38 Lucky Strike setzt seit Jahren auf die emotionale Inszenierung seiner Angebote – was soll man zu Zigaretten auch inhaltlich noch groß sagen ...

Umsetzung 39 Die Anzeige von Axxamo dagegen will klar aktivieren und setzt dazu typische handlungsauslösende Reize ein: Gratisleistungen, Niedrigpreisangebot, Bestellaufruf, plakative Online-Bestell-Adresse.

Für diese Entscheidung werden die drei Einstellungskomponenten modellhaft getrennt betrachtet, auch wenn sie natürlich in der Realität zusammenwirken. So setzt Aktivierung beispielsweise meist einen bereits vorhandenen Gefühls- und Wissensbestand voraus. Dennoch ist die getrennte Betrachtung der Einstellungskomponenten sinnvoll möglich, da einer Kommunikations-Aufgabe in einer bestimmten Kommunikationsphase primär auch immer nur eine der drei Einstellungskomponenten kausal zugrunde liegt. Und auf diese eine Hauptkomponente gilt es, die kommunikative Kraft der späteren Mittel und Maßnahmen zu konzentrieren, um maximale Kommunikationswirkung zu erzielen: also auch hier das Laserstrahlprinzip statt des Gießkannenprinzips (ein wenig Wissen, aber auch etwas Emotion mit einem Schuss Aktivierung ...).

Veränderung der Einstellungskomponenten

Für die Veränderung jeder der drei Einstellungskomponenten haben Sie vier Optionen zur Wahl:

- Aufbau (von einer Einstellungskomponente ist noch nichts vorhanden),
- Erweiterung (die Einstellungskomponente ist noch zu gering ausgeprägt),
- Bestätigung (die Komponente ist richtig und ausreichend verankert) oder
- Korrektur (eine Komponente ist falsch manifestiert).

Beachten Sie, dass auch die Bestätigung einer Einstellungskomponente eine Einstellungsveränderung bedeutet, weil dadurch diese Komponente tiefer im Gehirn der Zielperson verankert, eine Einstellung also stabilisiert und verstärkt wird.

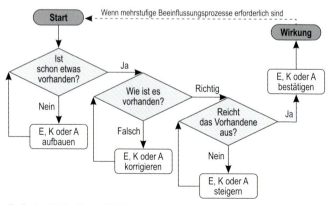

E = Emotion, K = Kognition, A = Aktivierung

Bild 62 Optionen zur Veränderung bestimmter Einstellungskomponenten

Typisches Beispiel dafür ist die Vorgehensweise zur Bestätigung einer Kaufentscheidung, um beim Käufer Zweifel an seiner Kaufentscheidung (vgl. Dissonanzphase, Kapitel 3.2.4) zu reduzieren oder zu vermeiden (Bild 62).

Kehren wir zurück zur Ausgangsfrage nach dem Kommunikationsziel. Danach also, *was* Sie bei den Personen einer Kommunikations-Zielgruppe erreichen wollen/müssen, welche *Wirkung* kommunikativ zu erzielen ist, um eine bestimmte Kommunikationsaufgabe zu lösen. Sie haben gesehen, dass diese Wirkung in der gezielten Veränderung (Aufbau, Korrektur, Erweiterung, Bestätigung) jeweils einer der drei Einstellungskomponenten Emotion, Kognition, Aktivierung liegt.

Wie gehen Sie nun vor, um ein konkretes Kommunikationsziel zu definieren?

1. Unterscheiden Sie zunächst das Kommunikationsziel von der meist vordergründig betrachteten kommunikativen Aufgabe! Beispielsweise wäre „Den Bekanntheitsgrad erhöhen" nicht das Ziel, sondern die Aufgabe, die es zu lösen gilt.

2. Leiten Sie aus der Kommunikations-Aufgabe ab, welche Einstellungskomponente Sie bei dieser Aufgabe primär zu verändern haben und ob sie diese Komponente aufbauen, korrigieren, steigern oder lediglich bestätigen müssen. Zum Beispiel „Es muss zusätzliches Wissen über die Marke X vermittelt werden" (kognitive Einstellungserweiterung).

3. Diese Einstellungsveränderung ergänzen Sie dann noch um die Eigenschaften, die eine Zielformulierung benötigt: Um Fokussierung, Quantifizierung, Terminierung und Messbarkeit (Bild 63). Also z.B. für ein Mailing: „Vom 1.5.20XY bis zum 31.5.20XY von der Zielgruppe „Pfennigfuchser" einen Rücklauf von 1.000 Coupons auf die Erstaussendung erhalten."

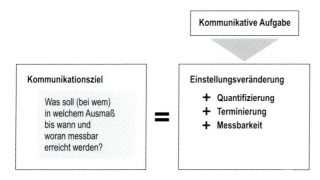

Bild 63 Kommunikationsziel, Einstellungsveränderung und kommunikative Aufgabe

Als Kurzformel der Anforderungen an eine hinreichende Zielformulierung können Sie auch die SMART-Kriterien anwenden: Specific, Measurable, Achievable, Realistic, Timed.

Sie müssen also von einer Kommunikations-Aufgabe auf die dafür zu erzielende kommunikative Wirkung schließen. Üblicherweise wird es dabei um eine der folgenden Kommunikations-Aufgaben gehen:

Checkliste 20
Übliche kommunikative Aufgaben

1. Aufbau, Steigerung oder Stabilisierung des Bekanntheitsgrades
2. Aufbau, Verbesserung, Festigung oder Korrektur des Image, allgemeine Unternehmens- und Markeninszenierung
3. Abbau oder Beseitigung von Hemmnissen, Handlungs- und Kaufbarrieren
4. Vermittlung von neuen, ergänzenden, korrigierenden oder bestätigenden Wissensinhalten, Lernwirkung
5. Aufbau, Festigung, Bestätigung oder Korrektur emotionaler Komponenten, wie zum Beispiel Sympathie, Vertrauen, Sicherheit
6. Aktivierung von Zielpersonen durch Aufbau, Erweiterung, Bestätigung, Korrektur von Verhaltens- und Kaufanreizen
7. Eindringen ins „Relevant Set" mit dem Ziel, dass dem zu vermarktenden Angebot vonseiten der Zielperson die höchste Präferenz zugewiesen wird
8. Abbau, Vorbeugen, Vermeiden kognitiver oder emotionaler Dissonanzen, zum Beispiel indem Verhaltensweisen, Handlungen und Kaufentscheidungen als gut und richtig bestätigt werden.

Anders formulierte oder detaillierter gefasste Aufgaben, die in der Praxis vorkommen, lassen sich in nahezu allen Fällen auf diese acht grundsätzlichen Aufgaben zurückführen.

Tabelle 5 gibt Beispiele zum Zusammenhang von Kommunikationsaufgabe, -wirkung und -ziel.

Definition des
Wirkungsziels

Definieren Sie jedes Kommunikationsziel so konkret wie möglich! Dazu gehören die kommunikative Aufgabe, die zu erzielende Einstellungsveränderung, der Zeitraum, in dem diese erzielt werden soll, die Kommunikations-Zielgruppe, bei der das Ziel erreicht werden soll, der Zeitpunkt, ab dem dafür agiert wird, und eine geeignete Messgröße, um den Grad der Zielerreichung auch überprüfen zu können.

Beispiel: Bekanntheitsgrad der Marke X um 5% steigern.

Dies ist *kein* brauchbar formuliertes Ziel, da offen bleibt:

- über welche Einstellungsveränderung die Erhöhung des Bekanntheitsgrades bewirkt werden soll,

- bei welcher Zielgruppe der Bekanntheitsgrad zu steigern ist,
- in welchem Zeitraum diese 5% erreicht werden, bzw. ab wann sie erreicht sein sollen,
- welcher Bekanntheitsgrad gemeint ist (gestützt/ungestützt?) und
- ob die fünfprozentige Steigerung absolut (z.b. von 2% auf 7%) oder relativ (von 2% auf 2,1%) zu erreichen wäre.

Eindeutig wäre stattdessen folgende Zielformulierung:

„Heute kennen nur 5% aller Zielpersonen vom Typ „Pfennigfuchser" die Marke X (zu geringe Markenbekanntheit ergibt die kommunikative Aufgabe „Bekanntheitsgrad steigern"; Wissensdefizit ist die zu verändernde Einstellungskomponente). Über intensive Markendarbietung sollen ab 1.10.20XX (Terminierung) mindestens 11% (Quantifizierung) der Ziel-

Tabelle 5 Kommunikationsaufgabe, Wirkung, Ziel

Kommunikations- aufgabe	Grundlegende Wirkung	Beispiel eines möglichen Kommunikationsziels
Bekanntheitsgrad verbessern	Kognitive(r) Einstellungs- aufbau, -steigerung oder -stabilisierung	Nach 4 Wochen sollen p% der Zielgruppe A die Marke „X" kennen; q% sollen den Anbieter unge- stützt bei Online-Umfrage nennen.
Image verbessern oder pflegen, ein Unternehmen/eine Marke inszenieren	Steigerung der emotio- nalen oder der kognitiven Einstellungskomponenten	Bei p% der Zielgruppe X bis zum 1.4.20XX beim Imagekriterium „Innovationskraft" die Nr. 1 werden, Basis: Imageuntersuchung (BI).
Hemmnisse, Barri- eren abbauen bzw. beseitigen	Korrektur emotionaler, kognitiver oder aktivie- render Einstellungskom- ponente	Bei p% der Zielgruppe Y das Vorurteil „zu teuer" innerhalb des nächsten Jahres beseitigen, indem Wissen zum gerechtfertigten Preis-Leistungs-Ver- hältnis vermittelt wird, BI.
Wissen vermit- teln, Lernwirkung erzielen	Aufbau, Steigerung, Bestätigung oder Korrektur der kognitiven Einstellungskomponente	p% der Zielgruppe D innerhalb 2 Monaten das Problem „Umweltschutz" bewusst machen (Produkt-oder Applikationskenntnisse vermitteln; Markenwissen erhöhen ...), BI.
Emotionen veran- kern, z.B. Sympa- thie, Vertrauen, Sicherheit	Aufbau, Steigerung, Bestätigung oder Kor- rektur der emotionalen Einstellungskomponente	Bei p% der Zielgruppe A ab 1.5.20XX bis 1.10.20XX Vertrauen in die soziale Verantwortung von Unter- nehmen B schaffen (Glaubwürdigkeit schaffen; Sympathie gewinnen ...), BI.
Zu Kauf oder Infor- mationsnachfrage motivieren, ein bestimmtes Verhal- ten aktivieren	Aufbau, Steigerung, Bestätigung oder Kor- rektur der aktivierenden Einstellungskomponente	p% der Kunden von Firma A sollen im nächsten Jahr mit dem Außendienst von A aktiv Kontakt suchen (Response erzielen; zur Hausmesse besuchen; ein Produkt zum Test anfordern; etwas bestellen ...), Basis: Vertriebsberichterstattung.
Ins Relevant Set kommen	Aufbau, Steigerung oder Korrektur der emotiona- len und/oder kognitiven Einstellungskomponente	Bei p% der Zielgruppe A sollen innerhalb von x Monaten Markenbewusstsein und Präferenz geschaffen werden; sie sollen ungestützt die Marke spontan an erster Stelle nennen, BI.
Dissonanzen unterbinden	Kognitive oder emotionale Einstellungsbestätigung	Bei p% der Käufer von Produkt Y bis 4 Wochen nach Kauf die Kaufentscheidung bestätigen (jemanden in seinem Gefühl bestärken; ein Verhalten loben; sich für etwas bedanken ...), Basis: Mailingstatistik.

personen vom Typ „Pfennigfuchser" („Fokussierung der Zielgruppe") die Marke X kennen (kognitive Einstellungssteigerung) und bei ungestützter Befragung spontan Marke X nennen (ungestützte Markenbekanntheit als Messkriterium)."

Für das Radiologie-Beispiel wäre für den „Idealisten" folgendes Kommunikationsziel denkbar:

„Die idealistisch eingestellten Radiologen kennen die Meyer KG als Hersteller von Röntgengeräten, haben Vertrauen zur Marke und finden sie durchaus sympathisch. Doch im Vergleich zu den japanischen und amerikanischen Anbietern von billigeren Standardgeräten hält sie der Preis unserer Röntgengeräte noch zu oft von einem Kauf ab. Die Idealisten sollen deshalb erkennen, dass die Röntgengeräte der Meyer KG den höheren Preis rechtfertigen, weil sie eine deutlich schonendere Patientenbehandlung erlauben, durch bessere Röntgenbilder eine bessere Diagnostik ermöglichen und den Patienten mit einer geringeren Strahlendosis belasten. Damit sollen im nächsten Kalenderjahr 75 „Idealisten" aktiviert werden, sich in konkrete Kaufverhandlungen über ein Röntgengerät der Meyer KG zu begeben (zu entnehmen aus dem Berichtswesen der Akquisiteure)."

Beachten Sie auch hier das Maßanzug-Prinzip:

Für jede Kommunikations-Zielgruppe ist ein eigenes Kommunikationsziel zu formulieren. Denn die verschiedenen Zielgruppen unterscheiden sich durch ihre Kernmotive und -interessen, durch unterschiedliches Involvement, durch Befindlichkeiten, Wissens- und Gefühlsinhalte und Aktivierungspotenziale. Deshalb müssen für die verschiedenen Zielgruppen auch unterschiedliche Zielsetzungen formuliert werden.

Nur selten werden Sie zwei oder mehr Kommunikations-Zielgruppen mit demselben Kommunikationsziel angehen können. Diese Konsequenz differenzierter Zielgruppenbetrachtung setzt sich auch in den späteren Abschnitten fort, bei der strategischen Umsetzung und auch bei den Konsequenzen für die kreative Umsetzung.

Für jede Zielgruppe wird damit ein eigenes Paket, ein kommunikativer Maßanzug mit maximaler Wirkung geschneidert.

Abschließend soll noch einmal betont werden, dass es Ihnen während dieses Konzeptionsabschnitts stets darum gehen muss, die beabsichtigte Wirkung Ihrer Kommunikation zu planen. Verwechseln Sie dies – wie vorne bereits hingewiesen – nicht mit der später daraus abzuleitenden Ansprache der Zielpersonen. Die Ansprache ist das Ergebnis des Umsetzungsprozesses, der nach dem Briefing stattfindet. Dabei ist die Ansprache jedoch immer „nur" Mittel zum Zweck: Wie kann bzw. muss die Zielperson „angesprochen" werden, damit die von Ihnen im Konzept definierte Wirkung resultiert? Dabei kann es durchaus sein, dass mit einer sehr kog-

Deutsche Telekom　　**T** ･ ･

Sehr geehrte Telefonkundin,
sehr geehrter Telefonkunde,

bekanntlich ist uns am Neujahrstag in unserem Telefonnetz bei bestimmten Vermittlungs-
computern ein Software-Fehler unterlaufen. Mit dieser fehlerhaften Software waren 550 unserer
insgesamt 8000 Vermittlungsstellen ausgestattet. In diesen 550 Vermittlungsstellen wurden die
Gespräche am 1. Januar von 5.00 bis 24.00 Uhr nicht nach den an Feiertagen gültigen Tarifen,
sondern nach zum Teil höheren Tarifen erfaßt. Alle telefonischen Neujahrsgrüße von Mitternacht
bis 5.00 Uhr morgens waren nicht betroffen. Die bis 5.00 Uhr früh wurden sogar zu Ihrem Vorteil
günstiger abgerechnet.

Die Deutsche Telekom will diese technische Panne schnell und unbürokratisch gutmachen. Jeder
Kunde, der möglicherweise von diesem Fehler betroffen war, erhält mit der Februar- oder März-
rechnung 30 Gesprächseinheiten gutgeschrieben. Das entspricht etwa dem Doppelten des tatsäch-
lichen durchschnittlichen Gesprächsaufkommens dieser Kunden am Neujahrstag. Sie werden
unabhängig davon gewährt, ob der Fehler im konkreten Falle wirklich aufgetreten ist und ob in der
fraglichen Zeit telefoniert wurde.

Darüber hinaus werden wir den 25. Februar 1996, einen Sonntag, für alle unsere Kunden in
Deutschland zu einem besonderen Tag machen. Von jedem Anschluß können Sie dann einen ganzen
Tag lang innerhalb Deutschlands zum günstigen Mondscheintarif telefonieren und dabei jede Menge
Tarifeinheiten sparen. Außerdem gilt für diesen Tag bei Verbindungen nach USA und Kanada der
Spartarif.

Wenn Ihr Anschluß zu den möglicherweise betroffenen gehört, werden wir Sie in den nächsten
14 Tagen schriftlich darüber informieren.

Ich bitte Sie nochmals für diese Panne um Entschuldigung.

Daß wir grundsätzlich mit der Tarifreform auf dem richtigen Weg sind, davon bin ich ohne Wenn
und Aber überzeugt. Sie wird sich für die weitaus meisten Kunden als vorteilhaft erweisen.
Auch für die Wettbewerbsfähigkeit unserer Wirtschaft, damit für den Standort Deutschland und
für sehr viele Arbeitsplätze in unserem Land.

Mit freundlichen Grüßen und einem etwas verspäteten Wunsch für ein gutes neues Jahr 1996.

Dr. Ron Sommer
Vorstandsvorsitzender der Deutschen Telekom AG

PS: Wenn Sie Fragen dazu haben,
können Sie uns selbstverständlich anrufen:

0130/11 18

Umsetzung 40 Ein Beispiel, das die wichtige Unterscheidung von Zielgruppenansprache und damit beabsichtigter Wirkung zeigt, ist eine Anzeige der Telekom.
Eine reine Textanzeige, ein abgedruckter Brief. Darin gibt Telekom Fehler bei der
Abrechnung als Folge einer technischen Panne zu, liefert eine Reihe Fakten darüber,
verspricht Wiedergutmachung und entschuldigt sich bei seinen Kunden. Natürlich
war es nicht das Ziel, dass die Kunden die Schadensursache im Detail verstehen oder
lernen, dass von den insgesamt 8000 Vermittlungsstellen 550 von dem Software-
fehler betroffen waren etc. Die beabsichtigte Wirkung war es vielmehr, Vertrauen
und Sympathie der Kunden zu erhalten bzw. wieder zu erlangen. Vertrauen und
Sympathie – höchst emotionale Einstellungskomponenten. Wissen ist häufig die
Basis, aus der Vertrauen und Sympathie erwachsen. Zunächst schafft Wissensvermittlung Vertrautheit mit einem Thema, einer Marke, einem Angebot und wirkt darüber
als Hebel, Vertrauen und/oder Sympathie zu erzeugen. Ziel der rational gehaltenen
Telekom-Anzeige war also eine emotionale Einstellungsveränderung, der Schlüssel
dazu war Wissensvermittlung und das Eingestehen eines Fehlers. Ganz ähnliche
Ansätze gab es von der Ergo Versicherungsgruppe anlässlich der Vertriebs-Sexparties
oder von der Lufthansa nach vielen streikbedingten Fluganullierungen.

Wenn selbst ich mir ein Cabrio leisten kann, können Sie das auch.
(Günstige Cabrios: sixt.de)

Umsetzung 41 Bei dieser Sixt-Anzeige mit Matthias Reim soll mit einer emotionalen Ansprache eine aktivierende Wirkung erzielt werden, nämlich sich ein Auto zu mieten.

nitiven, rationalen Ansprache eine emotionale Wirkung erzielt werden kann (wie bei Umsetzung 40). Oder mit sehr emotionalen Anspracheelementen eine aktivierende Wirkung erzeugt wird (Umsetzung 41).

3.4 Psychologische Positionierung

Bei der psychologischen Positionierung (PP) unternehmen Sie zunächst eine kleine Zeitreise: Sie versetzen sich an den Zeitpunkt, an dem Ihre Zielpersonen Ihre späteren Kommunikationsmittel wahrnehmen werden, und definieren jetzt bereits, was dabei in Form vorwiegend spontaner Assoziationen bei den Personen Ihrer jeweiligen Zielgruppe durch Ihre Kommunikation hervorgerufen und möglichst auch verankert werden soll. Was also Ihre Zielpersonen aufgrund der von Ihnen kommunizierten Botschaften und Themen (die Sie nachfolgend noch zu definieren haben) bezüglich Ihres Angebots, Ihrer Marke und Ihres Unternehmens – möglichst nahezu automatisch – assoziieren sollen.

Damit ist die Psychologische Positionierung in der Kommunikationsstrategie die logische Fortsetzung der Sales-Positionierung (SP). Nur geht es hier nicht mehr um die Platzierung eines Angebots, einer Marke, eines Unternehmens unter Segmentierungs-, Produktplatzierungs- und Wettbewerbsaspekten im Markt, sondern um deren differenzierende, kompetitiv wirksame, gezielte Verankerung im Kopf von Zielpersonen. Das ist deshalb von hoher Bedeutung, weil genau dort, im Kopf der Zielperson, Entscheidendes passiert: Angebotsbewertung, Präferenzbildung, Kaufentscheidung, Kaufempfehlung, Loyalität/Markentreue.

Der sogenannte „Wettbewerb" findet nicht im vordergründig zitierten Markt statt, sondern im Kopf Ihrer Zielpersonen. Dort wird der Kampf um Sympathie, Vertrauen und Präferenz gegenüber den Wettbewerbern gewonnen oder verloren. Dort fallen die Kaufentscheidungen – und sonst nirgends!

Deshalb ist es so wichtig, in den sogenannten Evoked Set zu kommen. Dieser besteht aus einer relativ kleinen Anzahl von Marken, Unternehmen und/oder Angeboten, die zu einem bestimmten Thema, einer bestimmten Branche von einer Zielperson spontan assoziiert werden – die also in ihrem Gehirn nachhaltig verankert sind.   *Relevant Set*

Ein Beispiel: „An wen denken Sie beim Thema Hamburger?" Meist wird folgende Reihung genannt: McDonald's, Burger King, Wendy's. Oder beim Thema Bier: Warsteiner, Jever, Beck's, Bitburger, König Pilsener ...

Meist werden 5 bis 7 Marken oder Anbieter schnell genannt – das sind die Marken, die auch im Relevant Set der befragten Person sind. Je früher eine Nennung erfolgt, desto höher ist bei dieser Person meist auch die Wertschätzung bzw. Hinwendung zu dieser Marke, zu diesem Anbieter ausgeprägt.

> Erstes psychologisches Positionierungsziel muss es also sein, ins Evoked Set zu gelangen. Nächstes Ziel, auf der inneren Präferenz-Skala der Zielpersonen möglichst weit nach vorne zu kommen (Relevant Set). Eine geschickte Psychologische Positionierung ist Voraussetzung zum Erreichen beider Ziele.

Das Vorgehen bei der PP entspricht grundsätzlich dem bei der SP. Auch die grafische Darstellung ist gleich (vgl. Kapitel 2.4). Einziger Unterschied sind die angewandten Kriterien. Sind dies bei der SP die Kriterien der Marktsegmentierung, zum Beispiel Preis, Branche oder Anwendungsgebiet, so sind es bei der PP erneut die Motive/Kerninteressen der Zielpersonen einer bestimmten Zielgruppe. Also dieselben Kriterien, die auch bei der Bildung der Kommunikations-Zielgruppen von entscheidender Bedeutung sind.

Beachten Sie, dass zwischen SP und PP das Konsistenz-Prinzip gewahrt bleibt. Die PP muss widerspruchsfrei zu den Entscheidungen der SP passen. Sie müssen sicherstellen, dass zum Beispiel für ein als Billigprodukt im Markt platziertes bzw. noch zu platzierendes Produkt eine PP angestrebt wird, die das Produkt im Kopf der Zielpersonen als entsprechend günstig und nicht als hochwertig, avantgardistisch oder edel zu positionieren versucht. In diesem Beispiel könnte die PP eher über Sparsamkeit erfolgen. Bereits die   *Konsistenz-Prinzip*

Namensgebung des Produkts kann hier eine entscheidende Rolle spielen. Namen wie Elite 5, Luxana usw. wären für dieses Beispiel kommunikativ ungeeignete Produktnamen; Basic oder Penny wären konsistent.

Ausgangssituationen für die Psychologische Positionierung

Aus der SP resultieren zwei grundsätzliche Ausgangssituationen für die PP: Me-too und Differenzierung. Sie haben entweder ein Angebot, das sich von den Angeboten eines oder mehrerer Mitbewerber nicht, oder eines, das sich in Nutzenkriterien davon unterscheidet. Daher werden die psychologischen Positionierungsstrategien in Me-too- und Differenzierungstrategien eingeteilt, obwohl manches Mal bis auf die Trittbrettfahrerstrategie jede PP zum Ziel hat, sich zumindest über andersartige Auftritte in der Wahrnehmung und psychologischen Verankerung beim Rezipienten durchzusetzen, ins Evoked und Relevant Set zu gelangen und sich vom Wettbewerb entscheidend zu differenzieren. Austauschbarkeit genügt ja bereits beim Angebot, zumindest in der Kommunikation will man sich von der Konkurrenz schon abheben.

Für jede der beiden Ausgangssituationen können drei Varianten zur PP unterschieden werden (Bild 64).

PP unter Me-too-Voraussetzung

Bei einer aus der SP hervorgehenden Me-too-Situation weist das zu vermarktende Angebot in seinen Grundnutzen keine kaufrelevanten Wettbewerbsvorteile auf – es ist objektiv austauschbar (z.B. Waschmittel, Zucker). Wenn Sie dann nicht auch noch kommu-

Bild 64 Strategien bei Sales-Positionierung und Psychologischer Positionierung

nikativ genau dasselbe tun möchten wie die Mitbewerber, dann haben Sie drei Möglichkeiten, sich im psychologischen Bereich darzustellen:

1. Zunächst können Sie versuchen, sich über die Stärke Ihres kommunikativen Auftritts vom Wettbewerb abzuheben. Sie versuchen damit über höhere Power den Eindruck zu erwecken, kompetenter oder besser zu sein als Ihre Mitbewerber (wer lauter „schreit", dem traut man zunächst auch mehr zu!). Ein typisches Beispiel für die Stärke-Strategie sind die Media-Markt-Kampagnen (Umsetzung 42).

   Stärke

2. Als zweite Option können Sie Ihr Angebot psychologisch unterschiedlich inszenieren und vor allem im emotionalen Bereich andersartig aufladen – ohne sich inhaltlich, d.h. in

   Inszenierung

Umsetzung 42 Mit einem über Jahre hinweg aggressiven und signifikanten Werbeauftritt positioniert sich der Media Markt als insbesondere preislich attraktivster Anbieter der Branche. Mit der Realität stimmt dies bei weitem nicht immer überein.

der rationalen Bewertbarkeit, abzuheben. Beispiele für solch eine PP finden sich insbesondere im Parfum- und Modebereich (Umsetzung 43 zeigt ein typisches Beispiel).

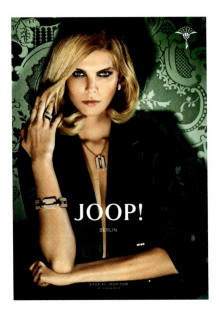

Umsetzung 43 Psychologische Positionierung durch eine rein emotionale Inszenierung der Marke am Beispiel Joop

Trittbrettfahren

3. Bei der dritten Möglichkeit soll bewusst eine Wettbewerbsdifferenzierung vermieden werden. Man lehnt sich absichtlich an einen oder mehrere führende Mitbewerber an, kopiert ihn/sie, um als sogenannter Trittbrettfahrer von Vorleistungen dieser Mitbewerber in den Markt (Problematisierung eines Themas, Marktgenerierung, Einführung einer neuen Technologie usw.) zu profitieren. Häufig findet man dies bei Firmen bzw. Angeboten, die Pionierunternehmen/angeboten auf den Markt folgen, sowie bei kleineren Anbietern. Tenor ist „Wir haben/können/bieten das auch". Exemplarisch sei hier die Werbung vieler Fluglinien angeführt, die zufälligerweise ebenfalls besonders freundlichen Service oder eine sehr bequeme Business-Class anzubieten hatten, kurz nachdem ein Branchenprimus dies in seiner Kommunikation herausgestellt hatte (Umsetzungen 44 und 45). Aber es finden sich auch Trittbrettfahrer, die von der visuellen Kraft einer bekannten, starken Kampagne/Marke profitieren wollen (Umsetzungen 46 bis 49) und auf aktuelle Anlässe und Themen aufspringen (Umsetzungen 50 und 51).

Umsetzungen 44 und 45 Das Lufthansa-Angebot von besonders bequemen Business-Class-Sitzen und die nahezu zeitgleiche Werbung von Singapore-Airlines für das selbe Thema. Me-too at it's best. Können so Kaufentscheidungen wettbewerbswirksam beeinflusst werden?

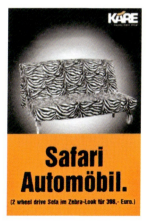

Umsetzungen 46 bis 49 Trittbrettfahrer-Anzeige der Firma Kare, die den werblichen Auftritt starker Marken und bekannter Kampagnen – hier von Sixt bzw. von Apple – mit ihren hohen Aufmerksamkeits- und Symphatiewerten imitiert, um bei der Wahrnehmung durch Rezipienten davon zu profitieren.

Umsetzungen 50 und 51 Trittbrettfahren geht auch gut bei aktuellen Anlässen und Themen. Im Beispiel nutzt Sixt die Krise um Ex-Bundespräsidenten Christian Wulff zur Vermarktung von Mietwagen. Und GreenJet springt auf das in Deutschland allgegenwärtige Umwelt- und Klimathema auf und versucht damit Passagiere zu gewinnen.

3 Entwicklung der Kommunikations-Strategie

Abschließend noch ein Vermerk für Puristen: Wenn Sie es ganz genau nehmen, gibt es keine Me-too-Werbung, da sich jedes Werbemittel, wie z.B. eine Anzeige, spätestens im Absender (Unternehmensname, Marke) unterscheidet. Allerdings wird Werbung eher peripher, beiläufig aufgenommen und der Rezipient denkt normalerweise nicht besonders intensiv über absenderbezogene Details nach. Me-too oder nicht ist daher an den intensiv rezipierten, primären Wirkungselementen des Werbemittels festzumachen – Headline, Kernbotschaft, Argumentation, Visualisierung, Stil usw.

PP bei gegebener Differenzierung

Die zweite grundsätzliche Ausgangssituation für PP ist ein aus der SP heraus vorliegendes Differenzierungspotenzial. Hier bestehen kommunikativ wiederum drei Optionen.

1. Erste Möglichkeit ist das Suchen und Besetzen einer sinnvollen, d.h. zielgruppen- und angebotsrelevanten Kommunikationslücke. Damit ist ein Positionierungskriterium gemeint (also ein Motiv, ein Interesse, eine Erwartung der Zielperson), welches kommunikativ noch von keinem Wettbewerber

Kommunikationslücke

Umsetzung 52 Auch nach Jahrzehnten setzt die Werbung von Bang & Olufsen die Produkte des Unternehmens konsequent unter ästhetischen und elitären Gesichtspunkten in Szene.

signifikant verwendet, d.h. angesprochen und damit besetzt
wurde. Wenn also die ganze Branche über Preis und Leistung
spricht, könnten Sie ganz bewusst Ästhetik oder Design (vgl.
Bild 65) als präferenzbildendes Kriterium thematisieren. Ein
Beispiel dafür ist die Anzeige von Bang & Olufsen aus dem
HiFi-Bereich (Umsetzung 52). Anders ist es bei Umsetzung
53, wo Bosch eine Differenzierung über Gebrauchsnutzen
anstrebt.

Bild 65 Positionierungsfeld mit Kommunikationslücke (schraffiert)

Umsetzung 53 Eigentlich auch nur ein Kühlschrank, der Kühlschrank von Bosch. Aber in einem Ausstattungsdetail – das zwar mit dem Grundnutzen der Kühlung nichts zu tun hat – ist er anders. Ob dieses für eine Kaufentscheidung relevant oder gar ausschlaggebend ist, entscheidet dann natürlich der jeweilige Bedarfsträger. Aber eine differenzierende Chance, die Kaufpräferenz zu gewinnen, ist es allemal.

3 Entwicklung der Kommunikations-Strategie

2. Ist keine sinnvolle Kommunikationslücke zu finden, dann Performancevorteil gibt es die Möglichkeit, die eigene bessere Performance in einem besetzten Positionierungskriterium zu kommunizieren, um sich über einen KKV (Komparativen Konkurrenzvorteil) vom Wettbewerb objektiv zu differenzieren. Zum Beispiel wie die Deutsche Bank, die behauptet, die beste globale Bank zu sein (Umsetzung 54, Bild 66). Ein anderes Beispiel – ganz ohne Text – bietet Tempo mit einer einprägsamen visuellen Umsetzung (Umsetzung 55).

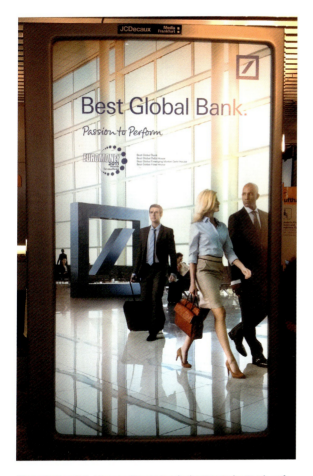

Umsetzung 54 Hier positioniert sich die Deutsche Bank auf einem großen, internationalen Flughafen per Leuchtplakat als die beste globale Bank und argumentiert ihren Führungsanspruch durch das Urteil/Zertifikat von Euromoney, einer internationalen Investment- und Finanzzeitschrift. Glaubhaft? Oder inszeniert sich die Branche mit ihren geschäftlichen Verflechtungen selbst?

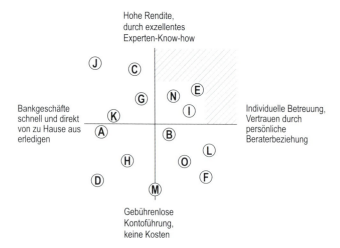

Bild 66 Positionierungsfeld mit Performancevorteil (schraffiert)

Umsetzung 55 Es geht auch ohne Text. Bei Tempo bringt alleine die visuelle Umsetzung den wettbewerbsdifferenzierenden Leistungsvorteil auf einen Blick zum Ausdruck.

Relativierung   3. Die dritte Möglichkeit einer PP bei vorliegender Differenzierungssituation ist die relativierende PP, in amerikanischer Literatur auch als Repositioning bezeichnet. Sie ist die psychologisch subtilste und raffinierteste Form der PP – besonders wirksam, aber oft auch die schwierigste Alternative (Gesetzeslage, Thema). Denn bei der relativierenden PP wird versucht, die Wertschätzung, Präferenz, Einstellung und/oder Meinung der Zielpersonen zu einem konkreten

Wettbewerbsangebot oder bezüglich einer ganzen Branche oder Anbietergruppe herabzusetzen, sie zu untergraben und zu reduzieren. Das Prinzip heißt Verunsicherung. Meist wird dazu beim Rezipienten ein impliziter Vergleich erzeugt, der ihn seine bisherige Einstellung, Wertschätzung und Präferenz relativieren, sie in Frage stellen und neu bewerten lässt.

So erzeugte die Aussage „Vivil – *ohne* Zucker" den Eindruck, alle anderen Pfefferminz-Bonbons hätten Zucker, was schlecht sein muss – warum sonst sollte jemand damit werben, etwas nicht zu haben. Oder „Gumminbärchen *ohne Fett*", was zweierlei erreichen sollte: erstens, den Eindruck erwecken, andere Süßigkeiten hätten Fett und wären daher ungesünder, und zweitens, davon abzulenken, dass Gummibärchen enorm viel Zucker beinhalten (100 Gramm entsprechen ungefähr 26 Stück Würfelzucker!) und daher alles andere als gesund sind (s. auch Kap. 2.7, Wettbewerbsvorteile, Alleinstellung, Abschnitt „Optionen bei Leistungsnachteilen").

Oder die Aussage für einen Dunlop-Autoreifen: „Dieser Reifen scheut keinen Vergleich." Mit angeführten Testergebnissen erweckt man so den Eindruck, besser als alle anderen Reifenfabrikate zu sein (Umsetzung 56).

Umsetzung 56 Dunlop kann die werbliche Aussage durch Testergebnisse untermauern.

Oder die Lufthansa-Anzeige, die verspricht: „Alle anderen kaufen Second Hand. Wir können uns das nicht leisten." (Umsetzung 57) Soll heißen: Fliege mit Lufthansa, denn Lufthansa ist die sicherste Airline, weil sie nicht – wie wohl alle anderen – gebrauchte Ersatzteile verwendet. Die ebenfalls mögliche Interpretation, Lufthansa könnte sich nicht einmal Second-Hand-Teile leisten, ist wohl eher unwahrscheinlich.

Wie sensibel man hinsichtlich psychologischer Positionierung sein muss, zeigt gerade die Umsetzung 58.

> Die relativierende psychologische Positionierung gehört zu den kompetitiv wirksamsten Positionierungs-Strategien. Sie setzt immer ein klares Feindbild voraus: einen konkreten Wettbewerber, ein konkretes Mitbewerber-Angebot, eine bestimmte Produktgattung oder auch eine ganze Branche.

Umsetzung 57
Diese Lufthansa-Anzeige vermittelt den Eindruck hoher Zuverlässigkeit.

Airbus A340, das modernste Verkehrsflugzeug der Welt.

Andere kaufen second hand. Wir können uns das nicht leisten.

Unsere Flotte gehört zu den modernsten der Welt, weil wir für Ihr Wohlbefinden an Bord und ein Höchstmaß an Umweltverträglichkeit sorgen wollen. Deshalb können Sie bei jedem unserer Flugzeuge sicher sein: Auf dem ersten Lack steht Lufthansa. So auch bei der A340, die wir mit entwickelt und als erste Airline in Dienst gestellt haben.

 Lufthansa

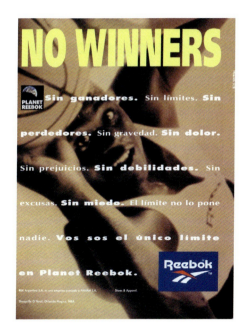

Umsetzung 58 Unter Positionierungsgesichtspunkten eine schlimme Anzeige: No winners – Reebok. Da kann im (spanischen) Text stehen was will, bei der üblicherweise kurzen Betrachtungsdauer bleibt nur das Plakative hängen – Verlierer, Reebok.
Also: Wenn ich gewinnen will, muss ich Adidas kaufen, oder Puma, oder Nike. Nur ja nicht Reebok. Unbegreiflich.

Schön auch die Antwort von Renault auf die Einführungskampagne für den Golf V („Lässt sich jetzt auch lenken."): „Es gibt Autos, die konnten das schon früher."

Weitere Beispiele der psychologischen Relativierung zeigen die Umsetzungen 59 bis 65 – von subtil bis reichlich aggressiv.

Umsetzung 59 Auch Mercedes-Benz beherrscht die Kunst der psychologischen Relativierung. Oder assoziieren Sie hier keinen Seitenhieb auf alle Mitbewerber?

Umsetzung 60
In ein Lob verpackt
BMW den relativieren-
den Seitenhieb auf den
Mitbewerber Audi.

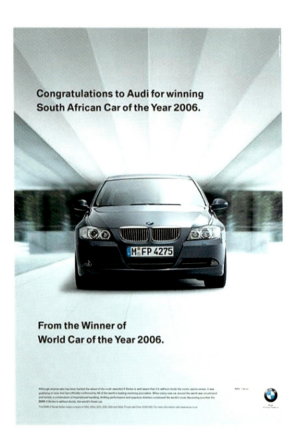

Umsetzung 61 Einen ganz unverhohleneren Seitenhieb auf die Konkurrenz findet man in der Außenwerbung von einem Hornbach-Baumarkt.

Umsetzung 62 Nicht immer geht es bei der psychologischen Relativierung subtil zu, wie das Beispiel der Telekom zeigt, die unverblümt den Mitbewerber Alice angreift.

Umsetzung 63 Und hier geht Samsung im direkten Produktvergleich gegen die Beliebtheit des iPhone von Apple vor. Natürlich kann das Samsung Handy deutlich mehr ... sagt Samsung ...

Für alle Positionierungsvorhaben müssen Sie drei Voraussetzungen erfüllen:

1. Kenntnis der Mitbewerber und ihrer Angebote
2. Kenntnis des eigenen Angebots (Stärken und Schwächen: Leistungsprofil)
3. Kenntnis der relevanten Positionierungskriterien (Motive, Interessen, Erwartungen der Zielpersonen (s. auch Kundenrelevanz, Kundenzufriedenheit und Kundenbegeisterung).

Tipp: Bei der PP definieren Sie, was Ihre Zielperson *nach Rezeption* Ihrer Anzeige, Druckschrift etc. denken, fühlen, erwarten ... soll (Sie machen quasi eine Zeitreise!). Formulieren Sie dazu die angestrebte PP als wörtliche Rede Ihrer Zielperson. So, als ob diese zu sich selbst mit innerer Stimme sprechen würde. Sie zwingen sich dadurch, sich automatisch ganz konsequent in Ihre Zielperson hinein zu versetzen und zu beschreiben, was in ihr hinterher verankert sein soll.

Natürlich gibt es neben den sechs Grundausrichtungen auch Mischformen der PP, z.B. Performancevorteil und zugleich auch Stärke. Aber, je mehr Sie vermischen, desto größer ist die Gefahr, den Fokus zu verlieren, daher rate ich auch hier zur Konzentration auf eine strategische Richtung.

Betrachten wir die psychologische Positionierung für das Radiologiebeispiel der Fa. Meyer KG:

Da die Röntgengeräte der Meyer KG eindeutige Angebotsvorteile (geringere Strahlenbelastung für den Patienten, bessere Röntgenaufnahmen, schonendere Patientenbehandlung) für den Idealisten haben, liegt keine Me-Too-Ausgangssituation vor. Eine Differenzierung kann über Performancevorteile erfolgen (auch eine relativierende psychologische Positionierung wäre möglich – das entscheiden Sie als der Konzeptor).

Nähern wir uns über die nächsten drei Bilder der erforderlichen Qualität bei der Definition einer psychologischen Positionierung.

In Bild 67 will sich die Meyer KG gegenüber ihren Mitbewerbern A, B, C und D als innovativer Hersteller von Röntgensystemen auf das Segment hochwertiger Radiologiesysteme mit fortschrittlichster Technologie für den klinischen Einsatz konzentrieren und sich so vom Mitbewerb klar abheben. Das ist zwar nicht falsch, aber es hat mit psychologischer Positionierung nichts zu tun: Verwendet werden keine Motive/Interessen als Positionierungskriterien, sondern Kriterien für eine Marktsegmentierung. Damit handelt es sich höchstens um eine Sales-Positionierung. Auch werden keine Zielgruppen unterschieden, der „Trick" einer quasi wörtlichen Formulierung fand keine Anwendung.

In Bild 68 will sich die Meyer KG „bei ihren Zielgruppen über die Motivschiene „Erfolg" alleinstellend positionieren". Zumindest wurden hier bereits Motivschienen als Kriterien angewendet. Allerdings wurden Zielgruppen noch nicht differenziert betrachtet und die Formulierung ist noch nicht gut genug, da „Erfolg" als Zielpersonen-Motiv noch zu wenig konkret ist. Welcher Erfolg ist denn gemeint? Bei welcher Zielgruppe? Finanzieller Erfolg, Prestige-Erfolg, Diagnose-Erfolg? Daher muss „Erfolg" noch auf die Zielgruppen hin weiter differenziert werden!

In Bild 69 ist die Konkretisierung des Motivbündels „Erfolg" vorgenommen. Für den idealistisch eingestellten Arzt besteht Erfolg darin, seinen Patienten bestmögliche Diagnosen stellen zu können. Für den gewinnorientierten Arzt würde Erfolg monetären Gewinn bedeuten. Ein prestigeorientierter Arzt wäre erfolgreich,

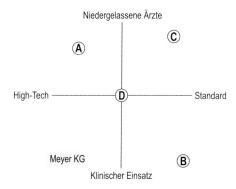

Bild 67 Beispiel ungenügender psychologischer Positionierung

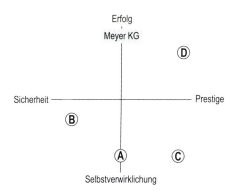

Bild 68 Beispiel einer noch nicht hinreichend konkreten, eindeutigen psychologischen Positionierung

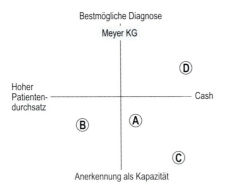

Bestmögliche Diagnose
Meyer KG

Hoher Patientendurchsatz ———————————— Cash

Ⓑ Ⓐ

Ⓓ

Ⓒ

Anerkennung als Kapazität

Positionierungsfeld „Erfolg"

Bild 69 Beispiel guter psychologischer Positionierung

bekäme er die Anerkennung als Guru seines Fachgebiets. Für den Arzt, der möglichst viele Patienten behandeln will, besteht Erfolg in Quantität durch reibungslosen Untersuchungsablauf.

Beim Idealisten will sich daher die Meyer KG qua Performancevorteil über das Motiv „das Beste für den Patienten tun" positionieren. Der Idealist soll anhand klinischer Fallbeispiele (die sind für ihn besonders überzeugend) erkennen: „Nur mit den Röntgensystemen der Meyer KG kann *ich* für meine Patienten jederzeit die bestmögliche Diagnose erstellen."

> Unterschätzen Sie nie die Bedeutung psychologischer Positionierung! Arbeiten Sie diese deshalb besonders sorgfältig und konkret aus.

Wie stabil eine PP sein kann, wie entscheidungsbestimmend und langfristig sie wirken kann, möge ein Beispiel zeigen: Noch heute sind viele Autokäufer davon überzeugt, dass italienische und französische Fahrzeuge immer noch schneller rosten als deutsche Autos. An dieser Einstellung konnten seit Jahren vollverzinkte Karosserien und Durchrostungsgarantien dieser Fabrikate bis dato nichts ändern. Ebenso wenig, wie Volvo (obwohl 1999 an Ford verkauft und seit 2010 einem chinesischen Konzern gehörend) auch heute noch als Hersteller von besonders sicheren Fahrzeugen genannt wird, was früher bestimmende Konzernphilosophie war, sich aber seit vielen Jahren vom Wettbewerb auch nicht mehr signifikant abhebt.

Beachten Sie wieder, dass verschiedene Zielgruppen sich in ihren Befindlichkeiten und in ihren Kernmotiven, Primärinteressen und/oder Erwartungen unterscheiden und daher auch meist mit

verschiedenen psychologischen Positionierungs-Strategien angegangen werden müssen (vergleichbar mit Kapitel 3.3).

Als geübter Konzeptor fällt es Ihnen sicherlich nicht schwer, die
verschiedenen Bestandteile der Kommunikations-Strategie zu differenzieren. Lesern, denen diese Geübtheit noch fehlt, ist es wahrscheinlich hilfreich, die Elemente einer Kommunikations-Strategie
noch einmal in ihrem Zusammenwirken zu betrachten (Bild 70).

Ausgehend von der Kommunikations-Zielgruppe und ihrem Kern-

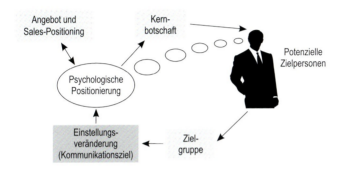

Bild 70 Zusammenwirken der Elemente einer Kommunikations-Strategie

motiv klären Sie, welche grundlegende kommunikative Aufgabe
zu lösen ist und welches daraus resultierende Kommunikationsziel, insbesondere welche Einstellungsveränderung Sie herbeiführen müssen. Mit der psychologischen Positionierung definieren Sie
dann, welche Assoziationen Sie *nach* Rezeption Ihrer Mittel und
Maßnahmen im Kopf der Zielpersonen verankern haben müssen,
damit diese Einstellungsveränderung stattfindet. Mit der Kernbotschaft, die Sie in Kapitel 4.1.2 noch zu definieren haben, legen Sie
dann noch fest, was Sie den Zielpersonen sagen wollen/können/
müssen, damit die gewünschten Assoziationen und kommunikativen Wirkungen erfolgen.

3.5 Konkurrenzreaktionen

Strategisches Arbeiten bedeutet, sich über zukünftige Szenarien
Gedanken zu machen, um sich frühzeitig auf eventuell wahr-
scheinliche Ereignisse und Marktreaktionen vorzubereiten. In
diesem Zusammenhang sollten Sie immer damit rechnen, dass
Mitbewerber beobachten, was Sie kommunikativ tun, um dann
eventuell auch gezielt darauf zu reagieren. Jede Reaktion erfordert

aber Zeit. Zeit für Entscheidungen, Zeit für Konzeption und Planung, Zeit für Abstimmung, Zeit für Umsetzung und Realisierung.

Diese Reaktionszeiten können Sie auf jeden Fall für besonders intensive Aktivitäten nutzen. Bereits bei Ihren Überlegungen zur Kommunikations-Strategie sollten Sie daher eventuelle Konkurrenzreaktionen ins Kalkül ziehen und sich darauf einstellen. Damit können Sie – falls es zu Reaktionen seitens Ihrer Wettbewerber kommt – zumindest schnell reagieren und Ihre Reaktionszeiten gegenüber Mitbewerbern minimieren.

Bei Ihren Überlegungen zur psychologischen Positionierung haben Sie sich intensiv mit den relevanten Mitbewerbern beschäftigt, so dass Sie sich jetzt, im Anschluss daran, besonders effektiv mit der Frage nach eventuellen Konkurrenzreaktionen auseinandersetzen können. Beurteilen Sie:

Leitfrage *Sind gezielte, bewusst vorgenommene Konkurrenzreaktionen zu erwarten, wenn Sie Ihre kommunikativen Aktivitäten wie geplant realisieren?*

1. Falls Sie keine Reaktionen eines relevanten Mitbewerbers erwarten, sollte diese Entscheidung nicht nur aus dem Gefühl heraus kommen. Versuchen Sie Argumente und Gründe dafür anzugeben, weshalb wahrscheinlich keine Reaktionen zu erwarten sind.

2. Falls Reaktionen wahrscheinlich sind, haben Sie zwei Alternativen:

   • Sie können die Reaktionen schlicht ignorieren – zum Beispiel, weil Ihr Auftraggeber unangefochtener Marktführer ist. In diesem Fall sollten Sie sich aber ebenfalls Gründe und Argumente überlegen, die Ihre Entscheidung, sich nicht um Reaktionen zu kümmern, rechtfertigen könnten.

   • Im zweiten Fall entscheiden Sie sich dafür, nicht nur mit Konkurrenzreaktionen zu rechnen, sondern sich auch bereits darauf vorzubereiten. Somit haben Sie für den Reaktionsfall entsprechende Strategien und Maßnahmenkonzepte „griffbereit".

Entwickeln Sie Alternativ-Szenarien für Mitbewerberreaktionen. Was tun Sie, wenn welcher Mitbewerber wie reagiert?

Analysieren Sie dazu die zu erwartenden Reaktionen:

....

Checkliste 22
Szenarien für Konkurrenzreaktionen

1. Von welchem(n) Mitbewerber(n) erwarten Sie reaktive Maßnahmen?
2. In welcher Form, mit welcher Gegenstrategie glauben Sie, dass Konkurrent X reagieren wird? Weshalb?

3. Wo sehen Sie Schwachstellen bzw. angreifbare Punkte bei Ihrem Angebot, bei der Vermarktungsstrategie oder bei Ihrer kommunikativen Darstellung und Argumentation?
4. Können/wollen Sie diese Schwachstellen beheben?
5. Falls nein, können Sie Ihre Argumentation gegenüber attackierenden Konkurrenzargumentationen trotzdem aufrechterhalten?
6. Falls Sie das nicht können: Wollen Sie trotzdem Ihre Strategie/ Argumentation durchziehen? Überlegen Sie sich das Für und Wider.
7. Falls Sie Ihre Argumentation aufrechterhalten können, überlegen Sie, wie und wodurch Sie das können und bereiten Sie entsprechende Maßnahmen/Argumentationsketten vor.
8. Könnten Sie die Mitbewerberreaktionen vielleicht vermeiden, wenn Sie Ihre Strategie und/oder Umsetzung/Realisierung veränderten?
9. Wie oder wodurch könnten Sie Reaktionen vermeiden?
10. Wäre diese Veränderung ohne signifikante Wirkungsverluste der Kampagne und mit vernünftigem, d.h. verhältnismäßigem Einsatz finanzieller Mittel möglich?
11. Ist eine Vermeidung den Aufwand wert?

....

Arbeiten Sie eventuell geeignete Strategien, Argumentationslinien, Mittel und Maßnahmen aus, mit denen Sie Konkurrenzreaktionen gegebenenfalls wirksam begegnen können.

....

1. Überlegen Sie sich, wie geartet Sie Konkurrenzreaktionen begegnen wollen:
   - Eher moderat?
   - Oder aggressiv?
   - Hauptsächlich informativ, kognitiv, rational?
   - Primär emotional?
   - Oder aktivierend?

2. Bei wem wollen Sie Konkurrenzreaktionen entgegenwirken?
   - Bei allen Zielgruppen gleichzeitig und gleichartig?
   - Oder nur bei ausgewählten?
   - Betrachten Sie dazu Ihre Zielgruppen und überlegen Sie, welche davon für Ihre Gegenreaktionen besonders wichtig sind und warum.

3. Mit welcher Argumentationslinie reagieren Sie?

4. Welche Mittel und Maßnahmen setzen Sie dazu ein?

....

Checkliste 23
Reaktion auf Konkurrenzreaktionen

Umsetzung 64 und 65 Mac Donalds und Burger King (rechts) beobachten sich gegenseitig sehr genau und reagieren auf die Kommunikationsmaßnahmen des anderen.

Die Konfliktbeispiele von Mac Donalds und Burger King oder – seit Jahrzehnten praktiziert – auch die von Pepsi und Coca Cola zeigen die Sinnfälligkeit systematischer Wettbewerbsbeobachtung und Vorbereitetsein auf kompetitive Reaktionsszenarien.

In harten Fällen, wie zum Beispiel bei einer der Trittbrettfahrer-Kampagnennachahmungen von Kare (Umsetzungen 46 bis 49), oder wenn enorme geschäftliche Interessen auf dem Spiel stehen,

Umsetzung 66 Gegen diese Anzeige des Media-Marktes mit dem neuen Samsung Galaxy Tablet-PC erwirkte Apple im Zuge seiner Plagiatsklage gegen Samsung sofort eine einstweilige Verfügung auf Unterlassung.

wie beim „Krieg" von Apple und Samsung (Umsetzung 66), besteht natürlich auch die Möglichkeit, mit einstweiligen gerichtlichen Verfügungen zur Unterlassung zu reagieren.

Bild 71 fasst diesen Abschnitt noch einmal schematisch zusammen.

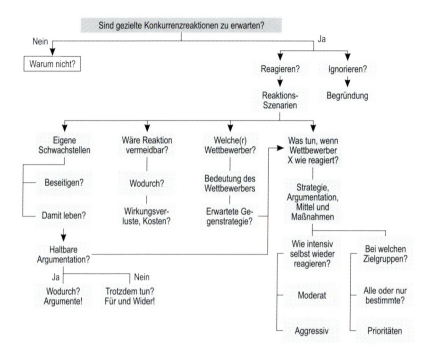

Bild 71 Analyse möglicher Konkurrenzreaktionen

3.6 Stärke des kommunikativen Auftritts

Bei der Bestimmung der erforderlichen Intensität des kommunikativen Auftritts, also des zu realisierenden medialen wie inhaltlich-argumentativen Kommunikationsdrucks, müssen Sie unter strategischer Betrachtung folgende Aspekte ins Kalkül ziehen:

....

1. Befindet sich das Angebot, das Unternehmen in einer schwachen oder einer starken Marktposition?
2. Verfügt das Leistungsangebot über deutliche Vorteile gegenüber den Mitbewerberangeboten oder befinden Sie/Ihr Auftraggeber sich in einer Me-too-Situation. Ist das Angebot also hinsichtlich seiner technischen, wirtschaftlichen oder anwendungsbezoge-

Checkliste 24
Kriterien zur Bestimmung der erforderlichen Kommunikationsintensität

nen (applikativen) Nutzenstiftung offensiv argumentier- und vermarktbar oder eher austauschbar?

3. Wie viel Zeit steht zur Verfügung? Müssen Sie sehr schnell viel erreichen oder liegt eine Zielsetzung, eine Vermarktungsaufgabe vor, die kontinuierlich, mittel- bis langfristig angegangen werden kann oder muss?

4. Wie ist der relative Kommunikationsdruck? Ist der Wettbewerb sehr aktiv oder eher träge?

5. Wie hoch ist das Zielgruppen-Involvement?

6. Wie stark werden die Zielgruppen insgesamt bereits mit Informationen und Botschaften kommunikativ belastet, egal aus welcher Branche? (Im Kampf um Wahrnehmung ist jeder, der sich kommunikativ an Ihre Zielperson richtet, Ihr Wettbewerber!)

7. Wie wichtig ist es für Sie bzw. das Unternehmen, dieses Leistungsangebot erfolgreich zu vermarkten?

Wichtig zum Erzielen kommunikativer Wirkung ist es, zuerst einmal von den definierten Zielpersonen bewusst wahrgenommen zu werden. Nur Wahrgenommenes kann Wirkung erzielen. Dazu müssen sicherlich die kommunikativen Mittel und Maßnahmen später professionell umgesetzt, realisiert und eingesetzt werden. Den Grundstein legen Sie dafür in Kapitel 4, die Umsetzung selbst ist dann Agentur- bzw. Gestalteraufgabe.

Doch auch bei besten Resultaten im Umsetzungsbereich gibt es eine Prämisse: Das Umgesetzte muss die Wahrnehmungsschwelle beim Rezipienten überwinden. Sie muss sich aus dem „Grundrauschen" der Informations- und Kommunikationsüberflutung (Bild 72) positiv abheben. Dazu gehört auch der richtige, relative Kommunikationsdruck, den Sie nicht nur in der reinen Budgetstärke sehen sollten (auch Botschaften, Timing, Mediastrategie u.a.). Eine klare Differenzierungsstrategie mit raffinierten Argumenten, eine

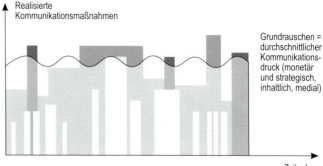

Bild 72 Grundrauschen der Informations- und Kommunikationsüberflutung

Bild 73 Arbeitshilfe Kommunikationsintensität

intelligentere Mediastrategie als Ihr Mitbewerb, ein raffinierter Below-The-Line-Mix gegenüber einem Standard-Above-The-Line-Programm der Mitbewerber usw. können Ihnen ebenso helfen, sich aus der grauen Informations- und Botschaften-Masse signifikant abzuheben, die Wahrnehmungs-Barriere zum Rezipienten hin zu überwinden und sich im Meinungsmarkt durchzusetzen.

Anhaltspunkte zur Bestimmung der Stärke des kommunikativen Auftritts unter „normalen Umständen" gibt Bild 73.

> Je mehr Kriterien für einen intensiven kommunikativen Auftritt sprechen, desto konsequenter sollten Sie diesen dann auch realisieren.

Nach Betrachtung der erforderlichen Kommunikationsstärke haben Sie Ihre wichtigsten Entscheidungen getroffen: Die Eckpunkte Ihrer Kommunikationsstrategie stehen. Setzen Sie sich nun mit den unmittelbar daraus folgenden Konsequenzen auseinander, indem Sie Ihre strategischen Entscheidungen inhaltlich und instrumental geeignet umsetzen.

4 Strategische Umsetzung

In diesem Abschnitt entscheiden Sie über die Parameter, die Ihre strategischen Entscheidungen in besonderem Maße transportieren. Sie bestimmen, mit welcher Copy-Strategie, das heißt über welche Themen, Inhalte, Botschaften Sie Ihre Strategie umsetzen und mit welchen Mitteln und Maßnahmen Sie diese am wirkungsvollsten an Ihre Zielgruppen herantragen können. Auf dieser Basis kalkulieren Sie dann das zur Realisierung erforderliche Budgetvolumen (Bild 74).

Bild 74 Bestandteile der strategischen Umsetzung

Sicherlich ist Ihnen bereits aus den früheren Abschnitten klar geworden: Für eine wirkungsstarke Kommunikation mit unterschiedlichen Zielgruppen brauchen Sie auch unterschiedliche Botschaften, Inhalte, Kommunikationskanäle, Mittel und Maßnahmen. Setzen Sie differenzierte strategische Umsetzungen ein, um für jede Zielgruppe Ihre in Kapitel 3 verankerten Maßanzüge zu verfeinern. Falls Ihnen dies nicht möglich ist, zum Beispiel infolge eines zu geringen Budgets, sind natürlich Kompromisse prinzipiell machbar; allerdings muss die Konsequenz klar sein:

Jeder Abstrich an der Genauigkeit der Zielgruppen-Ansprache wird eine Verringerung der kommunikativen Wirkung nach sich ziehen, weil die Zielgruppenspezifität abnimmt. Ein „kommunikativer Laserstrahl" trifft eben genauer und intensiver ins Ziel als „diffuses Wetterleuchten".

Erwägen Sie vor jedem Kompromiss, welche Konsequenzen dieser hat. Meist gibt es mehrere Kompromiss-Alternativen. Zum Beispiel eine zeitliche Priorisierung. Oder eine Einschränkung der Zielgruppenvielfalt. Vielleicht können Sie doch noch relativ „schmerzlos" auf die eine oder andere Zielgruppe verzichten. Es wäre immer noch besser, als das berühmte eierlegende, Wolle, Milch und Fleisch gebende Haustier anzustreben, das alles können soll und deshalb nichts erreichen wird.

Zur Minimierung von Wirkungsverlusten im Kompromissfall sollten Sie zumindest versuchen, die eingesetzten Werbemittel und -maßnahmen in ihrem Aufbau, ihrer Struktur und Umsetzung so gut wie nur möglich zielgruppenspezifisch auszurichten.

Minimierung von Wirkungsverlusten im Kompromissfall

Ist es Ihnen beispielsweise nicht möglich, für drei relevante Zielgruppen jeweils eine eigene Werbeschrift zu realisieren? Vielleicht könnten Sie dann wenigstens eine dreigeteilte Werbeschrift konzipieren, mit je einem gezielt umgesetzten Abschnitt für jede Zielgruppe. So hat dann dennoch jede Zielgruppe ihren „kleinen Maßanzug" (vgl. 3.2.7 Bestimmung von Kommunkations-Zielgruppen).

Umsetzungen 67 und 68 zeigen zunächst die Einstiegsdoppelseite einer Werbeschrift für Informationssicherheitstechnik mit allen anvisierten Zielgruppen-Typen und dann als Beispiel für die vier zielgruppenspezifischen Passagen den Teil für den amortisationsorientierten „Wirtschaftlich Abwägenden".

4.1 Thematischer Fokus oder „Copy-Strategie"

Am Anfang Ihrer Überlegungen zur Umsetzung der Kommunikations-Strategie sollte die inhaltliche Fokussierung auf die in Kapitel 3.2 definierten Zielgruppen stehen, auf ihre Erwartungen, Interessen, Motive usw. bezüglich des zu vermarktenden Angebots. Berücksichtigen Sie dabei pro Kommunikations-Zielgruppe ebenso Ihre anderen kommunikationsstrategischen Entscheidungen, allen voran Kommunikationsziel und Psychologische Positionierung. In der Agentursprache wird dieser inhaltliche Teil „Themen, Botschaften, Argumentationslinie" auch als Formulierung der Copy-Strategie bezeichnet.

Umsetzungen 67 und 68 Aus Kostengründen waren vier einzelne Druckschriften nicht möglich, es wurde daher nur eine Druckschrift zum Thema Informationssicherheit produziert. Diese wurde aber konsequent auf die vier Zielgruppentypen (Kernmotive) „Der wirtschaftlich abwägende Nutzenmaximierer", „Der Sicherheitsapostel", „Der Best-Possible-Typ" und „Der Bequeme" ausgerichtet. Jeder Typ bekam „seinen" Teil.

4.1.1 Definition der relevanten Themen

Welche Themen gibt es, die zum Leistungsangebot in einer sinnvollen Beziehung stehen? Die das Zielpersonen-Interesse treffen bzw. wecken können, die definierte PP unterstützen und das Kommunikationsziel erreichen lassen?

Anders gefragt:

Welche Themen eignen sich überhaupt zur Ansprache der definierten Leitfrage
Zielgruppen, um bei diesen die beabsichtigte Wirkung, das Kommunikationsziel, zu erreichen?

Ein wichtiger Aspekt bei der Auswahl der relevanten Themen ist ihre Originalität, d.h. ihre thematische Unverbrauchtheit und Einzigartigkeit. Themen, Inhalte und Botschaften, die bereits von Wettbewerbern besetzt und „verbraucht" wurden, sind meistens bei den Zielgruppen nicht mehr der Hit. Sie können daher kaum noch für das nachziehende Unternehmen präferenz- oder differenzierungswirksam werden. Sie unterstreichen höchstens noch den Me-too-Charakter eines Angebots. Es sei denn, diese Themen könnten mit neuen, ungewohnten Aspekten oder Interpretationen erweitert werden.

Die sinnvoll möglichen Themenschwerpunkte ergeben sich als Schnittmenge zweier Interessen:

• Aus dem, worüber das kommunizierende Unternehmen gerne über sich *„reden"* würde und

• aus dem, was die Zielgruppen interessiert, was sie gerne zu Ihrem Interesse *„hören"* würden.

In den seltensten Fällen kommt es dabei zu einer Kongruenz. Und so definiert die Schnittmenge beider Interessenssphären (vgl. Bild 75) den Bereich sinnvoll kommunizierbarer Themen. Bei allen anderen Themen (außerhalb des Schnittbereiches) hat

• entweder das Unternehmen kein Interesse, dieses Thema zu kommunizieren, zum Beispiel weil kein passendes Angebot dazu vorhanden ist oder weil taktische Gründe dagegen stehen, oder

• die Personen der Zielgruppen haben kein Interesse daran, weil sie damit keinerlei Interessen, Nutzen- oder Vorteilserwartungen assoziieren.

Am Bild 75 sehen Sie auch: Je mehr Zielgruppen Sie anvisieren, desto winziger werden die Schnittmengen (so es denn überhaupt welche gibt!), desto unwahrscheinlicher kann es Ihnen gelingen, Themen zu kommunizieren, die für alle Zielpersonen zugleich interessant und im selben Maße relevant sind.

Haben Sie den thematischen Rahmen definiert, erfolgt der zweite Schritt zur inhaltlichen Umsetzung der Strategie:

Was ist die zentrale Botschaft, über die Sie ein Thema an die jeweilige Leitfrage
Zielgruppe herantragen wollen?

Das bringt Sie zum nächsten Konzeptschritt: der Kernbotschaft.

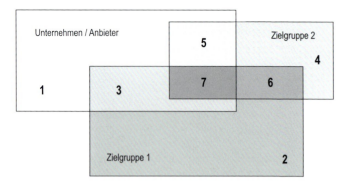

Bereich 1: Themen, über die das Unternehmen „reden" will oder kann

Bereich 2: Themen, über die Zielgruppe 1 etwas „hören" will, zu denen aber das Unternehmen nichts sagen will oder kann

Bereich 3: In diesem Bereich überlappen sich die Themen, über die das Unternehmen kommunizieren will/kann mit dem, was Zielgruppe 1 interessiert (= effektiver Themenbereich bezüglich Zielgruppe 1)

Bereich 4: Themen, über die Zielgruppe 2 etwas „hören" will, zu denen aber das Unternehmen nichts sagen will oder kann

Bereich 5: In diesem Bereich überlappen sich die Themen, über die das Unternehmen kommunizieren will/kann mit dem, was Zielgruppe 2 interessiert (= effektiver Themenbereich bezüglich Zielgruppe 2)

Bereich 6: Themen, über die beide Zielgruppen etwas „hören" wollen, zu denen aber das Unternehmen nichts sagen will oder kann

Bereich 7: Bereich 1 überschneidet sich mit dem, was beide Zielgruppen interessiert (= sub-effektiver Themenbereich für Kompromisse): Themen, über die beide Zielgruppen etwas „hören" wollen, und zu denen auch das Unternehmen etwas sagen will oder kann

Bild 75 Überlappende Interessen definieren Kommunikations-Themen

4.1.2 Kernbotschaften

Bei der Festlegung der Kernbotschaft müssen Sie in besonderem Maße die Forderung nach Zielgruppen-Relevanz beachten. Die Kernbotschaft darf auf keinen Fall zu einer vordergründigen Rede über Ihr Angebot oder Ihren Auftraggeber werden – nach dem Motto „Wir über uns". Sie muss – wenigstens im Zusammenspiel mit der Visualisierung – aus Zielpersonen-Sicht Vorteilhaftes verkünden, signalisieren und assoziieren lassen, um bei den Personen einer Zielgruppe Aufmerksamkeit, Neugier, Interesse und positive kommunikative Wirkung zu erzielen. Getreu der Erkenntnis: „Der Köder muss dem Fisch schmecken, nicht dem Angler!".

Qualitäten der Kernbotschaft — Somit muss eine Kernbotschaft eine erste Qualität erfüllen: Sie muss im weitesten Sinne ein Nutzenversprechen, eine Vorteilsassoziation, eine Belohnung, eine Lösungsaussicht, eine Erlebnishoffnung, eine Neugierbefriedigung – kurz: den sogenannten „Reason Why" – für die Zielgruppe signalisieren.

Zwei Anzeigen-Kernbotschaften, die an sich bereits über die Headline wirken müssten, mögen dies verdeutlichen: „Wie wir wurden. Was wir wollen. Wie wir wachsen." repräsentiert reine Selbstbetrachtung. Diese Headline einer Anzeige der Austrian Industries AG (Umsetzung 69) transportiert keinerlei zielgruppenrelevante Nutzen, weckt keinerlei Vorteilsassoziationen. Wen interessiert diese Botschaft außer Austrian Industries selbst? Warum sollte ein Leser beim Durchblättern der Zeitschrift also an dieser Anzeige stoppen und hinreichend Interesse finden, um durch Lesen der Copy (mit oft genug zusätzlich erklärungsbedürftigem Inhalt) vertiefend einzusteigen? Würden Sie sich die Zeit nehmen, Antworten zu erkunden, für Fragen, die sich Ihnen gar nicht stellen?

Umsetzung 69 Austrian Industries vermittelt etwas, was wahrscheinlich kaum jemand wissen will.

Ganz anders aktiviert die Headline der Anzeige der Firma Beissbarth Rohé (siehe Umsetzung 15, Seite 77) für TaxMaster, ein Bordcomputer-Fahrtenbuch fürs Auto: „Pro Jahr ein paar Tausender weniger ans Finanzamt. Wie wärs?" Ein tolles Nutzenversprechen, klar und schnell verständlich. Und wen interessiert das nicht? Finanzämter sind für die meisten äußerst unbeliebt – denen ein Schnippchen schlagen: jederzeit und gerne! Wer bleibt an dieser Headline also nicht hängen? Wer liest da nicht die Copy an, um Genaueres zu erfahren? Natürlich werden beim Lesen viele merken, dass das Produkt für sie nicht passt, und aufhören zu lesen, aber der Mechanismus hat funktioniert. Aufmerksamkeit erregen und Wahrnehmung erzielen ist nur die erste Stufe erfolgreicher Kommunikation. Danach muss Substanzielles passieren.

Als zweite zu erfüllende Qualität muss Ihre Kernbotschaft sich möglichst auf ein zentrales Element konzentrieren. Eine Kernbotschaft ist keine Aufzählung von zig Aspekten. Ihre kommunikative Kraft schöpft sie vielmehr aus der Konzentration auf das Wesentlichste: auf wenige, höchstens zwei bis drei, bestenfalls nur einen, dafür kraftvollen Vorteilsaspekt. Bemühen Sie sich durch Konzentration auf die kompetitiv stärkste Aussage, inhaltlich die Intensität eines Laserstrahls zu erzeugen.

Die dritte Qualität liegt in der Kürze und Prägnanz Ihrer Kernbotschaft. *Kurz, das Wichtigste auf den Punkt gebracht, darum geht es.* Nicht darum, einen Aufsatz zu verfassen.

Eine Kernbotschaft, die aus mehr als zwei bis drei Sätzen besteht, ist keine mehr!

Schauen Sie sich noch weitere Beispiele unter den Anforderungen von Kernbotschaften an (Umsetzungen 70 bis 76)!

Analysieren Sie auch die anderen Umsetzungen in diesem Buch ruhig einmal hinsichtlich ihrer Kernbotschafts-Qualitäten.

Wichtig ist immer, dass eine Kernbotschaft die beabsichtigte Psychologische Positionierung irritationsfrei verkörpert. Sie muss beim Rezipienten verankern, was Sie bei der PP definiert hatten.

Umsetzung 70 Wie schnell und gut verstehen Sie die Kernbotschaft (Schweißnähte müssen halten) der ABB-Anzeige? Wäre die Botschaft für Sie als „Qualitätssicherer" (Zielperson) sympathisch und relevant umgesetzt? Würden Sie in die Anzeige tiefer einsteigen?

Schweißnähten ABB Roboter werden in vielen Firmen nicht *nur* eingesetzt, um die Produktivität

darf so etwas zu heben und die Fertigungskosten zu senken. Auch die erzielbare Fehler-Minimierung und die Qualitäts-Maximierung rentieren die Investition. So liefern wir

nicht passieren! spezielle Schweißanlagen für robotergestütztes Lichtbogenschweißen, komplett mit auf den schnellen Arbeitsrhythmus des Roboters abgestimmten Positionierern, hochpräzisen Meßsystemen und Nahtfolge-Sensoren mit leicht programmierbaren Steuerungen.

20 Jahre Erfahrung im Bau und in der Entwicklung von Industrie-Robotern und die Installation von mehr als 10.000 Roboteranlagen für Schweißen, Schneiden, Kleben, Beschichten, Lackieren, Palettieren, Verpacken und zahllose Spezialaufgaben sichern ABB in der Automatisierungs- und Robotertechnik die Weltspitze. Innovative Neu- und Weiterentwicklungen, unser umfassender Kundendienst und unsere Schulungseinrichtungen garantieren, daß unsere Produkte und wir an der Spitze bleiben. Profitieren Sie davon. Schreiben Sie uns, wenn Sie mehr erfahren möchten.

ABB Flexible Automation GmbH, Grüner Weg 6, 61169 Friedberg
ABB Flexible Automation GmbH, Asser Gabrielsson-Str. 3/5, 63128 Dietzenbach

Sollte dies beispielsweise „Toll, endlich ein richtig preiswertes Auto" sein, dann müssen Sie eine Kernbotschaft definieren, die niedrige Kosten bzw. hervorragendes Preis-Leistungs-Verhältnis repräsentiert. Stellen Sie also nicht Design, Umweltaspekte oder Servicenetz ins Zentrum ihrer Kommunikation.

Umsetzung 71 Cascan hat Ärzten scheinbar nicht mehr mitzuteilen, als dass seine SOSTRIL-Tabletten rund sind. Nach vielen Versuchen mit drei-, vier- und fünfeckigen Formen hat man wohl festgestellt, dass runde Tabletten am leichtesten zu schlucken sind. Man sollte vermuten dürfen, dass Ärzte Medikamente nach ganz anderen Kriterien verordnen.

Umsetzung 72 Spea verkauft Geheimnisse. Da fühlt man sich als Kunde sicherlich gut aufge-hoben – oder?

Umsetzung 73 Mercedes dagegen kommt zum Punkt und kommuniziert mit der Headline klare Angebotsnutzen.

Umsetzung 74 Auch Lufthansa sagt klar, was sie (an)bietet: Kurz, eindeutig, nutzenorientiert.

Umsetzung 75 Honda packt gleich drei Nutzenversprechen als zentrale Aussage zusammen und adressiert damit auch drei Zielgruppenmotive.

Umsetzung 76 Mittlerweile ein Flop-Klassiker: Diese Bennetton-Kampagne ging voll daneben!

Sie können nicht über Rot reden und hoffen, dass Ihre Zielperson an Blau denkt. Bestes Beispiel dafür ist eine frühere Benetton-Kampagne, bei der Benetton als Unternehmen mit hoher sozialer Kompetenz und gesellschaftspolitischer Verantwortung positioniert werden sollte. In Anzeigen wurden dazu kritische, zum Teil kriminelle Geschehnisse abgebildet und thematisiert (durch Bombe zerstörtes Auto, blutverschmiertes Soldatenhemd usw.). Entsprechend negativ fiel die vom Rezipienten empfundene (decodierte) Kernbotschaft aus. Ganz anders als von Benetton gemeint. Die Konsequenz: Benetton wurde als Unternehmen nicht wie beabsichtigt positiv gesehen, sondern sogar sehr negativ. Statt eine Psychologische Positionierung mit positiven Assoziationen wie „Offenheit, Helle, Attraktivität, Persönlichkeit" zu erzielen, wurde Benetton gleichgesetzt mit „Härte, Gefahr, Zerstörung, Bedrohung, Stolz" (Quelle: Untersuchung von Morasch und Partner / Umsetzung 76). Die Ablehnung ging sogar so weit, dass Händler aufhörten, Benetton-Produkte zu verkaufen.

> Denken Sie daran: Die Kernbotschaft an eine Kommunikations-Zielgruppe muss die entsprechende Psychologische Positionierung unmittelbar verkörpern. Beachten Sie auch: Die Kernbotschaft ist keine Headline. Sie muss nicht elegant getextet sein, um direkt abgedruckt werden zu können. Sie definiert lediglich präzise, auf den Punkt gebracht, die Assoziationen, die durch Headline, Visualisierung, Text, Argumentation und andere Elemente der Kreativarbeit – zusammen – bei den Zielpersonen geweckt werden sollen.

Die wesentlichen Anforderungen an eine Kernbotschaft zeigt Bild 76.
Greifen wir wieder das Radiologie-Beispiel der Fa. Meyer·KG auf.
Bild 77 gibt die Kernbotschaft für den „Idealisten" an.

Überprüfen Sie sicherheitshalber nach Formulierung Ihrer Kernbotschaften nochmals die Übereinstimmung mit und die Affinität zum Angebotsprofil, zu den Interessensprofilen Ihrer Zielgruppen, den Kommunikationszielen/Einstellungsveränderungen und zu den Positionierungen (SP und PP). Damit stellen Sie sicher, dass im Laufe der Arbeit durch neue Ideen oder Abstimmungsprozesse nicht irgendwann etwas entstanden ist, das abweicht von dem, was ursprünglich einmal beabsichtigt und definiert wurde; etwas, das nicht mehr passt, Irritationen erzeugen oder Falsches bewirken würde.

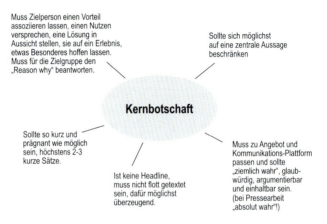

Bild 76 Anforderungen an eine Kernbotschaft

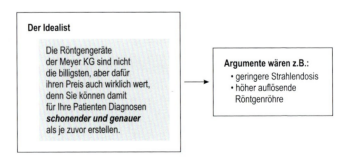

Bild 77 Beispiel einer Kernbotschaft

4 Strategische Umsetzung

Slogan: ....

....

	1	2	3	4	5	6
Einfachheit						
Der Slogan ist kurz formuliert						
Der Slogan hat eine klare und deutliche Botschaft						
Der Slogan besteht aus kurzen, einfachen Worten						
Der Slogan ist leicht lesbar						
Der Slogan ist eingängig, leicht zu merken						
Prägnanz						
Der Slogan ist eigenständig, unterscheidet sich gut von Mitbewerber-Slogans						
Der Slogan hat eine gute Sprachmelodie, lässt sich gut sprechen						
Der Slogan ist konkret, nicht abstrakt und schwammig						
Überzeugungskraft						
Der Slogan signalisiert einen klaren Kundenvorteil						
Die Botschaft des Slogans ist kundenrelevant						
Der Slogan spricht den Rezipienten direkt, persönlich an						
Der Slogan zielt auf die Gefühlswelt des Rezipienten						
Konsistenz						
Der Slogan drückt die Positionierung Ihres Unternehmens aus						
Der Slogan ist für alle Unternehmenseinheiten anwendbar						
Der Slogan kann für alle Zielgruppen verwendet werden						
Der Slogan kann in allen Ländern verwendet werden (ist übersetzbar)						
Der Slogan passt zu allen Produkten/Leistungen Ihres Unternehmens						
Der Slogan kann in allen Medien verwendet werden						
Glaubwürdigkeit						
Der Slogan passt zu Ihrem Unternehmen						
Der Slogan wirkt angemessen, selbstbewusst, aber nicht übertrieben, zu reißerisch						

Bild 78 Arbeitshilfe zur Sloganbewertung

Sehr häufig werden im Rahmen der Umsetzung aus einer Kernbotschaft Slogans oder Claims abgeleitet, die dann für eine bestimmte Zeit, z.b. über eine Kampagne, für eine Marke, ein Unternehmen, ein Angebot stehen. Beispielsweise „Aral. Alles Super.", „Otto ... find' ich gut", „Persil – da weiß man was man hat", „BMW – Freude am Fahren.", „Audi – Vorsprung durch Technik!" oder Nike's „Just do it!". Sehr wichtig ist es, dass der Claim die übergeordnete Kernbotschaft zum Ausdruck bringt und dass er zum Unternehmen, der Marke, dem Angebot und zur Zielgruppe passt.

Slogans und Claims

Bild 78 gibt Ihnen eine Arbeitshilfe zur Sloganbewertung an die Hand.

4.1.3 Argumentation

Sicherlich ist die Kernbotschaft ein entscheidender Schritt zum Kommunikationserfolg. Sie reicht jedoch allein meist nicht, um wirksam und nachhaltig zu kommunizieren. Kernbotschaften müssen vertieft werden – die mit ihr verbundenen Versprechen und Vorteilsassoziationen müssen begründet, nachgewiesen und glaubhaft gemacht werden. Daher müssen Sie eine Kernbotschaft

Umsetzung 77 Rein emotional "begründet" wird das Angebot eines Handyvertrags für junge Zielgruppen.

mit Argumenten und u.U. auch passenden Emotionen stützen. Dies kann auf rationaler Ebene erfolgen, mit Leistungsdaten, Testberichten oder konkreten Angeboten (Hard Facts), aber auch in emotionaler Weise über Gefühlswelten, Testimonials, subjektive Ansprachen (Soft Facts). Hier zeigt Umsetzung 77 ein Beispiel.

Auch die Wahl der Argumentationslinien hängt von Ihren Kernbotschaften ab:

Checkliste 25
Wahl der Argumen-
tationslinie

1. Muss es Ihnen mehr um die nüchterne Darstellung/Beschreibung von Sachverhalten gehen, rational, emotionslos, objektiv gehalten? Wie zum Beispiel bei kritischen Themen, bei denen Glaubwürdigkeit und Seriosität gefordert sind (exemplarische Vertreter sind Anzeigen von Unternehmen der Chemiebranche, Geschäftsberichte oder die Umsetzungen 78 und 79) oder bei faktischer Leistungsargumentation (z.B. in technischen Dokumentationen und Produktschriften).

2. Oder kommt es Ihnen auf Überzeugungskraft an, muss ein Schritt aus dem anderen logisch abgeleitet werden, bis die entscheidende Folgerung vollzogen werden kann? Dies kann beispielsweise bei Vorurteils-behafteten Zielgruppen erforderlich sein oder bei komplexen Sachverhalten, wo der Zielperson zum Verständnis notwendiges Vorwissen fehlt. Ein Bespiel dafür ist das Mailing, aus dem Umsetzung 80 eine Seite darstellt.

3. Oder wollen Sie nur eine Situation oder einen Zustand dramatisieren, um Gefühle aufzubrechen, um Vertrauen und Sympathie zu wecken oder um Wertmaßstäbe zu untergraben (wie die Umsetzung 81)? Dies ist besonders bei beabsichtigten emotionalen und aktivierenden Einstellungsveränderungen sinnvoll.

»Den ersten gezielten Impfstoff gegen Krebs verdanken wir der Gentechnik.«

Umsetzung 78 Mit einer Informationskampagne will der Verband der Chemischen Industrie durch betont sachliche Information den Nutzen der Gentechnologie vermitteln, Vertrauen und Akzeptanz steigern und auch das Image der Chemiebranche verbessern helfen.

Umsetzung 79 Dieselbe Absicht verfolgt auch das Chemieunternehmen BASF und kommuniziert dazu auf doppelseitigen Anzeigen, welche Errungenschaften die Chemie für den Menschen bringt.

Für jede Kernbotschaft sollten Sie mindestens 2 bis 3 gute Gründe/ Argumente und/oder emotionale Stützen angeben (können), die das Leistungsversprechen glaubhaft und plausibel machen.

Umsetzung 80 Im Rahmen einer mehrstufigen Mailingaktion vermittelte die Incentive-Agentur Quasar geschäftsförderndes Wissen zu Mehrumsatz durch Verkaufswettbewerbe und Incentives.

Umsetzung 81 "Don't talk, while he drives!" Zugegeben, eine drastische Thematisierung des Problems Telefonieren während des Autofahrens. Doch wie anders kann man zu diesem von vielen Autofahrern als „Bagatellthema" angesehenen Problem wirklich aufrütteln und abschrecken?

4 Strategische Umsetzung

Beispiel

Die Kernbotschaft lautet: *„Noch nie war etwas Süßes gesünder."*

Rationale Argumente:

1. Keine thermische Zerstörung der Spurenelemente, Mineralstoffe und Vitamine durch den Produktionsprozess.
2. Ausschließlich natürliche Inhaltsstoffe, keine Konservierungsstoffe.
3. Testergebnisse zum Beispiel aus Stiftung Warentest usw.

Emotionale Argumente:

4. Sieht so gesund aus, wie es schmeckt.
5. Passt zur neuen, jungen Generation (Genuss, um „in" zu sein).
6. Inszenierung einer entsprechenden Bilderwelt.

4.2 Kommunikations-Mix

Nach Festlegung Ihrer Kernbotschaften und Argumentationslinien geht es nun um die Bestimmung der Kommunikationskanäle und der Mittel und Maßnahmen, über die bzw. mit denen Sie die Kernbotschaften und die weiteren Inhalte an Ihre unterschiedlichen Zielgruppen transportieren können und wollen. Auch wenn es Ihnen vornehmlich um die Bestimmung der Werbeträger und Werbemittel gehen sollte, richten Sie – gerade seit Web 2.0 – am Anfang den Blick auf alle kommunikationspolitischen Möglichkeiten! Denn nicht automatisch ist Werbung das beste Kommunikationsinstrument, um ein Vermarktungsziel zu unterstützen, und nur selten kann Werbung alleine eine kommunikative Aufgabe bestmöglich lösen. Zudem durchmischen sich in der Web-Kommunikation die verschiedenen klassischen Kommunikationsinstrumente ohnehin – wen kümmert es da, was definitorisch Werbung, was PR oder Promotion ist? Entscheidend ist die Summe und Konsistenz der Botschaften sowie ihre medienadäquate Darbietung. Und dies ist umso wichtiger, als das, was einmal im Web ist, nicht mehr einfach zurückgeholt werden kann.

Die zielgerichtete Kombination verschiedener Kommunikationsinstrumente – zeitlich gestaffelt und exakt an den Zielgruppen und am Informations- und Kaufentscheidungsprozess ausgerichtet – ist fast immer wirkungsvoller und erreicht Kommunikationsziele schneller als ein Instrument alleine.

4.2.1 Klassische Kommunikationsinstrumente

Als etablierte kommunikationspolitische Optionen externer Kommunikation stehen Ihnen zur Verfügung:

1. Öffentlichkeitsarbeit (inkl. Sponsoring)
2. Pressearbeit
3. Verkaufsförderung
4. Absatz- und Imagewerbung (inkl. Messen)
5. Personale Kommunikation (das persönliche Verkaufsgespräch).

In Bild 79 sind die fünf klassischen Kommunikationsinstrumente aufgrund der hohen kommunikationspolitischen Bedeutung noch um zwei weitere Kommunikationsinstrumente ergänzt: um die interne Kommunikation und um die elektronische Kommunikation, allem voran die webbasierte Kommunikation.

1 Kommunikations-Instrumente	2 Kommunikations-Mittel & Maßnahmen	3 Kommunikations-träger/Medien
• Öffentlichkeitsarbeit • Pressearbeit • Verkaufsförderung • Absatz-/Imagewerbung • Personale Kommunikation • Interne Kommunikation • e-Kommunikation	• Printmittel • Audiovisuelle Mittel • Messen und Events • Direktmarketing • 3-D-Mittel • Offline-Maßnahmen • Online-Maßnahmen	• Print • Audiovisuelle Medien • Online-Medien • Offline-Medien • Gebäuden und Bauten • 3-D-Körper • Sonstige

Bild 79 Elemente des Kommunikations-Mix

Die Kommunikationsinstrumente integrieren übergreifend auch neuere, spezifischere Aktivitäten, zum Beispiel Direktmarketing, On- und Offline-Medien, Mailings, Product-Placement, Infotainment, Eventmarketing u.a. (Bild 80). Denn diese Maßnahmen werden alle nur eingesetzt, um letztendlich eines oder mehrere der oben genannten Instrumente in praktische, operationale kommunikative Anwendungen umzusetzen.

So kann beispielsweise ein Mailing eingesetzt werden, um imagewirksame Unternehmenswerbung zu realisieren, aber genau so gut, um Event-Marketing-Maßnahmen anzukündigen oder eine Verkaufsförderungsaktion zu forcieren. Die Unterscheidung dieser Aktivitäten liegt also nicht in der Zuordnung zu einer der Kommunikationsinstrumente begründet, sondern in ihrer unterschiedlichen Funktion im Kommunikationsprozess und ihrer Affinität zur Zielgruppe, auf die sie ausgerichtet sind.

Bild 80 Zur Differenzierung von Kommunikationsinstrumenten und kommunikativen Maßnahmen

Da also Werbung gezielt auf andere Instrumente aufbaut bzw. sie vorbereitet und unterstützt, muss sie insgesamt in einen vernetzten, integrierten Kommunikationsprozess eingebunden sein. Daher sollten Sie die Möglichkeiten und grundlegenden Stärken der Kommunikationsinstrumente kennen und in Ihre Überlegungen zum Kommunikations-Mix von vorne herein mit einbeziehen. Deshalb folgt eine kurze Charakterisierung dieser Instrumente:

Öffentlichkeitsarbeit

Bei der Öffentlichkeitsarbeit (ÖA) handelt es sich um eine meist relativ ungerichtete Art üblicherweise medialer Kommunikation. Denn ÖA bezieht sich nicht auf ein konkretes Angebot eines Unternehmens. Das zu vermarktende „Produkt" ist vielmehr das

Bild 81 Die Öffentlichkeitsarbeit

Unternehmen selbst mit allen seinen Fassetten, Aktivitäten und Wechselwirkungen mit der Außenwelt (Bild 81).

Hauptanliegen der Öffentlich- keitsarbeit Hauptanliegen der ÖA ist die Generierung, Stabilisierung, Korrektur, Pflege und positive Veränderung des Unternehmensimage. Zu diesem Zweck zielt sie auf breite, in unterschiedlichster Weise am Unternehmen interessierte oder mit ihm in irgendeiner Weise verbundene Personengruppen. Man bezeichnet diese Personengruppen auch als Unternehmensumfeld, Anspruchsgruppen oder interessierte Öffentlichkeit. Sie reicht vom Kunden über den Analysten bis zur Familie der Mitarbeiter.

Der Kommunikator ist zugleich Inhalt und Botschaft: Das Unternehmen, seine Marke, sein Name.

Mit dieser übergeordneten Ebene kommunikativer Inhalte und Themen ist ÖA auch das Fundament für alle anderen kommunikativen Aktivitäten – seien es absatzwerbliche, verkaufsfördernde, pressegerichtete oder personale Maßnahmen. Sie werden von der Wirkung der ÖA getragen und verstärken ihrerseits – sofern sie keine Widersprüche zur ÖA aufweisen – die Bemühungen der ÖA zur Image-, Vertrauens- und Sympathiebildung – der Grundlage für die Akzeptanz eines Unternehmens, seiner Tätigkeiten und Leistungen.

Für die ÖA und ihre Zielgruppen stellen zum Beispiel

- Veranstaltungen zur Unternehmenstransparenz (Tage der offenen Tür, Schulinformationen),
- Events zu speziellen Anlässen (zum Beispiel Jahrestage, Informationstage),
- Aktionärsversammlungen,
- Interviews und
- CSR-Engagements

typische Kommunikationsmaßnahmen dar.

Wesentlichen Einfluss auf die Glaubwürdigkeit der medialen ÖA hat der „Beweis" des Gesagten durch ein entsprechend gelebtes oder demonstriertes Verhalten der Mitarbeiter des Unternehmens. In diesem Sinne kommt hier dem Corporate Behavior als Teil der Corporate Identity im Rahmen einer integrierten Kommunikation besondere Bedeutung zu.

Pressearbeit

Die Pressearbeit (PA, Bild 82) ergänzt die Öffentlichkeitsarbeit im themen- und angebotsspezifischen Bereich. In der Regel sind bei der PA, insbesondere bei der Fachpressearbeit, auch die Zielgruppen spezifischer: Die Zielpersonen sind stärker in Special-Inte-

..., insbesondere die Fachpressearbeit geht an relativ spezifische Zielgruppen (Special-Interest-Segmente), z.B. Kunden, Anwender, Fans.

... : Fachpressearbeit ergänzt angebotsspezifisch die Tagespressearbeit.

... will themenspezifische Meinungsbildung beeinflussen.

Das Kommuni-kations-Instrument Pressearbeit

... Kommunikator hat keinen direkten Einfluss auf Gestaltung, Inhalt, Färbung, Frequenz etc.

... braucht Kontinuität, Gegenseitigkeit, Aktualität, Exklusivität.

... wird häufig als „unbezahlte" Kommunikation bezeichnet.

... assoziiert Unabhängigkeit vom Anbieter, Glaubwürdigkeit.

Bild 82 Die Pressearbeit

rest-Segmenten zu finden. Hauptsächlich handelt es sich um Personen aus dem Bereich Kunden, Mitbewerberkunden, Anwender, Fans, Konsumentengruppen und bestimmten Interessengruppen.

Bei diesen Zielgruppen will die PA spezifische, konkrete Informationen oder Gefühlsinhalte vermitteln. Über diese kommunikative Vertiefung meist bereits vorhandener Interessens- oder Aktivierungspotenziale will PA die Kaufentscheidung positiv beeinflussen, eine noch schwache Kaufintention vertiefen oder vielleicht bereits den definitiven Kaufentschluss mit herbeiführen. Auf jeden Fall will sie aber die themenspezifische Meinungsbildung beeinflussen und die Zielgruppe(n) positiv für ein Angebot stimmen.

Ziele der Pressearbeit

Die PA wird häufig als „unbezahlte" mediale Kommunikation bezeichnet. Zweifelsohne hat sie den Vorteil gegenüber allen anderen Kommunikationsinstrumenten, dass sie weder direkte Schaltkosten, noch Produktionskosten, noch Lagerkosten verursacht. Nicht zuletzt aufgrund der mit „Presse" assoziierten Unabhängigkeit von Anbietern wird Presseveröffentlichungen eine besonders hohe Objektivität und Glaubwürdigkeit zugewiesen – ein nicht unwesentlicher Vorteil dieses Kommunikationsinstruments, das aber natürlich für ein Unternehmen auch nicht zum Nulltarif zu haben ist. Denn Pressearbeiter und interne Redakteure kosten ebenfalls Geld, die Betreuung und Beziehungspflege zu den Journalisten kostet etwas, und auch kostenverursachende Kompensationsgeschäfte sind nicht ungewöhnlich: Als „Dank" für gewünschte Presseveröffentlichungen werden schon auch einmal Anzeigen geschaltet. Business as usual!

Kosten der Pressearbeit

Nachteile der Pressearbeit bestehen darin, dass Sie keinen direkten Einfluss auf Gestaltung und Färbung der Botschaft haben, nicht bestimmen können ob überhaupt, wann genau, in welchem redaktionellen Umfeld, wie exakt recherchiert und unverfälscht wiedergegeben und wie häufig Ihre Presseinformation gebracht wird.

Nachteile der Pressearbeit

Was ist gute Pressearbeit?	Gute Pressearbeit beruht auf Gegenseitigkeit, auf Kontinuität und gegenseitigem Vertrauen. Der Journalist will nicht nur mit Pressenachrichten aus dem Unternehmen versorgt werden, wenn das Unternehmen es gerade einmal braucht, sondern kontinuierlich. Hinzu kommt die Forderung der Presseseite nach Aktualität und Exklusivität von Informationen. Aktualität ist elementare Voraussetzung guter Pressearbeit, da sich eine obsolete, verbrauchte Nachricht nicht mehr verkaufen lässt. Umgekehrt erntet der erste Herausgeber allen Ruhm, steigert Image und Auflage.

Exklusivität wird von Journalisten angestrebt, um den Wettbewerbsvorteil einer Nachricht zu behalten und sich ein Image besonders guter Recherche und Informiertheit aufzubauen bzw. zu erhalten.

Im guten Miteinander wird der Journalist vielleicht geneigter berichten, Artikel besser oder bewusster platzieren und eventuell weniger kritisch recherchieren.

Verkaufsförderung

Merchandising   Unter Verkaufsförderung (VKF, Bild 83) versteht man vordergründig die Förderung des Abverkaufs eines Produkts bzw. Angebots im Handel, also am Point-of-Sale (POS) oder am Point-of-Purchase (POP). Man bezeichnet diesen Bereich der Verkaufsförderung auch als Merchandising.

(Mittlerweile wird der Begriff „Merchandising" auch als Synonym für die grundsätzliche Begleitvermarktung von Sportvereinen,

Bild 83 Die Verkaufsförderung

     4 Strategische Umsetzung

Media- oder Kulturproduktionen verwendet, z.B. für den Absatz von Fanartikeln.)

Allerdings umfasst die VKF – auch Sales Promotion genannt – noch weitere Maßnahmen:

Als Dealer Promotion bezeichnet man Maßnahmen zur Schulung oder Qualifizierung von Absatzmittlern.

Dealer Promotion

Unter Customer Promotion werden Aktivitäten zusammengefasst, die sich direkt an Kunden oder Anwender richten und zum Ziel haben, deren Motivation zu steigern, ein bestimmtes Angebot zu erwerben. Dazu sollen Produkterlebnisse vermittelt werden oder spezielle Events, wie Aktionen und Gewinnspiele, sollen zu erhöhter Handlungsbereitschaft aktivieren.

Customer Promotion

Mit Maßnahmen zur Staff Promotion wird das eigene Personal – vornehmlich im Vertriebs- und Servicebereich – motiviert und qualifiziert.

Staff Promotion

VKF-Maßnahmen sind – insbesondere am POS und POP – meist eher kurzfristiger, aktionsmäßiger Natur und sollten eingebunden sein in andere, längerfristige und breiter angelegte kommunikative Konzepte.

Die Wirkung von VKF lässt sich in der Regel gut messen, da sich infolge sonst konstant bleibender Rahmenbedingungen in einem begrenzten Zeitraum die Maßnahmen am POS/POP häufig direkt auf den Abverkauf der Produkte zurechnen lassen. Voraussetzung für die Erfolgsmessung sind allerdings wieder klare, messbare Ziele, wie zum Beispiel Abverkaufszahlen in einem bestimmten Zeitraum.

Absatz- und Imagewerbung

Absatzwerbung will den Absatz konkreter Angebote eines Unternehmens durch Einsatz werblicher Botschaften, Mittel und Maßnahmen forcieren. Imagewerbung hat zum Ziel, positive Vorstellungsbilder über Angebote, Marken (Markenwerbung, Branding) und Unternehmen (im Rahmen von Arbeitgeberimage/Arbeitnehmer-Recruitment auch im Rahmen von Employer-Branding-Kampagnen) präferenzbildend zu verankern (Bild 84).

Bei der Absatzwerbung ist im Gegensatz zur Öffentlichkeitsarbeit ein konkretes Leistungsangebot Gegenstand der kommunikativen Zielsetzung. Und entgegen der Pressearbeit sieht sie jeder als „bezahlte" Kommunikation an, als Botschaft gegen Entgelt, was die Glaubwürdigkeit und Neutralität werblicher Botschaften relativiert.

Bei der Imagewerbung geht es meist um werbliche Aktivitäten, welche die Aktualisierung, Pflege oder Verbesserung eines Marken-

... zielt auf die Vermarktung eines/einer konkreten Produkts, Systems, Anlage, Dienstleistung oder Marke/Unternehmens.

... entlastet den Vertrieb, generiert oder erhöht Interesse, schafft und qualifiziert Kontakte, bereitet Märkte vor.

... geht an breites Zielgruppenspektrum.

Das Kommuni-kations-Instrument Absatz- und Imagewerbung

... ist in seiner Abver-kaufswirkung meist nicht direkt messbar

... gilt als „bezahlte" Kommunikation; der Kommunikator kann Form, Inhalt, Stil, Frequenz, Intensität selbst bestimmen.

... wird bei zunehmend austauschbaren Angeboten oft zum entscheidenden Wettbewerbsfaktor (UCP = Unique Communication Proposotion).

Bild 84 Die Absatz- und Imagewerbung

und/oder Unternehmensimages zum Ziel haben. Sie dient insbe-sondere zur übergeordneten, strategischen Positionierung eines Unternehmens bzw. einer Marke im Wettbewerb und/oder der Vermittlung unternehmerischer Engagements und Tätigkeits- bzw. Kompetenzfelder.

Eine Positionierung im Imagebereich kann auf der Leistungs-(Angebots-)ebene erfolgen (z.b. Praktiker-Baumarkt „Alles 20 Pro-zent billiger, außer Tiernahrung", General Electric, Umsetzung 82 „Das GE in ...") oder auch auf einer übergeordneten Image-Meta-ebene (z.b. BMW „Fahrerlebnis", ausgedrückt im Claim „Freude am Fahren").

Ausgelöst durch die Umweltdiskussion und die Wirtschafts- und Finanzkrisen insbesondere seit 2009 haben Werte eine Wieder-geburt in der Imagewerbung erfahren, da sich der Verbraucher/Kunde wieder nach Stabilitäten und längerfristigen Orientie-rungen zu sehnen scheint. Zudem sind Produkte ja auf der fak-tisch-technischen Seite immer austauschbarer, so dass gerade Unternehmenswerte zu einer kaufpräferenzbildenden Differenzie-rung beitragen können. Sichtbarer Ausdruck dieser Erkenntnis ist, dass insbesondere in der Imagewerbung entsprechend vermehrt Begriffe wie Nachhaltigkeit, Verantwortung, Vertrauen oder Part-nerschaft eingesetzt werden. In manchen Fällen wird die Werteori-entierung sogar zur umfassenden Unternehmensausrichtung, wie z.B. bei der Evenord-Bank (Umsetzung 83), einer mittelständischen Genossenschaftsbank mit Sitz in Nürnberg. Hier wurde die Werte-orientierung vom internen Führungssystem (Zielvereinbarungen, provisionsfreier Verkauf) bis zum Produktportfolio (z.B. Eliminie-rung von Lebensmittelfonds) konsequent implementiert und auch die kommunikative Ausrichtung von der Kundenbefragung bis zur Radiowerbung entsprechend konzipiert. Das Unternehmen hat

Umsetzung 82 General Electric, in Deutschland weniger bekannt als Hauptkonkurrent zu Siemens, versucht mit einer Imagekampagne (hier am Flughafen Frankfurt) sein Angebotsspektrum und seine Tätigkeitsfelder zu vermitteln.

Umsetzung 83 Die Evenord-Bank hat sich konsequent einer werteorientierten Unternehmensführung verschrieben, kommuniziert das auch deutlich und lässt sich von ihren Kunden auch daran messen. Offensichtlich erfolgreich, denn bei „Deutschlands Kundenchampions" wurde sie 2011 von Kunden zur besten Bank in der Gruppe kleiner Unternehmen gewählt.

eine Grundwerteerklärung veröffentlicht und sich sogar bezüglich seiner Werteorientierung extern zertifizieren lassen.

Erfolgsbewertung von Absatz- und Imagewerbung

Bei der Werbung kann der Werbetreibende im Gegensatz zu Pressearbeit exakt bestimmen, wo, wie oft, in welcher Form und wie intensiv er eine Botschaft via werblicher Kanäle kommunizieren will. Die Wirkung dieser Maßnahmen kann allerdings kaum noch in Abverkaufsmengen gemessen werden, wie es bei der VKF häufig möglich ist. AIW wirkt vergleichsweise längerfristig und lässt sich als Absatzinstrument im gesamten Marketing-Mix nur selten in ihrer Wirkung von den anderen Einsatzfaktoren isolieren. Dadurch ist keine Kausalität mehr feststellbar, eine finale absatzwirksame Erfolgszuordnung ist nicht mehr möglich. Zudem spielen sich die angestrebten Kommunikationsziele/Einstellungsveränderungen alle im psychologischen Bereich ab, sind daher nicht direkt beobachtbar oder am Absatz festzumachen.

Entsprechend gelten für AIW andere, eben kommunikative Erfolgskriterien: Veränderungen beim Bekanntheitsgrad, Vermittlung von Produktkenntnis, spontane oder gestützte Markenkenntnis usw.

Absatzwerbung als medialer Support

AIW ist aber in besonderem Maße das Kommunikations-Instrument, das in gezielter Weise die übrigen direkten Vermarktungsbemühungen medial unterstützt. Sie entlastet den Vertrieb, informiert spezifische Zielgruppen, schafft Interessenten und Kontakte, qualifiziert diese vor und trennt echte Interessenten von akquisitorisch wertlosen Kontakten. Sie informiert und beeinflusst gezielt zu einem Angebot, bereitet den Markt auf, macht ein Angebot breit und zeitgleich bekannt, beschleunigt den Diffusionsprozess im Markt und entscheidet oft darüber, ob ein Produkt zum Flop oder zum Hit wird.

Personale Kommunikation

Das persönliche Verkaufsgespräch (PV) ist die (einzige) non-mediale Variante unter den Kommunikationsinstrumenten – und auch meist die teuerste. Deshalb sollte sie möglichst exakt geplant dort zum Einsatz kommen, wo die Grenzen medialer Einflussnahme erreicht sind und die persönliche Interaktion zwischen Anbieter- und Nachfragerseite erforderlich und zweckmäßig ist – zum Beispiel beim Kaufabschluss, beim Beratungsgespräch, im Kundengespräch auf einem Messestand oder um die Exklusivität einer Kundenbeziehung zu betonen (Bild 85).

Im Gegensatz zu allen medialen Kommunikationsinstrumenten besteht im personalen Kontakt eine direkte Dialogsituation, mit allen Möglichkeiten direkten, vergleichenden und wertenden Informationsaustausches unter dem Einfluss persönlicher Einschätzungen des Gegenübers, seiner Reaktionen und beobacht- und interpretierbaren Verhaltensweisen. Das können im selben

4 Strategische Umsetzung

... geht an sehr spezifische, enge Zielgruppen und erreicht daher viele Zielgruppen der Kommunikation überhaupt nicht.

... ist das einzige non-mediale Instrument.

... führt zu direktem Dialog mit der Zielperson, lässt deren Verhalten und Reaktionen beobachten und direkt beeinflussen.

Das Kommuni-kations-Instrument der personalen Kommunikation

... erlaubt vergleichenden, wertenden Informations-austausch.

... arbeitet nur sequenziell, ist entsprechend langsam und teuer.

... muss durch mediale Kommunikation vorbereitet, unterstützt und nachbereitet werden.

... muss daher exakt geplant und zielgerichtet eingesetzt werden.

Bild 85 Die personale Kommunikation

Maße auch interaktive elektronische Web-Applikationen nicht ersetzen. Gleichwohl bieten Chats, Blogs, Foren, visuelle Netz-dienste wie FaceTime, Videokonferenzen oder Webinare und sozi-ale Kommunikationsplattformen wie Facebook, Twitter oder Xing gegenüber den klassischen Instrumenten ein deutlich höheres Maß an Interaktivität und Dialogpotenzial.

Da das PV zumeist über Einzelkontakte erfolgt, ist es zwar sehr wirksam, aber in der Breite auch sehr langsam. Es eignet sich nicht dazu, schnell, d.h. möglichst kurzfristig viele Zielpersonen zu erreichen. Das PV muss daher – soweit es sinnvoll machbar ist – durch mediale Kommunikation vorbereitet, unterstützt, ergänzt und auch nachbearbeitet werden. Denn gute Nachfassarbeit, Reso-nanzabwicklung, After-Sales-Kommunikation und Kundenpflege-maßnahmen (CRM = Customer Relationship Management) sind der Grundstein für zufriedene Kunden und die erfolgreiche Anbah-nung von Folgegeschäften. Eine wertvolle Unterstützung werden dazu vermehrt intelligente E-Business-Lösungen leisten, mit The-men-Portalen, Extranets, ausgeklügelten Profiling- und Data-Mi-ning-Systemen bis hin zur bewussten Verschmelzung von Anbie-ter- und Kundenwelten.

Nachteile des persönlichen Verkaufsgesprächs

Ein Defizit des PV besteht darin, dass mit ihm nicht alle relevanten am Informations- und Kaufentscheidungsprozess beteiligten Per-sonen erreicht werden. Akquisition konzentriert sich meist auf die direkten Kunden/Abnehmer. So beispielsweise auf Absatzmittler wie etwa den Einzelhandel. Der Endkunde aber, also der Kunde des Einzelhändlers, wird über die personale Schiene nicht erreicht (was in vielen Fällen schon rein mengenmäßig überhaupt nicht realisierbar wäre). Diese Endkunden müssen aber natürlich kom-munikativ eingebunden werden. Dies ist nur alternativ oder addi-tiv über mediale Kommunikationsinstrumente möglich. Da sich

Konsumenten/Kunden vor einer Kaufentscheidung zunehmend über das Internet informieren, ihre Entscheidung fundieren und absichern, ist auf eine zur PV stimmige, transparente, aktuelle und hinreichend informative Webpräsenz Wert zu legen. Zudem tut man gut daran, die wesentlichen themenrelevanten Plattformen laufend zu beobachten, um zu wissen, was und wie darin über das eigene Unternehmen, seine Angebote und Mitarbeiter „gesprochen" wird. Man erfährt damit die diskutierten Zielgruppenthemen, kann eventuell Diskrepanzen zu eigenen Schwerpunkten und zur eigenen Sichtweise aufdecken und kann zumindest versuchen, auf die Community-Kommunikation einzuwirken.

4.2.2 Interne Kommunikation

In der Marketing- und Kommunikationsliteratur wird die interne Kommunikation oft noch sträflich vernachlässigt. Generell scheint die Kommunikation nach innen stark unterschätzt zu werden. Indiz dafür ist, dass zumindest in Deutschland kein Berufsbild des „Internen Kommunikators" zu erkennen ist. Viel zu oft übt jemand diese Funktion als „Nebenjob" zu anderen Aufgaben aus oder ist zufällig zu dieser Verantwortung gekommen. Entsprechend breit ist das Spektrum der internen Kommunikateure; es reicht von der Teamassistenz über Sachbearbeiter und Sekretärinnen bis zum gelernten Journalisten, technischen Redakteur oder Germanistik-Pädagogen.

Dabei kommt der internen Kommunikation höchste Bedeutung zu (Bild 86). Denn informierte und motivierte Mitarbeiter sind die wertvollste Ressource eines Unternehmens.

... geht an Mitarbeiter/innen und Führungskräfte als wichtigste Ressource eines Unternehmens.

... soll Mitarbeiter/innen informieren, motivieren, emotional binden, mobilisieren und sinngebend und identitätsfördernd wirken.

... spielt entscheidende Rolle bei Unternehmenszusammenschlüssen.

Das Kommunikations-Instrument Interne Kommunikation

... reicht von Rundschreiben über Mitarbeiterzeitschriften und Intranet bis zur Weihnachtsfeier.

... schafft Transparenz, beugt Gerüchten vor, schafft Vertrauen und gibt Sicherheit, steigert die Leistungsbereitschaft.

... ist bei funktionierender interner Kommunikation Grundlage für Change-Management, Best-Practice-Sharing und Knowledge-Management.

Bild 86 Die interne Kommunikation

Frühzeitige und offene Information beugt Gerüchten vor, schafft Transparenz, Vertrauen, Sicherheit und fördert die Leistungsbereitschaft der Mitarbeiter.

Interne Kommunikation formt Unternehmenskultur und charakterisiert sie gleichermaßen.

Offene, kontinuierliche interne Kommunikation ist einer der maßgeblichen Treiber von Mitarbeiterzufriedenheit. Und die zahlt sich aus: in einer bis zu 11% höheren Eigenkapitalrendite (Quelle: Schusterreport) und deutlich besseren Werten bei Fluktuation, Fehlzeiten, Produktivität und Mitarbeiterloyalität, aber auch zweistellig höheren Werten bei Produktivität und Rentabilität (Quelle: Gallup-Studie 2011).

Veränderungsmanagement, mit dem Ziel, Mitarbeiter auf veränderte Wettbewerbssituationen, Märkte und Arbeitswelten einzustellen und aus eingefahrenen Routinen zu lösen, ist ohne intensive, kontinuierliche, offene, geduldige und professionelle interne Kommunikation von vorneherein zum Scheitern verurteilt.

Knowledge-Management und Best-Practice-Sharing als gezielte, systematische Ansätze zur Steigerung von Effizienz, Produktivität, Qualität und letztendlich des Ertrags von Unternehmen erfordern grundsätzlich eine gut funktionierende interne Kommunikation. Die neuen Medien – speziell das Intranet – bieten sich zwar als Plattform für viele gute Tools an, aber was nützen die besten Tools, wenn die Mitarbeiter nicht bereit, motiviert oder fähig sind, diese umfassend zu nutzen? Entscheidend ist es, die Einstellung der Mitarbeiter zu diesen Themen entsprechend zu verändern, Wissen und Begeisterung zu erzeugen. Interne Kommunikation ist dazu unentbehrlich.

Infolge der Wachstumsziele der Unternehmen haben Unternehmenszusammenschlüsse, Fusionen, Mergers und Akquisitionen mit deutschen Unternehmen bis 2007/08 zahlen- und wertmäßig enorm zugenommen (Bild 87). Und auch in der Finanz-/Schuldenkrise werden noch etwa 1.000 Unternehmenszusammenschlüsse gemeldet Doch etwa zwei Drittel davon scheitern bzw. verfehlen die gesetzten Ziele. Wobei das größte Risiko zum Scheitern in der Post-Merger-Integration liegt, weil unterschiedliche Unternehmenskulturen nicht vereint werden, weil fehlende, ungenügende oder zu spät einsetzende Mitarbeiterinformation zu Ängsten, Gerüchten, Verunsicherung, Demotivation, Abwarteverhalten, Abwanderung wertvoller Mitarbeiter, kulturellen Zusatzbarrieren und anderen Reaktanzen führt.

Die interne Kommunikation greift alle unternehmensrelevanten Themen auf. Zielgruppen sind Mitarbeiter und Führungskräfte in allen Unternehmensteilen.

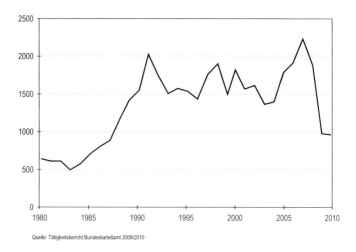

Quelle: Tätigkeitsbericht Bundeskartellamt 2009/2010

Bild 87 Zahl der beim Bundeskartellamt angezeigten Unternehmenszusammenschlüsse

Sendekanäle inter-
ner Kommunikation

Die Sendekanäle bzw. Möglichkeiten interner Kommunikation
sind vielfältig:

- Mitarbeiter-Zeitschrift,
- Broschüren,
- Leitbilder,
- Corporate-Identity-Programme,
- E-Mails und Briefe der Geschäftsführung,
- Intranet,
- Podcasts,
- Business/Corporate TV,
- Veranstaltungen vom Jour-fixe bis zur Betriebsversammlung,
- Management-Talks und -Walks,
- Workshops,
- Betriebsfeiern (Ausflüge, Jubiläen, Weihnachtsfeiern etc.),
- Schwarze Bretter und vieles mehr.

Grundsätzlich sollten sich interne und externe Kommunikation
irritationsfrei ergänzen. Was nach außen kommuniziert wird, muss
auch nach innen kommuniziert werden – wenn möglich zeitlich
leicht vorgelagert. Mitarbeiter sollten für sie relevante Informationen nicht aus der Zeitung erfahren, Standpersonal sollte nicht erst
auf der Messe neue Produkte entdecken.

4 Strategische Umsetzung

4.2.3 Elektronische Kommunikation (E-Communication)

Elektronische Kommunikation (E-Communication) ist kein Kommunikationsinstrument, kein Kommunikationsmittel und keine Maßnahme. Am ehesten könnte man sie noch als Medium bezeichnen, als Kommunikations-In- und -Outlet in Richtung aller „computerisierten" Zielgruppen (Bild 88). E-Communications oder computerbasierte Kommunikation ist Teil des alles umfassenden E-Business.

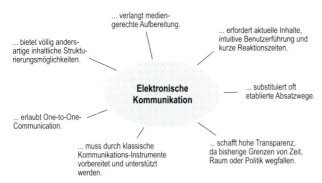

Bild 88 Die elektronische Kommunikation

Das Web, Ihr Portal, Ihre Homepage und Sites sind die multimediale Theaterbühne, auf der sich die klassisch separierten Kommunikationsinstrumente gleichzeitig abspielen. Durch andere Spielregeln und innovative Möglichkeiten des medialen Besuchermanagements (und damit des Managements potenzieller Kunden) eröffnen sich völlig neue Perspektiven und häufig werden gewohnte Prozesse völlig verändert. So steht dieses Kapitel direkt im Anschluss an die Kommunikationsinstrumente, obwohl bei der Schnelligkeit des Wandels in diesem Segment getroffene Aussagen bereits morgen veraltet sein können.

Grundlegende Kommunikationsfragen

Die grundlegenden Konzeptionsfragen gelten aber auch in der elektronischen Kommunikation. Allem voran: Erreichen Sie über die jeweiligen Anwendungen überhaupt Ihre Zielpersonen? Sind diese Teilnehmer einer bestimmten Applikation, Mitglieder in einer Community, Nutzer eines bestimmten Portals oder Dienstes?

Auch die Fragen der Vorinformiertheit, der Interessen und Motive, der Einstellungen und deren zu erzielender Veränderung, die Mechanismen zur psychologischen Positionierung, bleiben unverändert zentral zu bestimmen.

Hinzu kommen natürlich medienspezifische Aspekte. Web-Kommunikation findet – bei aller Diskussion um die sozialen Medien – häufig anonym statt. Zwar können Sie den Rechner (über seine IP-Adresse) identifizieren, nur wer wirklich davor sitzt, weiß man final nicht. Selbst bei personifizierten Zugängen über Benutzerkennungen und Passwörter können Sie nicht mit Sicherheit sagen, ob nicht statt des registrierten 42-jährigen Angestellten eines Discounters vielleicht doch seine 15-jährige Tochter vor dem Computer sitzt und sich mit den irgendwann und irgendwie beschafften Zugangsdaten ihres Vaters eingeloggt hat.

Grundsätzlich ist es für erfolgreiche E-Communication – wie in der klassischen Kommunikation auch – notwendig, die Zielpersonen und ihre zentralen Interessen zu verstehen und geeignet zu adressieren, aber zusätzlich sind auch die Regeln und Mechanismen der elektronischen Kommunikation zu beachten und zu nutzen. Erfolgt die Rezeption klassischer Medien in der Regel seriell – wir lesen von oben nach unten, von links nach rechts, von vorne nach hinten, so erlauben insbesondere Web-Anwendungen eine chaotische Rezeption, der Rezipient kann (und will) möglichst schnell zum gewünschten Inhalt. Dazu springt er in Präsenzen kreuz und quer, kann Suchfunktionen und interaktive Optionen nutzen (und damit restlichen Content für den Kommunikator unkontrollierbar überspringen). Noch viel mehr als im Bereich klassischer Kommunikation steuert allein das Interesse einer Zielperson ihr Rezeptionsverhalten. Es ist damit in der E-Communication noch entscheidender für Sie, diese Interessen zu kennen und ebenso intelligent wie mediengerecht zu bedienen.

Erstellen von Nutzerprofilen

Andererseits bieten gerade die technischen Fähigkeiten vieler Web-2.0-Applikationen bisher nie gekannte, im klassischen Kommunikationsbereich nie dagewesene Möglichkeiten, das Interessenprofil und Informationsverhalten von Usern/Rezipienten zu erkennen. Abgesehen von den Selbstauskünften – insbesondere jüngere User zeigen hier oft ebenso unvorsichtige wie ungehemmte Mitteilungsbereitschaft über persönliche Neigungen und Informationen aus dem privaten Lebensbereich – gibt es technische Optionen, genau zu registrieren, wer welche Informationen/Themen abgerufen hat, in welcher Reihenfolge, mit welchen Suchbegriffen und Suchroutinen, in welcher zeitlichen Verteilung und Häufung, von welchem Ort und welcher Hardware aus. Cookies, Softwaresuchagenten und intelligente User-Tracking-Routinen erlauben die immer genauere Erstellung von „Nutzerprofilen", die angeben, wer sich wo, wann, wie oft, wofür, über welche Wege und in welcher

Intensität interessiert hat und ob es sogar zu einer Transaktion, einem Produktkauf über das Internet gekommen ist.

Auf Basis dieser immer feineren Nutzerprofile können dem Online-User dann nachfolgend genau auf seine thematisch-historischen Interessensfelder hin zugeschnittene Botschaften und Inhalte zugespielt werden bzw. Inhalte ausgeschlossen werden, die in der Vergangenheit von ihm nicht nachgefragt wurden, also algorithmisch gesehen für ihn uninteressant waren. Zudem wird von dem historischen auf ein potenzielles Themeninteresse geschlossen und beim nächsten Mal werden dem User dann auf Basis seiner Informations- und evtl. Transaktionshistorie entsprechend spezifizierte Produktangebote unterbreitet (Cross Selling). Bekannte Beispiele dafür sind zu finden bei amazon.de, buch.de oder eBay.de, wo User Produktkaufoptionen angeboten werden, die eine bestimmte Affinität zu früher abgerufenen Informationen (gesuchte Themen, besuchte Seiten, gekaufte Produkte) aufweisen. Wer kennt nicht diese Hinweise „Kunden, die ABC gekauft haben, haben sich auch für XYZ interessiert" oder E-Mail-Benachrichtigungen wie „Peter, das könnte auch Sie interessieren".

Im Wesentlichen kann E-Communication unterteilt werden in Offline-Maßnahmen, zum Beispiel via CD-ROMs, DVDs oder USB-Sticks, und in Online-Maßnahmen, bisher allen voran per Intra- und Internet, aber zunehmend mobiles Marketing über Smartphones.

Beachten Sie beim Einsatz der elektronischen Kommunikation generell, dass der Empfänger eine ausreichende mediale Ausstattung (Hardware wie Software) besitzen muss, um die verwendeten Medien bzw. die programmierte technologische Generation auch öffnen bzw. abspielen zu können. Zudem sind in vielen Fällen, insbesondere bei älteren oder konservativeren Zielgruppen, immer noch Berührungsängste bezüglich der neuen Medien vorhanden.

Aktuelles aus der Web-Forschung

Die grundsätzlichen Wirkungskriterien für Kommunikation gelten auch bei Push-E-Communication, also bei E-Communication, die dem User ohne eigenes Suchverhalten dargeboten wird, beispielsweise bei Bannerwerbung oder Pop-up-Fenstern:

- Aufmerksamkeit kommt vor Wahrnehmung,   AIDA-Regel
- Wahrnehmung vor Interesse,
- Interesse vor Lernen, Wissen und Bedarf,
- Letzteres vor Nachfrage.

Ein grundsätzlicher Unterschied zur klassischen Kommunikation besteht für mich jedoch darin, dass sich User viel stärker interessensbedingt im Web aufhalten. Die klassische Push-Kommunikation ist häufig darauf aus, den Rezipienten zu stören, ihn bei anderen Tätigkeiten zu unterbrechen (der TV-Spot beim Ansehen eines Films, einer Quizshow oder einer Sportübertragung, die Anzeige beim Lesen eines Artikels, der Kinospot hält vom Filmbeginn ab, die Radiowerbung platzt in die Musiksendung, der Akquisitionstelefonanruf unterbricht bei der Arbeit usw.). Entsprechend unbeliebt ist sie meistens, entsprechend ungünstig sind die Wirkungsbedingungen (→ Verweigerung, Aufmerksamkeitsdefizite, etc.).

Anders ist das bei Pull-Kommunikation, vom Rezipienten also selbst initiierter Kommunikationsdarbietung. Hier besteht ein Interesse des Rezipienten an Kommunikation, er wendet sich freiwillig Kommunikation zu, üblicherweise auch in einer für ihn passenden Situation und Zeit. Entsprechend hoch sind seine Aufmerksamkeit und die Bereitschaft, sich Kommunikationsbotschaften auszusetzen. Eine solche Situation ist bei E-Communication deutlich öfter gegeben, insbesondere dort, wo der User nach bestimmten Themen und Inhalten sucht (also nicht unbedingt bei Bannern und Pop-ups ...). Hier verändert sich die AIDA- zur SAIDA-Regel:

Search: Eher gezieltes Interesse führt zur Suche nach bestimmten Themen/Inhalten (Content).

Attention: Aufmerksamkeit steuert die Wahrnehmung von Links, Bildern, Suchergebnislisten, peripheren Elementen (z.B. Adwords, Banner, Pop-ups, etc.).

Interest: Interesse an einem Suchergebnis/Content/Peripherieelement führt zu weiterer Contentnachfrage und zu Lernen, Wissen, Sympathie, Präferenz und dann eventuell zu einem Angebotsbedarf.

Desire: Bei entsprechender Attraktivität des Angebots kann der Wunsch entstehen, das Angebot zu erwerben.

Action: Aktivität, um ein konkretes Angebot nachzufragen/zu erwerben.

Nutzungsverhalten bei elektronischen Medien

Das Nutzungsverhalten ist also häufig anders als im klassischen Bereich. Erwartet werden mediengerechte Aufbereitungen, interaktiv, hierarchisch transparent, intuitiv einfach, mit möglichst wenigen Klicks zum gewünschten Content führend und mit feinster Selektierbarkeit auf möglichst wenigen Ebenen. Umgekehrt wird zum Beispiel nach wie vor am PC nicht gerne Mengentext

Bild 89 Das alles passiert in 60 Sekunden im Internet
(Stand Januar 2013, Quelle: http://de.statista.com/themen/42/internet/
infografik/790/60-sekunden-im-internet)

gelesen und konventionell gelernt – das normale Buch oder ein
Papierausdruck werden (noch) präferiert.

Bild 89 fasst einige Erkenntnisse aus der Web-Forschung (Stand
2013) zusammen und zeigt als Momentaufnahme die Dynamik
im Web. Weiterführende Informationen finden Sie u.a. unter
www.agof.de und www.statista.com.

Insgesamt kommen selbst kleine Unternehmen an computerba-
sierten Kommunikationsmaßnahmen nicht mehr vorbei, alleine
schon aus Imagegründen. Vorteil ist aber – gerade für kleinere
Unternehmen, dass selbst ohne große Budgets enorme Reichweiten und Zielgruppendurchdringung erzielt werden kann – wenn
Themen, Zielgruppenansprache und Originalität passen. Dann
können Low-Budget-Beiträge in Homemade-Qualität in kürzester
Zeit selbst ein Millionenpublikum erreichen (man denke nur an
Youtube). Das Web 2.0 baut auf der Mitteilungsbereitschaft und
dem Selbstdarstellungsbedürfnis insbesondere jüngerer Menschen
auf. Dem sollte in der E-Communication mit jüngeren Zielgruppen
Rechnung getragen werden. Aber, nicht alle ticken so – insbesondere ältere und/oder gewerbliche User nicht – und Aspekte des Per-
sönlichkeitsschutzes und der Datensicherheit haben die Euphorie
zur inszenatorischen Selbstauskunft bereits gebremst und werden
es vermutlich weiter tun. Besonders wichtig ist es dennoch, dass
klassische Kommunikationsmaßnahmen (Broschüren, Anzeigen
usw.) nicht einfach 1:1 auf den Computer übertragen, sondern mit
Interaktivität und unter Ausnutzung medialer Vorteile aufbereitet
werden.

Nutzen Sie unbedingt die Funktionalitäten der neuen Medientechnologien für eine deutlich intelligentere und schnellere Kommunikation mit der Zielgruppe!

Eine Broschüre Druckseite für Druckseite einzuscannen und z.b. als PDF-Datei ins Netz zu stellen, damit man eben „drin" ist, bietet dem Rezipienten/User keinerlei Mehrwert. Im Gegenteil, sie wird wahrscheinlich längst nicht mehr so „appealing", so „attraktiv" empfunden wie gedruckt (wegen Auflösung, Papierqualität, Format usw.). Unter Umständen braucht sie lange Seitenaufbauzeiten (speicherintensive Bilder) und wirkt im Online-Umfeld einfach langweilig, da sie nicht erwartungs- und mediengerecht präsentiert wird. Notwendig wäre es, sie entsprechend aufzubereiten: mit Suchroutine, Navigationsstruktur, eventuellen Film- und Tonsequenzen, Animationen, direkter Dialogsteuerung, Vermittlung von Ansprechpartnern und direkten Bestellmöglichkeiten, interessensgesteuerten Angeboten zum Cross-Marketing usw.

Strukturierung und Anwenderführung

Die neuen Medien bieten völlig andere, sich verzweigende inhaltliche Strukturierungsmöglichkeiten und Chancen zur intelligenten Anwenderführung und Inhaltspräsentation. Das Surf-Verhalten von Usern kann bis zum Computeranschluss (IP-Adresse) nachverfolgt und Interessensprofile können analysiert werden („Profiling"), Inhalte und Themen lassen sich damit individuell zuschneiden, Inhalte können userabhängig aufbereitet oder gar von den Usern selbst erstellt werden (User Generated Content) und – ein besonders wichtiger Unterschied – man kann gezielt unmittelbaren Dialog aufbauen. Es geht nicht mehr um Massenkommunikation, sondern um bilaterale Kommunikation, wo jeder gleichermaßen Sender und Empfänger ist. Allerdings bestimmt meist der User wann, unter welchen Bedingungen und von wem er E-Communication nachfragt (Communication on Demand).

Vorbereitet und gestützt werden muss die Online-Kommunikation durch klassische mediale Kommunikation. Eine Web-Adresse, die keiner kennt, nutzt wenig. Sie muss auch „klassisch" bekannt gemacht werden, denn auch im Internet gilt: Nur Bekanntes kann gezielt gesucht und gefunden werden. Dies gilt gleichermaßen für die Markenführung. Auch das Branding von E-Companies braucht klassische Kommunikation als Basis. Nutzen sollten Sie auch alle Möglichkeiten, dass Ihr Web-Angebot mit relevanten Suchbegriffen in Suchmaschinen (z.B. Google, Yahoo, Altavista) möglichst weit vorne als „Suchergebnis" angezeigt wird.

Aktualität und Transparenz

An Aktualität und Transparenz der Inhalte stellen speziell die Online-Medien-Nutzer besonders hohe Ansprüche. Vermeiden Sie unbedingt Themen- und Datenfriedhöfe (zumindest in Europa; Asiaten dagegen wollen gerne alle Contents auf einer Seite und scrollen dann lieber). Inhalte sollten Sie einfach strukturieren und laufend aktualisieren. Einer schnellen, logischen und übersichtlichen Navigation kommt höchste Bedeutung zu, wollen Sie Nutzer in der Site halten und Akzeptanz finden. Ihr Ziel muss es sein, dass der User immer weiß, wo er sich in der Site befindet, wie er in seiner Historie zurück kommt und dass er mit möglichst wenigen Klicks zum gewünschten Content gelangt. Problem ist immer weniger, im Web vertreten zu sein, sondern im Web schnell und in Suchmaschinen weit vorne gelistet (Ranking, SEO Search-Engine-Optimization) und gefunden zu werden.

Die 4 C's als Erfolgsformel im Web-Marketing

Analog zu den 4 P's im klassischen Marketing (Product, Price, Place, Promotion) spricht man beim Webmarketing von den 4 C's:

Content
In hohem Maße suchen User im Internet gezielt nach Inhalten (Content). Der Content steuert Aufmerksamkeit und Wahrnehmung des suchenden Rezipienten. Dieser hat ein spezifisches Informationsbedürfnis, ist high-involved und zeigt ein aktives Surfverhalten. Er ist in dieser Zeit offen für Informationen zu seinem Thema bzw. Interessensgebiet. Erfolgskritisch für ein Unternehmen ist es deshalb, etwas zum gesuchten Content liefern zu können und bei der Suche schnell gefunden zu werden. Nicht umsonst spricht man heute auch schon vom sogenannten Content-Marketing. Entscheidend dabei ist auch das zweite „C":

Context
Damit Content schnell und leicht gefunden werden kann, ist es wichtig, dass er im richtigen Context steht, also den passenden thematischen Bezug aufweist. Entscheidend dafür ist eine geeignete und gezielte Verschlagwortung mit Begriffen, nach denen ein User in Suchmaschinen suchen könnte, wenn er zum Thema nach Content sucht.

Community
Für erfolgreiches Webmarketing ist es notwendig, die richtigen User in den maßgeblichen Web-Communities zu erreichen. Dies ist vergleichbar mit der Zielgruppenorientierung im klassischen Marketing. Gerade seit dem interaktiven Web 2.0 sind die Themenkommunikation innerhalb einer Community, die Informations- und Angebotsbeurteilung sowie die Themenmeinung

anderer Community-Mitglieder/User in hohem Maße bedeutsam für das Informations-, Entscheidungs- und Kaufverhalten von Web-präsenten Zielinteressenten/-kunden. Zu den bekanntesten Beispielen dürften Hotelbuchungsdienste wie hrs.de oder hotel.de oder trivago.de gehören, die nicht nur die gemäß Suchkriterien passenden Hotels/Reisen ausweisen, sondern auch Bewertungen und Erfahrungs-Kommentare früherer Gäste, was die Angebotsauswahl des Users absichern und entscheidend beeinflussen kann.

Connectivity
Das vierte „C" bezeichnet die technischen Voraussetzungen, die es zu erfüllen gilt, wenn man im Web Erfolg haben will. Natürlich muss der Ziel-User über die erforderliche technische Ausrüstung (Hard- und Software) verfügen, um das Web-Angebot öffnen zu können (z.B. haben manche User keine Java-Funktionalität aktiviert oder das Programm läuft nicht auf der neuesten Version). Oder eine Webpräsenz wurde für die Microsoft-Welt konzipiert, läuft aber auf iPads oder mobilen Endgeräten nicht oder nicht richtig. Zu „Connectivity" gehört es aber auch, möglichst ohne erforderliche Plug-ins auszukommen oder lange Download-Zeiten zu vermeiden.

Checkliste 27
Absehbare
Entwicklungen

1. Speziell im Web lassen sich auch die Marketing-Instrumente längst nicht mehr so getrennt betrachten wie in der klassischen Vergangenheit. Kommunikation kann zum Vertrieb werden (E-Commerce, Warenkorb-Funktionalität). Preis- und Konditionenpolitik wird limitiert durch höchste Transparenz und globale Vergleichbarkeit, da jede Grenze von Zeit, Politik und Raum verschwunden ist. In der Distributionspolitik werden etablierte Absatzorganisationen mit Direktabsatz-Strategien konfrontiert, manchmal ergänzt, manchmal auch durch diese bedroht („Channel-Problematik").

2. Intelligente und vor allem schnelle Logistikkonzepte werden kritische Erfolgsfaktoren in der Befriedigung webbasierter Nachfrage werden.

3. Bisher personale Kommunikation wird häufig hochgradig entpersonalisiert werden, verstärkt medial erfolgen und damit anonymer ablaufen.

4. Routinekäufe werden ohne realen Akquisiteur stattfinden. Dieser wird sich verstärkt auf den Vertrieb erklärungsintensiver Angebote konzentrieren müssen und darüber hinaus mehr Key Accounter, Kundenkümmerer, Beziehungspfleger und „Antenne zum Markt" werden. Im Web werden intelligente und personifizierte Avatare den Akquisiteur ersetzen.

5. Virtuelle Einkaufswelten werden den realen Einkaufsort zunehmend simulieren und ersetzen, sofern das reale Einkaufserlebnis

keinen kommerziellen, sozialen oder emotionalen Mehrwert mehr bietet.

6. Auch die Produktpolitik wird sich ändern. Dies beginnt mit neuen Möglichkeiten bei der Produktentwicklung auf der Basis globalen Wissens- und Informationsaustausches bis hin zu Einschränkungen bei der regionalen Produktdifferenzierung durch totale, globale Transparenz. So kann der E-Commerce-Kunde einer Firma X in Dänemark eventuell das Angebot von X auf dessen Site für Spanien studieren (sofern auf diese Option nicht geachtet und sie nicht unterbunden wurde) und auch bei der dortigen Niederlassung von X das Produkt Y bestellen, welches von X für den dänischen Markt überhaupt nicht vorgesehen war.

7. Bei der Entwicklung kundenspezifischer Produkte und Lösungen kann der Kunde unmittelbar miteinbezogen werden (Collaboration).

8. Damit bekommen Fragen der Produkt- und Markenpolitik, insbesondere der Produktdifferenzierung und der Markenführung eine neue, aber faszinierende Komplexität, Individualisierbarkeit und Tragweite.

9. Kaufentscheidungen können im Web spezifiziert und teils bereits dreidimensional animiert vorbereitet werden.

10. Heute immer noch bestehende Sicherheitsbedenken gegenüber Web-Transaktionen werden durch ausgefeilte und zuverlässige Verschlüsselungsmethoden, elektronische Unterschrift sowie Lieferanten-/Anbieterratings (Bewertung von Zuverlässigkeit und Seriosität) überwunden werden. Dies wird Web-Marketing zu einem nächsten Boom verhelfen.

So schnell und dynamisch sich die Web-Technologien und -Applikationen verändern, so schnell bieten sich neue Möglichkeiten kommunikativer Nutzung und ebenso schnell können sich Rahmenbedingungen und Spielregeln verändern. Im selben Tempo erscheint nahezu täglich Fachliteratur zu allen möglichen (und manchmal auch unmöglichen) Themen rund ums Internet. Für eine detailliertere Auseinandersetzung oder spezifische Themenvertiefung verweise ich daher auf eine sicherlich verfügbare einschlägige Literatur.

Exzellente E-Communication- und E-Business-Lösungen werden nur möglich mit einem umfassenden, klar geregelten Content-Management, systematisierten Redaktionssystemen (Hierarchisierung von Information), zentralen Leitlinien und einer durchgängigen Datenbank-Architektur mit raffinierten Data-Mining-Programmen.

4.2.4 Mobile Communications

Im Zuge immer besser ausgebauter Telekommunikationsnetze und immer schnellerer Übertragungsgeschwindigkeiten und größerer Bandbreiten, gepaart mit dem rasanten Fortschritt bei elektronischen Bauelementen, Prozessoren, Speicherchips und Bildschirmtechnologien, sind auch die Möglichkeiten gestiegen, Internetinhalte, Bewegtbild/Video und Stillbild/Foto auf mobile Endgeräte, insbesondere Handys und vermehrt Smartphones nutzerfreundlich zu übertragen. Nicht zuletzt das iPhone von Apple mit seiner weitgehend intuitiven Bedienerführung (Frontend) hat die Akzeptanz und Verbreitung dieser mobilen Geräte, die schon mehr Computer denn Telefon sind, sprunghaft erhöht. Damit ist die „Mobile Community" entsprechend angewachsen und für Unternehmen als Zielgruppe für mobile Marketingmaßnahmen in den Blickpunkt gerückt.

Mobiles Marketing

Mit „mobilem Marketing" (als Teilbereich des sogenannten Mobile Commerce) sind Marketingmaßnahmen über mobile Endgeräte gemeint, die das Ziel verfolgen, Rezipienten auch unterwegs, abseits von stationären Computereinrichtungen, möglichst direkt zu erreichen und in ihrem Informations- und Kaufverhalten zu beeinflussen. Subsumiert werden darunter alle Arten von kommunikativ-geschäftlichen Aktivitäten, bei denen Unternehmen oder Dienstleistungsanbieter (Service Provider) Informationen (News, Produktinformationen, Benachrichtigungen, Search-Agents wie RSS, Webinare), multimediale Entertainment-Inhalte (Spiele, Songs, Fotos, Videos usw.), soziale Austauschplattformen und/oder Transaktionsprozesse wie Online-Shopsysteme, Zahlungsverkehr usw. anbieten und damit bei potenziellen Kunden im Endeffekt Bedarf und Nachfrage wecken und Kaufentscheidungen auslösen wollen. Des Weiteren soll über die kommunikative Bespielung der mobilen Endgeräte auch Markeninszenierung, die Aktualisierung von Marken, der Beziehungsaufbau bzw. die Beziehungspflege mit Kunden/Interessenten und sozialen Kontakten (Fans, Freunden, Followern usw.) erfolgen und intensiviert werden. Wie auch im Internet, stößt diese Entwicklung auf hohe Mitteilungsbereitschaft von (insbesondere jüngeren) Nutzern und bietet durch die Interaktivität entsprechende Möglichkeiten, Zielgruppenprofile zu erstellen und individuelle, maßgeschneiderte Angebote zu übermitteln und somit den Absatz zu steigern. Eine Einschränkung ist lediglich (noch) die relative Kleinheit der Geräte und damit die limitierte Erkenn- und Lesbarkeit der Seiteninhalte.

Geo-Marketing   Die Bereitschaft von Nutzern, eine systematische Registrierung ihrer Mobilität zuzulassen und eine Nutzung ihres aktuellen Ortes im Rahmen der zulässigen Datenschutzbestimmungen zu erlauben, bietet den Service-Providern und Softwareunternehmen nicht nur die Möglichkeit, den momentanen Standort eines Nutzers zu erfassen und ihm über geeignete Apps dazu genau passende Informationen (Stadtpläne, Laufwege, nächste Geldautomaten, Entfernung vom Standort zum nächsten Loch auf dem Golfplatz usw.) oder Angebote (z.b. Restauranthinweise, Sonderangebote im Supermarkt) einzuspielen, sondern liefert auch die Grundlage zur Erstellung von umfassenden Bewegungsprofilen, die detaillierte Informationen z.b. über Einkaufsstätten und Einkaufszeiten bis hin zum bevorzugten Supermarkt eines Nutzers enthalten. Sie eröffnen damit die vielfältigen Optionen eines weiteren, noch relativ neuen Marketingbereichs, dem sogenannten Geo-Marketing (Bild 90). Nicht zuletzt deshalb ist der Handel mit derartigen Nutzerdaten bereits ein lukratives Geschäft geworden, denn wie sonst kann man als Unternehmen an so detaillierte, genaue, individuelle und geschäftsrelevante Kundeninformationen gelangen ...

Bild 90 Anwendungsbeispiel für Geo-Marketing in Verbindung mit der Limbic-Typologie (vgl. Kapitel 3.2.10)

Mobile-Marketing-Aktivitäten lassen sich – wie Internet-Kampagnen auch – in zwei grundlegende Ansätze einteilen: In Push-Marketing-Aktivitäten und in Pull-Marketing-Maßnahmen.

Mobile Push- und Pull-Marketing

Beim Push-Ansatz werden die User/Rezipienten ohne eigenes Zutun mit Botschaften/Maßnahmen konfrontiert und fühlen sich dadurch – tendenziell – eher belästigt. Typische Beispiele sind Pop-up-Fenster, Bannereinblendungen, aber auch sich beim Passieren eines Hotspots auf das Endgerät automatisch übertragende und ablaufende Miniprogramme. Die derart mobil kommunizierenden Unternehmen senden also allgemein oder auch gezielt, sofern entsprechende Nutzer als „on air" erkannt oder gekaufte Adressen genutzt werden, Werbe-/Kommunikations-/Verkaufsbotschaften unaufgefordert auf die mobilen Endgeräte der User. Diese empfinden derartige Kommunikation meist als Spamwerbung, verbunden mit oft negativen Emotionen gegenüber dem Absender.

Beim Pull-Ansatz dagegen fordert der User über sein mobiles Endgerät Werbe-/Kommunikations-/Verkaufsbotschaften explizit und freiwillig an. Entsprechend hoch ist die Akzeptanz und emotional positive Aufladung dieser Kommunikation. Um eine Information abzurufen, muss allerdings der User zuvor erfahren, dass es von einem Unternehmen passende Informationen gibt und wie und wo er diese findet bzw. abrufen kann.

Unternehmen, die mobile Pull-Kampagnen durchführen wollen, müssen daher auf weiteren, meist klassischen Kommunikationskanälen über ihre mobilen Aktivitäten informieren und versuchen, ihre gewünschte Zielgruppe zur aktiven Teilnahme an der Kampagne zu bewegen.

Virales Marketing

Eine Mischform von Pull und Push stellen sogenannte virale Ansätze dar. Hierbei können User zunächst über Push mit Informations-, Entertain-, Dienstleistungs- und/oder Produktangeboten konfrontiert werden. Sobald sie diese dann so toll finden, dass sie selbst diese Botschaften an weitere User – einzeln gezielt oder allgemein innerhalb ihrer Communities – weiterleiten, werden sie zum bewussten, freiwilligen Multiplikator der Botschaft. Virales Marketing kann also im Prinzip mit der klassischen Mund-zu-Mund-Propaganda (Word of Mouth) verglichen werden. Ob eine Aktivität/ Kampagne virale Wirkung entwickelt, kann allerdings kaum geplant werden. Das ist abhängig davon, wie attraktiv und damit wertvoll zum Weitergeben ein User sie empfindet und davon ausgeht, dass er selbst durch die Weitergabe in seiner Community positiv ankommt (Anerkennungs-/Geltungsmotiv). Oft sind es daher in den Augen des Betrachters irgendwie besonders ausgefallene, lustige, skurrile, aufsehenerregende Botschaften, die derart virale Effekte auslösen.

Soziale Dienste wie Facebook, LinkedIn oder XING bestehen in Richtung registrierter Nutzer hauptsächlich aus einer Mischung von Push und Pull und teilweise auch viralen Effekten. So bekommen registrierte User gepushte Nachrichten, z.B. einen wöchentlichen Newsletter oder Benachrichtigungen, dass in dem jeweiligen Dienst irgendjemand aus der Community des Users etwas kommuniziert (gepostet) hat. Aber auch die User schauen häufig regelmäßig in einem sozialen Medium aktiv nach neuen Nachrichten aus ihrer Community oder sind sogar kontinuierlich online – um nichts zu verpassen. Virale Effekte finden statt, wenn z.b. ein User anderen Usern seiner Community einen Link empfiehlt oder aufgefordert wird, seine Zustimmung/Begeisterung für etwas auszudrücken (z.b. im Facebook durch den „Gefällt-mir-Button") und damit in der Community öffentlich zu bezeugen und so für diese Botschaft das Interesse von und die Weiterverbreitung an weitere User zu fördern.

Auf Basis der von den Nutzern abgerufenen Botschaften können Beliebtheits-Hitlisten erstellt werden, deren Spitzenreiter wiederum das verstärkte Interesse von Usern als Pull-Effekt wecken.

Im Bereich des mobilen Marketings sind ähnliche Sicherheitsaspekte zu beachten wie im Computer-basierten Internet, insbesondere was die Problematik der Authentifizierung und der Sicherheit von Transaktionsprozessen gegenüber Schadsoftware (Viren, Fishing, Trojaner usw.) dort betrifft, wo der User persönliche Daten oder Bankzugangsdaten preisgeben muss. Marktseitig gelten die monopolartigen Strukturen der Mobilfunkbetreiber und der von ihnen abhängigen Serviceprovider als bedenklich, da ein echter Wettbewerb bisher nicht zustande kommt und überteuerte Angebote und Geschäftsmodelle die Folge sind. Da diese von der werbetreibenden Wirtschaft mangels Alternativen obligatorisch zu nutzen sind, können viele Dienste/Angebote für den Nutzer nur kostenpflichtig angeboten werden, obwohl seitens der kommunizierenden Industrie das Bedürfnis nach kostengünstigen oder kostenlosen mobilen Kanälen bestünde. Es kommt daher zunehmend zu Ansätzen, die Mobilfunkbetreiber zu umgehen und Transaktionen via Bankeinzug, Kreditkarten usw. zu verrechnen und nicht mehr über die Telefonrechnung einziehen und die Mobilfunkprovider mitverdienen lassen zu müssen.

Sicherheitsaspekte im Mobile Marketing

Barcodes, QR-Codes & Co.

Bar- und QR-Codes sind optoelektronisch lesbare Schriften bzw. Muster, die aus verschieden breiten, parallelen Strichen, Rechtecken, Grau-/Farbwerten und Lücken bestehen. Anders als bei der IT-Programmierung bezeichnet der Begriff Code hierbei nicht Verschlüsselung in Programmcode, sondern die Abbildung von Daten in binären Symbolen.

Bereits seit Ende der 1950er-Jahre wird mit der elektronisch lesbaren, binären Verschlüsselung von Informationen gearbeitet. Ergebnis war der sogenannte Strichcode (Barcode), der bereits 1968 zum ersten Mal im Handel ausprobiert wurde, um Artikelinformationen elektronisch zu lesen. Durchgesetzt hat sich der Strichcode in Europa aber erst nach 1976 in Form des EAN-Codes (European Article Number) – einer über verschieden breite Linien eindimensional codierten Artikelinformation zur maschinenlesbaren, schnellen Artikelerfassung. Entsprechend war die Verwendung der in vielerlei unterschiedlichen Normierungen existierenden Barcodes fast ausschließlich auf die Warenwirtschaft und das Handelsmarketing beschränkt.

Durch die Anordnung von Strichcodes in einer vertikalen und horizontalen Achse entstand etwa 1997 zur Anwendung in der Logistik ein 2-dimensionaler Code, dessen Vorteil insbesondere darin bestand, deutlich mehr Information repräsentieren zu können als der eindimensionale Barcode. Der maximale Informationsgehalt eines QR-Code beträgt 23.648 Bit, womit sich laut Hersteller 7.089 Dezimalziffern oder 4.296 alphanumerische Zeichen kodieren lassen. Der sogenannte Quick Response-Code (QR-Code) besteht aus einer quadratischen Matrix aus schwarzen und weißen Punkten, durch die kodierte Daten binär dargestellt werden (Bild 91). Mittlerweile gibt es auch drei- und vierdimensionale Codes, die jedoch über das Experimentierstadium noch nicht hinausgekommen sind. Bei 3D-Codes werden zusätzlich zum zweidimensionalen Muster noch Farbinformationen verwendet, beim 4D-Code wird auch noch die Zeitdimension integriert, indem man die Codes animiert.

Die Daten eines Code werden mit optischen Lesegeräten, z.B. Barcodelesegeräten (Scanner) oder Kameras, maschinell eingelesen und elektronisch weiterverarbeitet. Der QR-Code und seine Weiterentwicklungen wie der „Micro-QR-Code", der „Secure-QR-Code" (SQRC) und der „iQR-Code" können auf nahezu beliebige Materialien und Trägerobjekte mittels herkömmlicher Druckverfahren und per Lasertechnik auch direkt auf Produkte aufgebracht

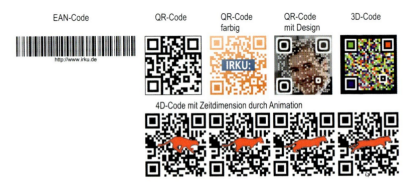

Bild 91 EAN- und QR-Code, Beispiele

werden. Problemlos ist auch die Darstellung auf Displays von elektronischen Etiketten und auf Bildschirmen bei hinreichendem Hell-Dunkel-Kontrast. Zusammen mit der Entwicklung immer fortgeschrittener mobiler Endgeräte, insbesondere der Entwicklung von PDAs, der Handys mit Kamera und der Smartphones wurde der QR-Code für das Marketing und die Kommunikation besonders interessant, da nun die Bar- und die QR-Codes überall eingelesen werden können (sofern das Endgerät über eine Kamera, eine Webverbindung und eine geeignete Erkennungssoftware verfügt).

Damit ist es möglich, komplexe Informationen in Form einer kleinen Grafik zu publizieren und dem Rezipienten über sein Lesegerät (z.B. Smartphone-Applikation) in lesbarer Form zu übermitteln oder ihn automatisiert z.b. auf Websites zu steuern. Das mühsame Abtippen oder Aufschreiben von Website-Adressen (URLs) entfällt.

Neben URLs enthalten QR-Codes in der Praxis beispielsweise auch Telefonnummern, Adressen, informierende Texte, Premium-SMS, vCards, WLAN-Zugangsdaten oder auch Geo-Daten.

Für die Darstellungsgröße ist dem QR-Code keine Grenze gesetzt, solange das Lesegerät das Bild formatfüllend und differenziert aufnehmen kann. Es wurden schon Plakatwände und ganze Häuserfassaden mit einem einzigen QR-Code versehen (Umsetzung 84).

Umsetzung 84 Groß-QR-Code zu Werbezwecken

QR-Codes sind damit nicht nur eine Option zur Informationsübermittlung, sondern sie können wirkungsvoll auch im Rahmen von image- und absatzwerblichen Kampagnen, im Rahmen der Öffentlichkeitsarbeit, beim Direktmarketing und bei Guerilla- und Ambient-Media-Maßnahmen, als Eyecatcher und Gestaltungselement gezielt eingesetzt werden (Umsetzungen 85 und 86).

Aber auch hier gilt der Grundsatz, dass vor jeder möglichen Wirkung erst das Interesse des Rezipienten zu gewinnen ist. Wird dieses z.B. durch das thematische Umfeld des QR-Codes nicht geweckt oder kann die Aufmerksamkeit und Neugierde des Rezipienten

Umsetzungen 85 und 86 QR-Codes werden in der Anzeigen- und Außenwerbung auch in Deutschland vermehrt eingesetzt.

nicht medial, verbal, akustisch oder visuell geweckt werden, wird er den QR-Code nicht scannen und damit die Information oder verbundene Steuerungsaktion nicht wahrnehmen/erfassen/nutzen/erleben – der QR-Code verpufft wirkungslos. Zudem ist auch hier an die technischen Wirkungsvoraussetzungen zu denken (die „Connectivity" aus den 4 C's). So ist eine Verwendung von QR-Codes auf Plakaten, auf Anzeigen oder auf Messetafeln oder Exponaten mit Verlinkung auf vertiefende Websites natürlich nur sinnvoll, wenn der Rezipient auch eine Internetanbindung hat. Auf Messen ist das nicht unbedingt der Fall. Zum einen können die Messebauten bzw. Messehallen den Empfang zu sehr abschirmen, teilweise unterbindet der Veranstalter auch bewusst den freien Internetzugang, um eigene WLAN-Nutzungsgebühren zu verlangen, was aber die wenigsten Besucher mitmachen. Auch QR-Codes in Zeitschriften funktionieren nicht, wenn der Rezipient z.B. im Flugzeug sitzt oder nur schwachen oder immer wieder verschwindenden Empfang hat, wie beispielsweise im Zug oder im Auto.

Damit limitiert die Mobilität selbst das mobile Marketing!

Für QR-Codes gibt es auch zahlreiche nichtkommerzielle Anwendungsmöglichkeiten, die durch erhöhte Usability oder intelligente

Dienstleistungen zu einer positiven Marken-/Imageaufladung des kommunizierenden Unternehmens beitragen.

Checkliste 28
Nichtkommerzielle
Anwendungen von
QR-Codes

1. Die Fahrplanauskunft und Navigationshilfe an Haltestellen des öffentlichen Nahverkehrs oder auch Formulardownloads bei kommunalen Institutionen sind Beispiele für zusätzliche Dienstleistungen.

2. Sie können als mobile Visitenkarten individuell, für einzelne Personen dienen oder bei klassischen Visitenkarten auf die elektronisch hinterlegte Vita der Person verlinken oder auf deren Profil in sozialen Medien steuern.

3. Produktvideos oder Websites mit oder ohne Gewinnspielen lassen sich über QR-Codes aufrufen.

4. Auch Online-Verlosungen können so vereinfacht werden.

5. Händler können direkten Zugang in ihren E-Store schalten und damit ihren Online-Sale intensivieren.

6. Die Codes können in Brandparks oder Unternehmensausstellungen (wie auch in ganz normalen Museen) eingesetzt werden, um den Besuchern über das Internet vertiefende Informationen über einzelne Ausstellungsobjekte oder Themenkomplexe zu ermöglichen.

7. Für Events und Kundenveranstaltungen kann die Zutrittsberechtigung per Code bereits auf der Einladung gedruckt werden und die Identität des Besuchers per Scanner am Eingang verifiziert werden. Der Veranstalter weiß damit dann auch, wer anwesend ist, und kann diese Information noch auf dem Event weiter verwenden, z.B. für Verlosungen oder mediale individuelle Begrüßungen. Aber auch, wer nicht gekommen ist, wird somit automatisch registriert, was Input für eine differenzierte Nachbearbeitung liefern kann.

QR-Codes können heute auch schon mit einem Schriftzug, Logo oder Bild und durch Farbveränderung individualisiert oder mit mehr Aufwand grafisch gestaltet werden. Sie werden dann als Design-QR-Codes oder bei aufwändigerer Gestaltung als Custom-QR-Codes bezeichnet. Dabei überlagert eine Grafik einen Teil der Codedaten. Dies ist möglich, weil aktuelle Code-Erkennungsalgorithmen die Codierung auch noch bei bis zu 30% unkenntlichem Codierungsmuster entschlüsseln und korrekt ausführen können. Eine Grafik könnte aber auch durch mathematische Verfahren in einen QR-Code eingerechnet werden, so dass der QR-Code auf jeden Fall fehlerfrei funktioniert.

Wie bei allen softwareabhängigen Modalitäten, insbesondere natürlich bei den mit dem Web verbundenen Applikationen, weist auch die Verwendung von Codes jeder Art Gefahren auf. Da der

Sicherheitsaspekte
bei QR-Codes

eigentliche Inhalt eines QR-Codes nicht evident ist, kann darin ein Link auf eine schädliche Seite versteckt sein, der unter Umständen sogar ungewollte Funktionen eines Smartphones ausführt. Als Schutz vor derartigen Angriffen wird bei vielen aktuellen Scannern der decodierte Code-Inhalt zunächst nur auf dem Screen angezeigt, anstatt sofort ausgeführt zu werden. Durch die Verwendung des weiterentwickelten Secure-QR-Codes (SQRC), der bereits bei der Generierung des Codes einen Verschlüsselungsalgorithmus verwendet, können aber viele Gefahrenquellen in professionellen Anwendungen weitgehend eliminiert werden.

Perspektive der QR-Codes

Codes werden sicher eine weiter zunehmende Rolle in Marketing und Kommunikation spielen. Insbesondere, weil dem Rezipienten immer mehr Applikationen zur Verfügung stehen, um die Code-Informationen vorteilhaft zu nutzen. So kann er heute bereits durch Scannen eines Artikelcodes am POS den Preis eines Artikels mit den Preisen für denselben Artikel in anderen Geschäften oder im Internet vergleichen, kann Herstellerinformationen abrufen, kann Testberichte und Erfahrungsfeedbacks von Kunden lesen, die diesen Artikel bereits gekauft haben. Die qualitative und preisliche Transparenz der Produkte wird dadurch enorm erhöht und der potenzielle Kunde kann seine Kaufentscheidung jederzeit, schnell und am Ort seiner Kaufentscheidung fundieren. Wichtig ist aber auch hier eine systematische Einbindung von Code-Funktionen in den Gesamtrahmen und -ablauf einer integrierten Kampagne, so dass sich Codes sinnvoll ergänzen mit den anderen Mitteln und Maßnahmen, sie verstärken, ergänzen, vorbereiten oder nachhalten. Wie jede Maßnahme müssen sie sinnvolle, definierte Aufgaben in der Zielgruppenbeeinflussung übernehmen und die Wirkung der Kampagne in Summe erhöhen.

4.2.5 Messen, Ausstellungen, Events

Mit durchschnittlich etwa 40% Anteil am gesamten Kommunikationsetat stellen Messen, Events und Ausstellungen für Unternehmen den größten Ausgabenblock unter allen kommunikationspolitischen Vermarktungsinstrumenten dar. Dies auch sicher nicht zu Unrecht, spielen sie doch aus Sicht von Ausstellern und Besuchern seit Jahren eine ganz entscheidende Rolle bei Beschaffungsentscheidungen, insbesondere bei Gebrauchs- und Investitionsgütern.

Umso mehr, sollte man meinen, werden alle Register gezogen, um dieses Marketinginstrument so effizient und ergebnisträchtig wie möglich einzusetzen. Doch weit gefehlt: Die Praxis zeigt eine – angesichts des seit Jahren bestehenden und im Verlauf der Wirtschafts- und Finanzkrise 2008/2009 drastisch verschärften Kostendrucks in Unternehmen – verwunderliche Unbekümmertheit im Umgang mit Messekosten, eine oft kaum erklärbare Inkonsequenz bei der Anbindung an Unternehmens- und Geschäftsziele und eine unverständliche Laschheit im Hinterfragen und Überprüfen erreichter Ergebnisse.

Die Messe als Marketinginstrument

Der nach wie vor bedeutendste Messeplatz weltweit ist Deutschland. Hier befinden sich die meisten und die bedeutendsten Messeveranstalter und Messeplätze der Welt und viele international führende Leitmessen (z.b. der Branchen Elektronik und Elektrotechnik, Fotografie, Maschinenbau, Büro- und Informationstechnik, Chemie, Mode, Möbelindustrie, Unterhaltungselektronik) finden in Deutschland statt.

> Deutschland ist der bedeutendste Messeplatz der Welt

Jährlich gibt es auf deutschen Messeplätzen 134 überregionale, meist internationale Messen und Ausstellungen und 154 regionale Veranstaltungen (Stand 2011). Dabei ist die Zahl der Aussteller mit etwa 160.000 bei den überregionalen und gut 50.000 bei den regionalen Messen (2011) kontinuierlich hoch, wobei insbesondere auch viele kleine und mittlere Unternehmen als Aussteller inzwischen das Marketinginstrument Messe nutzen. Messen sind aber auch außerhalb Deutschlands ein ganz wesentliches Marketinginstrument und Schlüssel, um auf internationalen Märkten erfolgreich zu agieren. Grobe Betrachtungen gehen von jährlich ca. 6.000 Messen weltweit aus. Das hat auch die deutsche Messewirtschaft (Messeveranstalter, Messeagenturen, Messebauer) erkannt. So werden jährlich allein ungefähr 260 Messen im Ausland durch deutsche Messeveranstalter und ca. 230 Veranstaltungen durch das Bundesministerium für Wirtschaft und Technologie organisiert bzw. durchgeführt. Für die Zahl der Events gibt es keine statistische Erfassung. Aufgrund der Branchenvielfalt und der thematischen Einsatzbreite von Events beträgt die Zahl aber mit Sicherheit einige Zehntausend.

Für Messebeteiligungen im engeren Sinne geben ausstellende Unternehmen alleine in Deutschland 7,8 Mrd. € jährlich aus. Das durchschnittliche Messebudget deutscher Aussteller beträgt für die Jahre 2012 und 2013 über alle Messebeteiligungen betrachtet im Schnitt 365.000 €, wobei die Spanne der Ausgaben sehr groß ist. Bei etwa 24 % der Aussteller liegen die Budgets bei weniger als 25.000 €, 40 % investieren bis zu 50.000 € und 8 % geben mehr als 500.000 € aus, jeweils auf zwei Jahre bezogen (AUMA, Ausstellungs- und Messeausschuss der Deutschen Wirtschaft e.V., Messetrend 2013). Großunternehmen investieren teilweise Millionenbeträge für signifikante Messebeteiligungen. Doch egal, um welche Größenordnung es sich handelt, in jedem Fall handelt es sich um hart verdientes Geld, welches es auch in Teilen nicht zu verschwenden gilt.

Messen gehören damit unzweifelhaft zu den zwar kostenintensiven, aber auch am meisten verbreiteten und am stärksten eingesetzten Marketinginstrumenten von Unternehmen – gerade auch im Hinblick auf Expansions- und Internationalisierungsstrategien.

Die Bedeutung von Messen im Marketing-Mix von Unternehmen

Messen sind Live-Kommunikation und einzigartiges Marketinginstrument

Messen differenzieren und zeichnen sich von den meisten anderen Marketing- und Kommunikationsinstrumenten durch die persönliche und reale Begegnung zwischen Mitarbeitern eines Unternehmens und dessen Interessenten bzw. Kunden aus. Aufgrund dieser Dialogfunktion wird für Messen auch der Begriff Live-Communication verwendet.

Der Grundgedanke von Marketing besteht gemeinhin darin, alle marktgerichteten Unternehmensaktivitäten an den Bedürfnissen der Kunden und Interessensgruppen auszurichten und sie so vom Markt her zu konzipieren (Outside-in-Planung). Der unmittelbare Dialog mit den unterschiedlichen Interessensgruppen und Kunden eines Unternehmens ist deshalb Herausforderung an und beste Möglichkeit für Unternehmen, die Bedürfnisse, Interessen und Bedarfe seiner Bezugsgruppen zu erkennen und zu bewerten. Messen bieten dafür eine hervorragende Plattform, im Gegensatz zu den meisten anderen Marketing- und Kommunikationsinstrumenten, bei denen ein Austausch meist nur medial erfolgen kann. Hinzu kommt die physische Warenpräsenz: Ausgestellte Produkte und Exponate können berührt und angefasst werden, können in Anwendung vorgeführt, teils ausprobiert werden. Das geht in dieser Weise über keinen medialen Vermarktungskanal.

Auch durch die immer raffinierteren webbasierten Applikationen, insbesondere durch die der aktuellen Social-Media-Formate, sind Messen nicht zu ersetzen, sondern lassen sich höchstens intelligent ergänzen. Es fehlen der reale, medienlose Kommunikationskanal zwischen den Beteiligten und das physische Produkterlebnis. In diesem Zusammenhang gewinnen Messen sogar eher noch an Bedeutung. Denn die Zahl an Anbietern und Produkten nimmt kontinuierlich zu, die Angebotstransparenz nimmt im Gegenzug ab. Hier erfüllen Messen für den Messebesucher eine wichtige Orientierungs- und Sondierungsfunktion, denn jeder Anbieter, der Rang und Namen in einer Branche hat, ist normalerweise auf relevanten, wichtigen Messen seiner jeweiligen Branche vertreten.

4 Strategische Umsetzung

Eine Absenz wird bemerkt und führt zu eher geschäftsschädigenden Gerüchten über die zukünftige Unternehmensbedeutung des fehlenden Ausstellers und verunsichert Kaufentscheider.

Infolge des technologischen Fortschritts nimmt auch die Komplexität und damit die Erklärungsbedürftigkeit vieler Produkte und Dienstleistungen zu. Die immer kürzeren Innovationszyklen erschweren eine zeitlich fundierte Vermarktung und geben dem Kaufentscheider/Kunden immer weniger Zeit, sich am Markt zu orientieren, sich beraten zu lassen und sich gründlich mit Angebotsinhalten vertraut zu machen.

Deshalb gewinnt Live-Communication in Form von Messeauftritten und Veranstaltungen/Events in Summe eher an Bedeutung; der persönliche Dialog, der Erfahrungsaustausch zwischen Experten und das Gespräch zwischen Vertrieben und Interessenten/Kunden werden zunehmend wichtiger. Auch die Beziehung und Kontaktpflege zwischen Unternehmen und Interessenten/Kunden wird durch derartige temporäre Veranstaltungen gestärkt – besonders wichtig in Kulturkreisen Asiens und des Nahen und Mittleren Ostens, wo ohne intakte Beziehungsebene und Vertrauen kaum ein Geschäft zustande kommt.

Über Messen hinaus können diese Vorteile auch gut durch Events realisiert werden, z.B. in Form von Kundenveranstaltungen. Vorteil: Man hat die Kunden/Interessenten exklusiv für und bei sich, muss sich keinem Mitbewerb unmittelbar stellen. Allerdings wird der Kreis der Besucher deutlich kleiner sein als auf einer Messe. Zudem sind nur geladene, also dem veranstaltenden Unternehmen bereits bekannte Besucher präsent. Bei beabsichtigter Neukundengewinnung sind hier Messen klar im Vorteil.

Events und Kundenveranstaltungen

Natürlich könnte man den persönlichen Kundendialog im Rahmen der Distributions-/Vertriebspolitik auch ausschließlich über den Außendienst/individuellen Kundenbesuch umsetzen. Allerdings ist der persönliche Kundenbesuch sehr kostspielig (national im Schnitt brutto zwischen 300 und 500 € pro Besuch) und langsam, da nur ein Kunde nach dem anderen kontaktiert werden kann (siehe auch Personale Kommunikation, Seite 212 f). Für ungerichtete Akquisition ist das viel zu teuer, so dass es gilt, Kontakte zunächst zu qualifizieren und erst dann den Außendienst nach Kontaktbedeutung und Kaufwahrscheinlichkeit zu steuern.

Messen bieten eine sehr gute Basis zur Kontaktgewinnung und -qualifizierung, der Außendienst sollte dann zeitnah nach der Messe die gewonnenen Kontakte hinsichtlich Erfolgswahrscheinlichkeit und Kontaktbedeutung nachverfolgen.

Mit der Beteiligung an einer Messe können Unternehmen gleichzeitig vielfältige Maßnahmen der Kommunikations-, Preis-, Kontrahierungs-, Distributions- und Produktpolitik einsetzen. So können auf einem Messestand beispielsweise neben dem Akquisitionsgespräch auch Preisverhandlungen, Produktdemonstrationen, Werbung, Pressearbeit, Verkaufsförderungsmaßnahmen, Marktforschungsaktivitäten, Imagepflege und Recruitment-Aktionen stattfinden. Gerade in Zeiten des Fachkräftemangels nimmt die Bedeutung von Messen für Employer Branding und für die Gewinnung von Fachpersonal zu.

- Messen sind eines der ganz wenigen Marketing-Instrumente, die eine persönliche und reale Begegnung zwischen Mitarbeitern eines Unternehmens und dessen Interessenten bzw. Kunden herbeiführen.
- Messebeteiligungen sind eine hervorragende Plattform, um die Bedürfnisse, Interessen und Bedarfe seiner Bezugsgruppen zu erkennen und zu bewerten.
- Aufgrund der realen Begegnung von Anbietern und Nachfragern, dem Face-to-Face-Dialog und den physisch vorhandenen Produkten sind Messen auch durch intelligente Social-Media-Formate nicht zu ersetzen.
- Messen erhöhen die Markttransparenz.
- Wer als Aussteller fehlt, schürt Gerüchte und weckt Zweifel an seiner nachhaltigen Existenz.
- Messen eignen sich besonders gut zur Neukundengewinnung und zur Qualifizierung von Kontakten als Vorstufe gezielter Akquisitionsbesuche.

Messen als kommunikationspolitisches Instrument

Auch wenn Messen eine Plattform zum Einsatz aller Marketing-Instrumente darstellen, sind doch zwei dieser Instrumente in der Regel stärker involviert: die Distributionspolitik/der Vertrieb und in besonderem Maße die Kommunikationspolitik.

Distributionspolitische Kriterien bestimmen beispielsweise, welche Unternehmensleistungen und Produkte auf einem Messestand thematisiert werden, welche als Modellexponat gezeigt, welche in Anwendung demonstriert oder vielleicht sogar auf dem Messestand direkt zum Kauf angeboten werden.

Vertriebsmitarbeiter stellen meist mehrheitlich das Standdienstpersonal und führen mit den Standbesuchern Beratungs- bzw. Verkaufsgespräche, die unter dem Oberbegriff der „personalen Kommunikation" (vgl. Seite 212 f) bereits in das Gebiet der Kommunikationsinstrumente führen. Darunter fallen aber auch weitere, ganz wesentliche Funktionen und Möglichkeiten eines Messeauftritts:

1. Direkt-Marketing mit Einladungsaktionen zur Messe, Eintrittsgutscheinen und Angeboten von Gesprächsterminen
2. Aktualisierung und Erweiterung von Adress- und Kundendatenbeständen
3. Information über Produkte und Leistungen des Ausstellers
4. Emotionale Inszenierung der Unternehmensmarke
5. Differenzierung vom Mitbewerb im direkten Wettbewerberumfeld
6. Nachhaltigkeit durch einen besonderen Erlebnischarakter des Messeauftritts
7. Akquisition neuer Kontakte zu Interessenten und potenziellen Kunden
8. Beziehungspflege zu aktuellen und potenziellen Kunden (CRM)
9. Kundenbindungsmaßnahmen
10. Medienarbeit in Form von Presse- und Öffentlichkeitsarbeit inklusive Journalistenbetreuung
11. Bewerben von Unternehmen und Produkten, auch in messebegleitenden Medien (Internetauftritte, Social Media, Publikums-, Wirtschafts- und Fachzeitschriften, ergänzende Veranstaltungen)
12. Recruitment neuer Mitarbeiter, Personalwerbung/Employer Branding
13. Positionierung des Unternehmens bzw. der Marke über Claim, Standmotto und Aussagen, sowie Größe und Art des Messestands
14. Direkt-Marketing zur informationsgerichteten Nachbearbeitung von Messekontakten
15. und manches mehr ...

....

Messeauftritte ermöglichen daher den Einsatz einer äußerst breiten Palette von Kommunikationsinstrumenten und -maßnahmen (Umsetzung 87). Als entsprechend hoch wird von ausstellenden Unternehmen die Bedeutung von Messen im Kommunikations-Mix erachtet – was letztlich natürlich auch der Grund dafür ist, die für eine Messebeteiligung teils beträchtlichen Investitionen vorzunehmen (Umsetzung 88). Im Ranking der wesentlichen Kommunikationsinstrumente nehmen Messen und Ausstellung den zweiten Rang ein (Bild 92).

Aufgrund ihrer strategischen Bedeutung für den Geschäftserfolg sind – insbesondere in technischen Branchen – Messen auch Meilensteine für die Vermarktung neuer Produkte. Man wartet mit der Vorstellung von Innovationen, von neuen Produktvarianten oder neuen Produktgenerationen bis zur Messe, um diese auf dem Messestand prominent zu präsentieren (Umsetzung 89). Umgekehrt stellen Messen auch wichtige Meilensteine (Milestones) für die

Messen als Branchentreffpunkt

Produktentwicklung dar. Als „Branchentreffpunkt" erhöhen sie den Zeitdruck für die Fertigstellung der Entwicklung von neuen Produkten/Angeboten, um diese dann einer umfangreichen Fach- und Kundenwelt auf der Messe vorstellen zu können.

Umsetzung 87 Messeauftritte werden zunehmend auch genutzt, um die Identität und die Werte des ausstellenden Unternehmens zu kommunizieren.

Umsetzung 88 Auch wenn die Bereitschaft zu hohen Messeinvestitionen vorhanden ist: Ist ein drei-gängiges Catering-Gour-met-Menü sinnvoll? Besu-cherbefragungen haben ergeben, dass belegte Bröt-chen, Würstchen und/oder Suppe als völlig ausreichend empfunden werden.

Auch die Interessenten und Kunden wissen um diesen Meilen-stein-Charakter von Messen. Wichtige Kauf- und Beschaffungs-entscheidungen werden oft bis zu einigen Monaten aufgescho-ben, um zuvor auf einer Messe nochmals den Markt zu sondieren, Neuheiten zu sehen und Trends zu erkennen und somit die Kauf-/

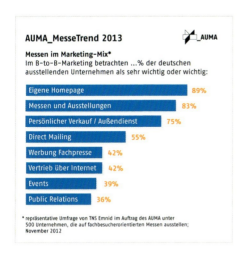

Bild 92 In der B-to-B-Kommunikation betrachten 83 % der deutschen ausstellenden Unternehmen Messen als sehr wichtig oder wichtig (AUMA Messetrend 2013)

Umsetzung 89 Messen sind oft Meilensteine zur Vorstellung neuer Produkte, gerade auch, weil die meisten Besucher auf Messen gehen, um zu sehen, was es Neues gibt. Ein prominentes Herausstellen von Neuheiten wie im Beispiel, noch dazu mit einer deutlichen Nutzenkommunikation, hat dennoch Seltenheitswert.

Beschaffungs-/Investitionsentscheidung bestmöglich abzusichern. Hauptgrund für Besucher, auf Messen zu gehen, ist es, Neuheiten zu sehen und sich einen Branchenüberblick zu verschaffen.

Ausstellende Unternehmen verbinden – allerdings selten hinreichend konkret definiert – folgende Ziele bzw. Erwartungen mit einer Messebeteiligung:

- 96 % wollen die Bekanntheit des Unternehmens/der Marke steigern,
- 95 % wollen Stammkunden pflegen,
- 93 % wollen neue Kunden gewinnen,
- 91 % wollen das Image des Unternehmens/der Marke verbessern,
- 87 % wollen neue Produkte/Leistungen vorstellen,
- 79 % wollen damit neue Märkte erschließen,
- 74 % wollen neue Kooperationspartner gewinnen und
- 73 % – erst an 8. Stelle – wollen Verkaufsabschlüsse während und nach der Messe erzielen.

Die folgenden Zahlen zeigen dagegen die wichtigsten Ziele von Messebesuchern; demnach betrachten in der B-to-B-Kommunikation jeweils … % der deutschen ausstellenden Unternehmen die folgenden Aufgaben als sehr wichtig oder wichtig:

- 48 % Information über Neuheiten
- 41 % allgemeine Marktorientierung
- 34 % Weiterbildung, Wissenserweiterung
- 29 % Erfahrungs-, Informationsaustausch
- 26 % Pflege von Geschäftskontakten
- 23 % Anbahnung von Geschäftskontakten
- 18 % Konkurrenzbeobachtung
- 17 % Vorbereitung von Entscheidungen
- 12 % Einflussnahme auf Produktentwicklung
- 7 % Vertragsabschluss, Kauf

Diese Zahlen über das Informationsverhalten von Fachbesuchern und die Ziele des Messebesuchs stammen aus einer repräsentativen Untersuchung im Auftrag des AUMA (Ausstellungs- und Messeausschuss der Deutschen Wirtschaft e.V.) auf der Basis von 4.219 Interviews auf 49 deutschen Messen (Quelle: http://www. auma.de/_pages/d/16_Download/download/Forschungsergebnisse/AUMA_Edition_17.pdf) bzw. vom AUMA Messetrend 2013, (Quelle: http://www.auma.de/_pages/d/17_Publikationen/1701_ Uebersicht/17010115_AUMA_Messe Trend.aspx).

Die Messebeteiligung – Projekt oder Prozess?

Ist eine Messebeteiligung als ein Projekt oder ein Prozess zu betrachten? Die Antwort lautet: als beides!

Organisation und Durchführung von Messen können als Projekt betrachtet und mit einschlägigen Projektmanagement-Werkzeugen bearbeitet werden. Sie besitzen einen im Unternehmen definierten Anfang und ein Ende.

Den Anfang bilden die ersten Planungs- und Realisierungsschritte, die dem eigentlichen Messebeginn teils Jahre vorgelagert sind. So muss z.b. bei von Ausstellern stark nachgefragten und von der Ausstellungsfläche her limitierten Messen sehr frühzeitig die Standfläche gebucht und meistens auch vorfinanziert werden.

Das terminliche Ende einer Messe ist andererseits üblicherweise nicht das Ende des Messeprojekts. Standabbau, Rücktransport und Messenachbearbeitung sind noch elementare Bestandteile des Messeprojekts. Insbesondere den After-Show-Aktivitäten (Follow-up) kommt hohe Bedeutung zu, obwohl hier viele Unternehmen eklatante Schwächen aufweisen, die auf der Messe gewonnenen Kontakte nach der Messe zeitnah und systematisch nachzuverfolgen.

Aber auch als Prozess kann und sollte eine Messe begriffen werden. Messen sind keine singulären Veranstaltungen, die losgelöst von anderen Unternehmensaktivitäten und Vermarktungsprozessen für ein paar Tage stattfinden. Messen müssen strategisch, inhaltlich, zeitlich, funktional und finanziell mit allen anderen Marketing- und Kommunikations-Instrumenten und -Aktivitäten verzahnt werden, um größtmögliche, sich gegenseitig verstärkende Wirkung zu erzielen und möglichst hohe Synergieeffekte zu liefern.

Bild 93 zeigt die Prozessphasen, denen ein jedes Messeprojekt unterliegt, sowie die damit wesentlich verbundenen Anforderungen bzw. sinnvoll vorzunehmenden Aktivitäten. Bei den grün gekennzeichneten Elementen haben aus der Praxiserfahrung heraus die meisten Unternehmen keine oder nur marginale Probleme oder Defizite. Die gelb gekennzeichneten Komponenten dagegen werden bereits häufig nicht hinreichend betrieben oder weisen qualitativ schon wesentliche Mängel auf. Wohingegen die Unternehmen üblicherweise bei den rot markierten Bereichen gravierende Schwächen aufweisen oder diese Optionen gänzlich fehlen/ nicht praktiziert werden. Insbesondere bei den gelben und roten Elementen können sich die meisten Unternehmen im Sinne noch professionellerer, konsequent leistungsorientierter Messebeteiligungen noch deutlich verbessern.

Bild 93 Prozesslandkarte von Messeprojekten

Klassisch eingeteilt, kann jedes Messeprojekt in drei Phasen differenziert werden:

1. Vor der Messe
2. Während der Messe
3. Nach der Messe

Jede dieser Messeprozessphasen stellt das ausstellende Unternehmen vor spezifische Anforderungen und Aufgaben. Und jede der Messephasen bringt dem Unternehmen unterschiedliche Nutzen, die den Gesamterfolg der Messebeteiligung, den bereits angesprochenen Messe-ROI, beeinflussen.

Vor der Messe sind insbesondere Planungs-, Konzeptions- und vorbereitende Kommunikationsaufgaben (Bekanntmachung) wahrzunehmen. Erfolgsfaktoren sind hierbei ganz entscheidend:

Checkliste 30
Erfolgsfaktoren in der
Messevorbereitung

1. Konzeptionelle Integration der Messe in die Unternehmens-, Marketing- und Kommunikationsstrategien
2. Adäquate Formulierung von Messe- und Messe-Kommunikations-Zielsetzungen
3. Aus den Zielsetzungen heraus abgeleitete Budgetierung
4. Umsetzung der konzeptionellen Prämissen in ein geeignetes Messe-Beteiligungs- und Messe-Kommunikationskonzept
5. Selektion, Qualifizierung und Vorbereitung des Standpersonals
6. Information der unternehmerischen Interessensgruppen über die Messeteilnahme
7. Einladung wichtiger Interessenten/Kunden

Während der Messe, also der Zeit zwischen Eröffnung und Ende der eigentlichen Messeveranstaltung, geht es primär um die überzeugende Unternehmenspräsentation und Präferenzgewinnung der Standbesucher, insbesondere der potenziellen Kunden:

8. Reibungsloser Standbetrieb
9. Überzeugende Performance des Standpersonals beim Kontakt mit Standbesuchern
10. Attraktives Exponateprogramm und die überzeugende Vermittlung von Kundennutzen
11. Nutzung der Messe zur Konkurrenzbeobachtung und Informationsgewinnung.

Checkliste 31
Erfolgsfaktoren
während der Messe

In der Phase nach dem formalen Abschluss der Messeveranstaltung findet die Messenachbearbeitung statt. Es sollte die Ernte sein, von dem, was durch Vorbereitung und Messeauftritt gesät wurde. Hier sind insbesondere von Bedeutung:

12. Leistungs-Analyse des eigenen Messeauftritts
13. Feststellen von Defiziten, Ursachenanalyse und Erkennen von Optimierungspotenzial
14. Entwicklung von geeigneten Konzepten und Maßnahmen zur Verbesserung der eigenen Performance
15. Auswertung gewonnener Informationen und Daten zum Mitbewerb
16. Qualifizierung und organisationsinterne Verteilung gewonnener Besucherkontakte (sogenannte Leads)
17. Schnelle und gezielte Nachbearbeitung der interessanten Neu- und Altkontakte.

Checkliste 32
Erfolgsfaktoren
nach der Messe

Entlang der gesamten Messe-Prozesskette stehen unterschiedlichste Instrumente, Tools und Maßnahmen zur Verfügung, um eine möglichst hohe Professionalität im Messeprojekt zu gewährleisten und eine Messebeteiligung möglichst erfolgreich zu gestalten. Kommunikation nimmt dabei eine besonders wichtige Rolle ein. In der Praxis weisen hier jedoch erschreckend viele Unternehmen gravierende Defizite auf.

Die Qualität der Messebeteiligung von Unternehmen

Wie leicht zu beobachten ist, wird – selbst bei halbwegs namhaften mittelständischen Unternehmen – auf Standdesign und Architektur Wert gelegt. Das Ergebnis sind in der Regel recht ansehnliche, schön designte Messestände (Umsetzung 90). Nur sind sie deswegen noch lange nicht gut. Gut würde bedeuten, dass man die Messebeteiligung konsequent an seinen Geschäftsstrategien ausrichtet, sie mit dem Messestand richtig und wirkungsvoll umsetzt,

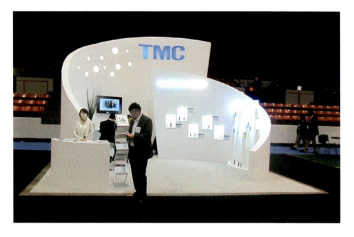

Umsetzung 90 Oft gelingen auch ohne enormen finanziellen und baulichen Aufwand ästhetisch attraktive und wettbewerbsdifferenzierende Messestände

vor der Messebeteiligung geeignete Messeziele definiert und diese dann vor allem auch erreicht. Neben der – üblicherweise aber sehr wohl vorhandenen – Existenz einer Geschäfts-/ Marketingstrategie setzt das vier Dinge voraus:

Checkliste 33
Grundvoraussetzungen einer
Messebeteiligung

1. Die Messebeteiligung muss helfen, Unternehmens- und Geschäftsstrategien umzusetzen.
2. Dafür sind geeignete, verbindliche Ziele zu formulieren.
3. Alle Maßnahmen der Messebeteiligung sind auf diese Ziele hin auszurichten.
4. Das Erreichen dieser Ziele ist zu überprüfen und bewerten. Ziele sind deshalb Anfang und Ende jeder geldwerten Messebeteiligung.

Zurück zum Stand üblicher Messebeteiligungen. Dieser wurde in der PerMess-Studie 2008 bis 2010 empirisch belastbar untersucht.

Entsprechend der Studie ist die Mehrheit der auf den Messeständen kommunizierten Botschaften ziemlich austauschbar. Generische Aussagen und gleich aussehende Hardware-Exponate sind die Regel (z.B. bei den Hannover-Industrie-Fachmessen bei 82 % der analysierten Stände).

Obwohl seit Jahren bekannt ist, dass die meisten Besucher Messen primär besuchen, um Neuheiten zu erfahren, weist nur eine Minderheit der Aussteller sicht-/lesbar auf Neuheiten hin. Im Schnitt waren nur bei etwa jedem zehnten Aussteller Schlagworte wie „Neu/Neuheit", „Innovation", „Messeneuheit" o.Ä. zu finden.

Der zweite große, aber ebenfalls keineswegs neue Schwachpunkt sind die Standdienstmitarbeiter. Mehr als jeder dritte Standdienstler bleibt vollkommen passiv und jeder zehnte sieht sogar bewusst weg, wenn jemand den Stand betritt. Oder er/sie bemerkt den Besucher überhaupt nicht, weil er gerade mit seinem Handy telefoniert, den Besprechungstisch mit seinem Schreibtisch im Büro verwechselt und intensiv auf seinem Laptop arbeitet, sich lieber mit Kollegen unterhält oder mit Hostessen kokettiert und manches mehr.

Auf manchen, keineswegs besuchergefüllten Ständen haben wir uns bei Erhebung der PerMess-Studie minutenlang zu viert völlig ungestört aufgehalten, haben Standdienstmitarbeiter bewusst in unmittelbarer Nähe passiert, ohne auch nur in Ansätzen kontaktiert zu werden. Und das auch bei Ausstellern, wo wir wissen, dass es zuvor eine Standdienstschulung gab.

In Summe liegt der Durchschnitt für die Marketing-Leistung aller ausgewerteten Messestände bei 1,35 auf einer Skala von –2,0 (schlechtest mögliche Performance) bis 9,0 (maximal erreichbarer Indexwert). Auf Schulnotensystem umgerechnet bedeutet das eine Note von ausreichend (3,87). Ein trauriger Wert, bedenkt man, dass diesem Ergebnis Messestände mit einem kumulierten Investment von hochgerechnet knapp 60 Mio. Euro gegenüber standen!

Bild 94 zeigt Ergebnisse der PerMess-Studie auf Basis von 267 analysierten Messeständen auf zehn internationalen Fachmessen. Die

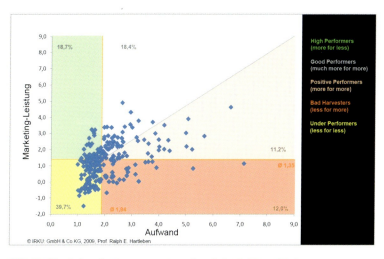

Bild 94 Marketing-Performance entsprechend der PerMess-Studie (© IRKU GmbH & Co.KG 2008 bis 2010; Stand 07/2009, 267 Messestände, 10 Fachmessen)

Untersuchungsergebnisse sind eingeteilt in fünf Performance-Klassen:

- High Performers (unterdurchschnittliches Investment, überdurchschnittliche Marketing-Performance)
- Good Performers (überdurchschnittliche Marketing-Performance. aber auch leicht überdurchschnittliches Investment)
- Positive Performers (überdurchschnittliche Marketing-Performance, jedoch deutlich überdurchschnittliches Investment)
- Under-Performers (unterdurchschnittliche Marketing-Performance bei allerdings auch unterdurchschnittlichem Investment).
- Bad Harvesters (überdurchschnittliches Investment, unterdurchschnittliche Marketing-Performance)

Nur 18,7 % der analysierten Messeauftritte bringen eine im Ausstellervergleich überdurchschnittliche Marketing-Leistung bei unterdurchschnittlichen Investments. Das heißt, bessere Performance zu geringeren Kosten als andere Aussteller.

Weitere 18,4 % bringen Marketing-Leistung zumindest noch in einer überdurchschnittlich positiven Relation zum Investment (Good Performers).

11,2 % bezahlen eine – im Ausstellervergleich – überdurchschnittliche Marketing-Performance mit überdurchschnittlich hohem Aufwand.

In hohem Maße investiert, aber im Hinblick auf den Marketing-Impact nur unterdurchschnittlich gut, schneiden 12 % der Aussteller ab, und vier von zehn Ausstellern (39,7 %) investieren unterdurchschnittlich und erreichen auch nur eine unterdurchschnittliche Marketingwirkung mit ihren Messeauftritten.

Der beste im Rahmen der Untersuchung bewertete Messeauftritt erreichte bei der Marketing-Leistung einen Indexwert von 4,65 bei maximal realisierbaren 9,0. Das belegt, dass selbst die besten Aussteller noch deutlich Luft nach oben haben, d.h. Optimierungspotenzial besitzen.

Die wesentlichsten Defizite liegen im Bereich der kommunikativen Performance:

Checkliste 34
Typische Defizite von
Messebeteiligungen

1. Austauschbare, generische Botschaften
2. Nur selten klare, kompetitive Positionierung der Marke und/oder des Unternehmens über eine durchgängige Kernbotschaft
3. Oft zu technische, merkmalsorientierte, beschreibende Produktdarstellung, statt verständlicher Aussagen zum Kundennutzen
4. Medial, aber auch in Gesprächen mit Standdienstmitarbeitern kaum Präferenz-bildende Aussagen über Wettbewerbsvorteile

4 Strategische Umsetzung

5. Standdienstmitarbeiter zu passiv bis hin zu desinteressiert, ohne hinreichende Verkäufermentalität und rhetorisch-kommunikative Fähigkeiten

6. Zu selten Präsentation von und/oder Hinweis auf Neuheiten und Innovationen

7. Zu geringe Akzentuierung von Emotionen und Image stärkende Markeninszenierung (Branding).

....

Eine der häufigsten Schwachstellen stellt die personale Kommunikation auf dem Messestand dar, der Standdienst – obwohl einschlägige Schulungsveranstaltungen bei vielen ausstellenden Unternehmen zur normalen Vorbereitung auf eine Messebeteiligung gehören (Umsetzungen 91 bis 94).

Umsetzung 91 Standdienst in Hülle und Fülle, aber nur mit sich selbst oder dem Handy beschäftigt. Ich konnte mich über eine halbe Stunde völlig unbehelligt auf dem Messestand umsehen.

Umsetzung 93 Hauptsache, man unterhält sich gut, ein interessierter Besucher stört da nur.

Umsetzung 92 Sicherlich ein kaum signifikanter Messestand – aber man hätte ja wenigstens versuchen können, Besucher anzusprechen – wer geht denn da hinein, noch dazu, wenn man bei der „Arbeit" stört ...

Umsetzung 94 Verschränkte Arme, locker und leger abgestützt am Exponat, Rücken zum Besucher, Abfall einfach stehen gelassen – der Standdienst ist oft die größte Schwachstelle auch teurer Messebeteiligungen.

Die Praxis allerdings lässt an der Wirksamkeit dieser üblichen und von zahllosen Trainern – in welcher Qualität auch immer – angebotenen Form von Standdienstschulungen Zweifel aufkommen. So zeigte die PerMess-Studie,

- dass etwa jeder zehnte Standdienstmitarbeiter einem Besucherkontakt durch bewusstes Wegsehen aus dem Wege zu gehen versucht,
- dass gut jeder Dritte bei Betreten des Messestandes völlig passiv bleibt und
- dass ca. 90 % der Standdienst-Mitarbeiter(innen) keine aktive Besucherakquisition betreiben.

Weiterhin sind Messestände, auf denen der Standdienst nicht mit dem Handy telefoniert, sich nicht bevorzugt mit seinem Notebook beschäftigt oder sich nicht lieber mit Kolleg(inn)en unterhält als auf Besucher zuzugehen, eher eine Ausnahmeerscheinung.

Die Wirkung konventioneller Standdienst-Schulungs- und Trainingskonzepte scheint also häufig zu verpuffen, andersartige, weniger verbrauchte Didaktik-Ansätze scheinen notwendig zu sein.

Auch in diesem Zusammenhang werden Controlling-Maßnahmen wertvoll. Die aktive Teilnahme an Schulungsveranstaltungen und der Erfolg dieser Maßnahmen sind zu überprüfen. Des Weiteren sollte sichergestellt werden, dass in die Schulungen/ Trainings die wesentlichen aktuellen Inhalte, Botschaften und Argumentationslinien zu den präsentierten Angeboten einfließen. Und nicht zuletzt sollte das Verhalten des Standdienstes auf der Messe evaluiert werden. Dazu gehört die Pünktlichkeit im Rahmen der Dienstzeiten, die zuverlässige Wahrnehmung von Gesprächsterminen, die stete Erreichbarkeit bei Rückfragen oder gezielten Kontaktnachfragen, die Sorgfalt bei der Aufzeichnung von Besuchergesprächen bis hin zur Qualität der Gesprächsführung und der Zufriedenheit der Besucher mit dem Kontaktpartner und mit den von ihm erhaltenen Informationen.

Die „Vor-der-Messe"-Phase

Pre-Show-Kommunikation

Die Vorbereitung geeigneter Kommunikationsmittel, wie z.B. Produktschriften oder Messeflyern, gehört zum Standardrepertoire von Unternehmen. Auch Einladungsmailings an Kunden oder Hinweise auf den bevorstehenden Messeauftritt in Anzeigen, auf der Homepage oder in E-Mail-Signaturen werden mehrheitlich vernünftig beherrscht, so dass im Rahmen dieser Publikation keine weitere Vertiefung erforderlich erscheint. Bei diesem Thema sollte aber immer auf inhaltliche Konsistenz und Durchgängigkeit bei der Argumentation und Umsetzung über alle eingesetzten Kommunikationskanäle geachtet werden.

Die „Während-der-Messe"-Phase

Bei der Fortsetzung der Kommunikationsmaßnahmen auf und während der Messe ist die Vielfalt der Maßnahmen und die Bandbreite der Qualität groß. Unternehmen mit eigener Kommunikationsabteilung haben – vor allem in technisch geprägten, erklärungsintensiven B2B-Bereichen – tendenziell weniger Schwächen als Unternehmen ohne entsprechende Fachabteilung.

Zur Messekommunikation gehört die Kommunikation auf dem Messestand selbst, z.b. Messetafeln, Poster, Präsentationen, Moderationen, aber auch Kommunikationsaktivitäten in und an der Ausstellungshalle, von Bannern und Floor Graphics bis zu Prospektverteilern und Promotionsaktionen. Des Weiteren zählen dazu Kommunikationsmaßnahmen auf dem Messegelände, z.b. Shuttlebus-Werbung, Fahnen oder Aktionen am Messeeingang. Kommunikation außerhalb des Messegeländes fällt ebenfalls in diese Kategorie, ebenso wie Werbung in U-Bahn-Bereichen, an Flughäfen, Taxiwerbung oder ein Limousinen-Service, wie auch alles, was während der Messe zur Messebeteiligung auf der eigenen Website, in Social Media oder auf Websites Dritter (Messeveranstalter, Verbände, Verlage, etc.) kommuniziert wird. Wichtig erscheint auch in diesem Zusammenhang lediglich der Hinweis, dass alle eingesetzten Kommunikationsmittel zu einem formal und inhaltlich synergetischen Kommunikations-Mix harmonisiert werden müssen (vgl. Umsetzung 95).

Standbetrieb und messebegleitende Kommunikation

Umsetzung 95 Showeinlagen auf Messeständen locken meist viele Schaulustige an. Die stehen bevorzugt am Gang und sind nach der Show auch schnell wieder weg – Aussteller tun auch selten etwas, um sie wenigstens danach systematisch in den Stand zu holen. Sinnvolles Investment?

Messen bieten sich auch besonders für externes Benchmarking an, weil – zumindest bei Leitmessen – in der Regel alles, was in einer Branche und/oder in einer Region Rang und Namen hat, als Aussteller präsent ist. Man hat also die signifikanten Mitbewerber direkt vor der Nase und kann deren Messeauftritte konzeptionell, strategisch, kommunikativ, inhaltlich und leistungsbezogen analysieren und mit der eigenen Messebeteiligung vergleichen. Das beginnt beim Standbau, der Standgröße, der Standplatzierung, geht über Exponateprogramme, Botschaften und Standaktionen und reicht bis zur Analyse von Recruitment-Aktivitäten, Kommunikationsmaßnahmen und Standdienstverhalten und -aussagen.

Es dürfte nur wenige ausstellende Unternehmen geben, deren Mitarbeiter sich auf Messen nicht umsehen und ansehen, wie der Mitbewerb auftritt. Erstaunlich ist, dass dies selbst bei großen Konzernen kaum systematisch erfolgt (in einer Umfrage von IRKU war es nur ein einziges von zwanzig Großunternehmen!). Standdienst-Mitarbeiter laufen durch die Hallen und machen sich ein Bild – ihr Bild – von der Konkurrenz. Allein, dieses Wissen bleibt individuell und wird nur in Ausnahmefällen gezielt zusammengeführt. Auch eine Mitbewerber-Analyse erfolgt nicht systematisch. Es gibt kaum einmal einheitliche Kriterien dafür, von Checklisten zur systematischen Erfassung ganz zu schweigen. Es erfolgt keine gezielte Arbeitsteilung, wer welchen Mitbewerber, welche Halle, welchen Themenbereich zu analysieren hat. Dabei wäre das ganz einfach umzusetzen, ohne auch nur einen Cent mehr investieren zu müssen.

Andere Benchmarking-Absichten können dagegen auch externes Expertenwissen erfordern. Insbesondere wenn es um eine objektive Beurteilung des eigenen Messeauftritts – ein sogenanntes Standgutachten – und einen Vergleich mit definierten Mitbewerber-Auftritten geht. Die Analyseinhalte beginnen bei Standbauaspekten, reichen über die Bewertung des Standdienstverhaltens, die Qualität des Infothekenpersonals bis hin zur Art und strategischen Qualität der Kommunikation.

Auch können sogenannte Mystery Visitors als vermeintliche Fachbesucher/Interessenten bewusst eingesetzt werden, um den eigenen Standdienst hinsichtlich Verhalten und Kommunikationsqualität unter realen Bedingungen zu überprüfen.

Immer wieder werden auch Aufwands- und Kostenanalysen als Benchmark gewünscht. Bei signifikanten Messeinvestitionen stehen die Kosten für solche „Gutachten" dabei in einem fast vernachlässigbaren Verhältnis zum hohen Erkenntnisgewinn und zu den gesamten Messebeteiligungskosten. Die Empfehlungen für mögliche Kosteneinsparungen oder Effektivitätssteigerungen wiegen die Kosten meist unmittelbar mehr als auf. Alternativ ein, zwei

Anzeigenschaltungen (deren Wirkungskraft ohnehin zunehmend infrage gestellt wird) oder ein paar meist ohnehin einfallslose und Compliance-kritische Werbegeschenkartikel weniger, und man hat dasselbe Geld deutlich besser investiert. Umso schwieriger ist es zu verstehen, dass viel zu selten von diesen Möglichkeiten Gebrauch gemacht wird.

Die „Nach-Messe-Phase"

Erfolgsmessung ganz allgemein sollte die Grundlage sein, um Entscheidungen über Investitionen und/oder qualitative Alternativen zu treffen, zu überprüfen, zu bewerten, zu rechtfertigen und/oder zu optimieren.

Erfolgsmessung: nach der Messe ist vor der Messe

In den vorhergehenden Abschnitten wurde bereits immer wieder auf Aspekte, Notwendigkeiten und Möglichkeiten von Erfolgsbewertung hingewiesen. Eine alte Management-Weisheit sagt: „You can't manage, what you don't measure!" Anders ausgedrückt, bedeutet dies, dass die bewusste Steuerung von Geschäftsprozessen Fakten benötigt. Im Buch wurde bereits mehrfach auf die Bedeutung und Erfordernis von Zielen eingegangen. Ziele machen jedoch nur dann wirklich Sinn, wenn zu einem späteren Zeitpunkt gemessen wird, ob und inwieweit man gesetzte Ziele auch erreicht hat. Bei Nichterreichen sollte dann eine Ursachenanalyse (es kann ja auch an einer ursprünglich unrealistisch ehrgeizigen Zielformulierung gelegen haben) und Ableitung geeigneter Verbesserungs-/Korrekturmaßnahmen folgen. Bei Übererfüllung wird in der Regel die Messlatte für das nächste Mal höher gelegt.

Für Messebeteiligungen und in unserem Kontext insbesondere für die kommunikativen Aktivitäten vor, während und nach der Messe/Veranstaltung gelten dieselben Aussagen, doch wird die Erfolgsmessung in der Praxis bei ausstellenden Unternehmen nur selten umfassend und professionell gehandhabt. Ein Grund dafür sind natürlich schon die oft ungenügend gesetzten oder gänzlich fehlenden Ziele, wodurch eine Erfolgsbewertung bruchstückhaft bis irrelevant wird.

Weitere Gründe liegen in fehlender Verbindlichkeit von Erfolgsmessungen (wird vom Management nicht eingeklagt), in eingefahrenen Routinen („das haben wir noch nie gemacht"), Gleichgültigkeit, mangelnden Kenntnissen über Messbarkeit und Messmethodik, sowie knappen Budgets. Wobei letztgenannter Fall eher eine Alibibehauptung ist, denn es gibt viele Bereiche, wo ohne erwähnenswerte finanzielle Aufwendungen die erzielte Performance gemessen werden kann. Der Anspruch muss ja nicht lauten, immer „alles und jedes" zu messen. Es ist doch besser, einige Leistungswerte zu erfassen, als überhaupt keine Spiegelung vorzunehmen. Eine repräsentative Standbesucherbefragung kann (und sollte) man sich sicherlich nicht immer leisten. Aber eine Beurteilung externen Standpersonals z.b. per Checkliste durch die eigenen Mitarbeiter oder des Verhaltens eigener Standdienst-Mitarbeiter durch den Standleiter, eine qualitative Auswertung von Gesprächserfassungsbögen, eine Strichliste mit Anfragethemen beim Infopersonal usw. kosten nicht wirklich viel Geld und könnten auch vom kleinsten Aussteller umgesetzt werden.

After-Show-Kommunikation Bei der einer Messebeteiligung nachgelagerten Kommunikation ist die qualitative Bandbreite von Unternehmen zu Unternehmen sehr unterschiedlich. Relativ üblich sind eine Nachberichterstattung auf der Website, in Kundenzeitschriften oder Newslettern sowie der Versand von Resonanzpaketen (vom Besucher vermerkte Druckschriftenwünsche). Dabei ist es wichtig, eine Zeitspanne von zwei bis drei Wochen nicht zu überschreiten – was das eine oder andere Unternehmen erfahrungsgemäß schon überfordert.

Besonders wirksam wäre eine Zielgruppen-differenzierte Nach-Messe-Kommunikation. Es gibt ja nicht nur die Gesamtheit aller Kunden, die man über den Messeauftritt meist inhaltsgleich informiert, sondern auch ganz unterschiedliche andere Standbesucher, mit völlig unterschiedlicher Geschäftsrelevanz. Die Palette reicht vom jobsuchenden Studenten bis zum Journalisten, vom Verbandsvertreter bis zum potenziellen Kaufentscheider.

Insbesondere sollte man auch an Besuchs-Interessierte denken, die gerne gekommen wären, aber aus terminlichen oder finanziellen Gründen nicht kommen konnten oder durften (Tendenz zunehmend!). Sie wären dankbar für eine informative Nachlese. Nicht vergessen sollte man auch die eigenen Mitarbeiter, die den Auftritt des eigenen Unternehmens nicht live erleben konnten/durften, die aber vielleicht sogar an der Vorbereitung beteiligt waren. Hier wäre zumindest ein formeller Dank seitens der Geschäftsführung angebracht.

Messe-Nach-arbeit und Lead-management Professionelle Messe-Nacharbeit muss frühzeitig geplant, vorbereitet und mit anderen Maßnahmen strategisch, funktional, argumentativ, inhaltlich und zeitlich verzahnt werden. So ist es viel zu spät, erst nach der Messe über Resonanzpakete nachzudenken.

Standbesucher erwarten Resonanz zeitnah nach ihrem Messe-/Standbesuch, nicht einige Wochen oder sogar Monate danach. Es ist also deutlich vor Messebeginn festzulegen, was an wen als Resonanzmaterial verschickt werden soll und wie. Üblich und weitgehend akzeptiert ist heute durchaus der E-Mail-Kanal, allerdings sollte man beachten, dass PDF-Dateien, die sich der Rezipient selbst ausdrucken muss, oft nicht den Imagecharakter transportieren, der insbesondere unter Aspekten von Branding anzustreben wäre. Auch die haptisch-emotionale Qualität eines konventionellen Anschreibens auf wertigem Geschäftspapier kann nicht per

E-Mail substituiert werden. Zudem landen E-Mails heute bei den Rezipienten häufig im Spamfilter oder werden durch Antiviren- und Schutzprogramme gänzlich ausgefiltert.

Messe-Nacharbeit muss von Beginn an durchorganisiert werden. Alleine die Beschaffung, Überprüfung und Aufbereitung des Adressmaterials benötigt oft enormen Zeitvorlauf und akribische Sorgfalt. Nicht zuletzt scheitern viele CRM-Konzepte an nicht hinreichend gutem Adressmaterial. Ebenfalls schon vor Beginn eines Messeauftritts sollten Formulare und/oder Hilfsmittel konzipiert und produziert werden, mit denen auf dem Messestand Kontakte, Gesprächspartner und -inhalte erfasst werden sollen, sogenannte Leadsheets. Immer noch am stärksten verbreitet – da am unkompliziertesten – und auch besucherseitig akzeptiert, sind Papiervordrucke, auf denen Gespräche und Besucherinteressen handschriftlich oder durch Ankreuzen vermerkt und Visitenkarten aufgeklebt oder angeklammert werden können.

Bereits vor, spätestens aber auf der Messe sollte die Abgabe der Aufzeichnungsbögen geregelt sein, und die Qualität der dort geschriebenen Angaben (Lesbarkeit, Vollständigkeit) ist während der Messe laufend zu prüfen. Zunehmend (gerade in USA oder Asien) werden auch Adressscanner oder PC-Applikationen eingesetzt. Diese Geräte nehmen jedoch zusätzlich Platz von den Exponateflächen weg und auch die Akzeptanz seitens der Besucher ist (noch) nicht so hoch wie bei der Papierform. In Deutschland erschweren zudem die strengen Datenschutzrichtlinien den Einsatz solcher Systeme.

Zur Messe-Nacharbeit gehört aber natürlich mehr, als lediglich Druckschriften oder E-Mails zu versenden. So können Standbesucher – sofern erfasst – auch noch nach der Messe bezüglich ihrer Standbewertung und Besuchszufriedenheit befragt werden. Erfasste Messekontakte sollten nach Geschäftsrelevanz klassifiziert und an die zuständigen Vertriebsrepräsentanten respektive Marketing- und/oder Personalabteilungen zur weiteren Bearbeitung weitergeleitet werden.

In der Praxis versanden Messekontakte, sogenannte Leads, unverständlicherweise oft irgendwo in Unternehmen oder es vergeht viel zu viel Zeit bis zur Nachbearbeitung. Um das zu vermeiden, ist ein klar definierter Leadmanagement-Prozess erforderlich, der regelt, welche Art von Kontakt wem zuzuleiten und in welchem Zeitraum und mit welchen Follow-up-Maßnahmen zu bearbeiten ist.

Zur Nachbearbeitung von Messebeteiligungen gehört aber auch die ebenfalls schon vor einer Messe zu definierende Form des Reportings, wann, wem, wie und was zu berichten ist, um die Messebeteiligung auszuwerten. Was hat sie gebracht, was hat sie gekostet? Wurden Budgets eingehalten? Wie ist das Projekt insgesamt und in Detailaspekten gelaufen? Wie hoch war die Zufriedenheit mit der

Zusammenarbeit mit internen und/oder externen Dienstleistern? Und manches mehr.

Veranstaltungen und Events

Die vorstehend beschriebenen Sachverhalte gelten für Messen ebenso wie für Veranstaltungen und Events; die beschriebenen Methoden, Tools und Instrumente sind auch da einsetzbar; hohes Verbesserungspotenzial ist auch dort gegeben. Dennoch soll auf ein paar Unterschiede von Events zu Messen noch eingegangen werden.

Der erste Unterschied besteht darin, dass Events üblicherweise deutlich kürzer stattfinden als die in der Regel einige Tage dauernden Messen. Dies gilt auch für Roadshows und Promotion-Veranstaltungen, die sich zwar (zum Beispiel unter Nutzung von Trucks, siehe Umsetzungen 96 bis 98) meist über längere Zeiträume erstrecken, aber an wechselnden Orten, so dass das einzelne Event dann eher kurzfristig ist.

Als zweites Differenzierungsmerkmal ist der normalerweise deutlich höhere Erlebnischarakter von Events hervorzuheben. Event-Teilnehmer erwarten hier deutlich mehr „Showcharakter" und Entertainment-Elemente als beim Messebesuch – schließlich bemühen sie sich ja in der Regel auch nur wegen eines einzelnen Unternehmens zu diesem Event und wollen daher auch etwas mehr „belohnt" werden. Dies schlägt sich – je nach Event – oft in einer Rücknahme von Produktbotschaften und Sachinformationen nieder, zu Gunsten von Emotionen, Unterhaltungseinlagen, Catering, Fachdialog und Smalltalk. Der emotionale Charakter ist bei Events meist wesentlich stärker akzentuiert als bei Messen. In diesem Zusammenhang kommt auch der Atmosphäre schaffenden Bühnen- und Beleuchtungstechnik oft deutlich mehr Bedeutung zu, was einen finanziell signifikant höheren Aufwand gegenüber Messen bedeuten kann.

Drittens obliegt es dem Event-veranstaltenden Unternehmen, dafür zu sorgen, dass die gewünschten Besucher zu dem Event kommen (Umsetzung 99). Bei Messen übernehmen die Messegesellschaften einen Großteil des Messemarketings und der Besucherwerbung. Bei Events ist daher die Pre-Event-Kommunikation von großer Bedeutung. Dies gilt insbesondere für nicht-öffentliche Events, z.B. Kundentagungen oder gewerbliche Hausmessen, wo „Laufkundschaft" – gewünscht oder nicht – keinerlei Rolle mehr spielt.

Viertens spielen bei Messen oft noch schwere, stationäre Standaufbauten eine Rolle: Nicht selten werden individuell konstruierte Standbauten oder Standbausysteme verwendet, die hinterher eingelagert werden, um sie auf der nächsten Messe wieder zu verwen-

Umsetzungen 96 bis 98 Unternehmen setzen Showtrucks/-busse als mobile Ausstellungs- und Promotionfahrzeuge ein, die sie im Rahmen einer Messe als „Messestand" einsetzen, als Ergänzung zum Messestand im Ausstellungsaußengelände, vor einem Messegelände oder auch ganzjährig als Promotionfahrzeug für den mobilen Einsatz vor Ort bei Kunden, Partnern und für Events.

Umsetzung 99 Bekanntmachungsaktion/Einladungsflyer für eine Kundenveranstaltung der Fa. Conrad in der Filiale in München

den. Bei Events liegt dagegen der Fokus bei eher leichten, mobilen Stand- und Zeltbauten, die schnell auf- und wieder abgebaut werden können.

Großer Vorteil von Events ist, dass der Veranstalter die Besucher – so er diese zum Kommen motivieren konnte – exklusiv hat. Kein Mitbewerber weit und breit, der sich ebenfalls präsentieren würde. Deshalb ist es aber auch schwerer – vor allem über größere Entfernungen, die Besucher zum Kommen zu bewegen. Denn einen Branchenüberblick können sie dort nicht bekommen, und in Zeiten zunehmender Compliance-Auflagen und Reisekostenbeschränkungen wird der Besuch von Unternehmensevents im B-to-B-Bereich auch immer intensiver hinterfragt und zunehmend verweigert.

Auch wenn sich in den aufgeführten Aspekten Events von Messen meist unterscheiden, die Prozesse und Prozessphasen von Events sind gleich. Es ist eine ebenso sorgfältige Planung erforderlich, es ist ebenso das Besucherinteresse zu berücksichtigen und zu bedienen. Kommunikation ist auch hier ein erfolgskritisches Instrument, das entsprechend professionell zu konzipieren und durchzuführen ist.

4.2.6 Integrierte Kommunikation

Nicht nur im Intra- und Internet kommt der Integration verschiedener Kommunikationsinstrumente, -mittel und -maßnahmen mit den Botschaften, Auftritten und Strategien höchster Stellenwert zu. Dort werden Diskrepanzen, Widersprüche, heterogene Auftritte zwar besonders deutlich sichtbar, aber auch im klassischen Bereich ist integrierte Kommunikation von enormer Bedeutung.

Immer wenn mehrere Kommunikations-Instrumente kombiniert zum Einsatz kommen, müssen zu ihrer gezielten Ausrichtung

- die einzelnen Phasen ihres Einsatzes,
- ihre Beiträge zur definierten Gesamtwirkung,
- ihre Inhalte und Botschaften,
- ihre jeweiligen Aufgaben im Kommunikations-Mix (Funktionen) und ihre Beiträge zum Erreichen der Kommunikationsziele,
- die Positionierungen und
- die Argumentationslinien, Stile und Anmutungen aufeinander abgestimmt werden (Bilder 95 und 96).

Durch diese Harmonisierung vermeiden Sie zum einen Widersprüche und damit Irritationen bei den Zielgruppen. Zum anderen steigern Sie die Wahrscheinlichkeit, möglichst effizient und effektiv zu kommunizieren, Synergieeffekte zu realisieren und kommunikativ geschlossen, koordiniert, ganzheitlich aufzutreten.

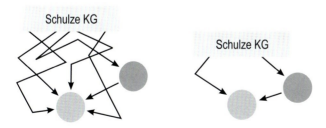

Bild 95 Integrierte Kommunikation: konsistente, gezielt kanalisierte Kommunikation ersetzt irritierendes kommunikatives Kreuzfeuer

Welche Kommunikations-Instrumente, Kommunikationsmittel und -maßnahmen und welche Medien eignen sich dazu
- welche Inhalte,
- wann und
- an welche Zielgruppe

zu transportieren?

- **Funktion im Kommunikationsprozess**
- **Zeitliche Verteilung im Sinne von Zusammenspiel**
- **Inhaltlich/argumentative Verknüpfung**
- **Zielgruppenadäquanz**
- **Strategische Konsistenz**

Bild 96 Integration von Kommunikation

Zur möglichst weit reichenden Realisierung integrierter Kommunikation stehen Ihnen im Wesentlichen acht Ebenen der Integration zur Verfügung, die in Bild 97 in ihrer Verzahnung dargestellt sind:

Checkliste 35
Die 8 Ebenen integrierter Kommunikation

1. Die formale Ebene: Stimmigkeit der Gestaltungselemente, Corporate Design
2. Die inhaltliche Ebene: Konsistente Botschaften, Themen und Argumentationslinien
3. Die instrumentale Ebene:
   Synergetische Verzahnung der eingesetzten Kommunikations-Instrumente gemäß ihrer spezifischen Funktionen, Einsatzgebiete, Stärken und Wirkungen
4. Die mediale Ebene:
   Synergetische und funktionale Kombination der Kommunikationsträger, -mittel und der Medien
5. Die Verhaltensebene:
   Kongruenz von Mitarbeiterverhalten und medialen Kommunikationsversprechen (Corporate Behavior)
6. Die Ebene innerer Markenbilder:
   Images, Assoziations- und Bewertungswelten bei den Zielgruppen passen zu den Angebots- und Unternehmensbotschaften, werden mit der Zeit sogar zum Synonym (z.B. die Milka-Kuh, das grüne Beck's-Segelschiff, der Trigema-Affe, etc.)
7. Die organisatorische Ebene:
   Kommunikation ist im Unternehmen organisatorisch so eingebunden, dass möglichst wenig Schnittstellenprobleme entstehen und klare Zuständigkeiten mit hinreichender politischer Durchsetzungsmacht gegeben sind.
8. Die regionale Ebene:
   Die Kommunikation des Unternehmens (z.B. eine firmenwerbliche Dachkampagne) und die seiner diversen Unternehmens-

einheiten (z.B. Produktkampagnen der Geschäftsbereiche bzw. Profit Center) passen in einer Region und einem Marktsegment irritationsfrei und geschlossen zueinander und zu den spezifischen Kommunikationsbedingungen in dieser Region.

Nach einer zeitlichen Ebene wird nicht gesondert differenziert, da die Zeitkomponente automatisch bei den Integrationsebenen berücksichtigt wird. Stimmen Sie zum Beispiel Maßnahmen funktional und medial aufeinander ab, dann erfolgt dies zwangsläufig auch bezüglich der Zeitachse.

Es gibt umfangreiche Literatur zu integrierter Kommunikation, aber leider verweilt sie zu oft auf theoretischer Abstraktion und systemischer Meta-Darstellung. Oder sie stellt schlicht gelungenes Projektmanagement als integrierte Kommunikation dar und wird damit dem Anspruch nicht gerecht.

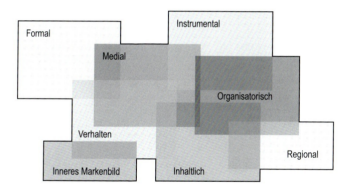

Bild 97 Die acht Integrationsebenen

Die entscheidenden Fragen jedenfalls bleiben:
• Was muss/kann ich tun, um zu integrieren?
• Wie mache ich es?
• Womit beginne ich?
• Woran kann ich feststellen, ob und wie gut die Kommunikation bereits integriert ist?

In den Tabellen 6 bis 13 wird deshalb versucht, integrierte Kommunikation für die Praxis griffiger und anwendbarer zu machen. Dazu werden

Integrierte Kommunikation in der Praxis

• die acht Integrationsebenen,
• der Schwierigkeitsgrad ihrer Realisierung und
• die konkreten Integrationsmerkmale

für die Integrationsgrade „hoch", „mittel", „gering" und die jeweils entstehende Integrationswirkung miteinander in Beziehung gesetzt. Mit dieser Tabelle können Sie eine Statusbestimmung für die integrierte Kommunikation Ihres Unternehmens bzw. Ihres Auftraggebers vornehmen. Je mehr Kriterien Sie beispielsweise für einen hohen Integrationsgrad als erfüllt ansehen können, desto besser ist eine integrierte Kommunikation bereits verwirklicht. Die Tabellen geben Ihnen aber auch konkrete Hinweise darauf, wie schwierig die verschiedenen Integrationsmöglichkeiten umzusetzen sind und wo Sie bei der Integration konkret ansetzen können.

Tabelle 6 Inhaltliche Integration von Kommunikation

Integrationsform	Schwierigkeitsgrad der Integration	Integrationsgrad	Integrations-merkmale	Integrations-wirkung
Inhaltlich	Mittelschwer bis schwer	Hoch	Alle kommunizieren/ argumentieren/infor-mieren konsistent.	Keine Widersprüch-lichkeiten, Konsistenz aller Botschaften.
		Mittel	Noch deutliche Defizite inhaltlicher Konsistenz bei den diversen Kommuni-kationsträgern und -mitteln.	Irritationen durch Unstimmigkeiten zwischen den Botschaften.
		Gering	Geringe bis keine inhaltliche Konsistenz bei den diversen Kommunikations-trägern und -mitteln.	Starke Widersprüche und Inkonsistenzen, Unglaubwürdigkeit, Inakzeptanz.

Tabelle 7 Formale Integration von Kommunikation

Integrationsform	Schwierigkeitsgrad der Integration	Integrationsgrad	Integrations-merkmale	Integrations-wirkung
Formal	Relativ einfach	Hoch	Genau definiertes, strikt eingehaltenes und angewiesenes Erscheinungsbild/ Corporate Design.	Hohe Wiedererkenn-barkeit und Unver-wechselbarkeit im formalen Auftritt, ein-deutiger stilistischer Charakter.
		Mittel	Lückenhaft definier-tes, mangelhaft ein-gehaltenes und/oder nicht eingeklagtes Corporate Design.	Schwächen im Gesamteindruck, stilistische Ausreißer.
		Gering	Kein definiertes oder gelebtes Erscheinungsbild erkennbar.	Keine formale Ein-heitlichkeit erkennbar, Austauschbarkeit im formalen Auftritt.

Tabelle 8 Instrumentale Integration von Kommunikation

Integrationsform	Schwierigkeitsgrad der Integration	Integrationsgrad	Integrations- merkmale	Integrations- wirkung
Instrumental	Muss organisatorisch verankert werden, dann mittelschwierig, sonst nahezu unmöglich	Hoch	Auf jeweilige Ziel- gruppe ausgerichte- tes, widerspruchs- freies Kommunika- tionsmix, funktional exakt aufeinander abgestimmte Kombi- nation kommunika- tiver Mittel und Maß- nahmen.	Zielpersonen einer Zielgruppe werden widerspruchsfrei über alle Phasen des Infor- mationsprozesses über alle geeigneten Kommunikations- instrumente höchst- effektiv angegangen.
		Mittel	Nur bedingt konsis- tente Kombination der verschiedenen Kommunikations- instrumente, erkenn- bare Defizite der funktionalen Mittel- und Maßnahmen- abstimmung.	Zielpersonen einer oder mehreren Ziel- gruppen werden z.T. nicht über alle Kom- munikationsinstru- mente, nicht phasen- gerecht oder in nicht völlig aufeinander ab- gestimmter Art ange- gangen. Wirkungs- verluste!
		Gering	Unzusammenhän- gende, fast beliebig, willkürlich und aus- tauschbar wirkende Kombination kommu- nikativer Mittel und Maßnahmen.	Eine synergetische, gezielte Beeinflus- sung der Zielperso- nen durch bewusste Nutzung unterschied- licher Kommunika- tionsinstrumente ist nicht erkennbar. Wirkung ist eher zufällig.

Tabelle 9 Mediale Integration von Kommunikation

Integrationsform	Schwierigkeitsgrad der Integration	Integrationsgrad	Integrations- merkmale	Integrations- wirkung
Medial	Relativ einfach	Hoch	Auf jeweilige Ziel- gruppe widerspruchs- frei wirkendes Medienmix, inhaltlich, zeitlich und funktional exakt aufeinander abgestimmter Einsatz aller geeigneten Kommunikations- kanäle/-träger.	Zielpersonen einer Zielgruppe werden widerspruchsfrei über alle Phasen des Informationsprozesses jeweils durch Einsatz einer adäquaten Medienkombination mehrkanalig ange- gangen.
		Mittel	Nur bedingt konsis- tentes Medienmix, inhaltlich, zeitlich und/ oder funktional nicht optimaler Einsatz aller geeigneten Kommunikations- kanäle/-träger.	Zielpersonen einer oder mehrerer Ziel- gruppen werden z.T. nicht maßgeschnei- dert, nur unter teil- weisem Einsatz der geeigneten Kommuni- kationskanäle, nicht phasengerecht oder in nicht adäquater Weise angegangen. Wirkungsabnahme!

Tabelle 9 Mediale Integration von Kommunikation *(Fortsetzung)*

Integrationsform	Schwierigkeitsgrad der Integration	Integrationsgrad	Integrations-merkmale	Integrations-wirkung
Medial		Gering	Unzusammenhängende, fast beliebig, willkürlich und austauschbar wirkende Medienkombination mit deutlichen Defiziten/Singularitäten bei der Ausnutzung der potenziell geeigneten Kommunikationskanäle/-träger.	Eine synergetische, phasengerechte und wirkungsintensive Beeinflussung der Zielpersonen durch zielgerichtete mehrkanalige Kommunikation unterbleibt. Kommunikationsdruck ist einseitig, die Wirkung eher schwach, zufällig.

Tabelle 10 Verhaltensorientierte Integration von Kommunikation

Integrationsform	Schwierigkeitsgrad der Integration	Integrationsgrad	Integrations-merkmale	Integrations-wirkung
Verhalten	Schwierig bis extrem schwer	Hoch	Klar definiertes Leitbild und Verhaltenskodex, der gelebt, gegebenenfalls eingeklagt wird.	Stark einheitlich ausgeprägte Identifizierung mit dem Unternehmen, deutlich spürbare Identität.
		Mittel	Nur ungenügend definiertes und gelebtes Leitbild und Verhaltenskodex, der auch nicht eingeklagt wird.	Mittelmäßige Identifizierung wird sichtbar, spürbare Egoismen, große Verhaltensbandbreite.
		Gering	Keinerlei definierte oder verfolgte gemeinsame Interessen und Verhaltensweisen.	Starke Verhaltensgegensätze bis hin zu Querelen und Gegenstatt Miteinander.

Tabelle 11 Schlüsselbilder zur Integration von Kommunikation

Integrationsform	Schwierigkeitsgrad der Integration	Integrationsgrad	Integrations-merkmale	Integrations-wirkung
Schlüsselbild zur Erzeugung inneren Markenbildes	Unterschiedlich – hängt unter anderem ab von Angebotshomogenität und Markenstrategie	Ja, alles integrierend (hoch)	Genau definierbares fassbares inneres Markenbild/reproduzierte Markenassoziationen existieren.	Extrem klar besetztes, stabiles Markenimage, meist im Relevant Set positioniert.
		Nur bedingt, integriert nur Teile (mittel)	Es ist kein Schlüsselbild für alle Angebote definiert/existent/möglich, nur für Teile des Sortiments.	Höhere Streuung im Markenimage. Markenassoziationen existieren, aber mehrere unterschiedliche, diffuse Bilder.
		Nein, keines bewusst eingesetzt (gering)	Für kein Angebot gibt es ein Schlüsselbild/ist eines möglich.	Beliebige Markenassoziationen, sofern überhaupt konkrete Vorstellungsbilder entstehen.

Tabelle 12 Organisatorische Integration von Kommunikation

Integrationsform	Schwierigkeitsgrad der Integration	Integrationsgrad	Integrations-merkmale	Integrations-wirkung
Organisatorisch	Umso einfacher, je kleiner das Unternehmen und je bewusster die Bedeutung integrierter Kommunikation im Unternehmen akzeptiert ist.	Hoch	Es existiert ein Kommunikationsmanager, der im Unternehmen ganz oben positioniert ist und den Durchgriff auf alle Kommunikationseinheiten hat. Diese sind schnittstellenminimal und zielgruppenorientiert organisiert.	Klare Abstimmungsprozesse, Möglichkeit der Vorgabe klarer Kommunikationskriterien, einheitliche kommunikative Darstellung des Unternehmens nach innen und außen.
		Mittel	Es gibt noch eine Art Kommunikationsmanager, der zumindest noch zur erweiterten Unternehmensführung gehört bzw. Zugang hat. Organisation hat Schnittstellenprobleme.	Es kommt zu leichteren Widersprüchen und nicht mehr ganz einheitlichen Unternehmensdarstellungen nach innen und nach außen.
		Gering	Es gibt weder einen einzigen Kommunikationsverantwortlichen, noch ist Kommunikation hierarchisch bedeutend eingeordnet. Starke Abteilungsegoismen und Schnittstellenprobleme.	Abgestimmte Unternehmensdarstellungen sind die Ausnahme, starkes Eigenleben der diversen Abteilungen und Zielkonflikte werden sichtbar. Widersprüche und Irritationen entstehen häufig.

Tabelle 13 Regionale Integration von Kommunikation

Integrationsform	Schwierigkeitsgrad der Integration	Integrationsgrad	Integrations-merkmale	Integrations-wirkung
Regional	Mittel bis extrem schwer, abhängig vom Grad der regionalen Einbindung	Hoch	Frühestmögliche Einbindung von und klar definiertes Zusammenwirken mit regionalen Kommunikationsverantwortlichen/Partnern mit Vorrecht regionaler Aspekte.	Stark einheitlich ausgeprägte, maßgeschneiderte Kommunikation in einer Region, volle Harmonisierung mit regionalen Bedingungen (Kultur, Gesetze...), andere Integrationsformen sind ebenfalls hoch erfüllt.

Tabelle 13 Regionale Integration von Kommunikation *(Fortsetzung)*

Integrationsform	Schwierigkeitsgrad der Integration	Integrationsgrad	Integrationsmerkmale	Integrationswirkung
Regional		Mittel	Noch rechtzeitige Einbindung von und halbwegs geregeltes, in wesentlichen Teilen funktionierendes Zusammenwirken mit regionalen Kommunikationsverantwortlichen/Partnern ohne klare regionale Priorität.	Weitgehend einheitlich ausgeprägte, in den wesentlichsten Aspekten differenzierte Kommunikation in einer Region, zufriedenstellende Verträglichkeit mit regionalen Bedingungen (Kultur, Gesetze…), andere Integrationsformen sind ebenfalls mittel erfüllt.
		Gering	Keine oder keine rechtzeitige Einbindung von und kein Zusammenwirken mit regionalen Kommunikationsverantwortlichen/Partnern. Hinwegsetzen über regionale Kommunikationsbedingungen (Unkenntnis, Arroganz, Gleichgültigkeit, Egoismus), undifferenziertes Vorgehen, Beherrschung seitens Zentrale.	Kaum einheitlich ausgeprägte, fast oder völlig undifferenzierte Kommunikation in einer Region, klare Unverträglichkeiten mit regionalen Bedingungen (Kultur, Gesetze…), andere Integrationsformen sind ebenfalls nur schwach oder gar nicht erfüllt.

4.2.7 Mittel-, Maßnahmen- und Medien-Mix

Bestimmung der geeigneten und notwendigen Kommunikationsmittel, -maßnahmen und -träger

Sie haben mit Kapitel 4.2.6 die Kommunikations-Instrumente zu einem ganzheitlichen „Kommunikations-Strahl" in Richtung Zielgruppen vernetzt. Nun gehen Sie die konkrete Bestimmung der notwendigen und geeigneten Kommunikationsmittel und -träger an. Diese stellen die operativen Einsatzfaktoren und Kommunikationskanäle dar, die zum Erreichen der Kommunikationsziele bei den definierten Zielgruppen *geeignet und notwendig* sind.

Geeignet bedeutet, dass sie zum Erwartungsprofil, zur Interessenssphäre, zum Kenntnisstatus und zum Informationsverhalten der Zielperson passen. Aber auch zur Botschaft, die sie transportieren sollen, zum Angebot und zur Phase des Informations- und Kaufentscheidungsprozesses, in der sie ihre Wirkung erzielen sollen.

Notwendig steht für Zielgerichtetheit. Kommunikationserfolg gibt es nicht zum Nulltarif und die Budgets sind begrenzt – für klassische Kommunikation oft noch mehr als in der Vergangenheit, weil die Etats für E-Communication häufig nicht zusätzlich generiert, sondern vom klassischen Budget abgezweigt wurden bzw. werden. Deshalb müssen Sie unter den verschiedenen Kombinationen möglicher Kommunikationsmittel, -maßnahmen und -träger versuchen, die für Ihre Aufgabe beste Mischung zu finden. Ein Mittel-, Maßnahmen- und Medien-Mix, das qualitativ und quantitativ Ihr definiertes Kommunikationsziel am besten zu erreichen verspricht. Dieser optimale Mix zeichnet sich dadurch aus, dass darüber hinaus kein weiteres Kommunikationsmittel und keine andere Maßnahme sinnvoller einzusetzen sind, da mit ihnen das Kommunikationsziel weder schneller, noch preiswerter, noch effektiver erreicht werden könnte. Sie wären daher reine Geldverschwendung, da sie zu keiner Ergebnisverbesserung führen würden. Sie wären lediglich nice-to-have, da sie eigentlich unnötig sind. So klar und logisch das erscheint, sei an dieser Stelle aber auch gesagt, dass dieses Optimum in der Praxis nicht rechnerisch oder methodisch exakt zu bestimmen ist. Notwendige Daten zur substanziellen Leistungsbewertung der Wirkung einzelner Maßnahmen fehlen häufig (besonders außerhalb Deutschlands), ganz zu schweigen von Wirkungsdaten der diversen Kombinationen zweier oder mehrerer Instrumente oder Maßnahmen. Bei hochinvestiven Kampagnen kann man natürlich spezifische Ergebnisprognosen durch entsprechende Kommunikationsprimärforschung (Kampagnenleistungsanalysen) erstellen, doch im Normalfall oder für kleinere Unternehmen scheidet diese Option aus Kosten-/ Aufwandsgründen aus. Was also bleibt, sind die Erfahrungswerte professioneller Kommunikationsexperten, welche die Stärken und Schwächen der Instrumente und der Mittel/Maßnahmen aus früheren Erfahrungen bewerten und die gegenseitigen Wechselwirkungen einschätzen können.

Bei der Bestimmung des Mittel-, Medien- und Maßnahmen-Mixes für Werbung/Kommunikation müssen Sie sich also über die folgenden Fragen klar werden:

....

1. Welches Werbe-/Kommunikationsmittel, welche Werbe-/Kommunikationsmaßnahme und welcher Werbe-/Kommunikationsträger kann welche Funktion im Informations- und Kaufentscheidungsprozess erfüllen?

2. Welches Werbe-/Kommunikationsmittel, welche Werbe-/Kommunikationsmaßnahme und welcher Werbe-/Kommunikationsträger eignet sich am besten für die Botschaft, die Argumentationslinie, das Angebot?

3. Welche Werbe-/Kommunikationsmittel bzw. Werbe-/Kommunikationsmaßnahmen erreichen (physisch) am besten die jeweiligen Zielgruppen und wie groß sind ihre Chancen, bewusst wahrgenommen zu werden?

4. Über welche Werbe-/Kommunikationsträger und Kommunikationskanäle (Medien) können Sie die Botschaft am besten zur jeweiligen Zielgruppe transportieren?

Checkliste 36
Fragen zur Bestimmung des Mittel-, Medien- und Maßnahmen-Mixes

5. Welche Wechselwirkungen bestehen zwischen den verschiedenen Werbe-/Kommunikationsmitteln, -maßnahmen und -trägern?
6. Kann es zu Irritationen und gegenseitigen Beeinträchtigungen bei der Wirkung kommen?
7. Wie ließen sich diese vermeiden?
8. Können sich die verschiedenen Mittel, Maßnahmen und Medien sinnvoll ergänzen und sich in ihrer Wirkung verstärken?
9. Wie können Sie diese Synergieeffekte gezielt einsetzen bzw. ausnutzen?

Und wenn Sie diese Checkliste für ein bestimmtes Kommunikationsinstrument anwenden wollen, ersetzen Sie einfach „Werbe-/Kommunikation ...“ z. B. durch „Presse ...“.

Die gebräuchlichsten Werbemittel, Maßnahmen und Medien

Um im instrumentalen Schwerpunkt dieses Buches zu bleiben, soll nun wieder die Werbung genauer betrachtet werden. Es würde sicherlich zu weit führen, wollte man auch nur versuchen, hier eine vollständige Aufführung und Charakterisierung aller existierenden Werbemittel, -maßnahmen und aller Medien vorzunehmen. Eine grobe Einteilung der gebräuchlichsten soll deshalb genügen, wobei Sie noch unterscheiden sollten zwischen den Werbemitteln und -maßnahmen an sich (z.B. ein Folder) und der Art und Weise ihres Einsatzes (z.B. Mailing), was in Literatur und Praxis leider oft vermengt wird und Irritationen erzeugt.

Einsatzbereiche für Werbemittel und werbliche Maßnahmen

Betrachten wir zunächst die typischen *Einsatzbereiche* für Werbemittel und werbliche Maßnahmen. Hier sind vor allem anzuführen:

- Messen
- Außenwerbung
- Direct-Marketing-Aktivitäten und Mailings
- Online-Kampagnen
- Events
- Sponsoring
- Verbundeinsatz mit anderen Kommunikationsinstrumenten, z.B. im Rahmen von Verkaufsförderungs-Aktionen, Kampagnen der Öffentlichkeitsarbeit, beim persönlichen Verkaufsgespräch.

Alle diese kommunikativen Einsatzgebiete bedienen sich aus demselben Pool prinzipiell möglicher Werbemittel und -maßnahmen. Sie akzentuieren sie lediglich anders, transportieren unterschiedliche Botschaften damit und setzen die Mittel und Maßnahmen – gerade auch im zeitlichen Einsatz über den gesamten Vermarktungszeitraum – unterschiedlich ein.

Für eine gezielte Einsatzplanung der Mittel und Maßnahmen sollten Sie deshalb Ihre Stärken, Schwächen, Eigenschaften und Wirkungsweisen möglichst gut kennen, um sie optimal miteinander kombinieren zu können. Zu dieser Thematik steht eine Reihe von Veröffentlichungen und Spezialliteratur zur Verfügung, so dass hier nur eine grobe Kategorisierung der gebräuchlichsten Werbemittel erfolgt.

Zuerst zu den Werbemitteln und -maßnahmen. Sie sind in folgende Kategorien einzuteilen:

1. Printbereich
2. Audiovisuelles
3. Eventmaßnahmen
4. Elektronische Mittel
5. 3D-Mittel

Checkliste 37
Überblick über typische Werbemittel und -maßnahmen

In den Printbereich fallen vor allem

Print

1.1 Anzeigen (Zeitungen, Fachzeitschriften, Magazine, Kataloge, Anzeigenblätter)
1.2 Werbe- und Imageschriften
1.3 Technische Dokumentationen
1.4 Produktschriften
1.5 Poster, Plakate
1.6 Folder, Flyer
1.7 Beilagen
1.8 Einladungen
1.9 Kataloge
1.10 Preislisten
1.11 Anschreiben

Audiovisuelle Mittel und Medien sind

Audiovisuelles

2.1 Videoclips
2.2 TV-Spots/Crawlerwerbung
2.3 Slide-Shows
2.4 Moderation und Multivision
2.5 Online-Auftritte
2.6 Apps
2.7 Jingles
2.8 Präsentationsmittel (z.B. Folien, PowerPoint-Animationen)

Für den Eventbereich typische Maßnahmen sind

Events

3.1 Hausmessen
3.2 Fach- und Publikumsmessen
3.3 Produktvorführungen

3.4 Clubs und Clubveranstaltungen
3.5 Gewinnspiele
3.6 Sonderveranstaltungen, z.B. Aktionen beim/mit dem Handel
3.7 Show-Trucks/Roadshows

Elektronische Mittel *Typische Vertreter auf dem Gebiet der elektronischen Mittel sind:*
4.1 CD-ROMs
1.2 Animationen
4.3 Programmierte Unterweisungen
4.4 DVDs, Blu-rays, USB-Sticks
4.5 Online-Dialog (Internetpräsenzen, T-Online, Foren, Blogs, soziale Medien, usw.)

3-D-Mittel *Unter die Möglichkeiten der 3D-Mittel fallen zum Beispiel:*
5.1 Displays
5.2 Proben
5.3 Werbegeschenke
5.4 Aufsteller
5.5 Verpackungen

Das ist quasi die Standardpalette der Werbemittel und -maßnah-men. In den meisten Fällen reichen diese Möglichkeiten aus, um erfolgreiche Werbung aufgabengerecht zu transportieren.

4.2.8 Mittel- und Maßnahmenplan

Bei der Vielzahl der vorgesehenen Mittel, Maßnahmen und Medien bei verschiedenen Zielgruppen und ihrer zeitlichen und funktionalen Verzahnung bietet sich zum Erzielen einer besseren Übersichtlichkeit eine Visualisierung Ihres ausgewählten Mixes an. Dies kann eine rein tabellarische Übersicht sein, noch besser eignet sich aber eine grafische Darstellung, bei der Zeitabschnitte explizit vermerkt oder als Balkendiagramm dargestellt werden. Dieser sogenannte Mittel- und Maßnahmenplan, manchmal auch Aktions- oder Programmplan genannt, stellt – gesamtheitlich oder aufgeteilt – möglichst transparent die folgenden Parameter in Zusammenhang:

Checkliste 38
Inhalte des Mittel-
und Maßnahmen-
plans

1. Kampagnenstufen
2. Zielgruppen
3. Zeitachse
4. Medien (eventuell als separater Media- oder Streuplan)
5. Werbe-/Kommunikationsmittel und -maßnahmen
6. eventuell auch Themenschwerpunkte.

Beim Mittel- und Maßnahmenplan sollten Sie insbesondere die integrative, also die inhaltliche, funktionale, zeitliche Verknüpfung zu einem ganzheitlichen, sich gegenseitig bedingenden Kommunikationsgeflecht deutlich machen!

Als Beispiel betrachten Sie den Ausschnitt aus einem möglichen Operationsplan für die Markteinführung eines neuen Multi-Media-PC für den Home-Bereich (Bild 98).

Bedarfsträger/ Zielgruppen	Kerninteresse der Zielgruppe	Kommunikationsphase 1: Marktvorbereitung, Bekanntmachung ab 1 Quartal vor Einführung						Kommunikationsphase 2: Markteinführung, Wissensvermittlung Dialoganbahnung, 2 Monate							Kommunikationsphase 3: Dialogvertiefung, Absatzförderung ab 3. Monat nach Einführung		
		TV-Spots: Was tolles kommt*	Rundfunk-Spots: Was Tolles kommt	Pressemitteilungen	Messeankündigung	Vertriebs-Information und -Schulung	Voranformation für Handel	TV-Spots + CD-ROM: Was Tolles ist da.	Rundfunk-Spots: Was Tolles ist da.	Printkampagne	Pressemitteilungen	Messepräsentationen	Vertriebssteuerung	Händlerunterstützung	Internet-Homepage	Userclubs, Anwenderforen	Printkampagne
Anwender/ Endkunde																	
Der In-Typ	Will stets das Neueste	4 Wochen vor Markteinführung in Sat1, RTL und PRO 7	4 Wochen vor Markteinführung in Lokalsendern	Sobald Einführungstermin feststeht, an die überregionale Tages- und die Fachpresse				Ab Markteinführung 6 Wochen in Sat1, RTL und PRO 7	Ab Markteinführung 8 Wochen in Lokalsendern	Anzeigen in Publikumspresse Nutzen- und Fun-Prospekte, Beilagen für Computerpresse	Mit Einführung Mitteilung an die überregionale Tages- und die Fachpresse	Spielecken auf Freizeitmessen			Ab Markteinführung, Selektion zielgruppenspezifischer Sites auf der Homepage	Ab Markteinführung mit Gewinnspiel	2x3 Anzeigenspots in Publikumspresse Nutzen- und Fun-Prospekte
Der Hobby-Surfer	Will aktiv Multi-Media nutzen																
Der Spieler	Will PC nur als Entertainment																
Handel/ Absatzmittler																	
Der Spannen-Orientierte	Möglichst viel Ertrag, verkauft das, wobei er am meisten verdient.			Zielgruppenspezifische Information auf den wichtigsten Fachmessen, maximal 3	6 Wochen vor Markteinführung: Info über Produkt, Konditionen und geplante kommunikative Maßnahmen durch Mailing und Vertrieb			Händlerausstattung, Argumentationshilfe, Bestellunterlagen und Dokumentation	Mit Einführung Mitteilung an die überregionale Tages- und die Fachpresse				Händler-Hotline, Schulungsangebot, Händleranzeigensubvention, Verkaufsförderungsmaterial, Displays etc.				
Der Marken-artikler	Verkauft nur namhafte und gute Marken-PCs, das hebt sein Image und Prestige																
Der Voll-Sortimenter	Bietet volles Sortiment, ist für seine Auswahl bekannt																
Der Preisbrecher	Will beste Einkaufskonditionen, denn er vermarktet PCs möglichst billig; die Masse macht's																
Eigener Außendienst																	
	Muss informiert sein, lebt davon			Info über alle Kommunikationsmaßnahmen, Produktschulung, Akquisitionsunterlagen				Info über Markteinführung, Pressespiegel, Einbindung in Verkaufsförderung									

* Die jeweiligen Mittel und Maßnahmen sind in Argumentation/Botschaft/Umsetzung jeweils auf die einzelnen Zielgruppen zugeschnitten

Bild 98 Mittel- und Maßnahmenplan am Beispiel der Markteinführung eines Multi-Media-PC für den Home-Bereich

4.2.9 Mediaselektion

Bei der Mediaselektion nehmen Sie die Auswahl und zielgerichtete Kombination der geeigneten Kommunikationsträger vor. Der Kanäle also, über die Sie die Zielpersonen medial ansprechen und erreichen möchten. Im Wesentlichen handelt es sich dabei um Printmedien, TV, Rundfunk, Messen und E-Communication, allen voran das Internet inklusive der neuen interaktiven Medien.

Entscheidung zur grundsätzlichen Mediastrategie

Zu Beginn sollte eine Grundsatzentscheidung getroffen werden. Sie resultiert aus den Überlegungen zur kommunikativen Zielsetzung und den Zielgruppen. Lässt man Nischenstrategien auf Grund ihrer limitierten und kaum kompetitiven Charakteristik außer Acht, stehen zwei mediastrategische Optionen zur Disposition: – Die Strategie der Reichweitenmaximierung – Die Strategie der Kontaktmaximierung

Geht es um eine breite Ansprache vieler Zielpersonen, so ist das Ziel, in möglichst kurzer Zeit möglichst viele Zielpersonen medial zu erreichen. Typisch ist das beispielsweise bei Produkteinführungen, wo möglichst schnell ein steil ansteigender Diffusionsgradient und medialer Durchdringungsgrad im Markt anzustreben ist (Time-to-Reception).

Geht es aber um eher spezifische Botschaften, die differenziert an genau definierte Kommunikations-Zielgruppen mit hoher Wirkungsintensität kommuniziert werden sollen, so geht es um Kontaktmaximierung. Sie ist insbesondere bei präferenzorientierten Kommunikationsmaßnahmen zu wählen, wenn es beispielsweise um Verdrängungswettbewerb, relativierende psychologische Positionierung und Gewinnung von Marktanteilen geht.

Beurteilung der Leistungsfähigkeit von Medien

Eine prinzipielle Problematik bei der Mediaplanung besteht darin, die einzelnen Medien bezüglich ihrer Leistungsfähigkeit zur Zielgruppenerreichung und -beeinflussung zu beurteilen und miteinander zu vergleichen. Dies gilt vor allem im qualitativen Bereich, ist aber auch auf quantitativem Gebiet oft schwierig bis unmöglich, besonders im internationalen Vergleich.

Leistungskriterium zur Mediabeurteilung kann im Sinne kommunikativer Wirkung nur das Ausmaß erzielter Einstellungsveränderung durch Beeinflussung der Zielgruppen sein. Dies bedeutet aber nicht nur, dass ein Medium die Zielgruppen möglichst vollständig abdecken und erreichen muss (*quantitativ*), sondern auch, ob und wie es von diesen angenommen und genutzt wird und welche Beeinflussung der Zielpersonen damit erzielt wird (*qualitativ*).

Qualitative Bewertung

Im qualitativen Bereich gibt es häufig keine hinreichend spezifischen Sekundärinformationen zur Mediaselektion, man ist – will man aussagekräftige qualitative Daten haben – dann darauf angewiesen, eigene Untersuchungen anzustellen. Diese jedoch kosten zusätzlich Geld und Zeit.

Aber auch im quantitativen Bereich ist die Mediabewertung und -selektion nicht einfach. Zwar gibt es viele Kennzahlen, wie die bekannten Angaben zu Auflagen, Reichweiten, Kontaktzahlen, Tausenderpreise, Page Impressions, Conversion Rates usw., allerdings sind die Zahlenangaben nicht immer objektiv und von neutraler Stelle geprüft. Zudem fehlt oft eine vergleichbare Datenstruktur – es liegen andere Erfassungszeiträume zugrunde, andere Grundgesamtheiten, andere Messgrößen usw. Quantitative Bewertung

Daher kann bereits die Beurteilung der Leistungsfähigkeit eines einzigen Mediums sehr diffizil sein. Da Sie aber mit Einsatz von Medienkombinationen normalerweise höhere Wirkung erzielen können als monomedial (z.b. TV plus Großplakat statt nur TV) geht es für Sie oft um die Beurteilung mehrerer Medien. Diese wirken in Kombination miteinander, ergänzen sich gegenseitig und sollen sich in der Wirkung verstärken, so dass sich aus einer zielgerichteten Medienkombination eine synergetische Gesamtwirkung ergibt, die größer ist als die Summe der Einzelwirkungen der verschiedenen Medien (vgl. Kapitel 10 „Kommunikation und Controlling", S. 317 ff).

Eine Abschätzung und Beurteilung der Wirkung alternativer Medienkombinationen ist äußerst schwierig bis unmöglich, so dass Sie meist auf Erfahrungswerte und Annahmen angewiesen sein werden, die über entsprechende Begleit-Untersuchungen (Kampagnen-Monitoring) evaluiert und gegebenenfalls nachjustiert werden müssen.

Gerade bei den neuen, interaktiven Medien wie Internet ist eine qualitative Beurteilung der Leistungsfähigkeit immer noch schwierig. Gesicherte qualitative Nutzungsdaten liegen oft nicht vor. Reine Kontaktzahlen, wie Page Views oder Click Rates sagen nichts aus über Nutzung des Informationsangebotes: Interaktive Medien

- Wurde absichtlich oder zufällig kontaktiert?
- War der User bei langer Verweildauer wirklich am Computer? Oder kurz in der Pause?
- Saß überhaupt der vermutete User am PC, oder vielleicht (nach dem Einloggen) ein Kollege oder Familienmitglied?
- Konnte überhaupt eine Kommunikationswirkung erzielt werden oder nicht?
- Wenn ja, welche?

Trotz der in den letzten Jahren insbesondere technisch immer mehr verfeinerten Erfassungsmöglichkeiten von Nutzerverhalten und Nutzungsstatistiken (z.B. über Webanalytics) und zahlreicher Kennzahlen (vgl. Kapitel 10 „Kommunikation und Controlling") bleiben die Erkenntnisse – sofern nicht im Rahmen gesicherter Authentifizierungsprozesse gewonnen – eher prinzipiell statt individuell aussagekräftig. Hier bleibt abzuwarten, welche Möglichkeiten und welches Instrumentarium die Forschung noch entwickeln wird, um die Wirkung von Online-Kommunikation in diesen Medien qualitativ und individuell aussagekräftiger festzustellen.

4.2.10 Dialogvertiefung und Responsemanagement

Dem Thema Dialogvertiefung und Responsemanagement widme ich aus drei Gründen einen eigenen Abschnitt:

1. Sinn und Aufgabe professioneller Marketing-Kommunikation ist das Herstellen, Führen und Pflegen eines Dialoges zwischen Kommunikator und Zielperson. Monologe können, genau betrachtet, höchstens in vorgelagerten Einzelphasen und im Ausnahmefall eine Form erfolgreicher Marketing-Kommunikation sein, da es zu keinem Austausch, sondern nur zu einer einseitigen Verbreitung von Botschaften kommt. Zu dialogischer Marketing-Kommunikation gehören aber Sender *und* Empfänger, in wechselseitiger Funktion.

2. In der Praxis wird die Aufgabe der Dialogvertiefung und Responseabwicklung sehr oft unprofessionell, manchmal schon fast fahrlässig schlecht gehandhabt. Es gibt sogar immer noch Webseiten, auf denen es unmöglich ist, einen Feedbackkanal zum Unternehmen zu entdecken, von konkreten Ansprechpartnern ganz zu schweigen. Viele gute Ansätze zur Kundengewinnung und -pflege werden durch Unbedachtheit, Wissensdefizite, schlechte oder fehlende Vorbereitung, Organisationsprobleme oder auch Gleichgültigkeit verdorben oder gar nicht erst genutzt.

3. Gerade durch moderne Kommunikations-Instrumentarien und die technologischen Möglichkeiten der Datenverarbeitung haben sich hocheffiziente Chancen zur Dialogentwicklung und -pflege ergeben. Diese geschickt zu nutzen und sich darüber Wettbewerbsvorteile zu schaffen, ist und wird noch stärker zu einem kritischen Erfolgsfaktor professioneller Marketing-Kommunikation werden (z.B. im Rahmen von Customer Relationship Management).

Was können Sie also tun, um Dialogmöglichkeiten so gut wie möglich zu nutzen (Bild 99)?

> „Professionelle und erfolgreiche Kommunikation hält
> keinen Monolog, sondern schafft und führt den Dialog."
>
> • Jeder ist Sender und Empfänger
> • Es gibt gute Tools – die Qualität ihrer Nutzung
>   wird zum Erfolgsfaktor
> • Dialogelemente gezielt einsetzen und in
>   Kommunikationsmittel einbauen
> • Rechtzeitig Response vorbereiten
>   (Responsepaket, Routinen etc.)
> • Make-or-buy-Entscheidungen treffen
>
> Chancen werden oft nicht genutzt, durch Unbedachtheit,
> Wissensdefizite, Unvorbereitetsein, Bequemlichkeit, Berüh-
> rungsangst, Organisationsprobleme oder Gleichgültigkeit.

Bild 99 Dialogkommunikation

1. Bauen Sie in die Kommunikationsmittel gezielt Dialogelemente ein (Coupon, Adresse, Telefon- und Faxnummer angeben, Antwortpostkarte integrieren, elektronische Adressen hinzufügen, Ansprechpartner nennen, Hotline installieren).

2. Begreifen Sie eine Webpräsenz und soziale Netzwerke konsequent als interaktives Medium und nutzen Sie die Chance, User dort auf konkrete Ansprechpartner Ihres Unternehmens direkt zu lenken und nutzen Sie die technischen Möglichkeiten zur unmittelbaren Userkommunikation (Foren, Blogs, Webinare, Chatrooms, etc.)

3. Bereiten Sie sich (bzw. Ihre Partner/Kunden) rechtzeitig auf Dialog und hohes Antwort-Aufkommen vor. Sie müssen Response frühzeitig organisieren; Sie müssen vor Realisierung und Durchführung regeln, wer wofür verantwortlich ist, wer auf Response zu reagieren hat, womit, wie und wann?

4. Besonders wichtig ist dieses Thema bei Messen, zur Steuerung des Außendienstes auf Basis vorqualifizierter Kontakte, bei Nutzung von Online- und Offlinemedien sowie bei der Durchführung und Nachbearbeitung von Mailings.

5. Die klassische Make-or-buy-Frage haben Sie ebenfalls zu klären: Kann oder soll die Responseabwicklung ganz oder teilweise extern vorgenommen werden (Outsourcing, z.B. an ein Call-Center), muss oder soll sie völlig oder zumindest partiell intern erfolgen?

Checkliste 39
Maßnahmen zur
Dialogentwicklung
und -pflege

In jedem Fall sollten Sie frühzeitig Response-Pakete schnüren, Routinen zur Dialogbearbeitung implementieren, eine effektive Außendienststeuerung etablieren, um den Außendienst zu entlasten, und vorhandene Direct-Selling-Möglichkeiten auszunutzen.

4.3 Budgeting

Wenn klar ist,

- welche Zielgruppen Sie
- wann
- mit welchen Mitteln und Maßnahmen
- über welche Kanäle/Medien
- wie intensiv

angehen müssen, dann – und erst dann – sollten Sie die für die Bewältigung Ihrer kommunikativen Aufgabe erforderlichen finanziellen Investments bestimmen. Es sei denn, es wären finanzielle Engpässe vorhanden, die einen sinnvollen Kommunikationsumfang von vornherein verhindern würden.

Ihre Budgetbestimmung findet fast immer statt im Spannungsfeld zwischen „Was will man ausgeben, was kann man ausgeben, was sollte man ausgeben". Wobei im Sinne aufgabenorientierter Budgetierung natürlich Letztgenanntes die Prämisse darstellt, welcher aber der finanzielle Spielraum häufig als Restriktion entgegensteht. Besonders in Zeiten schlechter Ertragslage und niedriger Geschäftsvolumina werden Kommmunikationsbudgets oft eingefroren oder wesentlich verringert, weil sie als operative Gemeinkosten angesehen werden, nicht als strategische, für Unternehmenserfolg unentbehrliche Investitionen in die Markt- und Geschäftsentwicklung.

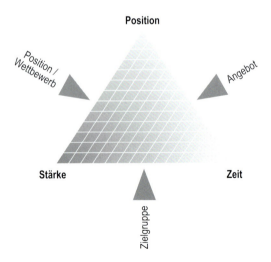

Bild 100 Das magische Dreieck Stärke – Position – Zeit

Im Hinblick auf die Budgetentscheidung hilft es manchmal, mit dem sogenannten *Magischen Dreieck Stärke – Position – Zeit* (Bild 100) den erfolgskritischen Zusammenhang dieser drei Parameter zu verdeutlichen:

- Besitzt das Angebot eine starke Position im Markt bzw. Meinungsmarkt und seine Vermarktung ist nicht zeitkritisch, besteht keine Notwendigkeit überdurchschnittlich stark aufzutreten.
- Hat es nur eine mittelmäßige Position, diese soll aber in absehbarer Zeit deutlich verbessert werden, dann ist in einen überdurchschnittlich starken Auftritt zu investieren.
- Bei einer schwachen Position ist entsprechend noch mehr zu investieren.
- Besteht zudem noch Zeitdruck, zwingt das zu einem extrem starken Auftritt.
- Umgekehrt: Besteht die Möglichkeit hoher Investition, dann gibt es auch die Chance, in relativ kurzer Zeit seine Position deutlich zu verbessern.

4.3.1 Kommunikation als Investment

Kommunikation kostet fast immer Geld. Aber deswegen ist sie nicht als simpler Kostenfaktor zu betrachten, den man zum Beispiel im Sinne von Sparmaßnahmen beliebig reduzieren kann.

Kommunikation ist eine Investition, um im Wettbewerb zu bestehen (Bild 101). Sie ist eine Investition in den Markt, zur Förde-

Bild 101 Kommunikation ist Investment in Markterfolg

rung, Unterstützung und zum Teil auch zur kostensenkenden Substitution anderer Vermarktungsbemühungen. Es ist erwiesen, dass erfolgreiche Unternehmen überdurchschnittlich intensive, mehrkanalige, kontinuierliche und gute Marketing-Kommunikation betreiben (z.b. Sixt, Lucky Strike, VW, MacDonalds, Coca Cola), auch wenn Erfolg oder Misserfolg von Kommunikations-Maßnahmen sich nur selten an direkten Abverkaufs- oder Umsatzzahlen schlüssig nachweisen lassen (vgl. Bild 102). Aber Kommunikation hat nun einmal andere Zielgrößen, wie in Kapitel 3.3 beschrieben.

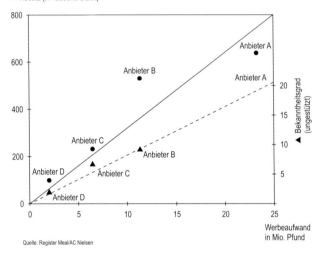

Bild 102 Zusammenhang zwischen Mediabudget, Bekanntheitsgrad (ungestützt) und Abverkauf (Umsatz) an einem Beispiel der Telekommunikationsbranche

Marktanteile, Bekanntheitsgrade und Imagewerte korrelieren eindeutig positiv mit einem kommunikativ professionellen Auftritt. Dabei stellt sich der Erfolg oft erst mittelfristig oder sogar langfristig ein (zum Beispiel bei der Beseitigung von Vorurteilen oder bei Imagekorrekturen).

Kurzfristiges Erfolgsdenken, bei Profit-Center-Organisationen und Shareholder-Value-Ausrichtung durchaus nicht selten, stehen einer strategischen Kommunikationspolitik meist entgegen, da es Interessenkonflikte zwischen langfristiger Marktbearbeitung und kurzfristigem Erfolgsdruck gibt. Aktionismus ist mit hoher Wahrscheinlichkeit vorprogrammiert.

4.3.2 Methoden der Budgetbestimmung

Wie bestimmen Sie das richtige Budget?

Leider gibt es keine einfache mathematische Formel, mit der sich das jeweils optimale Budget errechnen ließe. Zu komplex sind die Einflussfaktoren, die solch eine Formel berücksichtigen müsste. In der Praxis haben sich daher einige Methoden etabliert, mit denen Budgets recht einfach bestimmt werden können. Allerdings sind diese Methoden mit teilweise gravierenden Nachteilen versehen, die Sie aber zumindest kennen sollten, um damit besser gegenüber Ihren Auftraggebern argumentieren zu können.

Sicher führt zur jeweils richtigen Budgetierung nur eine Methode: die bereits erwähnte Orientierung an der zu bewältigenden Vermarktungs- und Kommunikationsaufgabe, den zu erreichenden Kommunikationszielen und den dazu begründet erforderlichen Mitteln und Maßnahmen. Sind die Aufgaben kurzfristig und einfach zu lösen, reicht vielleicht ein geringer Etat, sind sie komplex und langfristig orientiert, muss eben auch kräftig investiert werden. *Ziel-/Aufgabenorientiertes Budgeting*

Gebräuchlich sind – teilweise trotz ihrer Unlogik – aber auch die folgenden Methoden zur Budgetbestimmung:

Nach wie vor ist es nicht ungebräuchlich, dass man das Budget danach festlegt, was der „Geldbeutel hergibt", was man sich – ganz sicher – leisten kann. *Geldbeutel-Methode*

Die Methode besticht zwar durch ihre Einfachheit, führt aber höchstens durch Zufall zu den jeweils richtigen und angebrachten Kommunikationsbudgets, da es ja zu keiner Anbindung an den Markt und die Vermarktungsaufgabe kommt. Die strategische, also längerfristige und vorausschauende Funktion der Kommunikation bleibt unberücksichtigt. Im Gegenteil, es ergibt sich sogar eine umgekehrte Relation von Erfolg zu Investition: Geht es dem Unternehmen schlecht (geringe Liquidität, wenig im Geldbeutel), wird kommunikativ wenig investiert, wenig getan und umgekehrt.

> Kommunikation allgemein und speziell Werbung sollten gerade „in schlechten Zeiten" intensiver eingesetzt werden, um Nachfragekrisen zu kompensieren und zum Beispiel konjunkturelle Talsohlen möglichst rasch zu überwinden.

Bei einer anderen Methode wird das Kommunikationsbudget als Prozentsatz vom Umsatz (Vorjahresumsatz, geplanter Umsatz) definiert. Auch diese Methode ist einfach – und sehr gebräuchlich. Obwohl auch sie zu einem leicht nachvollziehbaren Paradoxon führt: Es wird – ähnlich der Methode zuvor – dann am intensivsten kommuniziert, wenn das Unternehmen oder ein Geschäftsfeld am *Umsatzorientiertes Budget* meisten verkauft, wenn das Angebot also am besten läuft. Und um so weniger, je schlechter es läuft.

Die Budgetbestimmung nach Umsatz ist definitiv nicht empfehlenswert.

Budget, bezogen auf Verkaufseinheiten Bei einer weiteren Methode wird das Kommunikationsbudget auf Verkaufseinheiten bezogen. Dies entspricht im Prinzip der umsatzorientierten Methode; der Unterschied besteht lediglich darin, dass man je Verkaufseinheit eines Angebots (Stückzahl, Packungsgröße) ein Kommunikationsbudget fixiert (sich also nicht an einem Gesamtumsatz eines Unternehmens, eines Geschäftsfeldes oder einer Produktkategorie orientiert). Damit können sich abhängig von den unterschiedlichen Verkaufseinheiten auch unterschiedliche Budgets ergeben.

Es ist grundsätzlich unlogisch, Kommunikationsbudgets am Verkauf zu orientieren, egal ob auf den direkten Erlös bezogen, auf Umsatz oder auf Verkaufseinheiten.

Ertragsorientiertes Budget Bei der Budgetfestlegung nach Ertrag wird ebenso einfach wie bei der umsatzorientierten Methode vorgegangen. Nur wird nicht vom Umsatz, sondern vom Gewinn (vor oder nach Steuern) ein bestimmter Prozentsatz als Kommunikationsbudget definiert. Es kommt zu ähnlichen Nachteilen und Fehlbemessungen wie bei der Umsatzorientierung.

Hinzu kommt noch, dass der Gewinn eines Unternehmens oder eines Geschäftsfeldes von vielen anderen Faktoren beeinflusst wird. Faktoren, welche die wirkliche Ertragssituation häufig verschleiern und schon deshalb zu falschen Budgetbemessungen führen. Dies gilt zum Beispiel für Abschreibungen, außerordentliche Erträge, außerplanmäßige Investitionen, Rückstellungen, Verlust- oder Gewinnverlagerungen usw. Des Weiteren würde erst mit Kommunikation begonnen werden, wenn die Gewinnschwelle (Break-Even-Punkt) überschritten wird, ein völlig unsinniges Vorgehen.

Komparative Budgetbestimmung Sie können das Kommunikationsbudget auch an den Budgets der Konkurrenz bemessen. Sofern keine überdurchschnittlich hohen Vermarktungsziele angestrebt werden, liegen Sie mit dieser Methode zumindest nicht völlig neben dem, was in der Branche üblich ist. Allerdings können Sie so auch nichts Besonderes bewegen. Es entsteht mehr oder minder eine Patt-Situation, die dazu führt, dass sich die Intensität der kommunikativen Auftritte weitgehend neutralisiert. Außer es gelänge Ihnen eine signifikante Differenzierung im Auftritt, indem Sie eine deutlich intelligentere, pfiffigere Auswahl und Umsetzung der Kommunikationsmittel und -maßnahmen schafften und gezielt zum Einsatz brächten.

Tabelle 14 Vergleich der Budgetierungsverfahren

Methode	Ergibt optimales Kommunikations-Budget?	Kommentar
Ziel-/Aufgabenorientiert	Ja	So sollte es sein!
Geldbeutel-Methode	Nur per Zufall	Oft verkehrt, wenn's schlecht geht, wird gespart!
Umsatzorientiert	Nie	Einfach, gebräuchlich
An Verkaufseinheiten orientiert	Nie	Wie umsatzorientiert, nur stückzahlbezogen
Ertragsorientiert	Nur per Zufall	Gewinn ist manipulierbar
Komparativ	Kaum, aber man liegt nie völlig daneben	Schwierig zu messen, kann neu ralisieren es gilt intelligent umzusetzen

Aber auch bei dieser Methode ist der Einsatz finanzieller Ressourcen nicht zielgerichtet. Denn es gibt keinen kausalen Zusammenhang zwischen dem Kommunikationsbudget der Konkurrenz und dem eigenen. Zudem ist die Ermittlung des Konkurrenzetats schwierig bis teilweise unmöglich. Wir haben zwar z.b. für Mitbewerber-Benchmarkingstudien auf Messen ein ausgeklügeltes Tool entwickelt, um auch die Investments hinter den Messeauftritten ziemlich genau zu bestimmen, aber ob z.b. im Vorfeld der Messe auch eine mehrstufige Einladungsaktion gemacht wurde, können wir nicht erfassen. Durch Beobachtung messbar sind schließlich nur die sichtbaren Kommunikationsmittel und -maßnahmen. Viele Aktivitäten bleiben aber verborgen, beispielsweise die häufig besonders wirksamen Below-the-Line-Aktivitäten.

Tabelle 14 zeigt eine Zusammenfassung der Budgetierungsverfahren, Bild 103 verdeutlicht den Zusammenhang von aufgabenorientiertem bzw. prozentual bemessenem Werbebudget und der Umsatz- bzw. Ertragsentwicklung.

Man kann leicht erkennen, dass die prozentuale Bemessung am Umsatz bzw. Ertrag zu unlogischen Budgetverläufen führt und dass es bei der Orientierung am Ertrag zusätzlich noch zu einer zeitlich verzögerten kommunikativen Marktbearbeitung ($t_0 \rightarrow t_1$) kommt.

Das aufgaben- und zielorientierte Budgeting hingegen sieht bereits kommunikative Maßnahmen vor und sorgt für deren Realisierung, bevor Umsätze erzielt werden (t_{-1}: marktvorbereitende Funktion von Kommunikation). Dafür werden die kommunikativen Investments mit steigendem Markterfolg konsequent zurückgeführt bis zu einem Basisbudget, zum Beispiel zur Erinnerungs- bzw. Aktualisierungswerbung. Insgesamt muss deshalb jedoch nicht unbedingt mehr Geld in Kommunikation investiert werden. Es kommt lediglich zu einer – ohnehin sinnvollen mittelfristigen Planung und zu

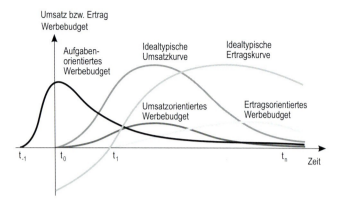

Bild 103 Budget und Umsatzkurven

einer gänzlich anderen zeitlichen Aufteilung des Gesamtbudgets (100%) von t_{-1} bis t_n. Zum Beispiel 50% im ersten Jahr, 30% im zweiten, 15% im dritten und 5% im letzten Jahr.

Verläufe der anderen beschriebenen Budgeting-Verfahren sind in der Grafik aufgrund ihrer unbegründbaren, zufälligen oder vom Umsatz oder Ertrag unabhängigen Bemessung nicht abbildbar.

Peckhams Gesetz

Erwähnt werden soll an dieser Stelle auch Peckhams Gesetz. Es kann als Faustregel dienen, wenn man den Budgetbedarf bei Produkteinführungen abschätzen will. Man muss dazu wissen/schätzen, was die relevante Branche in dem betrachteten Marktsegment insgesamt in Kommunikation investiert (Media Spendings) und welchen Zielmarktanteil man mit seinem neuen Produkt erreichen möchte.

Das erforderliche Budgetvolumen (EBV) ergibt sich dann als Produkt von Zielmarktanteil (ZMA), Gesamtbudget der Branche (GB) und einem Gewichtungsfaktor, der den Wettbewerbsdruck eines Marktsegmentes berücksichtigt. Für Deutschland beträgt dieser Multiplikator 2. Also EBV = ZMA × GB × 2.

Oder anders formuliert: Der Anteil Ihres Budgets am Budget der gesamten Branche muss doppelt so hoch sein wie Ihr gewünschter Zielmarktanteil.

Wollen Sie also 5% Marktanteil erreichen und die Branche gibt bisher 10 Millionen € für Kommunikation im relevanten Marktsegment aus, dann müssen sie für die Kommunikation des einzuführenden Produkts ein Budget von 1 Million € (2 × 5% von 10 Millionen €) einplanen.

4 Strategische Umsetzung

Insgesamt können Sie Budgeting gut mit dem Flug eines Flugzeuges vergleichen. Zu Beginn beim Start muss der Pilot am meisten Schub geben, es wird am meisten Treibstoff benötigt und der Flieger muss auch schon richtig in Fahrt sein, bevor er in die Luft abheben kann. Und je kürzer die Startbahn ist, desto schneller muss beschleunigt werden (bis hin zur Unmöglichkeit, d.h. unrealistischer Zielsetzung). Nach dem Start und dem Erreichen der Reisehöhe kann Schub zurückgenommen und der Ressourcenverbrauch gedrosselt werden. Völliges Abschalten der Triebwerke ist allerdings nicht empfehlenswert, dies führt unweigerlich zum Absturz. Für den Landeanflug und die Landung wird der Schub dann weiter zurückgenommen, der Ressourcenverbrauch sinkt noch einmal ab. Nur falls die Landung abgebrochen werden muss, wird noch einmal kräftig durchgestartet (Relaunch), wird kurzfristig kräftig Schub gegeben, bis wieder Höhe erreicht ist. Nach erfolgter Landung werden die Triebwerke abgeschaltet (Angebot wird aus dem Sortiment genommen). Flug und Ressourceneinsatz sind zu Ende.

5 Konsequenzen für die kreative Umsetzung

Im fünften Kapitel geht es um Aspekte, die am Rande der Werbe-/ Kommunikationskonzeption liegen und den Übergangsbereich zur Gestaltung und zu externen Dienstleistern oder anderen Fachgebieten behandeln. Die folgenden Betrachtungen konzentrieren sich darauf, die wesentlichen Kreativ-Parameter zu skizzieren, über die Sie noch im Rahmen Ihrer Konzeption eine grundsätzliche Entscheidung treffen sollten. Zumindest sollten Sie über die verschiedenen zur Verfügung stehenden Optionen nachdenken, um diese dann eventuell als kreativen Rahmen für Agenturen, zum Beispiel als Foto-, Grafik-, Text- oder Basis-Briefing festzuschreiben.

5.1 Die kreative Zielgruppenansprache

Bei Ihren bisherigen konzeptionellen Überlegungen haben Sie meist schon wichtige Erkenntnisse und Notwendigkeiten für die Art und Weise der kreativen Zielgruppenansprache gewonnen. Insbesondere gilt dies für die Betrachtung der Ausgangslage, der Zielgruppen sowie der anderen kommunikationsstrategischen Parameter.

> Gewonnene Erkenntnisse und Notwendigkeiten für die kreative Zielgruppenansprache sollten Sie bereits im Konzept festschreiben und später im Briefing weitergeben. Damit stecken Sie das Spielfeld für die Fortführung des Werbe-/Kommunikationskonzepts mit gestalterischen Mitteln ab – zum Beispiel Grafik, Fotografie, Text, Musik, Film, Sprache, Farbe usw.

Es ist klar, dass ein Gestalter – zum Beispiel in einer Agentur – die kreativen Rahmenbedingungen kennen muss, um Zufallsergebnisse oder gar Fehlarbeiten zu vermeiden. Dazu muss er diese „Vorgaben" von Ihnen im Briefing genannt bekommen, nur dann kann er sie bei seinem Gestaltungskonzept bewusst berücksichtigen.

Geht es also beispielsweise darum, ein Low-Price-Produkt an eine sehr preissensible Zielgruppe zu vermarkten, dann darf die Umsetzung einer Anzeige oder auch eines Flyers oder eines Messeauftritts nicht hochwertige, exklusive, edle Assoziationen wecken. Umgekehrt passen zum Beispiel die TV-Spots für Ferrero Rocher, mit der Darstellung eines edlen, vornehmen Ambientes eben zu diesem Praliné-Produkt, weil dieses nicht als Billigprodukt, sondern als „kleiner Luxus, den sich jeder gönnen kann" am Markt positioniert ist.

Geht es darum, eher konservativen Zielpersonen Detailwissen zu vermitteln, dann muss dem Texter die Vorgabe gegeben werden, dass er nicht einen locker-flockigen Freak-Text zu schreiben hat, sondern vielleicht einen eher redaktionellen Sachtext.

5.2 Agenturauswahl

Entscheidender Einstieg in die kreative Umsetzungsphase ist für ein werbe-/kommunikationtreibendes Unternehmen die Wahl der passenden Werbe-/Kommunikationsagentur, sofern man diese Funktionen nicht inhouse besitzt.

Aus Ihren bisherigen Überlegungen können sich Konsequenzen für Art, Größe und Ausrichtung der Agentur ergeben. Sofern Sie als Werbe- oder Kommunikationsberater in einem Unternehmen arbeiten, gehört die Agenturauswahl zu Ihren Aufgaben.

Prinzipiell sind drei Optionen möglich:

- Full-Service-Agentur,
- Spezial-Agentur (inkl. Kreativagentur) oder Freelancer und
- Lead-Agentur.

Generell sollte man mit einer Agentur eine längerfristige Zusammenarbeit anstreben. Denn jede neue Zusammenarbeit erfordert Zeit und Aufwand, sich gegenseitig zu verstehen, Arbeitsweisen zu erkennen und zu koordinieren, Produkte, Branchen und Geschäftsprozesse zu durchdringen und eine Vertrauensbasis unter Partnern zu etablieren.

Längerfristige Zusammenarbeit

Je besser eine Agentur ihren Auftraggeber, seine Produkte und die relevanten Märkte kennt, desto gezielter, selbstständiger, schneller und meist auch besser kann sie ihr Kreativpotenzial einbringen und ihre Aufgabe erfüllen.

Marktkenntnis

Die Strategie oder Aufgabenstellung an eine Agentur, bewusst und völlig vom Etablierten wegzugehen, ist in der Praxis selten. Allerdings soll hier nicht verschwiegen werden, dass bei einer solchen Vorgabe Agenturen, mit denen man bis dahin noch nicht zusammengearbeitet hat, meist eher in der Lage sind, sich von Gewohntem frei zu machen und völlig neue Wege zu finden.

Neue Wege

Einige der Parameter zur Agenturauswahl zeigt Bild 104.

• Agentur für Einzelaufgabe oder Gesamtkampagne
• Preis-/Kostentransparenz/Kalkulation/Angebotsverhalten
• Besondere Stärken, Ruf
• Strategische und/oder kreative Kompetenz
• Branchen-/Geschäftskenntnis, Konkurrenzausschluss
• Agenturgröße, Mitarbeiterzahl, Fluktuation
• Termintreue, Disziplin, Arbeitsqualität
• Internationale Präsenz/Network
• Standortnähe, Marktnähe
• Honorarsystem, Copyrights, Services

➤ **Agenturprofil**

➤ **Agenturvertrag**

Bild 104 Parameter zur Agenturauswahl

5.2.1 Agenturanforderungen

Sie sollten sich genau überlegen, welche Art von Agentur Sie brauchen und welche Agenturkultur zu Ihnen passt. Die wesentlichen Kriterien zur Agenturentscheidung sind:

Checkliste 40
Kriterien zur
Agenturauswahl

1. Soll es eine Agentur für Einzelaufgaben oder -projekte oder eine Agentur für Gesamtprogramme oder -kampagnen sein (Leistungsportfolio)?
2. Suchen Sie eher eine Kreativagentur, eine PR-Agentur oder eine Agentur zur Markenführung?
3. Soll es ein festes oder ein wechselndes Kreativteam geben oder sogar mehrere?
4. Preisgestaltung (Preisniveau, Preistransparenz, Kostenkontrolle und -reporting)
5. Genauigkeit der Kalkulation, Kostenvoranschläge
6. Besondere Stärken der Agentur
7. Ruf der Agentur, bisherige Leistungen, erzielte Awards (und Relevanz der Awardkriterien für die Marketingaufgabe)
8. Strategische und/oder konzeptionelle Kompetenz
9. Tätigkeit für Konkurrenzunternehmen
10. Branchen-, Geschäfts- und Mediakenntnisse
11. Agenturgröße, Anzahl festangestellter Mitarbeiter und Free lancer, Fluktuationsrate
12. Entwicklung des Gross Income und des Agenturgewinns über die letzten Jahre
13. Termintreue und Flexibilität bei eiligen Aufträgen
14. Technische Ausstattung und IT-Kompatibilität (zum Beispiel, um reibungslosen Dateiaustausch zu gewährleisten)
15. Disziplin bei Vorgaben zum Corporate Design bzw. Eigeninitiative zu dessen Einhaltung
16. Internationale Präsenz, internationales Network (für international tätige Unternehmen oder internationales Geschäft)

17. Art der Kundenbetreuung, Anzahl und Kompetenz der Gesprächspartner
18. Durchschnittliche Dauer der Kundenbetreuung
19. Was bietet die Agentur selbst, was kauft sie zu (Leistungsportfolio)?
20. Agenturstandort, Nähe
21. Art des Honorarsystems (Agenturprovision, Pauschalhonorar, Projekthonorar, Mindesthonorar, Lizenzhonorare, Zuschläge auf Fremdleistungen, Staffelpreise, Stundensätze, freie Vereinbarung, ergebnisbezogene Vergütung, Konventionalstrafen, Ausfallkosten, Reise- und Nebenkosten) etc.
22. Copyright-Regelungen
23. ISO-9000-Zertifizierung, DIN-Norm 26000, European Quality Award (als Hinweis auf dokumentierte und durchdachte Prozesse – ist aber kein Beweis für gute Kreativ- oder Agenturleistung!)
24. Art der Rechnungsstellung
25. Sicherstellung von Vertraulichkeit
26. Sonstige Dienstleistungen
27. Vertragliche Vorstellungen (Dauer, Fristen)

5.2.2 Agenturprofile

Mit den vorgenannten Kriterien können Sie mögliche Agenturpartner qualifizieren, bewerten und zertifizieren (z.B. mit einem Scoring-Verfahren wie einer Nutzwertanalyse oder im Paarvergleichsverfahren). Dazu erstellen Sie am besten zuerst ein grundlegendes Bewertungsschema mit den für Sie wichtigen Kriterien, tragen darin für jede Sie interessierende Agentur die entsprechenden Erfüllungsgrade ein und erstellen so Agenturprofile, die auf relativ vergleichbarer Ebene die Agenturauswahl objektivieren und erleichtern können.

5.2.3 Agenturvertrag

Die Zusammenarbeit mit einer Agentur oder einem externen Dienstleister sollten Sie in jedem Fall mit einem Vertrag in Schriftform vereinbaren. Dieser kann natürlich individuell formuliert werden, es gibt dazu aber auch entsprechende Standardverträge, wie sie zum Beispiel vom GWA (Gesamtverband Werbeagenturen) angeboten werden (http://www. gwa.de).

Eine effektive Agenturauswahl wird durch ein Agenturprofil unterstützt, das anhand konkreter Bewertungskriterien erstellt wird. Die Zusammenarbeit mit einer Agentur sollte immer schriftlich über einen Agenturvertrag fixiert werden.

6 Einsatz von Kommunikations- forschung (Testing)

Dieses Kapitel schließt Ihre Konzeptionsarbeit ab. Es geht darin um Maßnahmen vorgelagerter, begleitender oder nachgeschalteter Kommunikationsforschung. Sie dienen der Absicherung, Bewertung oder Kontrolle Ihrer getroffenen kommunikationsstrategischen Entscheidungen oder Ihrer definierten Ziele – also der Wirkung der geplanten und/oder durchgeführten Aktivitäten. Im Wesentlichen hat Kommunikationsforschung drei Aufgaben (Bild 105):

• Risikominimierung
• Optimierung
• Wirkungs- und Erfolgskontrolle.

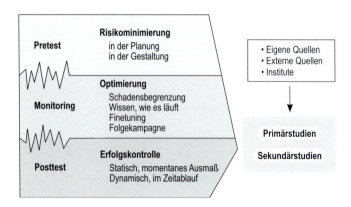

Bild 105 Phasen und Aufgaben der Kommunikationsforschung

6.1 Risikominimierung

Ein gewisses Risiko der Zielverfehlung besteht bei Kommunikations-Maßnahmen immer. Auch ein noch so intensives Testing kann Ihnen keine hundertprozentige Sicherheit geben und kann nichts garantieren. Aber Kommunikationsforschung kann Risiken erheblich vermindern. Und nur darum geht es.

Tabelle 15 Beispiel eines Pretest-Ergebnisses

	Anzeigen-Motiv A	Anzeigen-Motiv B	Anzeigen-Motiv C
Uniqueness	3,3*	3,3	3,6
Auffälligkeit	4,0	4,0	4,2
Likes	63%	68%	49%
Dislikes	48%	53%	70%
Kommunikation des Nutzens	43%	40%	13%

* Mittelwerte auf einer Skala von 1 bis 5, wobei 1 bedeutet „trifft überhaupt nicht zu" und 5 „trifft voll und ganz zu".

Risiken bzw. Fehlermöglichkeiten bestehen

- *in Ihrer Planung/Konzeption:*
  - Getroffene Annahmen oder notwendige Hypothesen könnten falsch oder zu ungenau sein.
  - Interpretationen und Strategieentscheidungen könnten falsch sein.
  - Als richtig angenommenes Wissen könnte inzwischen überholt sein.
  - Wissensdefizite bestehen bzgl. Markt, Wettbewerb, Zielgruppen, Bedarfsstrukturen, Einstellungen usw., die ohne Kommunikationsforschung nicht zu beheben sind.
- *beim Gestaltungskonzept:*
  - Zum Beispiel können Visualisierung, Botschaft und Argumentation, Tonality und Medienauswahl nicht wirklich zur definierten Zielgruppe passen.
  - Akzeptanz, Aufmerksamkeitswirkung, Wahrnehmung, Lernwirkung, Imagewirkung, Glaubwürdigkeit usw. könnten bei den Rezipienten nicht gut genug ausgeprägt sein.

Tabelle 15 zeigt die Ergebnisse eines Pretests von drei verschiedenen Anzeigenmotiven. Ziel war es, die Stärken und Schwächen der verschiedenen Sujets herauszufinden und die Anzeigenmotive in ihrer Wirkung zu bewerten. Anzeigenmotiv C wurde auf Basis dieser Ergebnisse nicht realisiert.

6.2 Optimierung

Optimieren bedeutet, festgestellte Mängel und erkannte Defizite zu beheben, bevor (weiterer) Schaden entsteht.

Die ersten Möglichkeiten einer solchen Optimierung resultieren aus den Testergebnissen zur Risikominimierung. Durch Korrektur festgestellter Planungsfehler oder entsprechende Anpassungen im Gestaltungskonzept können Fehler behoben und die Erfolgschan-

Optimierung nach Tests

cen der analysierten Kommunikationsmittel und -maßnahmen verbessert werden.

Das Verfahren der Blickaufzeichnung (Umsetzung 100) liefert nicht nur Daten über den Blickverlauf, also die Reihenfolge der Fixationspunkte, sondern auch über die Dauer der jeweiligen Betrachtung, wie lange also der Blick an einer bestimmten Stelle verweilt und wie lange das gesamte Werbemittel betrachtet wird. Verweilt beispielsweise der Blick auf einer zweizeiligen längeren Headline nur 0,1 Sekunden, kann man unschwer daraus schließen,

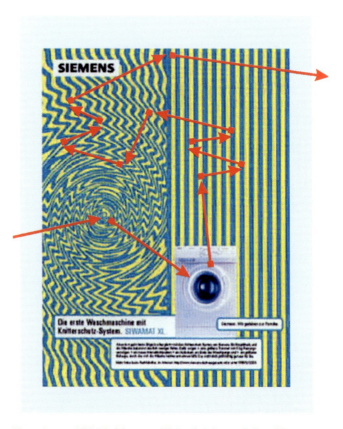

Umsetzung 100 Verfahren zur Blickaufzeichnung liefern Erkenntnisse zur Optimierung von Werbemitteln. Im Beispiel wurde sichtbar, wie die sehr unruhige Gestaltung der Anzeige den Betrachter irritiert. Sein Blick springt umher, sucht nach Orientierung, findet diese kaum und springt wieder aus dem Bild. Das Produkt und peripher auch die Absender-Marke werden zwar betrachtet, die eigentlichen Botschaften (Headline, Fließtextaussagen, Claim) hingegen überhaupt nicht. Quelle: 5 Jahre Eyetracking; Institut für Markt- und Motivforschung, Augsburg

dass sie nicht gelesen wurde (das ist in dieser Zeit wahrnehmungs-technisch nicht möglich), ihr Inhalt also nicht erfasst wurde. In letzter Zeit werden auch summarische, farbcodierte Auswertun-gen immer beliebter. Sie sehen aus wie Wärmekameraaufnahmen. Dabei steht Rot für besonders intensiv betrachtete Stellen, Gelb wird weniger stark fokussiert und Grün am wenigsten, hat aber immerhin noch Betrachtungsfälle, im Gegensatz zu den farblich nicht gekennzeichneten Flächen (Umsetzungen 101 bis 103).

Umsetzung 101
Beispiel einer Betrachtungs-intensitätsmessung für einen Handy-Screen

Umsetzung 102 Beispiel einer Betrachtungsintensität für eine Print-Doppelseite

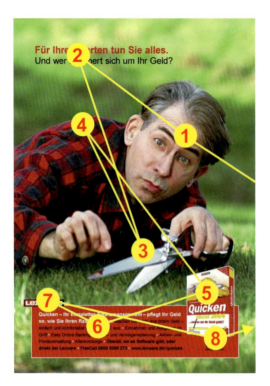

Umsetzung 103 Blickaufzeichnung am Beispiel einer Anzeige

Blickverlauf und Betrachtungsintensität lassen sich nicht nur im Printbereich anwenden, sondern genauso bei Webseiten, Messetafeln oder auch für POS-Analysen, um beispielsweise Regalplatzierungen zu optimieren oder Vorzugsplatzierungen und Preisstaffelungen zu definieren.

Optimierung während einer Kampagne
Aber auch wenn eine Kampagne bereits läuft, können Sie noch optimierend eingreifen. Laufende Kommunikationsaktivitäten lassen sich im Rahmen eines sogenannten Kampagnen-Monitorings mit Maßnahmen der Kommunikationsforschung begleiten. Dabei wird die Wirkung der eingesetzten Kommunikationsmittel und -maßnahmen bei interessierenden Zielgruppen beobachtet, gemessen und im Zeitablauf verfolgt. Werden dabei wesentliche Wirkungsdefizite oder Detailschwächen in der Umsetzung erkannt, kann sofort eingegriffen und korrigiert bzw. nachjustiert werden, bevor größerer Misserfolg eintritt.

Optimierung nach einer Kampagne
Selbst nach Ablauf einer Kampagne können Resultate der Kommunikationsforschung noch Optimierungsfunktion erfüllen: Erkannte Fehler oder Schwächen einer abgelaufenen Kampagne lassen sich dann zumindest bei der Folgekampagne vermeiden.

6.3 Wirkungs- und Erfolgskontrolle

Den Erfolg kommunikativer Aktivitäten können Sie häufig *nur* über Kommunikationsforschung feststellen (vgl. Kapitel 10 „Kommunikation und Controlling", S. 317 ff).

Kontrolle der kommunikativen Wirkung

Dabei kann zunächst einmal die kommunikative Wirkung einer Kampagne festgestellt werden. Dies erfolgt über Kampagnen-nachgelagerte Kommunikationsforschung, sogenannte Ex-post-Studien. Unterscheiden Sie dabei zwischen dem statischen und dem dynamischen Ergebnis.

Das statische Ergebnis stellt lediglich das momentane Ausmaß eines Wirkungskriteriums fest. Beispielsweise wie hoch der Bekanntheitsgrad zum Zeitpunkt der Messung ist, wo Stärken und Schwächen im Imageprofil sind, welches Wissen vorhanden ist usw.

Statisches Ergebnis

Beim dynamischen Ergebnis wird zusätzlich die Entwicklung von Wirkungskriterien im Kampagnenverlauf festgestellt (Aussage über Veränderungen im Zeitablauf), z.B. dass der ungestützte Bekanntheitsgrad der Marke in den ersten 3 Monaten seit Kampagnenbeginn von 5 % auf 9 % gestiegen ist.

Dynamisches Ergebnis

Voraussetzung dafür ist eine Nullmessung, das heißt eine Messung der Wirkungsgrößen *vor* dem Kampagnenstart. Nur auf dieser Grundlage kann später ein Vergleich angestellt werden, kann die im Nachhinein durch eine Ex-post-Studie ermittelte Wirkung verglichen werden mit dem Zustand vor der Kampagne. Nur so können Sie Verbesserungen, Verschlechterungen oder Verschiebungen feststellen.

Damit sind für eine Kampagne Aussagen darüber möglich, ob und in welchem Ausmaß sich beispielsweise der Bekanntheitsgrad verändert hat, wie sich Imagekriterien entwickelt haben, in welchem Maße Botschaften gelernt wurden, sich Einstellungen gewandelt haben, Vorurteile beseitigt wurden, wie über eine Marke, einen Händler oder ein neu eingeführtes Produkt in sozialen Medien kommuniziert wurde und darüber, wie sich das – eventuell infolge gezielter eigener Kommentierungen – gewandelt hat.

Erfolgskontrolle

Die Ergebnisse sowohl der statischen als auch der dynamischen Wirkungskontrolle sagen aber normalerweise noch nichts aus über Erfolg oder Misserfolg der durchgeführten Kommunikationsmaßnahmen.

Dazu ist ein Abgleich mit der ursprünglich definierten Zielsetzung erforderlich. Vorausgesetzt, in der Konzeption wurden eindeutige und passende Zielsetzungen formuliert: fokussiert, quantifiziert und terminiert, messbar und realistisch.

Fehlen diese, ist keine gültige (valide) Aussage über Ausmaß von Erfolg oder Misserfolg möglich. Wurden sie jedoch definiert, lassen sich die Resultate der Ex-post-Studien mit den vorgegebenen Zielwerten vergleichen. Über Unterdeckung oder Erfüllung bzw. Übererfüllung können dann Flop oder Erfolg beurteilt werden. Beispielsweise also, ob der ungestützte Bekanntheitsgrad der Meyer GmbH vom 1.1.20XX bis zum 1.8.20XX bei Zielgruppe Y wie angestrebt um mindestens 5 % absolut gestiegen ist.

Primär- und Sekundärforschung

Bei Forschungsmaßnahmen kommen Primär- und Sekundärstudien zur Anwendung. Wobei zunächst immer geprüft werden sollte, ob die gewünschten Erkenntnisse aus Sekundärerhebungen gewonnen werden können. Dies ist zum einen in der Regel preiswerter, da sie aus jedermann zugänglichem, vorliegendem Datenmaterial beschafft werden können. Zum zweiten geht dies meist auch deutlich schneller und ohne tiefgehendes Forschungs-Knowhow von Spezialisten.

Dem stehen bei der Primärforschung die Exklusivität der gewonnenen Erkenntnisse und die meist höhere Aktualität und Spezifität der Ergebnisse gegenüber.

Technisch werden Primärerhebungen meistens in Form schriftlicher oder mündlicher Befragung oder Interviews oder durch experimentelle Beobachtung durchgeführt. Konventionell über Papierfragebogen (PEN), über Handheld-Computer-basierte Befragungsapplikationen (PDA), aber auch über Online-Fragebögen, die methodisch mittlerweile weitgehend akzeptiert sind. Letztere liefern ebenfalls brauchbare Ergebnisse und dies sogar oft schneller und kostengünstiger als die etablierten Methoden. Manchmal ist auch die Kombination verschiedener Methoden sinnvoll. Welches Verfahren für Sie am besten geeignet ist, hängt vom jeweiligen Untersuchungsgegenstand (z.B. Anzeigenlayout) und dem Untersuchungsziel (z.B. Akzeptanz) ab.

Häufig werden die Erkenntnisse einer Untersuchung in der sogenannten Handlungs-Relevanz-Matrix zusammengefasst (Bild 106). Sie gibt den Zusammenhang (Korrelation) der untersuchten Faktoren (z.b. Preis, Qualität, Design oder Service) mit dem erzielten Imagewert (oder der Zielgruppenzufriedenheit) und der festgestellten Zielgruppenrelevanz/-bedeutung an. Die Darstellung wird von den jeweiligen Mittelwerten in vier Segmente unterteilt. Die Fak-

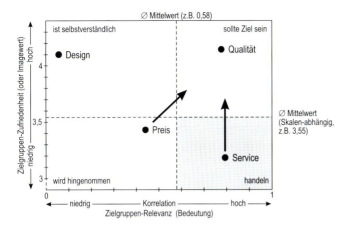

Bild 106 Beispiel einer Handlungs-Relevanz-Matrix auf Basis einer Messestand-Besucherbefragung

toren im Feld „hohe Bedeutung – niedrige Zufriedenheit" sind mit höchster Priorität zu verbessern.

Im Beispiel legte also die befragte Zielgruppe wenig Wert auf das Standdesign, war damit aber sehr zufrieden. Besonders wichtig ist ihr jedoch, nicht zu lange auf einen Gesprächspartner warten zu müssen, und natürlich die Qualität der erhaltenen Informationen. Das Image des Ausstellers ist den befragten Besuchern hingegen wieder weniger wichtig und sie sehen tendenziell auch darüber hinweg, sofern die ihnen wirklich wichtigen Aspekte erfüllt werden. Bezüglich der Wartezeit auf einen geeigneten Gesprächspartner ist das im Beispiel nicht der Fall, damit ist man bei weitem nicht so zufrieden. Hier müsste also der Aussteller primär handeln.

Im Allgemeinen sollten Konzeption und Durchführung von Testingmaßnahmen professionellen Forschungsinstituten übertragen werden. Allerdings ist auch hier ein präzises (Untersuchungs-)Briefing Voraussetzung für gute Zusammenarbeit und zuverlässige Resultate.

Zu empfehlen ist es immer, mehrere Vergleichsangebote einzuholen, denn nicht selten liegen die Angebote verschiedener Institute bezüglich der Untersuchungskosten signifikant auseinander (zum Beispiel je nach Auftragslage, Interviewer-Infrastruktur, Forschungsschwerpunkt oder Untersuchungsmethode)!

Allgemein erhöhen sich natürlich die Kosten mit der Anzahl der Testpersonen (Stichprobengröße), der Schwierigkeit ihrer Erreichbarkeit, dem Umfang der Untersuchung (Fragenanzahl) und dem

Methodenaufwand (zum Beispiel persönliche Interviews statt schriftlicher Befragung).

Tabelle 16 fasst die gebräuchlichsten Ansätze der Kommunikationsforschung im Überblick zusammen.

Die Ergebnisse von Forschungsmaßnahmen liefern natürlich auch den Input für systematisches Kommunikations-Controlling, z.b. Bekanntheitsgrade, Imageprofile, Markenstatus, Produktkenntnisse, Erkenntnisse zur Webseitenfunktionalität usw. Wie für jedes gezielte Managen von Handlungs- und Entscheidungsfeldern müssen auch in der Kommunikation die wesentlichen Zustandsparameter gemessen und mit den Zielwerten abgeglichen werden. Insbesondere bei Ergebnisdefiziten zeigt eine Ursachenanalyse die im Weiteren anzugehenden Handlungsfelder und -erfordernisse auf – die Grundlage für die nächste Planungsstufe/Situationsanalyse.

Tabelle 16 Einsatzfelder für Kommunikationsforschung

Kommunikationsforschung		
vor Kampagnenstart	während einer Kampagne	nach Kampagnenende
Analyse von Konzeptionsgrundlagen: • Analyse von Marketing-Mix-Faktoren, Konkurrenzanalysen, Imageanalysen, Conjoint-Analysen • Analyse der Kaufrelevanz, Entscheidungskriterien, Präferenzstudien **Analyse von Kommunikationsbedingungen:** • Eruierung von Bekanntheitsgrad, Wissen, Einstellung, Motivation, Informationsverhalten etc. • Zielgruppenanalysen, Motivanalyse, Typisierung, Erwartungsprofile • Analyse des Informations- & Kaufentscheidungsprozesses **Mediaanalysen:** • u.a. Reichweiten, Coverage, Mediennutzung, Medien-Mix **Wirkungsanalysen:** • Akzeptanztests, Scribbletests, Recalltests, Testmarktstudien	**Überprüfung getroffener Annahmen:** • Validität von Marketing-Mix-Faktoren • Validität der kaufrelevanten Kriterien und der Präferenzen • Validität kommunikationsstrategischer Annahmen **Überwachung der Kampagnenwirkung:** • Entwicklung von Bekanntheitsgrad, Lernwirkung, Einstellungsparametern, Motivation, Informiertheit etc. • Grad und Präzision der Zielgruppenerreichung • Veränderung der Kundenzufriedenheit • Veränderungen bei Imagekriterien • Resonanzentwicklung • Feststellen von Wirkungsdefiziten, wie Verständnisprobleme, Irritationen, Reaktanzen, Typizität des Auftritts etc.	**Feststellen der Kampagnenwirkung:** • Imageanalysen • Analyse der Kaufpräferenzen • Eruierung von Bekanntheitsgrad, Wissensstand, Einstellungsveränderungen, Motivation, Informiertheit etc. • Vergleichsmessungen zu Nullmessungen • Zielgruppendurchdringung, Reichweiten, Medienleistungsanalyse • Resonanzanalysen Daraus abzuleiten: • Grad der Zielerreichung • Optimierungsmöglichkeiten für Folgeaktivitäten

7 Das Konzept richtig verkaufen

Endlich – Sie haben Ihr Konzept abgeschlossen. Viel Zeit und Arbeit haben Sie darauf verwendet, den Grundstein für intelligente Kommunikationsmaßnahmen zu legen. Sie haben dieses Konzept in erster Linie für sich selbst geschrieben, als strategischer Roter Faden für Ihre Kommunikationsarbeit – darauf wurde bereits zu Beginn des Buches hingewiesen.

Nun müssen Sie Ihre Kunden/Auftraggeber von Ihrem Konzept aber noch überzeugen. Das ist mindestens so wichtig wie Ihre Konzeptarbeit. Denn was nützt das raffinierteste Konzept, wenn Ihr Kunde Ihre Vorschläge nicht akzeptiert?

Deshalb müssen Sie Ihr Konzept überzeugend „verkaufen". Mit den auf Ihren jeweiligen Kunden richtig zugeschnittenen Argumenten. Überzeugen können Sie jedoch nur, wenn Sie verstanden werden. Konfrontieren Sie daher Ihre Kunden nicht mit Ihrer Konzeptionssprache und Kommunikations-Fachchinesisch. Bereiten Sie für Ihr Konzept eine Präsentation auf, zugeschnitten auf Ihren jeweiligen Zuhörerkreis, in möglichst einfacher deutscher Sprache. Und wenn Sie Fachbegriffe verwenden, dann höchstens welche aus dem Sprachschatz Ihres Kunden.

Versetzen Sie sich immer in die Situation und Sichtweise Ihrer Zuhörer. Hierbei helfen Ihnen Ihre Überlegungen zum Auftraggeber aus Kapitel 2.1. Sie müssen nicht über „Kommunikations-Zielgruppe", „aktivierende Einstellungsveränderung" oder „relativierende psychologische Positionierung" reden. Diese Fachtermini müssen Sie beherrschen, Ihr Kunde nicht! Beim Verkaufen Ihres Konzepts, mit dem Ziel, das Budget genehmigt zu bekommen, das Sie für die Realisierung Ihres Konzepts brauchen, hilft Ihnen dies überhaupt nichts. Es ist auch gar nicht erforderlich, um zu überzeugen. Dafür ist es viel wichtiger, einfache, verständliche, kurze Sätze zu bilden, plakative Vergleiche zu bringen, mit Behauptung/These, Folgerung und Beweis eine zwingende Argumentationskette aufzubauen, bei der sich eines aus dem anderen nachvollziehbar ergibt.

Sie müssen es schaffen, dass Ihre Zuhörer Ihnen auf jeder Argumentationsstufe innerlich zustimmen. Dann – und meist nur dann – werden Sie Ihnen auch insgesamt zustimmen und Budgets genehmigen.

Einige Tipps für die Aufbereitung einer überzeugenden Argumentation zum erfolgreichen Verkaufen Ihres Konzepts sind in Bild 107 zusammengefasst.

---

1 Beginnen Sie einfach und holen Sie den Zuhörer bei seinem Problem ab.

2 Stellen Sie zu Beginn Aufgabe und Ziel klar dar! Warum das Ganze?

3 Entwickeln Sie dann eines aus dem anderen. Kurz, einfach, logisch.
Tatsache ⟶ Folgerung/These ⟶ Begründung ⟶ Lösungsweg

4 Treffen Sie kernige Aussagen, malen Sie Schwarz-Weiß, ohne Eventualitäten, ohne 1000 Alternativen, der Weg zur Lösung, der rote Faden muss klar werden.

5 Stellen Sie einen klaren Weg dar. Einfaches Deutsch genügt, der Zuhörer muss Sie verstehen. Versuchen Sie nicht ihn auszubilden oder durch Fachchinesisch zu glänzen.

6 Binden Sie Ihre Aussagen zu Argumentationsketten zusammen, indem Sie bewusst Formulierungen verwenden wie „… um … zu", „daher", „deshalb", „wenn … dann", etc.

7 Versuchen Sie, auf jeder Stufe beim Zuhörer „kleine, innere Ja's" zu erzeugen.

8 Verknüpfen Sie das Ende mit dem Anfang, erzeugen Sie dadurch eine geschlossene Argumentationskette, sprechen Sie die Zielerreichung an.

Bild 107 Ein Konzept erfolgreich verkaufen

8 Das Briefing – Verpflichtung und Versicherung

Das Erstellen von Briefings schließt sich an Ihre Konzeptionsarbeit und die finale Akzeptanz Ihres Konzepts durch die Auftraggeber an (Bild 108). Aufgabe des Briefings ist die konkrete Aufgabenbeschreibung und verdichtete Informationsweitergabe an eine Agentur oder einen anderen internen oder externen Dienstleister (Fotograf, Designer, Texter, Drehbuchautor usw.).

Das Briefing muss seinem Empfänger – Ihrem Lieferanten/Dienstleister – die zur Aufgabenerledigung notwendigen Informationen liefern.

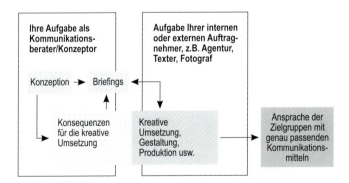

Bild 108 Briefing ist Auftraggeber-Pflicht

8.1 Anforderungen

Aus der Briefingfunktion resultieren bereits die wesentlichen Eigenschaften, die Ihr Briefing zu erfüllen hat. Es muss

1. schriftlich erfolgen,
2. vollständig sein,
3. sinnvoll kurz verfasst sein,
4. präzise und eindeutig sein,
5. konkret konzipiert werden,

Checkliste 41
Anforderungen an das Briefing

6. verständlich formuliert sein,
7. gezielt Freiraum lassen,
8. motivieren,
9. verhältnismäßig sein,
10. mündlich besprochen werden,
11. bei Bedarf durch ein Re-Briefing ergänzt werden,
12. vom Auftraggeber erstellt werden,
13. von Auftraggeber und Auftragnehmer als hinreichend erachtet werden und
14. bei Kampagnen in Form eines Basisbriefings erfolgen, das durch Detail- oder Zusatzbriefings ergänzt wird.

Diese Anforderungen sind im Folgenden kurz erläutert.

1. Sie müssen das Briefing schriftlich niederlegen!

Das Briefing hat Vertragscharakter (z.T. auch juristisch) und stellt eine Übereinkunft zwischen Auftraggeber und Auftragnehmer dar, bei der sich beide Seiten auf eine Informationsbreite und -tiefe verständigen, die vom Auftragnehmer als hinreichend betrachtet wird, um die gestellte Aufgabe zu bewältigen.

Alle enthaltenen Informationen müssen zweifelsfrei nachvollziehbar sein, um auszuschließen, dass es später zu Uneinigkeiten oder einseitigen Behauptungen über getroffene oder nicht getroffene Aussagen, über gegebene oder weggelassene Informationen kommt.

Das gesprochene Wort ist flüchtig und niemand kann sich aus einem Gespräch alles merken. Zudem werden Informationen bei mündlicher Weitergabe mehr oder minder stark verfälscht.

Die Schriftform ist deshalb für beide Seiten gleichermaßen von Vorteil, denn damit wird eine verlässliche Arbeitsgrundlage fixiert, die für beide Seiten Verpflichtung wie Versicherung ist:

- Sie ist Verpflichtung, zu den gegebenen oder zu den akzeptierten Briefing-Informationen zu stehen.
- Sie ist Versicherung gegen Nichtbeachten, Eigenmächtigkeit oder Nichterfüllung der Aufgabenstellung seitens der Agentur oder des Dienstleisters.
- Sie ist aber auch Versicherung für die Agentur oder den Dienstleister gegen unvollständige, verschwiegene oder nachträglich veränderte und nicht mitgeteilte Informationen oder konzeptionelle Korrekturen von Auftraggeberseite.

2. Ihr Briefing muss die für den Briefing-Empfänger notwendigen Informationen enthalten!

Notwendig sind alle Informationen, die zum Verständnis der gestellten Aufgabe erforderlich sind und den Auftrag zweifelsfrei nachvollziehbar machen. Dazu gehören auch die wesentlichen Hintergrundinformationen zur Vermarktungssituation und präzise Angaben zu den Zielgruppen, sowie das klare Herausstellen der zu erreichenden Kommunikationsziele.

Bedenken Sie: Ihr Auftragnehmer hat sich nie so intensiv mit „Ihrem" Fall befasst, wie Sie das getan haben. Lassen Sie deshalb Aspekte nicht einfach weg, nur weil sie Ihnen völlig klar und selbstverständlich sind. Anderen ist das vielleicht noch lange nicht klar und sie verstehen etwas nicht oder anders, nur weil Sie es nicht explizit mitgeteilt haben. Versuchen Sie daher wie ein Außenstehender zu denken, lassen Sie Ihr Briefing von einem Freund oder Kollegen (der mit dem Fall nicht befasst ist) Probe lesen. Was ihn irritiert, wird wahrscheinlich auch Ihrem Auftragnehmer Probleme bereiten.

3. Das Briefing ist so kurz wie sinnvoll möglich abzufassen!

Ihr Briefing muss frei sein vom Ballast unnötiger Daten und Informationen, die nichts zum Verständnis der Aufgabenstellung beitragen und auch keine Konsequenzen für die Arbeit des Auftragnehmers haben.

Im Gegensatz zum Werbe-/Kommunikationskonzept werden im Briefing die Entscheidungen nicht hergeleitet und begründet, sondern lediglich logisch zusammenpassend und nachvollziehbar dem Auftraggeber mitgeteilt. Weniger ist Mehr! Ein Briefing ist nicht deshalb gut, weil es möglichst lang ist. Verzichten Sie also auf epische Beschreibungen.

Als Beispiel ein Auszug aus einem Briefing für eine Anzeige zur Einführung einer neuen, avantgardistisch designorientierten Schmuckkollektion:

„ ... wurde die Firma Heinrich GmbH bereits vor 47 Jahren in Pforzheim von Willi Heinrich gegründet. Auch heute noch ist das Stammhaus dort im Silberweg 9. Derzeit wird das Haus mit 26 festen und 18 freien Mitarbeitern geleitet von der Enkelin des Firmengründers, Kathrin Brosch, geb. Heinrich ..."

Welche dieser Informationen ist für die Aufgabe wirklich relevant? Woraus resultieren Konsequenzen für die Umsetzung? Würde die Anzeige wirklich schlechter werden, wenn das alles nicht im Briefing stünde?

4. Ihr Briefing sollte präzise und eindeutig sein.

Drücken Sie exakt das aus, was Sie wirklich meinen und wollen. Verzichten Sie auf alle „Wenn" und „Aber" und verwenden Sie keinen Konjunktiv. „Könnte" und „sollte" haben in einem Briefing nichts zu suchen. Teilen Sie klare, eindeutige Entscheidungen und Ergebniserwartungen mit. Konzeptionelle Entscheidungen zu treffen, ist einzig und alleine Ihre Aufgabe, schieben Sie dies nicht auf Ihre Auftragnehmer ab.

Verzichten Sie im Briefing auch auf leere Aussagen, Annahmen und Vermutungen. Diese geben nur Raum für Spekulationen oder subjektive Interpretationen. Das sollten Sie vermeiden und stattdessen klare Lösungsräume definieren. Sie erreichen das, indem Sie konkret und eindeutig formulieren. Je präziser Ihre Formulierungen sind, desto exakter kann eine Lösung gefunden werden. Fachbegriffe sollten Sie nur dann verwenden, wenn Sie sicher sind, was sie bedeuten. Lassen Sie keine Interpretationsspielräume offen.

Ein Beispiel:

„Unsere Markenbekanntheit beträgt 12%. Mit einer Mailingaktion soll diese um 20% gesteigert werden!"

Präzise und eindeutig?

- Handelt es sich denn um die gestütze oder ungestützte Markenbekanntheit?
- Meinen Sie die Erhöhung relativ oder absolut? Soll sie also um 20% auf 32% gesteigert werden (absolut) oder auf 14,4% (relativ)?
- In welchem Zeitraum soll das erreicht werden?
- Bei welchen Zielgruppen?

5. Ihr Briefing muss konkret werden

Gehen Sie den Dingen auf den Grund, gehen Sie in die Tiefe. Wenn Sie „rote Tulpen" meinen, dann reden Sie nicht von „Blumen". Beugen Sie vor, dass Ihre Auftragnehmer etwas tun, wovon sie nur glauben, dass Sie es hätten meinen können.

Nochmals am Beispiel von Motiven:

„Das zentrale Motiv der Zielgruppe ist Qualität."

Zunächst: Qualität ist kein Motiv, sondern eine Produkteigenschaft. Dennoch wäre es auch hier erforderlich, die Qualität konkret zu nennen, die Sie meinen, zum Beispiel:

- Materialqualität im Sinne von Langlebigkeit
- Materialqualität im Sinne haptischer Angenehmheit
- Materialqualität im Sinne guter Ergonomie
- Funktionsqualität im Sinne „löst das Problem"
- Funktionsqualität im Sinne „Arbeitssicherheit"
- Ästhetische Qualität im Sinne von gutem Design

Warum ist die Zielgruppe an dieser (gemeinten) Qualität interessiert?

- Aus Angst vor Verletzung?
- Aus dem Streben, einen hohen Kaufpreis langfristig gut investiert zu haben?
- Aus der Denke „Für mich ist das Beste gerade gut genug"?
- usw.

6. Ihr Briefing muss verstanden werden

Dazu muss es verständlich formuliert sein. Sprechen Sie also kein Fachchinesisch, vermeiden Sie Fachbegriffe aus „Ihrer Welt". Und verzichten Sie vorsichtshalber auf hochtrabende Fremdworte, Sie müssen (und können) sich damit nicht beweisen. Erklären Sie Insider-Wissen und drücken Sie sich in Normal-Deutsch aus. Gute Kommunikation ist immer verständlich.

Aus einem Briefing:

„Bei der Zielgruppe des „Sparsamen" hemmen kognitive Dissonanzen die Nachfrage nach unserem Produkt. Deshalb muss beim „Sparsamen" eine kognitive Einstellungserweiterung erzielt werden ..."

Wer versteht das, vielleicht außer Ihnen? Man könnte es auch so sagen:

„Bei der Zielgruppe des „Sparsamen" führt zu geringes Wissen über die Anwendung unseres Produkts zu Zweifeln darüber, ob er es kaufen sollte oder nicht. Deshalb sollen durch die Vermittlung zusätzlicher Informationen zu Anwendungsbeispielen aus der Praxis die Kenntnisse des „Sparsamen" so erweitert werden, dass er unsere Produktnutzen versteht und sicher ist, mit diesem Produkt sein Geld gut anzulegen ..."

Urteilen Sie selbst, was Sie leichter verstehen.

7. Ihr Briefing darf nicht zu stark einschränken.

Lassen Sie Ihren Partnern dort Freiraum, wo sie die Fachleute sind. Definieren Sie den Umsetzungskorridor, also den Rahmen, in dem sich z.B. Kreativität bewegen darf. Lassen Sie aber Luft, damit Profis ihre Professionalität auch entfalten können.

Als Beispiel wieder ein Briefing-Auszug:

„Fotografieren Sie unser Produkt bitte mit einem Normalobjektiv von rechts schräg vorne, Kameraposition leicht erhöht, vor hellblauem (Pantone 290) Rundhorizont. Setzen Sie hartes Akzentlicht direkt von oben auf, damit die Schattentiefe verstärkt wird, und blenden Sie etwas stärker als normal ab."

Wozu brauchen Sie da eigentlich noch einen Fotografen? Das Auslösen der Kamera könnten Sie doch selbst auch noch erledigen ...!

8. Ihr Briefing kann motivieren, also versuchen Sie, es dementsprechend zu formulieren!

Geben Sie dem Briefing-Empfänger ruhig das Gefühl, dass es auf ihn ankommt, dass gerade dieser Auftrag besonders reizvoll ist, dass die Sache Spaß machen wird, usw. Wer mit Elan und Leistungsbereitschaft an einen Job herangeht, wird ihn erstens bevorzugen und ihn auch meistens besser machen. Ein paar Worte im Briefing (oder im späteren Miteinander ab und zu ein kleines Lob) können Erstaunliches bewirken, z.b.:

„Diese Broschüre bietet Ihnen eine tolle Chance, Ihr ganzes Feingefühl für Typographie einzubringen ...".

„Dieses Mal ist es besonders wichtig, dass Sie Ihre internationale Erfahrung einbringen ...".

„Eine schwierige Aufgabe, die aber auch viel Spaß bereiten kann ...".

„Wir wissen, der Termin ist verdammt eng, aber wenn es einer schafft, dann Sie ..." usw.

9. Ihr Briefing muss der Aufgabenstellung angemessen sein!

Je größer die Aufgabe, desto umfangreicher kann bzw. muss Ihr Briefing sein. Umgekehrt verlangt ein kleines Werbegeschenk, 500 Kugelschreiber mit Sloganaufdruck XYZ in Blau, Pantone 110 C kein mehrseitiges Briefing mit strategischen Hintergrunderklärungen von der Marktaufteilung bis zur Analyse der 53 Wettbewerber. Der Aufwand würde in keinem Verhältnis zum möglichen Nutzen stehen. Hier reichte wahrscheinlich eine halbe Seite. Diese würde aber mit Sicherheit nicht genügen, ginge es um eine mittelfristige Imagekampagne mit Anzeigen, Broschüren und neuem Internetauftritt.

10. Führen Sie ein Briefing-Gespräch!

Ihr schriftlich fixiertes Briefing ist die Grundlage zielgerichteter Projekt-Erledigung. Über die Richtigkeit, Vollständigkeit und das eine oder andere Detail der Briefing-Vereinbarung sollten sich aber beide Parteien auch noch unterhalten. Denn im Gegensatz zur oft bedachten, sorgfältig ausformulierten Schriftform treten bei jeder Diskussion auch Zwischentöne zutage, kommen unterschiedliche Einschätzungen hinzu, werden oft überraschende Fragen gestellt, die beide Seiten weiterführen können. Seien Sie daher durchaus offen für Fragen. Ein Briefing-Gespräch ist unentbehrlicher Bestandteil eines professionellen Briefings.

11. Halten Sie Änderungen als Re-Briefing fest!

Ergeben sich nach dem ersten, schriftlichen Briefing noch Änderungen oder Ergänzungen, zum Beispiel durch das Briefing-Gespräch, werden diese – wieder schriftlich – als sogenanntes Re-Briefing festgehalten. Fassen Sie die Zusätze und Änderungen zusammen und fügen Sie sie als Anlage dem ursprünglichen Briefing bei. Alternativ können Sie die Änderungen natürlich auch ins Briefing einarbeiten und die alte durch die aktualisierte Version ersetzen.

12. Das Briefing ist von Ihnen zu erstellen, denn Briefen ist Auftraggeberpflicht!

Ein Briefing ist vom Auftraggeber zu erstellen, nicht von der Agentur. Denn nur der Auftraggeber hat die notwendigen Kenntnisse und Entscheidungsbefugnisse. Zudem ist das Briefing kein Konzeptersatz, frei nach dem Motto: Die Agentur schreibt etwas zusammen, dann denkt der Auftraggeber darüber nach, ob es seine Probleme löst.

Umgekehrt heißt dies aber nicht, dass Sie als Auftraggeber alles selbst wissen oder erfinden müssen. Natürlich können Sie die Meinung und das Fach-Know-how einer Agentur oder eines anderen Dienstleisters einholen und in Ihr Briefing einfließen lassen.

Sind Sie Werbe-/Kommunikationsberater im Unternehmen, dann sind Sie der „Kommunikations-Unternehmer" und Auftraggeber der Agentur. Also müssen auch Sie Konzept und Briefing ausarbeiten! Als Konzeptor in einer Agentur müssen Sie Ihre internen und externen Lieferanten (Grafik, Text, Fotografie, etc.) entsprechend briefen.

13. Ohne Briefing sollte kein Auftrag vergeben oder akzeptiert werden!

Da das Briefing Aufgabenstellung und abgestimmte Informationsbasis ist, sollte eine Agentur bzw. ein Dienstleister keinen Auftrag ohne schriftliches Briefing akzeptieren, umgekehrt der Auftraggeber keinen Auftrag ohne schriftliches Briefing erteilen. Aufgrund seines Vertragscharakters sollte ein Briefing auch von beiden Seiten abgenommen sein, d.h. als hinreichend gut erachtet werden.

Das ist keinesfalls übertriebener Formalismus oder ein Beitrag zu noch mehr Bürokratie! Es ist vielmehr Ausdruck von Professionalität und gegenseitiger Akzeptanz als Profis im Kommunikationsgeschäft.

14. Das Basisbriefing einer Kampagne ist durch Detail- oder Zusatzbriefings zu ergänzen!

Vieles ist nicht vorhersehbar und a priori festschreibbar. Dies trifft auch auf die Aspekte einer längeren oder komplexeren Kampagne zu. Ganz zu schweigen davon, dass es oft weder möglich noch sinnvoll ist, dafür alle Details in einem einzigen (noch halbwegs überschaubaren) Briefing unterzubringen. Details zur Umsetzung werden meist besser in separaten Briefings hinzugefügt (Text, Fotografie, Media ...).

Deshalb sollten Sie die grundsätzlichen konzeptionellen Zusammenhänge, Entscheidungen und Rahmenbedingungen einer Kampagne als übergreifendes Basis-, Konzept- oder Kampagnenbriefing erstellen. Dieses Basisbriefing sollten Sie dann bei den verschiedenen Realisierungsstufen, bei einzelnen Werbemitteln und -maßnahmen oder für Detailaufgaben der Umsetzung durch einfache, meist formlose Detail- oder Zusatzbriefings ergänzen.

8.2 Inhalte

Jedes Kampagnenbriefing, auch wenn es nur ein „Minimal-Briefing" ist, sollte *auf jeden Fall* die folgenden Punkte bzw. Vereinbarungen in unmissverständlicher Form enthalten:

Checkliste 42
Inhalte des Briefings

1. Um welche Aufgabe geht es dem Auftraggeber, worin besteht der Job der Agentur bzw. des Dienstleisters?
2. Welche unverrückbaren Rahmenbedingungen gibt es für das Projekt (zum Beispiel Corporate Design, Produktnamen usw.)?
3. Alle *notwendigen* Informationen zum Angebot und zur Kommunikations-Plattform.
4. Die Kommunikations-Zielgruppen in hinreichender, möglichst kurzer, aber plastischer Beschreibung (Typisierung).
5. Welche psychologische Positionierung ist bei welcher Zielgruppe zu verankern?
6. Welches Kommunikationsziel soll bei welcher Zielgruppe mit welcher Kernbotschaft in welchem Zeitraum erreicht werden?
7. 2 bis 3 gute Argumente für jede Kernbotschaft.
8. Geplantes bzw. vorgeschlagenes Kommunikations-Mix.
9. Welche Zielsetzung gibt es hinsichtlich der kreativen Umsetzungsqualität?
10. Sollen Pretests durchgeführt werden und in welcher Phase?
11. Welche projektbezogenen Vereinbarungen bzw. Absprachen gibt es mit der Agentur oder dem Dienstleister (Termine, Kreativteam, Abstimmungs- und Präsentationsschritte usw.)?
12. Welches Budget steht wofür zur Verfügung?
13. Wer koordiniert, wer ist Ansprechpartner?
14. Wer muss was bis wann an Input liefern?

Bild 109 fasst die häufigsten Briefing-Fehler zusammen, in Bild 110 finden Sie Briefing-Tipps, die Ihnen Ärger ersparen können.

1 Lückenhafte Informationen (Selbst ist einem ja alles klar …)
2 Inkonsistente Inhalte
3 Überschüssige Information, Länge/Informationsflut
4 Abstrakte Formulierungen, schwammige Aussagen, Phrasen
5 Weicht von mündlichen Absprachen ab
6 Existiert überhaupt nicht schriftlich
7 Setzt keine klaren Termine und eventuellen Zwischenschritte

Bild 109 Häufige Briefing-Fehler

1 Definieren Sie Ihre Erwartungen/Ansprüche an Ihre Auftragnehmer bezüglich der Arbeits-/Ergebnisqualität

2 Treffen Sie klare projektbezogene Vereinbarungen/Absprachen mit dem Briefingempfänger, z.B. Termine, Rechnungsstellung, Konkurrenzausschluss etc.

3 Klären Sie Copyright- und Nutzungsrechte zu Beginn ein für allemal.

4 Klären Sie: Wer koordiniert, wer ist zuständig, wer sind die Ansprechpartner?

5 Bestehen Sie auf detaillierter Angebotserstellung auch für Korrekturarbeiten, die eine bestimmte Kostenhöhe überschreiten.

Bild 110 Briefing-Tipps, die Ärger ersparen können

9 Umsetzungsvorschläge beurteilen

Dieser Abschnitt hat mit Konzept und Briefing auf den ersten Blick nichts zu tun, kommt er zeitlich doch erst später auf Sie zu, wenn die Arbeitsergebnisse Ihrer Auftragnehmer präsentiert werden. Aber ein ganz hartes Kriterium bei der Beurteilung dieser Ergebnisse ist natürlich, inwieweit diese überhaupt mit Ihrem Konzept und den Briefing-Vorgaben stimmig sind. Das muss hinterfragt und sichergestellt sein. Deshalb ist dieses Kapitel wichtig. Der zweite Grund ist, dass bei der Präsentation von Umsetzungsvorschlägen die kreative Idee oft (vor)schnell begeistert und zu glücklich-erregten Diskussionen um Farben, Bilder und Formulierungen bis zur Kommasetzung führt. An die Strategie denkt plötzlich keiner mehr. In der Praxis wird in dieser Phase unglaublich oft äußerst leichtgläubig und unkritisch vorgegangen. Der dritte Grund für diesen Abschnitt ist, dass er das Thema Werbekonzeption und Briefing prozessual abrundet. Deshalb soll in diesem Buch auch die Beurteilung von Umsetzungen angesprochen werden.

Hinterfragen Sie gezielt und stets wirkungsorientiert:

- Passen die vorgeschlagenen Mittel, Maßnahmen und Medien zur Umsetzung der Vermarktungsaufgabe und der Kommunikationsstrategie?
- Eignet sich die Umsetzung bestmöglich zum Erreichen der definierten Kommunikationsziele?
- Hat die Umsetzung genügend Intelligenz und Attraktivität („Sexappeal")? Umsetzen bedeutet nicht, Inhalte wortwörtlich in Bilder zu übersetzen, Produkte nur pur zu zeigen oder vordergründig mit vermeintlich lustigen Ideen das Zielpublikum zu amüsieren. Es geht vielmehr immer um eine konsequente, zielgerichtete Inszenierung eines Themas, eines Angebots, einer Botschaft mit Hilfe von Fotografie, Grafik, Farbe, Typografie, Sound.
- Berücksichtigt die Umsetzung die grundlegenden Wirkungsgesetze, z.B. Blickverlauf, Lesegewohnheiten, Lesbarkeit, Verständlichkeit, Aktivierung, positive Anmutung?
- Bewältigt die Umsetzung die relevante Wirkungskette (Bild 111)?

> Nur was auffällt, kann wahrgenommen werden.
>
> Nur Wahrgenommenes kann Interesse wecken.
>
> Nur wo Interesse besteht, kann eine Botschaft bewusst vermittelt werden.
>
> Nur glaubhaft vermittelte Botschaften können überzeugen/begeistern.
>
> Nur Überzeugung/Begeisterung verändert die Einstellung von Menschen auf emotionaler, kognitiver oder motivationaler Ebene.
>
> Nur eine gezielte Einstellungsveränderung kann das Verhalten und/oder Handeln von Menschen wie gewünscht verändern.
>
> **Erfolgreiche Kommunikation durchläuft den gesamten Beeinflussungsprozess ohne Bruch und erreicht das geplante Ziel!**

Bild 111 Die Wirkungskette der Marketing-Kommunikation

Urteilen Sie nun selbst über einige Umsetzungsbeispiele, die auf den nächsten Seiten abgebildet sind (Umsetzungen 104 bis 117).

Hart im Nehmen und mit zunehmendem Alter attraktiver. Wie ein Mann.

Umsetzung 104 Passt die Schwarzweiß-Umsetzung bei der IWC-Anzeige zu dem teils mehrere tausend Euro teuren Produkt dieser Edelmarke? Würde man nicht gerade hier mehr Wertigkeit in der Anmutung erwarten?

Umsetzung 105

Die Umsetzung des Küchenherstellers Next ist sicherlich als kreativ zu bezeichnen. Aber passt sie zum Thema moderner Einbauküchen?

Umsetzung 106 Spricht Sie da die Umsetzung von AMG für den Mercedes SLS nicht ungleich mehr an?

Umsetzung 107 Wirkt bei der Anzeige von LANCOM die direkte Übersetzung der Headline in ein Bild nicht plump banal?

9 Umsetzungsvorschläge beurteilen

Das kommt davon, wenn man die Klappe nicht hält.

LUCKY STRIKE

Lucky Strike. Sonst nichts.

Die EG-Gesundheitsminister: Rauchen gefährdet die Gesundheit.
Der Rauch einer Zigarette dieser Marke enthält 0,9 mg Nikotin und 12 mg Kondensat (Teer). (Durchschnittswerte nach ISO.)

Umsetzung 108 Fast schon Kultcharakter haben dagegen die Umsetzungen für Lucky Strike.

Umsetzung 109 Auch die Werbung des Autovermieters Sixt zeichnet sich durch überraschende, pfiffige, unterhaltsame Umsetzungsideen, oft auch mit aktuellem Themenbezug aus und machte Sixt zur bekanntesten Marke der Branche.

Umsetzung 110 Lustig und anders mag auf den ersten Blick auch die Anzeige von Thyssengas wirken. Aufmerksamkeitsstark ist sie sicher auch. Aber was bitte ist die Botschaft? Wofür gab hier Thyssengas Geld aus? Und wird Ihrer Meinung nach die Marke seriös aufgeladen?

Umsetzung 111 Verstehen
Sie die Umsetzung beim neuen
Kampagnenauftritt von Marlboro?
Noch dazu vor dem Hintergrund des
jahrzehntelang geprägten Marken-
auftritts „männlich, Abenteuer, Wil-
der Westen, Lagerfeuer-Romantik"?
Auch die Ansprache der Rezipienten
in Englisch ist wohl eher kontraproduktiv.

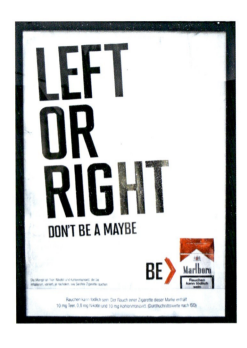

Umsetzung 112 Die Umsetzungsidee (glückseliger Gesichts-
ausdruck eines sorgenlosen
Kunden) bei der IBM-Anzeige
ist gut gemeint – wenn man sie
denn erkennt. Bei der durchschnittlichen Betrachtungsdauer
von rund einer Sekunde ist das
aber eher unwahrscheinlich.
Und Rätselanzeigen funktionieren
bekanntermaßen meistens nicht.

Umsetzung 113 Macht da die Umsetzung bei der VW-Anzeige das Leistungsversprechen nicht viel schneller, einfacher, einprägsamer und überraschender deutlich?

Umsetzung 114 Die Umsetzung bei Toyota ist wohl eher unspektakulär und künstlerisch nicht sehr wertvoll, aber darauf kommt es in erster Linie auch nicht an. Ist sie nicht zielgerichtet und vermittelt eine klare Botschaft faktisch überzeugend?

Umsetzung 115 Die Umsetzung des Themas Elektromobilität von Wien-Energie ist sehr kreativ und sicher aufmerksamkeitsstark, die Decodierung der Botschaft ist aber nicht ganz so trivial und setzt die Rezeption der Sub-Headline voraus.

Umsetzung 116 Ein Messestand, bei dem die 125-jährige Tradition des Unternehmens liebevoll umgesetzt wurde, aber das ist eben eine „Wir-über-uns-Botschaft" und es interessiert sich leider kaum ein Besucher dafür.

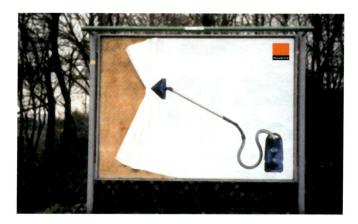

Umsetzung 117 Ein Großplakat, bei dem der wesentliche und kaufentscheidungsrelevante Produktnutzen eines Staubsaugers aufmerksamkeitsstark, einfach verständlich, mediengerecht ohne Text und dennoch wirkungsvoll umgesetzt ist.

Um Umsetzungen und Kreativideen auf den Prüfstand zu stellen, stehen Ihnen natürlich alle Instrumente der systematischen Kommunikationsforschung (Kapitel 6: Testing) zur Verfügung. Testen kostet Sie jedoch immer Zeit und Geld und viele Defizite kann man oft bereits ohne diesen Aufwand erkennen und ausmerzen. Das mächtigste und wirkungsvollste, vielleicht aber auch härteste „Tool" dazu ist ganz kurz: Es ist die Frage *„Warum?"*. Dieses unbequeme, aber mehr als berechtigte Wort sollten Sie bereits zum Hinterfragen vorgeschlagener Mittel und Maßnahmen nutzen:

- Warum schlagen Sie uns eine Anzeige vor und nicht z.B. ein Mailing?
- Warum sollten wir speziell auf diese Messe gehen, und nicht auf jene?
- Warum wäre für uns eine Direktmarketing-Aktion nicht sinnvoller als ...?
- Warum bringt uns diese Verkaufsförderungsaktion am POS mehr als ...?
- usw.

Die Warum-Frage sollten Sie durchaus auch stellen, wenn sich beispielsweise Agenturen bei Ihnen präsentieren und für eine Zusammenarbeit werben:

- Warum sollten wir gerade mit Ihnen zusammenarbeiten? Was können Sie besser, bieten Sie uns mehr als andere?

Genauso sollten Sie sich auch mit präsentierten Kreativ-„Lösungen" beschäftigen. Als Kommunikationsprofi sollten Sie dabei natürlich versuchen, soweit wie möglich Umsetzungsvorschläge nach objektiven Kriterien zu beurteilen. Sie werden sich zwar auch vom „Bauchfaktor", dem subjektiven „Gefällt mir" bzw. „Gefällt mir nicht" letztlich nicht völlig frei machen können – aber Sie sollten zumindest bewusst damit umgehen. Versuchen Sie, Umsetzungen mit den Augen der angepeilten Kommunikations-Zielgruppen und anhand der dafür definierten Erfolgsfaktoren zu sehen. Und achten Sie stets auf die Erfüllung der grundlegenden Wirkungsmechanismen und Anforderungen der jeweiligen Werbemittel, z.B. der schnellen Erfassbarkeit bei Großplakaten oder den Lesegewohnheiten von Rezipienten.

Insbesondere bei Werbemitteln, die sehr schnell wirken müssen (z.B. Anzeigen mit einer durchschnittlichen Betrachtungsdauer von 1 bis 1,5 Sekunden) sollten Sie bei einer Präsentation zunächst möglichst spontan beurteilen. Lassen Sie sich also nicht von der Agentur lange die Kreatividee erläutern und das Gestaltungskonzept erklären, bevor Sie die „Pappen" zu Gesicht bekommen. Sie können dann die Umsetzung nicht mehr frei und rezipientengerecht beurteilen. Wenn sie gut ist, muss sie von selbst klar werden. Auch der Leser einer Zeitschrift hat keinen „Werbeerklärer" dabei!

Und auch hier führt die Frage nach dem „Warum?" zu mehr Klarheit. Hat sich der Umsetzer bei seinem Gestaltungskonzept wirklich bewusst für etwas entschieden, dann kann er es auch argumentieren – ohne bei Ihrer Frage erst einmal ins Grübeln zu kommen. Umgekehrt könnte Ihnen ein verblüfftes, angestrengtes Nachdenken und/oder eine plötzlich gar nicht mehr so gewandte Präsentationsrhetorik die Vermutung nahe legen, dass die Kreativlösung vielleicht doch nicht ganz so bewusst, zielgerichtet und auf Ihr Briefing hin maßgeschneidert sein könnte ...

Fragen Sie also zum Beispiel ruhig mal:

- Warum haben Sie gerade dieses Bild genommen?
- Warum haben Sie diese Farbstimmung gewählt, und nicht ...?
- Warum sollte sich Ihrer Meinung nach die Zielperson gerade an diesen Werbespot noch in drei Tagen erinnern?
- Warum glauben Sie, kann sich jemand diesen Slogan besser merken als den von ...?
- Warum gehen Sie davon aus, dass diese Headline den Leser zum Weiterlesen animiert?

Wahrscheinlich habe ich es mir jetzt mit der ganzen Agentur- und Beraterszene verdorben. Naja, sicherlich nicht mit der ganzen, nur mit den weniger guten und den schwarzen Schafen, die lediglich auf den schnellen Euro aus sind. Es gibt ja auch viele professionelle Dienstleister, die auf diese Fragen gut vorbereitet sind, weil sie einen hohen Anspruch an sich selbst haben und sich diese Fragen vor einer Präsentation selbst stellen, um wirklich eine überzeugende, gute Arbeit zu leisten und zufriedene Kunden zu bekommen. Diesen Agenturen und Beratern tun Sie mit dem Hinterfragen ihrer Konzepte auch nicht weh, dort sind Sie dann in guten Händen.

10 Kommunikation und Controlling

Dieses Kapitel soll der Beziehung zwischen Werbung/Kommunikation und Controlling gewidmet werden, denn in den Unternehmen wird für Kommunikationsmaßnahmen immer stärker nach Kosten-Nutzen-Relationen, Leistungsnachweisen und Wirkungsergebnissen gefragt. Gemeint sind dabei nicht hauptsächlich Controllingmaßnahmen im Umsetzungs- und Realisierungsprozess der Werbung/Kommunikation selbst, wie beispielsweise die Überprüfung der Rechnungslegung von Lieferanten, die Kontrolle von Angebotsprozessen oder die Erfassung und Beobachtung des Anteils von Korrekturkosten an Gesamtprojekten.

Beleuchtet werden soll vielmehr die Beziehung der Werbung/Kommunikation zum schwerpunktmäßig betriebswirtschaftlich ausgerichteten Unternehmenscontrolling als Managementinstrument.

In vielen Unternehmen, besonders im B2B-Bereich, wird Kommunikation insgesamt – Werbung und andere Kommunikationsmaßnahmen im Speziellen – nach wie vor als reiner Kostenfaktor gesehen und oft sogar unter Gemeinkosten verbucht. Damit ist bereits klar, weshalb Kostensenkungs- und Sparmaßnahmen so häufig hier ansetzen: Gerade Gemeinkosten genießen besondere Beliebtheit bei Spar- und Kürzungsmaßnahmen.

Schuld daran ist sicherlich, dass Sanierer und Unternehmer die Wirkungsmechanismen, die geschäftsstrategischen Möglichkeiten professioneller Kommunikation und ihren Einfluss auf den Geschäftserfolg zum Teil nicht zu kennen und gewaltig zu unterschätzen scheinen. Gewiss ist dies auch „historische" Schuld der Werber, Kommunikateure und Agenturen selbst. Zu lange wurde und wird über kreative „Höhenflüge", über Bilder und Textstile geschmäcklerisch diskutiert, wurden hohe Geldsummen gezahlt für singuläre Kreativlösungen namhafter Agenturen. Die Frage nach dem „Warum" wurde und wird zu selten gestellt und kann vor allem unter unternehmerischen Aspekten von den Agenturen auch viel zu selten beantwortet werden: Warum schlagen Sie uns eine Anzeige vor, keine Hausmesse? Warum ... (vgl. Kapitel 9).

Strategisch zwingende Argumentation und überzeugende Wirkungsnachweise fehlen oft und bedingen Bauchentscheidungen von Entscheidern, die gewohnt sind, sonst auf Basis fundierter

Fakten zu urteilen. Deshalb manifestiert sich bei den Kaufleuten und Unternehmens-Entscheidern der Eindruck einer gewissen Beliebigkeit von Werbe-/Kommunikationsmaßnahmen. Die Neigung, in schlechteren Zeiten dann dort den Rotstift anzusetzen, ist somit vorprogrammiert. Und dies führt mittlerweile auch häufig zu unterkritischen Budgets, umso mehr, da die Budgets für klassische Kommunikation auch noch zugunsten neuer Medien umverteilt werden, also ohnehin am Schrumpfen sind.

Hinzu kommt, dass oft genug Kampagnen ohne wirklichen Marketinganlass geändert bzw. gestoppt und durch eine neue ersetzt werden. Viele Kampagnen entstehen neu, nicht weil Zielgruppenbefragungen eine Änderung nahelegen oder andere Marktsignale eine Neukonzeption erforderlich erscheinen lassen, sondern weil der Marketingleiter, der Geschäftsführer oder auch der Kommunikationschef wechseln und neue „Ego-Duftmarken" gesetzt werden (müssen). So betrug bereits 1997 die Lebensdauer von Werbeslogans zu mehr als 60 % nicht länger als 1 Jahr (Untersuchung aus Gerd Richter, Kommunikationsforschung, 1997). Außer mit astronomischen Budgets kann kein Claim in solch kurzer Zeit in informationsüberfluteten Märkten bekannt gemacht werden, gelernt werden, vielleicht sogar geliebt werden und helfen, ein Produkt zu vermarken oder eine Marke zu etablieren.

Betrachtet man die seitdem weiter rasant zugenommene Anzahl verfügbarer und neu hinzugekommener Medien, Portale und Kommunikationsplattformen einerseits, die immer kürzeren Innovationszyklen, Vermarktungszeitfenster und sich schneller drehenden Personalkarusselle andererseits, kann man davon ausgehen, dass die Informationsüberfrachtung der Zielpersonen weiter gestiegen und die Kurzlebigkeit und Flüchtigkeit von Kampagnen, Slogans und Botschaften zugenommen hat.

Die Wirkungschancen von Kommunikation sind damit sicherlich nicht besser geworden.

Um diesen Erscheinungen Rechnung zu tragen und Fehler zu vermeiden, muss Werbung/Kommunikation aus der reinen Geschmacks- und Kostendiskussion geführt und wieder stärker in den strategischen Fokus gerückt werden. Und dazu müsste viel mehr über die wirklich wesentlichen Entscheidungskriterien gesprochen werden: die zu bewältigenden Aufgaben und die daraus abgeleiteten spezifischen Kommunikations-/Werbeziele. Also über Konzept und Strategie (vgl. Literatur: Was Siegermarken anders machen). Und es muss eine Kontrolle und Rückmeldung der Zielerreichung ans Management erfolgen. Nur so wird es gelingen, über die wahren Erfolgsfaktoren zu reden und Werbung/Kommunikation aus einer reinen Kostendiskussion in eine Zieldiskussion mit den Auftraggebern und letztlich in eine Wertschöpfungsdiskussion mit den Unternehmern zu führen. Dazu müssen sich auch das Kommunikationsmanagement und die Agenturszene noch mehr bemühen, down-to-earth zu argumentieren und sich dabei der bei Unternehmensentscheidern üblichen Management-tools und -begrifflichkeiten zu bedienen.

Ein bereits etablierter methodischer Ansatz im Unternehmens-management, aber in der Kommunikation noch kaum eingesetztes Instrument, sind *Balanced Scorecards* (BSC, um 1990 von Kaplan und Norton entwickelt). Diese Methode führt die Unterneh-mensführung unter strategischen Aspekten und Konzentration auf wenige, aber dafür erfolgskritische Parameter. Für die Unter-nehmensleitung sind dies primär finanzielle Treiber, z.b. Umsatz, Auftragseingang, Cash Flow, Marktanteil, Kundenzufriedenheit, Mitarbeiterzahl usw. In der Kommunikation wären es folglich die Parameter, die für die Erreichung der Kommunikationsziele, also der definierten Wirkung bei den Zielgruppen erfolgskritisch sind, z.b. Bekanntheitsgrad, Imagefaktoren, Sympathiewerte oder auch Auftraggeber-Zufriedenheit.

Balanced Scorecards

Eine unmittelbare Anwendung der Balanced-Scorecard-Methode aus dem Unternehmenscontrolling auf das Gebiet der Kommuni-kation ist allerdings nicht möglich, weil für Kommunikation eben andere Erfolgskriterien, Ziele und Zielzusammenhänge bestehen als für die finanzorientierte Steuerung eines Unternehmens. Die sinngemäße Übertragung des Balanced-Scorecard-Ansatzes auf Kommunikation ist jedoch ohne Weiteres möglich, es ist aber dabei insbesondere zu beachten, dass hier keine Anwendung unter der Prämisse der Gewinnerzielung erfolgen kann. Ich arbeite sehr gerne mit einer entsprechend adaptierten BSC und halte sie für eine der besten Instrumente überhaupt. Sie stärkt deutlich die stra-tegische Ausrichtung der Kommunikation und hilft sehr, sich aufs Wesentliche zu fokussieren, konsequent zielorientiert zu arbeiten, Leistungskriterien ins Zentrum der Diskussion zu stellen und Kom-munikation als „ernsthafte" Managementdisziplin im Mindset der Controller, der Auftraggeber und der Unternehmer zu etablieren. Eigentlich ist die BSC-Methode auch nicht besonders schwierig, allerdings gibt es meist eher theoretische und akademische Lite-ratur, die zudem oft für identische Sachverhalte unterschiedliche Begrifflichkeiten verwendet und so eher Verwirrung denn Ver-ständnis schafft. Das müsste nicht so sein, doch sind BSC eine klassische Domäne von Beratern, deren Geschäftsmodell in der Verrechnung von Beraterstunden besteht – es besteht also kaum Interesse daran, dass der Kunde die Methode wirklich versteht und selbst anwenden kann.

Wenn Sie die BSC-Methode interessiert (den Grundaufbau zeigt Bild 112), ich habe dazu einen einfach verständlichen Beitrag

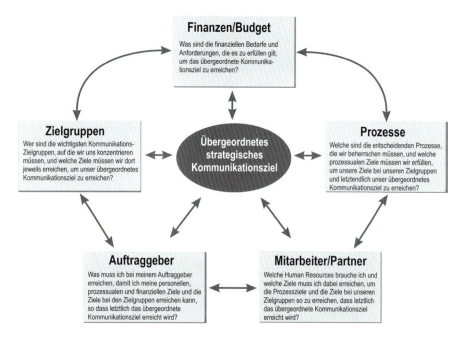

Bild 112 Grundaufbau einer Balanced Scorecard, um Kommunikation leistungsorientiert zu managen

verfasst, der für dieses Buch zu weit führen würde, den ich Ihnen aber gerne maile, senden Sie mir dazu einfach eine E-Mail an hartleben@t-online.de.

10.1 Controlling klassischer Medien und Maßnahmen

So vielfältig die Möglichkeiten klassischer Kommunikationsmaßnahmen und Medien sind, so viele Kriterien und Kennziffern zur Leistungs- und Erfolgsbewertung gibt es.

Zur Evaluierung von zielgruppenbezogenen Leistungsdaten und Wirkungsergebnissen dienen insbesondere die quantitativen und qualitativen Methoden der primären und sekundären Markt- und Kommunikationsforschung (vgl. Kapitel 6). Grundsätzlich lassen sich diese unterteilen in Befragungen (von Zielpersonen und/oder Experten, Einzelbefragungen und/oder Gruppendiskussionen), Beobachtungen (z.B. bei der Kommunikationsmittel-Rezeption, Kaufverhalten am POS, Surfverhalten im Web u.v.m.) sowie Experimente (z.B. apparative Verfahren, Labortests, Testmärkte) und Auswertung vorhandener Informationsquellen (Sekundärrecherche/Desk Research; insbesondere auch eigener Kundendaten und Vertriebsreporting), die entweder einmalig, in regelmäßigen Abständen oder kontinuierlich durchgeführt werden. Typische Anwendungsbeispiele sind beispielsweise sogenannte Kampagnenleistungsanalysen, die Hinweise liefern auf die Stärken und Schwächen von z.B. Anzeigen.

Zentrale Untersuchungsfragen sind dabei:

Checkliste 43
Leistungsanalyse
von Kampagnen

1. Wie gut wird die Anzeige im Zeitschriftenumfeld wahrgenommen, wie stark sind die Aufmerksamkeitswerte?
2. Wie ist die spontane Anmutung der Anzeigen?
3. Wie ist der Blickverlauf, wie lange sind die Betrachtungsdauern wichtiger Anzeigenelemente?
4. Wird die Headline verstanden?
5. Wie wird das Zusammenspiel von Bild und Headline wahrgenommen?
6. Bedient die Anzeige inhaltlich und/oder emotional relevante Zielpersoneninteressen?
7. Hält der Rezipient die Aussagen für glaubwürdig?
8. Überzeugt ihn die Argumentationslinie?
9. Wirkt die Anzeige insgesamt präferenzbildend?
10. Wird die Absendermarke wahrgenommen?
11. Wird die Anzeige erinnert?
12. Wie unterscheiden sich die Rezeptionsdaten über verschiedene Zeitschriftentitel?
13. Gibt es ein klares Set leistungsstärkster Zeitschriftentitel?
14. Kann der Kommunikationstreibende erinnert und richtig zugeordnet werden?

Ähnlich lassen sich auch Tests für andere *klassische* Kommunikationsmaßnahmen durchführen, von Verpackungstests bis zum Test von Claims, Rundfunk- und TV-Werbespots, Mailings oder Bedienungsanleitungen.

Mit Hilfe der Ergebnisse lassen sich Kampagnenmotive bzw. Kampagnenalternativen in Bezug auf ihre potenzielle Wirkleistung bewerten und auch im Vergleich z.B. mit Kommunikationsauftritten der Mitbewerber – zusammen mit qualitativen Erkenntnissen – für Entscheidungen zur Realisierung verwenden, ein Beispiel für die Leistungsanalyse von Anzeigen zeigt Bild 113.

Kampagnenmotiv A weist überdurchschnittlich hohe Erinnerungswerte auf bei gleichzeitig hoher präferenzbildender Kraft, anders als Kampagnenmotiv B, das ein zu geringes Erinnerungspotenzial hat und Kampagnenmotiv C, welches in beiden Kriterien

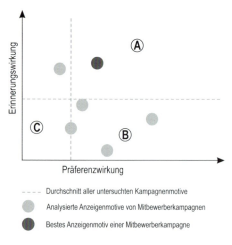

Durchschnitt aller untersuchten Kampagnenmotive

Analysierte Anzeigenmotive von Mitbewerberkampagnen

Bestes Anzeigenmotiv einer Mitbewerberkampagne

Bild 113 Forschungsbasierte Ergebnismatrix zur leistungsorientierten Kampagnenbeurteilung

unterdurchschnittlich schwach abschneidet. Motiv A ist zudem im Vergleich zu den besten Mitbewerberanzeigen besser, daher würde sich eine Realisierung dieser Anzeige anbieten.

Nützliche Studien Für die Auswahl von Kommunikationsträgern stellen die Verlage/ Medienanbieter dem Planenden insbesondere in Deutschland diverse Studien und vielfältige Kennziffern zur Verfügung. Als Beispiele seien hier genannt:

- Allensbacher Werbeträgeranalyse
- Allensbacher Computer- und Technikanalyse
- Verbraucher-Analyse
- Leseranalyse Entscheidungsträger in Wirtschaft und Verwaltung
- Media-Analyse Pressemedien
- Typologie der Wünsche
- Pan European Surveys
- Asian Business Readership Survey

Kennzahlen klassischer Medien Häufig verwendete Kennzahlen im Bereich klassischer Medien sind (in alphabetischer Reihenfolge):

- *Affinitätsindex:* Dieser gibt das Verhältnis an zwischen dem Zielgruppenanteil an der Nutzerschaft eines Mediums und dem Anteil der Zielgruppe an der Gesamtbevölkerung. Ein Affinitätsindex von 100 bedeutet, dass der Anteil der Zielgruppe, z.B. an der Leserschaft, genauso hoch ist wie in der Gesamtbevölkerung.

- *Bruttokontaktsumme:* Dient zur Angabe der Reichweiten von Einzelsendungen und Kombinationen. Bei der Darstellung einer Kombination werden externe Überschneidungen der kombinierten Medien berücksichtigt. Bei einem Einzelmedium ist folglich die Bruttokontaktsumme bei einer Einschaltung identisch mit der Nettoreichweite.

- *Durchschnittskontakt:* Durchschnittliche Anzahl der Kontakte mit einem Werbeträger pro erreichter Zielperson.

- *Externe Überschneidung:* Repräsentiert die Überschneidung bei Nutzung verschiedener Werbeträger. Eine Schaltung von z.B. Anzeigen in zwei Zeitungen mit hoher externer Überschneidung, wie z.B. Auto, Motor, Sport und ADAC-Zeitschrift, erreicht die Zielpersonen zwar häufiger, erzielt aber ein geringes Reichweitenwachstum. Eine Anzeigenschaltung in zwei Werbeträgern mit geringer externer Überschneidung erreicht dagegen ein hohes Reichweitenwachstum bei geringer Kontaktzahl pro Zielperson.

- *GRP (Gross Rating Point)* : Stellt die Bruttoreichweite in Prozent dar, gilt als Maßeinheit für den Kommunikationsdruck und errechnet sich aus der Summe der prozentualen Einzelreichweiten bei mehrmaliger Belegung eines Mediums oder der Belegung verschiedener Medien.

- *Interne Überschneidung:* Bezeichnet die Überschneidung der Nutzer verschiedener Ausgaben desselben Werbeträgers. Medien, die z.B. einen hohen Stammleseranteil aufweisen, haben eine hohe interne Überschneidung. Mit diesen Medien kann man kein großes Reichweitenwachstum erzielen, erreicht jedoch viele Personen öfters.

- *Kontaktzahl (Bruttoreichweite):* Gibt die Summe aller Kontakte aller Personen mit einem Medium oder mehreren Medien an. Die Kontakte werden absolut (Mio./Tsd.) oder als Prozentwert (GRP) ausgewiesen. Bei Mehrfachbelegung eines Mediums oder mehrerer Medien werden die einzelnen Kontakte ohne Berücksichtigung interner oder externer Nutzerüberschneidungen addiert. Daher ist aus der Anzahl der Kontakte nicht ersichtlich, wie oft dieselben Personen erreicht wurden. Im Unterschied zur Nettoreichweite wird bei der Bruttoreichweite also die Summe der einzelnen Reichweiten mehrerer Werbeträger gebildet. Da es dabei in der Regel zu Überschneidungen kommt, ist die Bruttoreichweite meist höher als die Nettoreichweite.

- *LpN (Leser pro Nummer):* Bezeichnet die Gesamtheit derer, die nach eigener Angabe im Rahmen einer Leserbefragung, innerhalb eines Erscheinungsintervalls eine Ausgabe einer bestimmten Zeitung oder Zeitschrift durchgeblättert oder gelesen haben.

- *Nettoreichweite:* Gibt die Anzahl der Personen an, die durch einen Werbeträger ohne Berücksichtigung von Doppel- und Mehrfachkontakten mindestens einmal erreicht werden.

- *p-Wert:* p (p = Probability) bezeichnet in der Statistik allgemein die Eintrittswahrscheinlichkeit eines Ereignisses; der p-Wert wird auf Basis von Mediaanalysen errechnet und gibt an, mit welcher Wahrscheinlichkeit eine Zielperson mit einer künftigen Ausgabe oder Zeiteinheit eines Mediums Kontakt haben wird. Der p-Wert liegt immer zwischen 0 und 1.

- *Qualitative Reichweite:* Gibt an, inwieweit ein Werbeträger genau den zu umwerbenden Personenkreis erreicht.

- *TKP (Tausender-Kontakt-Preis):* Diese Kennzahl gibt an, was es kostet, mit einem Medium 1.000 Kontakte zu erzielen. Der TKP wird zur Beurteilung des Preis-Leistungs-Verhältnisses eines Mediums herangezogen. Je geringer der TKP, desto wirtschaftlicher arbeitet die Kampagne bzw. ist das Medium.

- *Werbemittelkontaktchance:* Kann als eine Art „Währung" gesehen werden, in der Leistungswerte eines Mediums gemessen werden: Bei Pressemedien wird darunter die Zahl der Leser pro werbungführender Seite (LpwS) verstanden, also die durchschnittliche Kontaktchance mit einer werbungführenden Seite in einer durchschnittlichen Ausgabe, in der Werbung geschaltet wird; bei Radiosendungen, in denen Werbung geschaltet ist, wird die Zahl der Hörer mit einem durchschnittlichen Viertelstunden-Kontakt pro Stunde gezählt; im TV-Genre werden damit die Seher pro Sendetag und Zeitabschnitt bezeichnet, also die durchschnittliche Kontaktchance pro Minute.

- *Wirksame Reichweite:* Basis sind Ergebnisse der Marktforschung, nach denen eine Werbebotschaft empirisch im Schnitt erst nach vier Kontakten oder mehr durch die Zielgruppe aufgenommen wird. Die wirksame Reichweite gibt dann die Anzahl der Personen an, die über ein Medium oder eine Medienkombination vier und mehr Kontakte erhalten. Die wirksame Reichweite bezeichnet also die Anzahl Zielpersonen, die mit einer definierten Mindestkontaktzahl erreicht werden.

- *WLK (weitester Leserkreis):* Anzahl derjenigen Personen, die mindestens eine Ausgabe einer Zeitung oder Zeitschrift in den letzten 12 Erscheinungsintervallen gelesen oder durchgeblättert haben, also die Personen mit einer Lesewahrscheinlichkeit größer Null. Der WLK ist die Grundlage für die Berechnung von Lesewahrscheinlichkeiten und bestimmt in Reichweitenanalysen die statistische Zuverlässigkeit der Leserschaftsdaten eines Titels.

- *WWK (weitester Kennerkreis):* Umfasst alle Personen, die sich daran erinnern, ein bestimmtes Medium jemals konsumiert haben.

10.2 Qualitatives Controlling/Mediabenchmarking

Die systematische Beobachtung der Leitmedien in einer Branche/ einer Region sollte zu den Hausaufgaben eines Kommunikationsprofis gehören, ist aber bei Weitem oft nicht Realität. Dabei bietet es sich an, die beobachtbaren Aktivitäten der wesentlichen Mitbewerber zu erfassen und insbesondere unter strategischen und qualitativen Gesichtspunkten auszuwerten.

Agenturen/Dienstleister bieten oft sogenannte Media-Analysen oder Clipping-Dienste an (nicht selten von branchenfremden Studenten/Praktikanten/Werkstudenten durchgeführt), allerdings kommen diese meist (mangels hinreichender Branchen-/Themenkenntnis) nicht über eine rein quantitative Auszählung von Präsenzen hinaus. Die reine Registrierung von z.B. Anzeigen, deren Format, Farbigkeit, Platzierung und hochgerechnetem Listenpreisschaltvolumen, liefert kaum strategisch wichtige Aufschlüsse.

Eine qualitative Analyse dagegen ergibt nicht nur aktuelle Kenntnis und interne Auskunftsfähigkeit über das, was die Konkurrenz medial macht und wie sie auftritt, sondern bildet auch eine hervorragende Basis zur strategischen Analyse und Ausrichtung der eigenen Mediaauftritte bis hin zu schlagkräftigen Argumenten für die Budgetgespräche. So können frei zugängliche Kommunikationskanäle wie z.B. Printauftritte, Webpräsenzen und auch Messeauftritte einem Mediabenchmarking unterzogen werden. Wichtig für die Analyse sind jedoch klar definierte Analysekriterien und Bewertungsmaßstäbe. Wir haben in den letzten Jahren viele solcher qualitativen Analysen für Kunden vorgenommen und die Ergebnisse waren für den Kunden schon aufgrund ihrer systematischen Erfassung – bei Printmedien wurde i.d.R. immer ein ganzes Erscheinungsjahr ausgewertet – überraschend erkenntnisreich. Eine systematische qualitative Auswertung zeigt z.B. thematische Fokussierungen auf, aber auch unbesetzte Inhaltsfelder. Sie liefert ein klares Bild über die Qualität realisierter Kommunikation und deckt die Positionierungen der Mitbewerber auf. Drei Ergebnisbeispiele zeigen die Bilder 114 bis 116.

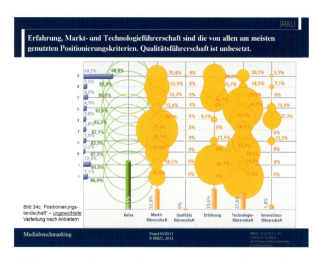

Bild 114 Beispiel einer analysierten Positionierungslandschaft von Mitbewerberwebsites auf der Imageebene (anonymisiert)

Das Beispiel in Bild 114 zeigt, dass insbesondere von keinem der Anbieter eine Positionierung über „Qualitätsführerschaft" besetzt wird. Dies wäre daher – eine vernünftige Qualität der eigenen Produkte vorausgesetzt – eine sichere Möglichkeit, sich am Markt wirkungsvoll zu positionieren, da diese Position im Kopf der Rezipienten bis dato unbesetzt ist und zudem Qualität sicherlich hohe Kundenrelevanz und Präferenzkraft besitzt, im Gegensatz zum ebenfalls nur schwach besetzten Feld „Innovationsführerschaft", da Innovationen per se noch nicht unbedingt einen Kundennutzen darstellen.

Das Ergebnis in Bild 115 zeigt, dass sich die über den Internetauftritt kommunizierten Botschaften des anonymisierten Unternehmens auf sehr viele Leistungsaspekte beziehen. Auch wenn vier Positionierungsfelder relativ häufig besetzt werden, erschwert die breite Streuung eine Profilierung und eine wirkungssteigernde Fokussierung wäre anzuraten.

Das Beispiel in Bild 116 zeigt eine zusammenfassende Ergebnisdarstellung einer anderen unserer Benchmarking-Analysen in Form eines sogenannten Performance-Cockpits. Hier sieht man auf einen Blick die Stärken und Schwächen bzw. Defizite des Mitbewerberauftritts bzw. des eigenen Auftritts – Grundlage für eine gezielte Optimierung und Steuerung der Kommunikationsperformance.

Quellen für
Messedaten
Auch für die Auswahl von Messen stehen in Deutschland seitens der Messeveranstalter meist quantitative Daten zur Verfügung, zumindest Besucher- und Ausstellerzahlen und Besucherstrukturdaten

der Vorturnusmesse sowie Ausstellungsthemen und vertretene Branchen. Geprüfte Daten zu derzeit etwa 250 Messen (mehrheitlich in Deutschland) stellt die FKM (Gesellschaft zur freiwilligen Kontrolle von Messe- und Ausstellungszahlen; www.fkm.de) zur

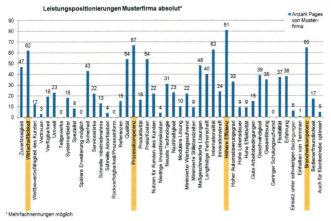

Bild 115 Beispiel einer Positionierungsanalyse des Internetauftritts eines Unternehmens auf der Leistungsebene

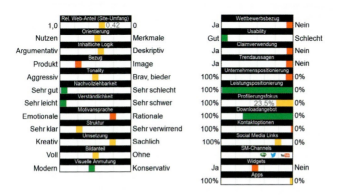

Bild 116 Beispiel für zusammenfassende Cockpit-Darstellung der Internet-Performance eines Anbieters (anonymisiert)

Verfügung. Im internationalen Marketing auditiert BPA Worldwide (www.bpaww.com) die wichtigsten Medien in Bezug auf die Verbreitungscharakteristik und Leistungsdaten, u. a. von B2C- und B2B-Zeitschriften, von Zeitungen, Websites, Events, E-Mail-Newslettern, Online-Magazinen und weiterer werblich ausgerichteten Kommunikationsmitteln. Grundlegende Veranstalter- und Veranstaltungsinformationen erhält man auch unter www.auma.de, der Website vom Ausstellungs- und Messe-Ausschuss der Deutschen Wirtschaft e.V. Statt unter den am häufigsten genannten Gründen „da waren wir schon immer", „wir müssen da hin, weil die anderen auch da sind" und „unser Vorstand will, dass wir da hingehen" können die Veranstaltungsdaten, gekoppelt mit Erfahrungswerten aus vorangegangenen Messeauftritten, die Grundlage für eine systematische Messerelevanzanalyse bilden, um potenzielle Messebeteiligungen fundiert zu beurteilen und bei limitierten Budgets gezielt über eine Beteiligung daran zu entscheiden.

10.3 Controlling von Internetpräsenzen und Social-Media-Aktivitäten

Für viele Unternehmen ist es immer noch nur ein Gebot der Zeit, im Web präsent zu sein oder auf sozialen Netzwerkplattformen dabei zu sein, doch sollten sie sich vergegenwärtigen, dass diese Aktivitäten zumindest ebenfalls Kosten verursachen und Ressourcen binden. Aufwand, der meist zu Lasten der klassischen Budgets geht. Schon deshalb sollte man diese Aktivitäten auch unter professionellen Aspekten behandeln, controllen und bewusst entscheiden und managen.

Doch – wie eine Studie von OgilvyBrains zeigt (http://goo.gl/zC3Bz) – wertet nicht einmal jedes zweite der 500 umsatzstärksten Unternehmen in Deutschland Website-Kennzahlen aus. Bei den klein- und mittelständischen Unternehmen mit geringeren Budgets und weniger Spezialisten-Know-how dürfte die Quote noch deutlich darunter liegen. Hinzu kommt, dass viele Unternehmen noch Schwierigkeiten damit haben, die verfügbaren Web-Kennzahlen sinnvoll zu interpretieren (http://goo.gl/Rlvke).

Noch wichtiger, als den eigenen Auftritt professionell zu gestalten, wird es aber, zu erfahren, was in den Foren und Netzwerken von Dritten über das eigene Unternehmen, die eigene Marke, über die Produkte, Dienstleistungen und MitarbeiterInnen kommuniziert wird. Ein systematisches Monitoring der branchen-, themen- und zielgruppenrelevanten Foren, Blogs und Netzwerke sollte deshalb heute schon zum Pflichtprogramm gehören, spätestens um kritische Beiträge frühzeitig mitzubekommen und gegebenenfalls sinnvoll und rechtzeitig darauf reagieren zu können.

Da Online-Aktivitäten immer Aufwand verursachen, sollten auch für solche Maßnahmen zwei Aspekte betrachtet werden:

- Vor Realisierung der Online-Maßnahmen braucht es eine bewusste Entscheidung, was, wann, wo und wie getan werden soll, auf Basis einer leistungsorientierten Bewertung der verschiedenen Maßnahmenoptionen in konsistenter Fortsetzung der im Kommunikationskonzept definierten Kommunikations-Zielgruppen, den dafür ausgearbeiteten kommunikativen Zielsetzungen und Beeinflussungsstrategien.
- Nach Realisierung ist ein erfolgsorientiertes Controlling der Maßnahmenwirkung auf Basis geeigneter Analyseinformationen und Kennzahlen durchzuführen.

Im Bereich des Internets und der neuen sozialen Medien hat sich in den letzten Jahren das Forschungsinstrumentarium zwar deutlich verbessert, dennoch bleiben heute Daten zur finalen Gewissheit über den User und sein Rezeptionsverhalten oft noch hypothetisch, ganz einfach, weil man z.B. trotz Passwortzugang und Benutzerkennung nicht mit Sicherheit sagen kann, ob der dahinter registrierte User auch wirklich derjenige ist, der vor dem Bildschirm sitzt. Vielleicht hat er seine Zugangsdaten in der Familie weitergegeben oder der 14-jährige Sohn hat sich diese in einem günstigen Moment erspäht. Und eine lange Seitenbetrachtungsdauer kann auch nur die Folge eines beim Surfen unterbrechenden Telefonats des Users sein oder durch andere Zwischentätigkeiten entstanden sein (Kaffee holen, Toilettengang, Arbeitspause ...).

Dennoch gibt es mittlerweile viele technische Möglichkeiten und Kennzahlen, die helfen sollen, die Effizienz und Effektivität von Online-Maßnahmen zu bewerten und u.a. folgende Fragen im nächsten Planungszyklus genauer klären zu können:

1. Welche Websiteelemente und Web-Kommunikationsmittel bringen Kunden? Welche kosten nur Geld?
2. Welche Themenbeiträge werden am stärksten nachgefragt?
3. Welche Suchbegriffe bringen die besten Conversion-Raten?
4. Welche Suchbegriffe bringen die meisten Besucher, welche die meisten Kunden?
5. Wie teuer kommt das Gewinnen eines Besuchers? Wie viel muss investiert werden, um einen neuen Kunden zu gewinnen?
6. Wie viel und wie oft bestellt ein neuer Kunde?
7. Woher kommen die Website-Besucher?
8. u.s.w.

Checkliste 44
Fragen zur Planung von Online-Maßnahmen

Wie werden die Informationen beim Web-Controlling gewonnen? Dafür stehen verschiedene technische Verfahren zur Verfügung, insbesondere:

1. Die Logfile-Analyse

Bei entsprechender Einstellung des Webservers kann dieser jeden Aufruf (Hit) eines jeden Objektes einer Website registrieren und protokollieren, egal ob es sich um eine HTML-Datei, eine Grafik (GIF oder JPG) oder z.b. eine PDF-Datei handelt. Die registrierten Informationen werden in eine sogenannte Logdatei (Log-File) geschrieben, so dass man z.b. die URL eines aufgerufenen Objektes, Datum und Uhrzeit des Aufrufs, die Referrer-URL oder auch die IP-Adresse des Rechners, von dem aus die Seite aufgerufen wurde, auslesen kann. Mit entsprechenden Analyse-Programmen wie z.b. „AWStats" und „Webalizer" kann diese Logdatei dann zum Teil kostenlos ausgewertet werden, es braucht keine technischen Eingriffe in die Website. Allerdings liefern diese Verfahren primär quantitative Informationen auf Vergangenheitsbasis, d.h. nicht in Echtzeit. Qualitative Kennzahlen oder gar wirtschaftliche Kennzahlen können damit nicht ermittelt werden.

2. Einsatz von Cookies

Bei diesen Verfahren wird die Ziel-URL des Web-Kommunikationsmittels modifiziert. Ein Klick leitet zunächst zu einem Messserver weiter, der den Klick zählt und ein sogenanntes Cookie integriert, bevor er zum eigentlichen Angebot weiterschaltet. Mit diesem Cookie kann der Messserver später eine Transaktion einem Web-Kommunikationsmittel zuordnen. Dieses Verfahren ermöglicht eine Echtzeitanalyse und liefert ebenfalls quantitative Kennzahlen. Allerdings erlaubt es nur spärliche Erkenntnisse über das Besucherverhalten auf der Website selbst und zudem hat ein User die Möglichkeit, die Anwendung von Cookies auf seinem Rechner zu unterbinden.

3. Einbindung weiterer Informationen

Im Rahmen von Java-Programmierungen können durch Einbindung bestimmter Pixelgrafiken und Java Script-Elemente im HTML-Code weitere Informationen abgefragt werden, beispielsweise mit welchem Browser der Besucher arbeitet, welches Betriebssystem er hat, welche Bildschirmauflösung eingestellt ist usw. Damit können grundsätzlich Aufschlüsse zum Verhalten der Besucher auf der Website gewonnen werden. Die Messgenauigkeit ist relativ hoch und die Analyse erfolgt in Echtzeit.

Über die verschiedenen Verfahren können nun direkt oder mittels deduktiver Nacharbeit Controllingkriterien, Kenngrößen und -zahlen zur Bewertung von Internetpräsenzen gewonnen werden.

Hier eine Liste der gebräuchlichsten Bewertungskriterien (in alphabetischer Reihung):

- *Absprungrate:* Gibt Auskunft darüber, wie viel Prozent der Besucher einer Website nach nur einer Seitenansicht den Webauftritt schon wieder verlassen haben (Single Page Visits). Je höher diese Zahl ausfällt, desto weniger relevant scheinen die Inhalte der Website für Besucher zu sein und desto mehr des Web-Investments war umsonst!
- *AdClicks:* Die Anzahl der Klicks auf ein werbetragendes Objekt, z.b. Werbebanner, oder einen Hyperlink, der zum Angebot eines Werbetreibenden führt. Gilt als Erfolgskennzahl bzw. Kriterium für die Effizienz von Werbekampagnen, da die Anzahl der tatsächlich realisierten Kontakte gemessen wird.
- *Anzahl Bestellungen:* Zahl der durch einen Kampagnenbaustein, ein bestimmtes Werbemittel oder gar ein einzelnes Keyword erzielten Bestellungen.
- *Backlinks:* Anzahl der Links, die auf eine bestimmte Webseite verweisen. Spielen eine signifikante Rolle bei Suchmaschinen in der Rankingzuweisung einer Website.
- *Besuchereinstellungen:* Informiert darüber, welche Einstellungen die Besucher auf ihren Rechnern haben, z.b. bzgl. Häufigkeit der verwendeten Browser, Bildschirmauflösungen, installierte Plugins. Sinnvolle Informationen, um den eigenen Webauftritt für Besucher so kompatibel wie möglich zu machen (vgl. auch die 4Cs; Connectivity, Kapitel 4.2.3); zu entnehmen aus den Log-Files.
- *Bounce-Rate:* Ein Bounce wird gezählt, wenn der Besucher einer Webseite diese verlässt oder längere Zeit inaktiv ist (Session Timeout), ohne eine weitere Seite zu besuchen. Die Bounce-Rate einer Website errechnet sich aus der Anzahl der Besucher, die nur eine einzelne Seite pro Besuch aufrufen, geteilt durch sämtliche Visits der Website. Die Bounce-Rate ist eine Kennzahl für die Effektivität von Einstiegsseiten (Entry Pages): Ist die Bounce-Rate hoch, deutet dies darauf hin, dass die betreffende Einstiegsseite (muss nicht gleich der Homepage sein!) verbesserungswürdig ist, da sie nicht zum weiteren Surfen animiert.
- *CLV (Kundenwert/Customer Lifetime Value):* Ein Wert, der eine wirtschaftliche Betrachtung eines Kunden über die gesamte Dauer einer Kundenbeziehung wiedergibt. Unterstellt wird, dass ein neu akquirierter Kunde im Laufe der Geschäftsbeziehung nicht nur eine, sondern mehrere Käufe/Bestellungen tätigt. Der zum Betrachtungszeitpunkt abgezinste Gewinn durch diese Bestellungen repräsentiert den Wert eines Neukunden zum Zeitpunkt der Erstbestellung. Die Berechnung erfolgt

statistisch auf Erfahrungsbasis als Durchschnittswert von Vergangenheitswerten. Es ist also ein prognostischer Wert, der aber grundsätzlich zur Zielgruppenselektion und Investitionsentscheidung sehr wichtig ist.

- *Conversions:* Spiegelt die Anzahl der Websitebesucher wider, die eine gewünschte Transaktion durchgeführt haben, also z.b. einen Kauf, das Absenden eines ausgefüllten Formulars, Abonnieren eines Newsletters.
- *Cost per Conversion:* Die Kosten, die pro gewünschter Transaktion verursacht werden. Diese Kosten können meist bis auf bestimmte Kampagnenelemente, wie Banner oder ein Keyword, bezogen werden.
- *CPC (Cost per Click):* Die Kosten in Euro, die für einen neuen Besucher (Klick) gezahlt werden (auch Cost per Click-Through genannt).
- *CPL (Cost per Lead):* Die Kosten, die anfallen, um einen neuen Kontakt zu erhalten. Kann identisch mit den „Costs per Conversion" sein, wenn ein Lead auch gleichzeitig eine Conversion darstellt.
- *CPM (Cost per Thousand Impressions):* Entspricht dem Tausender-Kontakt-Preis (TKP) im Printbereich und gibt den Preis pro Tausend Impressions/Einblendungen von Web-Werbemaßnahmen an.
- *CPO (Cost per Order):* Repräsentiert die Kosten, die pro einzelner Bestellung anfallen. Auch dieser Kostenbetrag kann meist bis auf definierte Kampagnenelemente, wie Banner oder ein Keyword, bezogen werden.
- *CTR (Klickrate; Click-Thru-Ratio):* Verhältnis zwischen den Einblendungen eines Werbemittels, z.b. eines Banners oder Pop-up-Fensters (Impressions), und der Anzahl der Klicks.
- *CR (Conversion Rate):* Verhältnis zwischen den erreichten Conversions und der Anzahl der Besucher (Klicks), die durch eine Kampagnenkomponente (Werbemittel, Keyword etc.) auf die Zielwebsite gelenkt wurden.
- *Dropout Rate:* Anzahl der Besucher, die einen Shop-, Bestell oder Conversionvorgang abbrechen.
- *Entry Page:* Die erste Seite eines Visits. Interessant ist hier, ob dies die Homepage oder eine Inhaltsseite einer Webpräsenz ist, ob also die Home-URL angewählt wurde oder die URL einer speziell vorgesehenen Landing-Page oder die meistens komplexere URL einer Inhaltsseite, was Rückschlüsse auf die Herkunft über eine Weiterleitung durch Klick auf Web-Werbeelemente zulässt.
- *Hits (Zugriffe):* Die Anzahl der von einem Web-Server abgerufenen HTML-Seiten, wobei jeweils ein Hit generiert wird, sobald

ein User-Rechner ein Element (Text, Grafik, Werbung, etc.) einer Website lädt. Besteht eine Webseite z.B. aus vier Objekten (HTML-Datei und zwei statische GIF-Bilder und eine animierte GIF-Grafik), so werden vier Hits gezählt. Dennoch ist es nur ein Besucher. Somit geben Hits eher technische Bedingungen wieder und haben als Kennzahl nur einen geringen Aussagewert.

- *Keywords:* Geben Auskunft über die Begriffe, über die Besucher von den Suchmaschinen zu einer Website geleitet wurden.
- *Klicks:* Anzahl der Besucher, die auf ein entsprechendes Werbeelement (z.B. Google AdWords oder ein Banner) geklickt haben und so auf die Website des Werbetreibenden gelangt sind.
- *Link Popularity:* Misst anhand von Backlinks die Popularität einer Website.
- *Mikrokonversionsraten:* Hier wird ein Kaufentscheidungsprozess noch differenzierter bewertet:
  a) Die „Look-to-Click-Rate" gibt den Prozentsatz der Besucher an, die ein Angebot angeklickt haben.
  b) Die „Click-to-Basket-Rate" ist der Prozentsatz der Besucher, die danach ein Produkt auch in den Warenkorb gelegt haben.
  c) Die „Basket-to-Buy-Rate" beschreibt den Prozentsatz der Besucher, die dann auch einen Kauf getätigt haben.
  d) Die „Look-to-Buy-Rate" kennzeichnet den Prozentsatz der Besucher, die ein Angebot gesehen und es schlussendlich auch gekauft haben.
- *Nettokäufe:* Die durch eine Kampagne generierten Käufe, bereinigt um die Retouren. Problem bei der Bestimmung ist die kausale Zuordnung von Verkäufen zu Kommunikationsmaßnahmen. Bei Internetverkäufen, wenn eine Transaktion z.B. direkt einer Bannerwerbung oder Google AdWords zugewiesen werden kann, ist der Zusammenhang aber zulässig.
- *Neukontakte (Leads):* Anzahl der durch eine Web-Kampagne oder Internetpräsenz generierten Neukontakte.
- *Page Exit Ratio:* Die Anzahl der Seitenabbrüche geteilt durch die Visits einer Seite.
- *PI (Page Impressions):* Kennzahl, die die Anzahl der Abrufe einer Einzelseite innerhalb einer Website wiedergibt, früher auch als Page-Views bezeichnet. Entspricht – auf TV übertragen – den Einschaltquoten eines Fernsehkanals.
- *Referrer/Zugriffsquellen:* Geben an, woher Ihre Besucher zu Ihnen kommen. Meist werden drei Quellen unterschieden: Suchmaschinen, Webseiten (Besucher kommen über Links von anderen Webseiten) und direkte Zugriffe (Besucher haben Ihre Webseitenadresse direkt eingegeben).

- *Recency:* Ist ein Maß für den Aktualitätswert eines Kunden und gibt die Zeitdauer an, die seit dem letzten Kauf eines Kunden verstrichen ist.
- *ROI (Return on Investment, Gewinn je Euro):* Bezeichnet in der Kommunikation allgemein den Gewinn je eingesetztem Euro Kommunikationsbudget. Bei Webkampagnen entsprechend der Gewinn pro Euro investierten Webbudgets. Auch hier können die Kosten oft bis auf bestimmte Kampagnenelemente, wie Banner oder ein Keyword, heruntergerechnet werden.
- *ROR (Repeat Order Rate):* Quote von Wiederholungs-Bestellern/-Bestellungen; Loyalitätsindikator.
- *Stickiness:* Kennzahl zur Beurteilung der Attraktivität einzelner Bereiche einer Website; lange Verweildauern bei gleichzeitig hoher Besuchshäufigkeit ergeben eine hohe Stickiness (= Häufigkeit × Dauer × Anzahl der Zugriffe auf die Site).
- *Unique Visitors (eindeutige Besucher):* Anzahl individuell unterschiedlicher Besucher, also wie viele unterschiedliche Besucher ein Webauftritt hat.
- *Umsatz je Bestellung:* Durchschnittlicher Umsatz pro Bestellung, durchschnittliches Bestellvolumen; dient als Vergleichswert von alternativen Vertriebskanälen, insbesondere zum Vergleich von klassischen Maßnahmen und Online-Marketing-Maßnahmen.
- *Umsatz je eingesetztem Euro:* „Rendite", gibt den Umsatz an, bezogen auf einen Euro, der für eine Kampagne investiert wurde. Auch für diesen Wert gilt, dass er manchmal kausal auf Kampagnenelemente oder für einzelne Kommunikationsmittel gerechnet werden kann, sofern sich das Umsatzergebnis unmittelbar auf die Kommunikationsmaßnahme zurückführen lässt.
- *Velocity:* Diese Kennzahl gibt die Anzahl der Seitenabrufe bis zu einem Kaufabschluss an und ist damit ein Indikator für die „Verkaufsfreundlichkeit" der Website.
- *Visit:* Darunter versteht man einen zusammenhängenden Nutzungsvorgang eines Users. Ein Visit entspricht der Summe einer oder mehrerer Page Impressions und ist ein Maß für die Anzahl der Nutzer einer Website.
- *Visit Duration (Besuchsdauer):* Die Differenz zwischen dem Zeitpunkt der letzten Aktivität eines Users und dem seiner ersten Aktivität liefert die auf der Site verbrachte Zeit. Im Gegensatz dazu stellt die Besuchszeit im 24-Stunden-Verlauf überwiegend grafisch dar, wann Besucher eine Webseite besuchten.

Mithilfe dieser Web-Analyseinformationen und Kennzahlen können aus dem Web-Controlling heraus Webpräsenzen gezielt gemanagt, die Web-Kommunikation kann strategisch wie operativ optimiert und unnötige Kosten können abgebaut bzw. vermieden werden. Investments können gezielt nach bestem Wirkungspotenzial und bei fokussierten User-/Zielgruppen getätigt und Zielgruppen mit mehr Erfolg angegangen werden.

10.4 Budgetcontrolling

In keinem Unternehmen macht man sich heute noch Freunde, wenn man seine Budgets nicht im Griff hat, insbesondere wenn man sie überschreitet. Aber auch eine gravierende Unterschreitung deutet nicht auf profunde Planung, professionelles Controlling oder besondere operative Aktivität hin.

Budgetcontrolling soll daher vor allem sicherstellen, dass ein Budgetrahmen nicht überschritten wird. Dazu ist es notwendig, im Zeitablauf möglichst gut die Kosten und Budgetwerte zu verfolgen, in sinnvollen Abständen (meist Monatsscheiben) einen Budgetstatus zu berechnen bzw. zu erstellen und höchste Transparenz ins Budgetmanagement zu bringen. Kostenstellenverantwortliche sollten hier insbesondere darauf achten, dass nur sie Zugriff auf und Buchungsrechte für ihre Kostenstelle besitzen und dadurch keine Querbelastungen von kostenstellenfremden Kostenverursachern erfolgen können.

Im Rahmen des Budgetcontrollings werden üblicherweise folgende Begriffe verwendet bzw. Budgetwerte betrachtet:

- *Planbudget:* Das im Rahmen der Kommunikationsplanung/ Jahresplanung auf Basis der möglichst ziel-/aufgabenorientierten Budgetplanung als notwendig errechnete Budget, mit dem man mit möglichst belastbaren Argumenten in die Budgetgespräche mit den Entscheidern aus Marketing, Produktmanagement, Vertrieb oder Geschäftsführung geht.
- *Istbudget:* Das nach Durchsprache des Planbudgets von den Entscheidern genehmigte Budget; meist ist das Istbudget kleiner als das Planbudget.
- *Anteiliges Budget (Budget/12):* Das auf den Monat bezogene Istbudget, also der heruntergerechnete Budgetanteil, der bei gleichmäßiger Verteilung über die Monate pro Monat zur Verfügung steht (alternativ Budget/52 bei wöchentlichen Zeitabständen).
- *Budget n/12:* Bezeichnet das anteilige Budget im Monat n; falls das Geschäftsjahr gleich dem Kalenderjahr ist, bedeutet also Budget 7/12 das kumulierte anteilige Budget von Januar bis einschließlich Juli.

- *Istkosten:* Die Summe von Sach- und Gemeinkosten, die bis zum Betrachtungszeitpunkt bereits angefallen und bezahlt sind.
- *Veranlasste Kosten (disponierte Kosten):* Kosten, die bis zum Betrachtungszeitpunkt bereits veranlasst sind oder kalkulatorisch berücksichtigt werden müssen, obwohl sie noch nicht bezahlt sind. Bei Budgetproblemen kann durch Projektabsagen oder Maßnahmenstopp noch ganz oder teilweise verhindert werden, dass insbesondere disponierte Sachkosten (Kosten für Maßnahmen und Projekte; keine Gemeinkosten) wirklich anfallen und zu Istkosten werden. Gemeinkosten fallen in der Regel aber intern weiter in unveränderter Höhe an und stehen als „Streichmasse" in der Regel nicht zur Disposition.
- *Planrest:* Das Istbudget abzüglich der Summe aus Istkosten und veranlassten Kosten (brutto, d.h. Sachkosten und Gemeinkosten).
- *V-Ist (voraussichtliches Ist):* Auf Basis der zum Betrachtungszeitpunkt bereits angefallenen Gemein- und/oder Sachkosten (Istkosten zzgl. veranlasste Kosten brutto) zum Budgetjahresende linear hochgerechneter Gesamtkostenbetrag. Die Summe aller Kosten also, die – wenn die folgenden Monate/Zeitabschnitte wie bisher verlaufen würden – zum Ende des Budgetjahres entstanden sein würden. Errechnet sich als Istkosten plus veranlasste Kosten (inkl. Gemeinkosten), dividiert durch Anzahl bisheriger Monate/Wochen, multipliziert mit 12 Monaten (bzw. 52 Wochen). Liefert eine Prognose über die Einhaltung des Istbudgets. Allerdings hat man in der Realität wohl kaum rein lineare Kostenverläufe über das Jahr. Daher sollte man insbesondere budgetintensive Projekte, z.B. eine größere Messebeteiligung oder hohe Einmalkosten, bei den Gemeinkosten (z.B. erst zum Jahresende einmalig anfallende Umlagen) bei der Interpretation des V-Ist entweder als bereits anormal angefallen oder als zu puffernden Kostenbetrag berücksichtigen.
- *Sachkosten:* Kosten, die im Rahmen der operativen Tätigkeit für die Umsetzung und Realisierung von Mitteln und Maßnahmen entstehen. Typische Beispiele sind Agenturkosten, Schaltkosten, Druck- und Produktionskosten, Messekosten oder Mailingkosten.
- *Gemeinkosten:* Kosten, die durch Organisation, Personal und Verwaltung verursacht werden, z.B. Mieten, IT-Kosten, Löhne und Gehälter, Verbrauchsmaterial, Stellenkosten oder Verwaltungsumlagen.
- *Weiterverrechenbare Kosten:* Kosten, die an andere Kostenträger weiterverrechnet werden können, also letztendlich nicht das eigene Budget belasten; dies können z.B. Werbeberater-Kosten sein, die je nach Inanspruchnahme durch andere Stellen im

Unternehmen pauschal oder nach Verursacherprinzip an den „internen Kunden" weiterbelastet werden.

Mit diesen Budgetkennzahlen kann ein übersichtliches Budgetreporting erstellt werden, das spätestens zu definierten Betrachtungszeitpunkten einen transparenten Budgetstatus liefert und eine Grundlage darstellt, Budgets professionell zu managen und in Summe einzuhalten. Bild 117 zeigt ein Beispiel für einen derartig tabellarisch aufbereiteten Budgetstatus, unter der Annahme Geschäftsjahr ist gleich Kalenderjahr; die Betrachtung erfolgt im Oktober 2013.

Budgetreporting: Beispiel

Kostenentwicklung Schulze Kommunikationsabteilung (Werte in Tsd. EURO)	Kosten ist+veranlasst 10/2013				Istbudget 2013				V-IST 10/2013				Planrest 10/2013			
Kostenstelle	K1 I	K2 PR	K3 MC	Komm. gesamt	K1 I	K2 PR	K3 MC	Komm. gesamt	K1 I	K2 PR	K3 MC	Komm. gesamt	K1 I	K2 PR	K3 MC	Komm. gesamt
Gemeinkosten																
Personalkosten	490	176	738	**1'404**	615	167	875	**1'657**	588	211	886	**1'685**	027	-044	-011	**-028**
in % v. Gesamtkosten (brutto)				56%				61%				58%				59%
Mieten und Pachten	029	018	052	**099**	055	017	068	**140**	035	022	062	**119**	020	-005	006	**021**
in % v. Gesamtkosten (brutto)				4%				5%				4%				5%
Betriebskosten	004	058	014	**076**	002	110	002	**114**	005	70	017	**092**	-003	040	-015	**022**
in % v. Gesamtkosten (brutto)				3%				4%				3%				4%
DV-Kosten	142	012	051	**205**	114	012	061	**187**	170	014	061	**245**	-056	-002	000	**-058**
in % v. Gesamtkosten (brutto)				8%				7%				8%				8%
Übrige Kosten	164	387	159	**710**	172	300	130	**602**	197	464	191	**752**	-025	-164	-061	**-250**
Gesamtgemeinkosten (brutto)	829	651	1014	**2'494**	958	606	1136	**2'700**	995	781	1217	**2'893**	-037	-175	-081	**-293**
Weiterverrechnungen				**-1'295**		-064	-1'136	**-1'200**		0	-1'554	**-1'554**				
Gemeinkosten netto (z. Lasten Umlage)	829	651	-281	**1'199**	958	542	000	**1'500**	1'016	513	000	**1'339**				
Sachkosten																
Presse- und Öff. arbeit (PR)				**673**				**1'200**				**807**				**393**
Interne Kommunikation (I)				**645**				**880**				**774**				**106**
Marketing-Communication (MC)				**898**				**1'820**				**1'077**				**743**
VV-Wesen				**443**				**443**				**531**				**-088**
Sachkosten gesamt				**2'659**				**4'343**				**3'189**				**1'154**

V-Ist ohne Berücksichtigung früherer oder kommender Einmalbelastungen und nicht realisierter Planprojekte
* Verbesserungsvorschlagswesen inkl. Prämien

Bild 117 Beispiel eines Budgetstatus im Oktober 2013

Die Kommunikationsabteilung der Schulze KG wird demnach bei den Gemeinkosten – dank der Weiterverrechnungen – unter Budget bleiben (1,339 vs. 1,500 Mio. Euro), hat aber Stand Oktober 2013 bei den Gemeinkosten nur dank der höher als geplant realisierten Weiterverrechnungen (1,554 anstatt 1,200 Mio. Euro) das Gemeinkostenbudget um 125 Tsd. Euro noch nicht überschritten; ohne die Weiterverrechnungen wäre das Gemeinkostenbudget netto bereits mit 293 Tsd. Euro überzogen! Allerdings steht dem noch ein deutlicher Planrest im Sachkostenbereich von 1,152 Mio. Euro entgegen, da von den genehmigten 4,343 Mio. Euro voraussichtlich nur 3,191 Mio. Euro ausgegeben werden. Den anteilig größten Kostenanteil an den Gemeinkosten machen die Personalkosten mit 56% aus.

Zum Zeitpunkt Oktober 2013 sind erst Sachkosten von 2,659 Mio. Euro realisiert, was einen Sachkosten-Planrest von 1,154 Mio. Euro ergibt. Insgesamt (Sach- und Gemeinkosten) stehen derzeit 5,153 Mio. Euro zu Buche, davon konnten jedoch bereits 1,295 Mio. Euro an andere Kostenträger im Hause weiterbelastet werden. Zum Budgetjahresende sind Gesamtkosten von netto 4,630 Mio. Euro zu erwarten, wovon 1,554 Mio. Euro vermutlich weiterverrechnet werden können, so dass einem genehmigten Budgetvolumen von 3,858 Mio. Euro nur ein V-Ist von 3,076 Mio. Euro gegenüber steht. Damit kann zum Zeitpunkt Oktober 2013 davon ausgegangen werden, dass das Budget nicht nur eingehalten, sondern voraussichtlich um 782 Tsd. Euro unterschritten wird. Diese Planabweichung wird nahezu vollkommen (742 Tsd. Euro) von den Sachkosten der Marketing-Kommunikation (MC) verursacht. MC weist die größte Abweichung zwischen Plan und Ist bei den Sachkosten (898 Tsd. Euro vs. 1,820 Mio. Euro) auf; Gründe dafür können gestrichene, verzögerte oder aufgeschobene Projekte sein, oder auch zu geringe Manpower, um eine zu ehrgeizige Planung abarbeiten zu können. Einkaufseffekte können in der Höhe ausgeschlossen werden.

10.5 Umsetzungscontrolling

Während der Briefing-, Umsetzungs- und Realisierungprozesse können sich – bewusst und unbewusst, bemerkt oder unbemerkt – Änderungen zur Planung und zu intendierten Maßnahmen und Qualitäten ergeben. Umsetzungscontrolling soll diese Veränderungen feststellen, sichtbar machen und einem bewussten Managementprozess zuführen.

In diesem Sinne ist zum Beispiel zu überprüfen, inwieweit die geplanten und verabschiedeten Mittel und Maßnahmen auch wirklich realisiert wurden. Abweichungen zur Planung sind festzustellen, inklusive Ursachenanalyse und einer Begründung für eine eventuelle Diskrepanz. Insbesondere sollte auch evaluiert werden, inwieweit geplante Mittel und Maßnahmen zu Gunsten nicht geplanter Aktivitäten gestrichen wurden, ebenfalls mit Ursachenanalyse und Begründung.

Entsprechendes gilt für die Umsetzung geplanter Media- und Schaltpläne.

Des Weiteren sollte die Ist-Qualität realisierter Mittel und Maßnahmen mit der gewünschten Soll-Qualität abgeglichen werden. Das betrifft die inhaltliche Qualität (Werden die intendierten Themen, Botschaften und Argumentationslinien in hinreichender Qualität an die definierten Kommunikations-Zielgruppen kommuniziert?), die emotionale Qualität (Wurden die beabsichtigten Farb- und Bildwelten erreicht? Wurden kreativ die konzeptionell definierten Emotionen umgesetzt? Passt die Anmutung zu den im Konzept definierten Zielen und Zielgruppen?) und auch die aktivierende Qualität (Wurden die gemäß Konzept erforderlichen aktivierenden Text-, Bild-, Ton-, Design-, Event- und Response-Elemente realisiert?). Aber auch die handwerkliche Qualität der Umsetzung und Realisierung ist zu controllen, wie z.b. die Qualität von Fotos, Bewegtbild, grafischen Darstellungen und Texten. Nicht zu vergessen die Produktionsqualität, also Druck, Papier und andere verwendete Materialien, Programmierung, Usability, Haptik, Standbau, Beleuchtung, Akustik usw.

Umsetzungscontrolling sollte immer begleitend zum Umsetzungsprozess erfolgen, denn je früher unerwünschte Abweichungen festgestellt werden, desto einfacher fallen Korrekturen und desto weniger Kosten werden durch Änderungen verursacht.

Schlussbetrachtung

Bei kommerzieller Kommunikation muss für Sie immer eine Frage im Mittelpunkt stehen:

Wie kann ich mit möglichst geringem Ressourceneinsatz eine möglichst hohe beabsichtigte Wirkung erzielen?

Daran sind alle Ihre Entscheidungen zu messen.

- Bei der Planung müssen Sie die unterschiedlichen Funktionen und Einsatzfelder der Kommunikationsinstrumente, -mittel und -maßnahmen, ihre Wechselwirkung und ihre meist längerfristigen Wirkungsweisen berücksichtigen.
- Professionelle Kommunikation muss konzeptionell geplant werden. Sie basiert stringent auf strategischen Entscheidungen und Informationen aus vorgelagerten Marketingüberlegungen und leitet daraus konsistente Kommunikationsstrategien ab.

  - Das Wichtigste jeder Konzeption sind klare, logisch eindeutig nachvollziehbare, *begründete* Entscheidungen.

- Ihre einzelnen Entscheidungen bei der Kommunikationsplanung sind miteinander vernetzt und müssen so aufeinander abgestimmt werden, dass es zu keinen Widersprüchen oder Irritationen kommt.
- Ihre strategisch wichtigste Entscheidung ist die Bestimmung der Zielgruppen für die Kommunikation. Die entscheidenden Kriterien dazu sind Motive und/oder Kerninteressen.
- Unterschiedliche Kommunikations-Zielgruppen müssen differenziert angegangen werden. Dies gilt für nachfolgende strategische Entscheidungen, zum Beispiel bei der psychologischen Positionierung, bei den Kommunikationszielen oder bei den Kernbotschaften ebenso wie bei der Festlegung der Mittel, Maßnahmen und Medien. Jede Zielgruppe sollte ihren kommunikativen Maßanzug bekommen!
- Mit Kommunikationsforschung können Sie das Risiko strategischer wie operativer Fehlentscheidungen verringern. Sie zeigt Wirkungsdefizite auf, hilft Kampagnen zu optimieren und kann letztendlich Klarheit über Erfolg oder Misserfolg durchgeführter Maßnahmen bringen.

- Briefings ergänzen das Kommunikationskonzept und haben die Funktion, alle Informationen zu bündeln, die ein Briefingempfänger benötigt, um eine definierte Aufgabe zu erledigen und diese Informationen schriftlich als nachvollziehbare Vereinbarung zu fixieren.

Bild 118 zeigt noch einmal die Eigenschaften guter Konzepte und häufige Konzeptfehler.

Die Erarbeitung eines Kommunikationskonzeptes ist weder einfach noch bequem. Qualität kommt gerade hier von „sich quälen". Sie brauchen Fleiß, Mut zum Entscheiden, analytisches Potenzial, klares logisches Denken, die Fähigkeit, Wesentliches von Ballast zu trennen und vor allem das Durchhaltevermögen – oft neben der Tagesarbeit – „am Ball zu bleiben", um Ihre konzeptionelle Arbeit durchzuziehen. Aber der Einsatz zahlt sich aus: Intelligentere, erfolgreiche Kommunikation ist Ihr Lohn. Ich wünsche Ihnen viel Erfolg, aber auch Spaß beim Konzipieren!

+	**–**
• Es wurde der gesamte relevante Vermarktungs- und Kommunikationsprozess durchdacht	• Zu kurze Sichtweise, dem Reiz der schnellen Ideen unterlegen
• Konsistente Abfolge klarer, begründeter Entscheidungen und Folgerungen	• Keine oder unklare Entscheidungen, schwammige Zusammenhänge, Willkür, Inkonsistenzen
• Klar definierte und typisierte Zielgruppen, in den wesentlichen Merkmalen plastisch beschrieben	• Keine oder ungenügend definierte Zielgruppen
• Klare Kommunikationsziele, relevant, konkret, terminiert, quantifiziert, realistisch, messbar	• Schwammige oder falsche Kommunikationsziele, nicht terminiert, nicht quantifiziert, unrealistisch, nicht messbar
• Knappe, präzise, zielgruppenrelevante, haltbare Kernbotschaften	• Unklare, unrelevante oder nicht argumentierbare Kernbotschaften
• Ein kommunikativer Maßanzug für jede Zielgruppe	• Zielgruppen werden nicht differenziert betrachtet
• Synergetischer Kommunikations-Mix	• Aktionistische Mittel und Einzelmaßnahmen
• Aufgabenorientiertes Budget	• Kein aufgabenorientiertes Budget
	• Zu viel Information, unwichtige Informationen, ungenaue Informationen

Bild 118 Eigenschaften guter bzw. schlechter Konzepte

Checklistenverzeichnis

Tabellenverzeichnis

Literaturverzeichnis

In einzelnen Fällen bezieht sich die Literaturangabe bewusst nicht auf aktuelle Ausgaben von Veröffentlichungen eines Autors, sondern auf eine frühere, da die Darstellung des jeweiligen Themas dort besser verständlich, konkreter oder übersichtlicher erscheint.

Von den unten aufgeführten Büchern würde ich die folgenden sechs zum weiteren Einstieg ins Thema „Konzeption und Briefing" besonders empfehlen:

1. Deichsel, Alexander; Schmidt, Manfred: Jahrbuch Markentechnik 2011/2012 sowie frühere Ausgaben des Jahrbuchs von Klaus Brandmeyer
2. Häusel, Hans-Georg: Think Limbic
3. Häusel, Hans-Georg: Brain View
4. Huber, Kurt: Image – Corporate Image, Marken-Image, Produkt-Image
5. Ries, Al; Trout, Jack: Positioning
6. Schönert, Walter: Werbung, die ankommt

http://www.auma.de/_pages/d/16_Download/download/Forschungsergebnisse/AUMA_MesseTrend2012.pdf

http://www.absatzwirtschaft.de/content/marktforschung/wissen/lebensstile-marken-werte-zielmaerkte-lassen-sich-ueber-verschiedene-ansaetze-bestimmen;66642;0

http://www.econtrolling.de/glossar-2/

http://www.gfk.com/ps_panelguide/glossary/single_sites/001643/index.de.html

http://www.nymphenburg.de

Aaker, David A.: Management des Markenwertes. Campus-Verlag, Frankfurt/Main, 1992

Aaker, David A: Markenrelevanz - erfolgreich Wettbewerber ausschalten. Wiley-VCH, Weinheim, 2013

Ahrens, Rupert; Scherer, Helmut; Zerfaß, Ansgar (Hrsg.): Integriertes Kommunikationsmanagement. Frankfurt/Main, 1995

Anders, Hans-Jürgen: Forscher entdecken die Europa-Style-Verbraucher. W&V 26/30, S. 8-10, 1989

Anders, Hans-Jürgen: Wie europäisch ist der europäische Verbraucher? Markenartikel 8/89, S. 414-421, 1989

Allgayer, Florian; Kalka, Jochen: Der Kunde im Fokus - die wichtigsten Zielgruppen im Überblick – Milieus, Lebenswelten, Konsumenten. Redline Wirtschaftsverlag, München, 2007

Auer, Manfred; Diederichs, Frank A.: Werbung below the line. mi, Landsberg/Lech, 1993

Backhaus, Klaus: KKV oder der Blick über die eigenen Fabrikmauern. W&V 13/27, S. 64-68, 1992

Backhaus, Klaus; Voeth, Markus: Industriegütermarketing. 9. Auflage. Vahlen, München, 2009

Backhaus, Klaus; Schneider, Helmut: Strategisches Marketing. 2. Auflage. Schäffer-Poeschel, Stuttgart, 2009

Backhaus, Klaus; Büschken, Joachim; Voeth, Markus: Internationales Marketing. 6. Auflage. Schäffer-Poeschel, Stuttgart, 2011

Bauer, Hans H.; Dirks, Thorsten; Bryant, Melchior: Erfolgsfaktoren des Mobile Marketing. Springer-Verlag, Heidelberg,, 2008

Bauer, Hans H.; Reichardt, Tina; Neumann, Marcus, M.: Zu jeder Zeit an jedem Ort: Über die Potenziale des „Mobile Marketing", in: Direktmarketing, Ausgabe: Oktober 2004, S. 32-37

Bayer, Matthias: Kulturorientierte Unternehmenskommunikation als Erfolgsfaktor. Diplomarbeit, Bayreuth, 1997

Becker, Jochen: Marketing-Konzeption. 10. Auflage. Vahlen, München, 2012

Bergheimer, Markus: Konventionalist, Realist, Resignierter, Idealist – Vier Wert-Typen fordern das Marketing. Marketing-Journal 3/92, S. 216-220

Bernard, Michael: Examining User Expectations for the Location of Common E-Commerce Web Objects., http://psychology.wichita.edu/surl/usabilitynews/41/web_object-ecom.htm; Usability News 4.1 2002

Bernauer, Dominik: Mobile Internet-Grundlagen, Erfolgsfaktoren und Praxisbeispiele, VDM-Verlag Dr. Müller, Saarbrücken, 2008

Bernecker, Michael: Jahrbuch Marketing 2010/2011, Johanna-Verlag, Bergisch-Gladbach, 2010

Berner, Georg: Management in 20XX. Publicis Publishing, Erlangen, 2004

Bismarck, Wolf-Bertram v.; Baumann, Stefan: Markenmythos. Europ. Hochschulschriften, Bd. 1791, Frankfurt/Main, 1995

Brandmeyer, Klaus; Deichsel, Alexander (Hrsg.): Jahrbuch Markentechnik 2000/2001 bzw. 2002/2003 – Markenwelt, Markentechnik, Markentheorie, Forschungsbericht, Horizonte (Hrsg.). Frankfurt, 1999 bzw. 2001

Brandmeyer, Klaus; Deichsel, Alexander; Prill, Christian: Jahrbuch Markentechnik 2004/2005 – Markenwelt, Markentechnik, Markentheorie, Forschungsbericht, Horizonte (Hrsg.). Frankfurt/Main, 2004

Brandmeyer, Klaus; Pirck, Peter; Pogoda, Andreas; Prill, Christian: Marken stark machen: Techniken der Markenführung. Wiley-VCH, Weinheim, 2008

Broadbent, Simon; Haarstick, Kathrin: Accountable Advertising – wie sich Werbung rechnet. Econ, Düsseldorf, 1999

Brosius, Hans-Bernd; Haas, Alexander; Koschel, Friederike: Methoden der empirischen Kommunikationsforschung für Sozialwissenschaften. 6. Auflage. Springer, Heidelberg, 2012

Bruhn, Manfred: Integrierte Unternehmenskommunikation. Gabler, Wiesbaden, 2000

Bruhn, Manfred: Integrierte Unternehmenskommunikation. 5. Auflage. Schäffer-Poeschel, Stuttgart, 2009

Bruhn, Manfred: Unternehmens- und Markenkommunikation. 2. Auflage. Vahlen, München, 2011

Buchholz, Andreas; Wördemann, Wolfram: Was Siegermarken anders machen. Düsseldorf/München, 1998

Buchner, Dietrich; Lasko, Wolf W.: Winner's Edge – Konzepte für Vorsprung. Gabler, Wiesbaden, 1996

Burrack, Heiko; Nöcker, Ralf: Vom Pitch zum Award. FAZ-Verlag, Frankfurt, 2008

Buse, Stephan: Der mobile Erfolg, in: Keuper, Frank (Hrsg.): Electronic-Business und Mobile-Business-Ansätze, Konzepte und Geschäftsmodelle, S. 91-116, Gabler, Wiesbaden, 2002

Clemens, Tobias: Mobile Marketing: Grundlagen, Rahmenbedingungen und Praxis des Dialogmarketings über das Mobiltelefon, VDM-Verlag, Düsseldorf, 2003

Dannenberg, Marius; Wildschütz, Frank; Merkel, Stefanie: Handbuch Werbeplanung. Schäffer-Poeschel, Stuttgart, 2003

Deichsel, Alexander; Schmidt, Manfred: Jahrbuch Markentechnik 2011/2012, Gabler, Wiesbaden, 2010

De Mooij, Marieke: Global Marketing and Advertising. 2. Auflage. Sage Publications. London/New Dehli/Thousand Oaks, 2005

Demuth, Alexander: Image und Wirkung. GWP-Schriftenreihe Band 2, Düsseldorf, 1987

Demuth, Alexander; Garbett, Thomas F.; Richter, Gert: Unternehmenswerbung. Spiegel Fach & Wissen, Hamburg, 1984

Dichter, Ernest: Neues Denken bringt neue Märkte. Ueberreuther, Wien/Berlin, 1997

Diller, Herman; Köhler, Richard; Reinecke, Sven; Janz, Simone: Marketingcontrolling: Sicherstellen von Marketingeffektivität und -effizienz. Kohlhammer, Stuttgart, 2007

Domizlaff, Hans: Denkfehler. Verlag des Instituts für Markentechnik, Hamburg, 1964

Domizlaff, Hans: Die Gewinnung öffentlichen Vertrauens. 7. Auflage. Marketing Journal, Hamburg, 2005

Doppler, Klaus; Lauterburg, Christoph: Change Management. 12. Auflage. Campus-Verlag, Frankfurt, 2008

Dzemba, Oliver; Wenzel, Eike: Marketing 2020 - Die elf neuen Zielgruppen. Campus, Frankfurt/Main, 2009

Duschinski, Hannes: Web 2.0 - Chancen und Risiken für die Unternehmens-kommunikation. Diplomica, Hamburg, 2007

Esch, Franz-Rudolf: Wirkung integrierter Kommunikation. 5. Auflage. Gabler, Wiesbaden, 2011

Ettelbrück, Bernd; Ha, Sung: Mobile Marketing – Chancen und Erfolgsfaktoren des mobilen Mediums als Direktmarketing-Instrument der Zukunft, in: Keuper, Frank (2003): E-Business, M-Business und T-Business: Digitale Erlebniswelten aus Sicht von Consulting-Unternehmen, Gabler, Wiesbaden. 2003

Facchetti, Antonello, et al.: Mobile marketing: An analysis of key success factors and the European value chain. In: International Journal of Management and Decision Making, Volume 6, No. 1, S. 65-80, 2005

Förster, Hans-Peter; Rost, Gerhard; Thiermeyer, Michael: Corporate Wording. 2. Auflage. Frankfurter Allgemeine Buch, Frankfurt/Main, 2009

Friedag, Herwig; Schmidt, Walter: Balanced Scorecard. 4. Auflage. Haufe, Freiburg, 2011

Fuchs, Wolfgang; Unger, Fritz: Verkaufsförderung – Konzepte und Instrumente im Marketing-Mix. Gabler, Wiesbaden, 1999

Fuchs, Wolfgang; Unger, Fritz: Management der Marketing-Kommunikation. 4. Auflage. Springer, Berlin/Heidelberg, 2007

Gaede, Werner: Abweichen von der Norm. Herbig, München, 2002

Ghauri, Pervez; Cateora, Philip: International Marketing. 2. Auflage. McGraw-Hill, Maidenhead, 2006

Goleman, Daniel: Emotionale Intelligenz. Deutscher Taschenbuchverlag, München, 2011

GWA-Publikation: So wirkt Werbung im Marketing-Mix. Die neue Effektivität der Werbung. Frankfurt/Main, 1997

Haag, Patrick: Messen als Marketing- und Kommunikationsinstrument. AVM-Verlag, München, 2012

Hansen, Renée; Schmidt, Stephanie: Konzeptionspraxis. Frankfurter Allgemeine Buch. 6. Auflage. Frankfurt/Main, 2009

Hansson, Anders: How to Go Mobile – An Introduction to Mobile Marketing. InfoNU.com, Stockholm, 2008

Häusel, Hans-Georg: Think Limbic – Die Macht des Unbewussten. Haufe, Planegg, 2000

Häusel, Hans-Georg: Brain View, Haufe, 2012

Hartmann, Thomas: Ganzheitliche Marketingkommunikation im Internet. Publicis Publishing, Erlangen, 2006

Hartleben, Ralph E.: Messen und Events im Marketing – Geld wert oder Geld weg? In: Hofbauer, Günter; Pattloch, Annette: Stumpf, Marcus: Marketing in Forschung und Praxis, S. 335-355, Uni-Edition, Berlin, 2013

Heimbach, Petja: Nutzung und Wirkung interaktiver Werbung – eine Studie zum Blickverhalten im Internet, Deutscher Universitätsverlag, Wiesbaden, 2001

Herbst, Dieter: Corporate Identity. 4. Auflage. Bibliographisches Institut/Deutscher Universitätsverlag, Mannheim, 2009

Högler, Tamara, et al.: Rechtliche Grundlagen des Mobilen Marketings. In: Pousttchi, Key und Turowski, Klaus: Mobile Economy – Transaktionen, Prozesse, Anwendungen und Dienste: Proceedings zum 4. Workshop Mobile Commerce, S. 178-188, 2004

Hoffmann, Wolfgang; Hölscher, Brigitte G.; Thiele, Ulrich: Handbuch für technische Autoren und Redakteure. Publicis Publishing, Erlangen, 2002

Homburg, Christian; Krohmer, Harley: Grundlagen des Marketingmanagements. 2. Auflage. Gabler, Wiesbaden, 2009

Huber, Kurt: Image – Corporate Image, Marken-Image, Produkt-Image. mi-Verlag, Landsberg/Lech, 1993

Hussey, David: Strategy & Planning – A Manager's Guide. Wiley & Sons Verlag, Chichester, 1999

Jaeger-Lenz, Andrea: Werberecht, Recht der Werbung in Internet, Film, Funk und Printmedien. Wiley-VCH-Verlag, Weinheim, 1999

Justitz, Robert: Werbung im Wandel. Books-on-demand, Berlin, 2013

Kaltenbach, Horst G.: Das kreative Unternehmen – Vom Elefanten zum Kolibri. mi-Verlag, Landsberg/Lech, 1998

Kinne, Peter: Die Kunst, bevorzugt zu werden. Publicis Publishing, Erlangen, 2011

Kirchgeorg, Manfred; Springer, Christiane; Brühe, Christian: Live Communication Management. Gabler, Wiesbaden, 2009

Klöfer, Franz (Hrsg.): Erfolgreich durch interne Kommunikation. 2. Auflage. Luchterhand, Neuwied, 2001

Kommunikationsverband.de (Hrsg.): BoB 2011, Best of Business-to-Business. Kommunikationsverband e.V. Hamburg, 2011

Koschnik, Wolfgang: Focus-Lexikon. 3 Bände, Focus Magazin Verlag, Offenburg, 2003

Kotler, Philip: Grundlagen des Marketing. 5. Auflage. Pearson, München, 2010

Kotler, Philip: Die neue Dimension des Marketings - vom Kunden zum Menschen. Campus, Frankfurt/Main, 2010

Kroeber-Riel, Werner: Bildkommunikation. Imagerystrategien für die Werbung. Vahlen, München, 1993

Kroeber-Riel, Werner: Konsumentenverhalten. 8. Auflage. Vahlen, München, 2003

Kroeber-Riel, Werner; Esch, Franz-Rudolf: Strategie und Technik der Werbung. Verhaltenswissenschaftliche Ansätze. 7. Auflage. Kohlhammer, Stuttgart, 2011

Krumsdorf, Ulrich: Die Nutzen-Broschüre – ungenutzte Chancen des schriftlichen Dialogs. Marketing Journal 4/92, S. 344-348

Küllenberg, Bosse; Quente, Christopher: Brand's New Toy – Markenkommunikation mit Handy & Co.. mi-Verlag, München, 2006

Lammert, Erwin: Praxiswissen Online-Marketing. 3. Auflage. Springer-Gabler, Heidelberg/Berlin, 2012

Langwost, Ralf: How to Catch the Big Idea. Publicis Publishing, Erlangen, 2004

Levinson, Jay C.; Godin, Seth: Das Guerilla Marketing Handbuch. 2. Auflage. Heyne, München, 2000

Levinson, Jay C.: Guerilla-Marketing des 21. Jahrhunderts. 2. Auflage. Campus, Frankfurt/Main, 2011

Lobinger, Katharina: Visuelle Kommunikationsforschung. Springer, Wiesbaden, 2012

Lobmayer, Sabine: Übertragbarkeit innerer Bilder für den Investitionsgüterbereich. Diplomarbeit, Würzburg, 1996

Marx, Anne: Media für Manager – was Sie über Medien und Media-Agenturen wissen müssen. Springer-Gabler, Heidelberg/Berlin, 2012

Mayer, Anneliese; Mayer, Ralf U.: Imagetransfer. Spiegel Fach & Wissen, Band 7. Hamburg, 1987

Meffert, Heribert; Burmann, Christoph; Kirchgeorg, Manfred: Marketing – Grundlagen marktorientierter Unternehmensführung. Gabler, Wiesbaden, 2011

Meffert, Ulrich: Social Media Marketing leicht gemacht. Create Space Independent Publishing Platform, 2013

Meffert, Werner: Werbung, die sich auszahlt. Rowohlt, Hamburg, 1996

Merbold, Claus: Business-to-Business-Kommunikation. Bedingungen und Wirkungen. Spiegel-Verlagsreihe Band 10. Hamburg, 1994

Meyer, Anton; Davidson, Hugh J.: Offensives Marketing, Haufe, Freiburg, 2001

Mikunda, Christian: Der verbotene Ort. Oder: Die inszenierte Verführung. mi, Landsberg/Lech, 2011

Mikunda, Christian: Warum wir uns Gefühle kaufen. Econ, Berlin, 2009

Müller, Götz-Michael: Dachmarkenstrategien. Markenartikel 4/94, S. 142-148

Müller, Svietlana: Die Wirkung von QR-Codes in der Markenkommunikation. FGM-Fördergemeinschaft Marketing e.V., München, 2013

Mussa, Mustafa: Mobile Marketing – crossmedial eingesetzt. Akademikerverlag, Saarbrücken, 2012

Neumann, Marcus M.: Effective Mobile Marketing: Eine empirische Untersuchung, Universität Mannheim, 2005

Nieschlag, Robert; Dichtl, Erwin; Hörschgen, Hans: Marketing. Duncker & Humblot, Berlin, 1997

Nieschlag, Robert; Dichtl, Erwin; Hörschgen, Hans: Marketing. 19. Auflage. Duncker & Humblot, Berlin, 2002

Ogger, Günter: Macher im Machtrausch. Deutschlands Manager auf gefährlichem Kurs. Droemer Knaur, München, 1999

Ogilvy, David: Geständnisse eines Werbemannes. Econ, Berlin, 2000

Oswald, Alexander, Tauchner, Gerald: Mobile Marketing, Linde, Wien, 2005

Patti, Charles; Schultz, Don; Kitchen, Philip: The Evolution of Integrated Marketing Communications: The customer-driven marketplace. Routledge Chapman & Hall, Georgetown/Canada, 2011

Pepels, Werner: Professionelles Marketing. Redline, München, 2013

Petersen, Dörte; Gebert, Bernd: Gebrauchsanweisungen – ein Baustein des Marketing. Harvard Manager 3/85, S.69-75, 1985

Podbregar, Nadja; Lohmann, Dieter: Im Fokus: Neurowissen. Springer, Berlin, 2012

Pötter, Godehard: Die Anleitung zur Anleitung. Vogel Business Media, Würzburg, 1994

Porter, Michael E.: Bewährte Strategien werden durch das Internet noch wirksamer. Harvard Business Manager 5/2001, S. 64 ff., Hamburg, 2001

Porter, Michael E.: Wettbewerbsstrategie. 12. Auflage. Campus, Frankfurt/ Main, 2013

Porter, Michael E.: Wettbewerbsvorteile: Spitzenleistungen erreichen und behaupten. 7. Auflage. Campus, Frankfurt/Main, 2010

Pousttchi, K., Wiedemann, D. G.: Success Factors in Mobile Viral Marketing: A Multi-Case Study Approach. Proceedings of the 6th International Conference on Mobile Business (ICMB 2007). Toronto, Ontario, Canada 2007

Pousttchi, K.; Wiedemann, D.G.: A Contribution to Theory Building for Mobile Marketing: Categorizing Mobile Marketing Campaigns through Case Study Research. International Conference on Mobile Business (ICMB 2006). Copenhagen, Denmark, 2006

Puphal, Jörg; Fesel, Claus; Flettner, Klaus: BoB-Jahrbuch 2008. Hamburger Kommunikationsverband e.V., Deutscher Fachverlag, Frankfurt/Main, 2009

Rehorn, Jörg: Werbetests. Luchterhand, Neuwied, 1988

Reins, Armin: Die Mörderfackel. Hermann Schmidt, Mainz, 2002

Reins, Armion; Classen, Veronika: Die Sahneschnitte. Hermann Schmidt, Mainz, 2010

Reust, Fritz: Strategie: Mobile Marketing; Grundlagen, Technologien, Fallbeispiele. Midas Management Verlag, Zürich, 2010

Ries, Al; Trout, Jack: Positioning. Vahlen, München/New York, 1997/2012

Ries, Al; Ries, Laura: Die zweiundzwanzig unumstößlichen Gebote des Branding. 3. Auflage. Ullstein, Berlin, 2001

Ries, Al; Trout, Jack: Marketing generalstabsmäßig. McGraw-Hill, München/ New York, 1992

Röthlingshöfer, Bernd: Die 100 größten Werbefehler ... und was Sie dagegen tun können. Kindle-Edition, 2011

Rosenstiel, Lutz v.; Neumann, Peter: Marktpsychologie. Wissenschaftliche Buchgesellschaft, Darmstadt, 2002

Rost, Dankwart; Strothmann, Karl-Heinz (Hrsg.): Handbuch Werbung für Investitionsgüter. Gabler, Wiesbaden, 1983

Schönert, Walter: Werbung, die ankommt. mi, Landsberg/Lech, 1996

Schotthöfer, Peter; Skroch, Peter; Klein, Oliver: Das kostet Kommunikation 2005. Verlagsgruppe Handelsblatt, Düsseldorf, 2004

Schüller, Anne M.: Touchpoints – Auf Tuchfühlung mit dem Kunden von heute. 4. Auflage. Gabal-Verlag, Offenbach, 2012

Schwarz, Torsten: Permission Marketing. Max Schimmel, Würzburg, 2000

Schwenke, Thomas: Social Media Marketing und Recht, O'Reilly, Köln, 2012

Silberer, Günter; Wilhelm, Thorsten; Engelhardt, Jan Frederik: Wie wandert der Blick auf der Website?, in: Absatzwirtschaft, Jg. 44, Heft 10, S.70-72

Steimel, Bernhard; Paulke Sebastian; Klemann, Jens: Praxisleitfaden Mobile Marketing: Status Quo, Erfolgsfaktoren, Strategien & Trends. Strateco GmbH & Co.KG., Bad Homburg, 2008

Temporal, Paul: Branding in Asia. Revised edition, Wiley & Sons, Singapore/New York/Weinheim, 2001

Trommsdorf, Volker: Konsumentenverhalten. 8. Auflage. Kohlhammer, Stuttgart, 2011

Trout, Jack; Rifkin, Steve: New Positioning. McGraw-Hill, NewYork/Düsseldorf, 1996

Turcsanyi, Gerhard; Schützendorf, Robert: Werbewirkung und Mediaplanung, Nomos, Baden-Baden, 2012

Turner, Sebastian: Spring! Das Geheimnis erfolgreicher Werbung. Hermann Schmidt, Mainz, 2000

Unger, Fritz; Fuchs, Wolfgang; Michel, Burkhard: Mediaplanung. 6. Auflage. Springer-Gabler, Heidelberg, 2012

Wiedemann, D. G.: Entwicklung und empirische Überprüfung einer Theorie zu Mobile Viral Marketing. Verlag Dr. Kovac, Hamburg, 2009

Wohlfahrt, Jens: Akzeptanz und Wirkungen von Mobile-Business-Anwendungen. Verlag Dr. Kovac, Hamburg, 2004

Wurster, Andrea: Mobile Marketing als Instrument für Below-the-line Advertisement, VDM-Verlag Dr. Müller (Akademikerverlag), Saarbrücken, 2010

ZAW: Werbung in Deutschland 2003. Bonn, 2003

ZAW: Deutscher Werberat, Jahrbuch 2012.

Bevorzugte themenaffine Fachperiodika und -portale:

Absatzwirtschaft; http://www.absatzwirtschaft.de

Acquisa; http://www.acquisa.de

Arbeitsgemeinschaft Onlineforschung (AGOF); http://www.agof.de

AUMA-Publikationen; http://www.auma.de/_pages/d/17_Publikationen/1701_
Uebersicht/170101_Uebersicht.aspx

Brandeins; http://brandeins.de

Dialogin; http://www.dialogin.com

Expodata; http://www.expodata.ch

Harvard Business Manager; http://www.harvardbusinessmanager.de

Horizont; http://www.horizont.net

m+a-Report; http://www.m-averlag.com

Messe&Event Jahrbücher 2008-2013; expodata.net

Transfer: Werbeforschung & Praxis; http://www.transfer-zeitschrift.net

w&v; http://www.wuv.de

Glossar

Absatz, Absatzmenge

Die Anzahl der abgesetzten bzw. verkauften Produkte, Angebote oder Leistungseinheiten in Stück.

Absatzwerbung

Die Absatzwerbung zielt auf das Erreichen der definierten Kommunikationsziele bei den anzugehenden Zielgruppen der Kommunikation ab. Dafür will sie die Zielpersonen gezielt beeinflussen – ihre Einstellungen, Meinungen, Assoziationen, Präferenzen, Images, Verhalten und Entscheidungen.

Sie kann sehr schnell und breit Wirkung erzielen, eignet sich daher besonders als akquisitionsunterstützendes Instrument und ist entsprechend geeignet, neue oder etablierte Märkte auf neue Produkte vorzubereiten und Angebote „vorzuverkaufen".

Häufig werden auch Maßnahmen der Direktwerbung, der Telefonwerbung, der Online-Kommunikation, des Data-Base-Marketing und Messen der Absatzwerbung zugerechnet.

After-Sales-Maßnahmen

Nach dem Kaufakt kommen beim Kaufentscheider häufig Zweifel auf, ob die getroffene Entscheidung richtig war (Dissonanzphase). Diesen Zweifeln vorzubeugen bzw. sie rasch wieder aufzuheben, ist ein Ziel von After-Sales-Kommunikation.

Ein zweites Anliegen ist es, die erste Begegnung des An- oder Verwenders mit dem gekauften Produkt möglichst applikations- oder verwendungsorientiert zu begleiten und das Produkterlebnis des Anwenders positiv zu gestalten.

Dritte Zielsetzung von After-Sales-Maßnahmen ist die generelle und kontinuierliche Pflege des Kundenkontakts mit der Absicht, Kundenzufriedenheit zu erhöhen, Kundendialog und Feedback anzubahnen bzw. zu vertiefen und Kundenbindung und Loyalität zu festigen oder zu erhöhen (Customer Relationship Management).

Dahinter steckt die Erkenntnis, dass nur ein zufriedener Kunde ein guter Kunde ist, und dass es durchschnittlich mindestens fünfmal mehr kostet, einen neuen Kunden zu gewinnen, als einem bestehenden Kunden wieder etwas zu verkaufen.

AIDA-Regel

Bildet im klassischen Marketing den prinzipiellen Kaufentscheidungsprozess ab und steht für Attention (Wahrnehmung/Aufmerksamkeit), Interest (Interesse),

Desire (Wunsch nach Erwerb/Besitz eines Angebots) und Action (Nachfrage, Kaufaktivität). Für Onlineangebote nur bedingt haltbar, denn dort führt in vielen Fällen zunächst ein konkretes thematisches Interesse zu einem inhaltlich gezielten Suchverhalten, erst bei den Findings geht es dann um Wahrnehmung und Aufmerksamkeit, so dass man von einer SAIDA-Regel sprechen muss (S = Search).

Akquisition

Synonym für das persönliche Verkaufsgespräch bzw. das Bemühen um Neukundengewinnung durch Außendienstmitarbeiter, von der Kontaktgewinnung bis zum Kaufabschluss.

In einer zweiten Bedeutung bezeichnet Akquisition den Erwerb/Zukauf von Unternehmen im Rahmen von Unternehmenszusammenschlüssen (Fusionen, Übernahmen).

Aktualisierungswerbung

Bezeichnet Werbemaßnahmen, die zum Ziel haben, eine Marke oder ein bestimmtes Angebot im Mindset der Rezipienten bewusst zu halten oder wieder bewusst zu machen und ins Relevant Set zu bringen.

Alleinstellung

Differenzierungsmöglichkeit vom Wettbewerb.

Der USP (Unique Selling Proposition) bezeichnet einen einzigartigen faktischen Verkaufsvorteil, den kein anderes Wettbewerbsprodukt bieten kann.

Da der USP auf gesättigten Märkten mit zunehmend steigender Anzahl von Anbietern und Produkten und vermehrt austauschbaren Angeboten nur noch selten gegeben ist, wird stattdessen der Relative Wettbewerbsvorteil (RWV) betrachtet, oft auch als Komparativer Konkurrenz-Vorteil (KKV) bezeichnet.

Beide Bezeichnungen stehen für eine im Vergleich zum Wettbewerb bessere Angebotsleistung. Beim KKV besteht diese jedoch nicht im Bereich der faktisch-objektiven Leistung, sondern eher bei Zusatznutzen und emotional-subjektiven Vorteilserwartungen des Käufers, abgeleitet zum Beispiel aus einem guten Markenimage.

Ambient-Media

Kommunikationsmittel, die im direkten Lebensumfeld einer Kommunikations-Zielgruppe eingesetzt werden, i. d. R. als Außenwerbung.

Angebot

Die „Ware", die vermarktet werden soll. Steht als Synonym für ein angebotenes Produkt oder, im Gebrauchs- und Investitionsgüterbereich, meist für ein Leistungspaket von Produkt(en), System oder Anlage und Dienstleistungen.

Angebotsnivellierung

Beschreibt die Tatsache, dass die Angebote der verschiedenen Anbieter in ihren objektiven Nutzenmerkmalen zunehmend austauschbar sind. Signifikante Leistungsvorteile werden immer seltener, die faktisch-objektive Unterscheidbarkeit der vom Käufer zu erwartenden Nutzen wird immer schwieriger. Dies erschwert dem Nachfrager den Marktüberblick und eine rationale Kaufentscheidungsfindung. Hinzu kommt, dass technisch-funktionale Grundnutzen zunehmend als selbstverständlich vorausgesetzt werden (eine Waschmaschine wäscht, das ist kein Leistungsversprechen mehr). Zusatznutzen und subjektive Aspekte – zum Beispiel Imagekriterien – gewinnen deshalb an Bedeutung.

Antizyklische Kommunikation

Beschreibt den bewussten Einsatz kommunikativer Mittel und Maßnahmen – insbesondere im Bereich der Werbung – gegenläufig zur konjunkturellen Entwicklung, zu saisonalen Schwankungen oder zu Umsatz- und/oder Ertragsentwicklung. So wird zum Beispiel in „schlechten Zeiten" die Werbeintensität erhöht und nicht verringert.

Balanced Scorecards

Controllingmethode, die unter Konzentration auf wenige, zentrale Erfolgsparameter eine ganzheitliche Betrachtung eines Unternehmens oder einer Funktion auf strategischer Basis fördert. Bezieht alle für das Unternehmen/die Funktion relevanten Betrachtungsperspektiven ein, berücksichtigt daher die Wechselwirkungen zwischen den Zielgrößen und hilft, die wesentlichen Steuerungsgrößen (Treiber) auf das Erreichen eines obersten Unternehmens-/Funktionszieles – z.B. Gewinn – auszurichten. Eine Anwendung der Methode auf Non-Profit-Bereiche eines Unternehmens, z.B. Kommunikation, erfolgt noch eher selten, obwohl das sehr sinnvoll wäre. Eine deckungsgleiche Übertragung ist allerdings nicht möglich, das würde zu teils paradoxen Resultaten führen, da natürlich ein anderes, non-monetäres Zielsystem aufgebaut werden muss, z.B. Markenloyalität statt Umsatz.

Bedarf

Der Bedarf ist der Übergang vom Bedürfnis zur Nachfrage und ist Ausdruck der Suche seitens einer Zielperson, durch welche Angebote, Produkte oder Lösungen ein bewusst gewordenes Problem oder ein allgemein empfundener Mangel beseitigt werden könnte.

Bedarfsart

Differenzierung des Begriffes Bedarf. Unterschieden wird hauptsächlich in Erstbedarf, Wiederholungsbedarf, Ersatzbedarf, Erweiterungsbedarf, Eigenbedarf, Informationsbedarf, aktueller Bedarf, latenter Bedarf, potenzieller Bedarf, künftiger Bedarf, fallweiser Bedarf.

Bedürfnis

Ist Ausdruck dafür, dass ein Mangel empfunden wird, ein Problem bewusst ist oder als solches erkannt wird. Stellt als Vorstufe zum Bedarf den Beginn des Nachfrageprozesses dar.

Beeinflusser

Personen, die andere in ihrer Einstellung, ihrer Meinung, in ihrem Verhalten und/oder ihrem Entscheidungsprozess beeinflussen können und/oder wollen. Typische Beeinflusser sind Meinungsführer (Experten, Eltern, Freunde ...) und Multiplikatoren (zum Beispiel Journalisten oder Lehrer).

Best-Practice-Sharing

Teil des Knowledge-Managements. Fallstudien und erfolgreiche Projekte werden als Anschauungsbeispiel dargestellt und im Unternehmen kommuniziert, um Anregungen zu geben und Nachahmer zu generieren, da erfolgreiches Kopieren effizienter ist, als alles selbst zu entwickeln und jedes Mal das Rad neu zu erfinden.

Briefing

Übergang vom Konzept zur Umsetzung einer Kampagne. Die Aufgabenstellung an einen Auftragnehmer (zum Beispiel eine Agentur, ein Fotoatelier, einen Texter ...) wird vom Auftraggeber schriftlich knapp und präzise, dennoch so ausreichend detailliert beschrieben, dass der Auftragnehmer seine Aufgabe versteht und durchführen kann.

Man unterscheidet ein Basis- oder Konzeptbriefing (für eine gesamte Kampagne) und Detailbriefings (für Kampagnenteile oder spezielle Aufgaben, zum Beispiel Text- oder Fotobriefing).

Budget

Der Etat, die finanziellen Mittel, die idealerweise *notwendig* sind, um eine Kampagne, Mittel und Maßnahmen zu planen, zu realisieren und durchzuführen. Wird das Budget nicht aufgabenorientiert geplant oder werden finanzielle Ressourcen nicht im entsprechend erforderlichen Maße bereitgestellt, dann ist es lediglich der Etat, der für eine Kampagne *zur Verfügung* steht.

Business Ethics

Wirtschaftsethik. Bezeichnet das ethische, wertekonforme Verhalten eines Unternehmens, genauer der Mitarbeiter/innen eines Unternehmens, wobei insbesondere Management und Führungskräfte im Fokus stehen. Ethisch korrektes Verhalten wird zunehmend zu einer tragenden Marken- und Imagekomponente und damit zu einem Differenzierungsmerkmal im Wettbewerb, da Verbraucher/Kunden vermehrt auf Werteorientierung achten (als Folge der vielen Skandale und Krisen der letzten Jahre, wie die diversen Lebensmittelskandale, Bestechungsfälle, Banken- und Finanzkrise, Managementabzocke, Steuerhinterziehung, Ausbeutung von Natur und Menschen in Billiglohnländern wie Textilhersteller in Bangladesh, u. v. m). Bei gravierenden Verfehlungen kommt es zu einem Entzug der moralischen Betriebserlaubnis für ein Unternehmen/eine Organisation, der sogenannten „License-to-operate", und einem Boykott dessen/deren Angebote. Dabei spielen die neuen sozialen Medien eine entscheidende Rolle, da eine Missfallens- und Boykottkundgebung über sie in kürzester Zeit verbreitet werden (sog. Shitstorm) und zu einem Massenboykott führen kann.

Buying Center

Ist von Relevanz, wenn eine Kaufentscheidung nicht von einer einzelnen Person getroffen wird oder werden kann, sondern es eine Gruppenentscheidung gibt, zum Beispiel weil unterschiedliche Kompetenzen zur Beurteilung eines Angebots erforderlich sind. Typisch ist das für B-to-B-(Business-to-Business)-Kommunikation und industrielle Beschaffungsprozesse.

Typische Mitglieder eines Buying Centers: Entscheider, Entscheidungsvorbereiter (Gatekeeper), Anwender bzw. Benutzer, Beeinflusser bzw. Berater, Einkäufer, wobei nicht immer alle Funktionen vertreten sein müssen, es genügt die Tatsache, dass es zu einer Gruppenentscheidung mit mindestens zwei Entscheidungsbeteiligten kommt.

Community

siehe User Group

Content Marketing

Im Internet spielen Nachfrage nach Information und inhaltsreichen Präsenzen (Content) eine zentrale Rolle. Das Surfverhalten von Web-Usern wird häufig von der gezielten Suche nach Content bestimmt. Aussagekräftige, belastbar valide Botschaften, nützliches Inhaltswissen und fachlich fundierte Auskünfte haben daher hohe Relevanz für den Meinungsbildungs-, Informations-, Entscheidungs- und Empfehlungsprozess von Usern. Dieses inhaltsgetriebene Interesse will Content Marketing aufgreifen und – zu Gunsten eines Unternehmens – zur Profilierung als Experte oder Nutzen-/Erlebnisstifter und darüber zur Kundengewinnung oder -bindung nutzen, indem man versucht, die Leistungsstärke des Unternehmens durch nützliche, unterstützende, unterhaltsame, beratende, applikative, erklärende und/oder vertiefende Informationen zu vermitteln. Meist erfolgt dies nicht an anonyme Nutzer, sondern über Foren, Blogs und soziale Medienaccounts an registrierte User mit einsehbarem Nutzerprofil.

Corporate Attitude (Behavior)

Sie beschreibt als ein formender Hauptbestandteil der Corporate Identity das Verhalten und die Haltung eines Unternehmens nach innen wie nach außen. Zentrale Rolle spielen dabei das Miteinander der Führungskräfte und der Mitarbeiter eines Unternehmens und deren Verhalten gegenüber Externen.

Corporate Communication

Auch als integrierte oder ganzheitliche Unternehmenskommunikation bezeichnet, umfasst sie die Gesamtheit aller kommunikativen Aktivitäten eines Unternehmens.

Corporate Design

Der visuelle Gestaltungskorridor, das formale Erscheinungsbild eines Unternehmens. Das Corporate Design trägt entscheidend zur Markenführung und langfristigen Kommunikationswirkung bei, da es wesentlich Charakter, Wiedererkennbarkeit, Vertrautheit und damit Akzeptanz und Sympathie kommunikativer Botschaften fördert.

Corporate Identity

Sie umfasst die drei Komponenten: Corporate Design, Corporate Communication und Corporate Attitude (Behavior) und ist Ausdruck der Persönlichkeit und des Selbstverständnisses eines Unternehmens.

Corporate Positioning

Übergeordneter strategischer Fokus eines Unternehmens im Markt. Als Positionierungsstrategie wird meist eine unverwechselbare und eigenständige Differenzierung gegenüber konkurrierenden Unternehmen angestrebt, allerdings in Folge der zunehmenden Austauschbarkeit und Anzahl von Unternehmen nicht allzu oft erreicht.

Customer Promotion

Gehört zum Kommunikationsinstrument der Verkaufsförderung und umfasst Verkaufsförderungsmaßnahmen, die beim Kunden direkt zum Einsatz kommen. Dies sind beispielsweise Veranstaltungen, Hausmessen, mobile Präsentationen (Show Trucks) oder auch Gewinnspiele.

Ziel ist es, mit besonderen Anreizen Kunden zu aktivieren, direktes Angebotserlebnis mit Kundeninformation zu koppeln und/oder über Events die Kaufmotivation oder die Kundenbindung zu steigern.

Dealer Promotion

Gehört zum Kommunikationsinstrument der Verkaufsförderung und umfasst externe Verkaufsförderungsmaßnahmen, die beim Absatzmittler ansetzen, zum Beispiel in Form von Händlerpersonal-Schulungen, Trainings- oder Motivationsmaßnahmen.

Customer Relationship Management (CRM)

Maßnahmen zum Aufbau, zur Verstärkung und Pflege von Kundenbeziehungen. Ziel ist die Erhöhung der Kundenzufriedenheit, um die Kundenbindung zu stärken und höhere Marken- bzw. Herstellerloyalität zu erreichen.

Differenzierte Marktbearbeitung

Strategie im Marketing, die zum Ziel hat, einen Gesamtmarkt in kleinere Marktsegmente aufzuteilen und diese als Teilmärkte, die in sich relativ homogen sind, mit unterschiedlichen Marketing-Mixes unterschiedlich und damit spezifischer und wirkungsstärker anzugehen.

Differenzierung

Strategische Absicht, sich als Anbieter mit seinem Angebot und/oder dessen Darstellung möglichst stark von seinen Mitbewerbern zu unterscheiden und Präferenzvorteile durch Unterschiedlichkeit bei seinen Zielgruppen zu erzielen. Gegensatz zur Me-too-Strategie.

Diffusion, Diffusionsprozess

Gibt kumuliert an, wie viel Prozent von Erstkäufern es über die Zeit für ein Angebot gibt, beschreibt also Ausmaß und Geschwindigkeit der Ausbreitung eines Produktes im Markt. Je mehr Erstkäufer pro Zeiteinheit gekauft haben, desto höher ist die Diffusionsgeschwindigkeit. Diese läuft mit zunehmender Zeit gegen Null, da das Potenzial an Erstkäufen immer geringer wird.

Eine schnelle Marktdurchdringung ist bei den kurzen Lebens- und Innovationszyklen von heute Voraussetzung zur Gewinnerzielung in gesättigten Märkten und setzt das Erreichen einer hohen Diffusionsgeschwindigkeit voraus. Sobald alle potenziellen Erstabnehmer gekauft haben, ist der Diffusionsprozess abgeschlossen und 100 % Marktdurchdringung sind erreicht. Kommunikation ist ein wesentlicher Hebel zur Erzielung hoher Diffusionsgeschwindigkeit.

Distribution

Ist eines der vier klassischen Marketing-Instrumente und umfasst alle Entscheidungen und Handlungen eines Anbieters, die den Weg seines Produkts bzw. Angebots zum Endkunden betreffen, also die Absatzwege, Absatzorganisation, Logistik, Lagerhaltung und Standortpolitik.

E-Business

Dachbegriff für alle Internet- bzw. PC-gestützten Prozesse und Geschäftsabläufe innerhalb eines Unternehmens und zwischen Unternehmen. Umfasst Unterbegriffe wie E-Commerce (elektronischer Abverkauf, Handel), E-Procurement (elektronische Beschaffung), E-Learning (elektronisch gestützte Aus- und Weiterbildung), E-Communication (elektronische Kommunikation).

E-Communication

Dachbegriff für alle Arten elektronischer Kommunikation (online wie offline). Auch als computerbasierte Kommunikation bezeichnet. Schwerpunkt bildet natürlich die Kommunikation im World Wide Web, also Inter- und Intranet.

Einstellung

Zentrale psychologische Verhaltensdeterminante, die das Verhalten und das Handeln von Menschen entscheidend bestimmt. Daher steht ihre Beeinflussung auch im Zentrum kommunikativer Zielsetzungen.

Die Einstellung ist das Ergebnis der Erfahrungen von Menschen, von Gelerntem, von Vorurteilen, Images, Interessen, von Wissen, Sympathie, Motiven usw.

Einstellungsveränderung

Maßgröße für kommunikative Wirkung! Dabei kann die Beeinflussung und Veränderung einer Einstellungen auf drei Ebenen erfolgen:

- Emotional (Veränderungen im Gefühlsbereich),
- kognitiv (Veränderungen im Wissensbereich) und
- aktivierend (Veränderungen der Bereitschaft, etwas Bestimmtes zu tun bzw. sich in bestimmter Form zu verhalten).

Um hohe Wirkung zu erzielen, muss Kommunikation gebündelt werden. Es ist daher jeweils zu entscheiden, welche der drei Einstellungsebenen primär zu verändern und wie die Kommunikation auf diese Komponente voll konzentriert werden kann.

Emotion

Begriff zur Beschreibung der (häufig unbewussten) Gefühlswelt des Menschen. Die Emotion hat existentielle, individuelle oder soziale Wurzeln wie zum Beispiel das Gefühl der Sympathie, der Geborgenheit, der Zuneigung, von Wut, Abwehr oder Neugier. Rational sind Emotionen oft nicht begründet, doch beeinflussen sie Einstellungen, Verhaltensweisen und Kaufentscheidungen in hohem Maße.

Entscheidungsvorbereiter

Auch als Gatekeeper oder Informationsselektierer bezeichnetes Mitglied eines Buying Centers. Als Spezialist, Experte oder Fachmann wertet er/sie detaillierte Sach- und Produktinformationen von Angeboten aus und erstellt Empfehlungen zur Angebotseignung und Problemlösung. Ist vor allem im Gebrauchs- und Investitionsgütermarketing (B-to-B) von Bedeutung.

Erfahrungskurve

Auch als Lernkurve bezeichnet. Durch zunehmende Übung und Erfahrung des Anbieters entstehen Lerneffekte, die dazu führen, dass weniger Fehler gemacht und Prozesse optimiert werden können und damit der Zeit- und Ressourcenbedarf des Herstellungsprozesses und die Herstellungskosten sinken.

Gekoppelt mit mengenbedingten Rationalisierungseffekten bewirkt dies insbesondere geringere Fixkosten. So führt eine Verdoppelung der Produktionsmenge erfahrungsgemäß zu durchschnittlich 20 bis 30% geringeren Kosten. Dies begründet auch die Kostenvorteile von Marktführern, denn: Je höher der Marktanteil ist, desto größer war die produzierte und die abgesetzte Stückzahl und damit das Kostensenkungspotenzial (Größen- oder Kostendegression).

Erwartungsprofil

Gibt die Erwartung von Zielpersonen/Zielkunden in Bezug auf den vermuteten/gewünschten Nutzen von Unternehmens- und/oder Angebotsleistung wieder und die Kaufentscheidungsrelevanz der zur Bewertung gestellten Leistungskriterien. Wird üblicherweise durch eine Befragung von relevanten Personen gewonnen, bei der diese vorgegebene Unternehmens-/Angebotsnutzen gestützt oder ohne Kriterienvorgabe ungestützt nennen und auf einer Präferenzskala bewerten. Wichtiger Input für die gezielte Entwicklung marktgerechter Angebote, für die Positionierung eines Angebots bzw. dessen strategische Weiterentwicklung. Das Pendant auf der Marketingseite ist das sogenannte Leistungsprofil, welches die Stärken und Schwächen eines Angebots und/oder von Mitbewerbsangeboten im Hinblick auf die Kriterien eines Erwartungsprofils darstellt. Der Vergleich der Profile liefert Erkenntnisse über relative Wettbewerbsvor- bzw. -nachteile und strategische Handlungsoptionen in Marketing und für die Kommunikationsausrichtung.

Fehlleistungskosten

Auch als Qualitätskosten bezeichnet. Beschreibt die Kosten eines Projekts, die durch rechtzeitige Qualitätssicherung, durch Vermeiden von Fehlentscheidungen oder rechtzeitige Eliminierung von Prozessdefiziten vermeidbar gewesen wären. Dazu zählen z.B. Korrekturkosten, Kosten durch zu späte Projektstarts (bei Messen sehr „beliebt", die letzten Broschüren werden dann noch in der Nacht vor Messebeginn per Eilkurier von der Druckerei angeliefert) oder auch entgangene Einspareffekte aus unterbliebenen systematischen Angebotsprozessen.

Firmenmarke

Oft auch als Dachmarke bezeichnet. Typisch für Unternehmen, deren Name gleichzeitig für alle ihre Produkte und Leistungen steht. Eine gut geführte Marke wird oft zum größten immateriellen Wert eines Unternehmens und als Garant für hohe Qualität angesehen. Gegensatz zu einer Produkt- oder Mehrmarkenstrategie.

Flop

Fehlgeschlagener Versuch, ein Produkt/Angebot in den Markt zu bringen.

Full-Service Agentur

Agentur, die umfassende Kommunikationsleistungen anbietet und mit ihrer Angebotsbreite versucht, alle Dienstleistungsbereiche und Kommunikationsinstrumente abzudecken.

Gattungswerbung

Werbung, die sich auf eine gesamte Produktgattung bezieht und nicht nur auf ein Produkt. Gattungswerbung ist relativ unspezifisch – auch der Absenderbezug ist oft schwach ausgeprägt –, hilft deshalb häufig Mitbewerbern ebenfalls und sollte daher nur bei hohem relativen Marktanteil erfolgen.

Gemeinschaftswerbung

Mehrere Anbieter kooperieren auf Zeit und werben mit einer gemeinsamen Kampagne. Typisch ist dies zum Beispiel für Verbände oder Interessensgemeinschaften.

Geschäftsfeld

Strategischer Betätigungssektor eines Unternehmens, in dem nach Möglichkeit Wettbewerbsvorteile erreicht oder gehalten werden können, zum Beispiel ein bestimmtes Marktsegment oder eine Produktgruppe, für das bzw. die eine eigens definierte, einheitliche und umfassende Geschäftspolitik planbar ist und durchgeführt wird.

Globalisierung

Internationalisierungsstrategie von Unternehmen, mit undifferenzierter Marktbearbeitung zu expandieren. Ein in einem Marktsegment (meist im Heimmarkt) erfolgreicher Marketing-Mix wird strategisch unverändert auf andere, ähnliche Marktsegmente anderer Länder übertragen und damit ohne Adaptionskosten mehrfach genutzt. Voraussetzung ist allerdings ein globalisierbares Angebot, ein Angebot also, welches in seinen wesentlichen Merkmalen unverändert in anderen Ländern vermarktbar ist.

Größendegression

Auch als Kostendegression oder „Economy of Scales" bezeichnet. Beschreibt den Zusammenhang zwischen Produktionskosten und Produktionsmenge. Je größer die produzierte Stückzahl ist, desto niedriger sind normalerweise die Stückkosten.

Gross Income

Bezeichnet die Einnahmen aus Agenturarbeit inklusive der Provisionen und Honorare.

Guerilla-Marketing

Ungewöhnliche ausgefallene Marketingmaßnahmen mit eher geringen Budgetmitteln, aber hoher Wirkungschance.

Image

Images beruhen auf Erfahrungen, Wissen, Einstellungen, Interessen, Vorurteilen usw. und sind nichts anderes als Vorstellungsbilder zum Beispiel über Menschen, Sachverhalte, Produkte, Firmen oder Marken. Images sind sehr tief im Menschen verankert und beeinflussen entsprechend stark sein Handeln und Verhalten. Daher lassen sich negative Images nur schwer verbessern oder gar korrigieren. Kurzfristig schon gar nicht. Denn Images wirken wie Filter: Informationen, die mit vorhandenen Images nicht übereinstimmen, werden vorrangig verdrängt, nicht beachtet oder nicht geglaubt.

Umgekehrt kann ein positives Image auch eine Barriere gegen negative Informationen bilden. In jedem Fall ist ein positives Image essenzielle Voraussetzung zur Akzeptanz positiver Botschaften eines Unternehmens und damit entscheidender Hebel für wirkungsvolle Marketing-Kommunikation.

Imagetransfer

Übertragung eines etablierten Angebots-, Marken- oder Unternehmensimages auf ein neues Angebot, eine neue Marke, ein neu erworbenes oder gegründetes Unternehmen. Soll erworbenen Goodwill übertragen und Starthilfe für Neues, Unbekanntes leisten.

Informations- und Kaufentscheidungsprozess

Der Prozess von der ersten Idee oder Anregung zu einem Thema bis zur Zeit nach der Kaufentscheidung. Eine Einteilung kann beliebig differenziert erfolgen, praktikabel hat sich eine Einteilung in folgende sieben Phasen erwiesen:

1. Die Erkenntnisphase
2. Die Suchphase
3. Die Vorauswahlphase
4. Die Vertiefungsphase
5. Die Kaufentscheidungsphase
6. Die Dissonanzphase
7. Die Erfahrungsphase.

Diese Phasen sind je nach Produkt und Entscheidungskomplexität unterschiedlich stark ausgeprägt. Im Grenzfall des Spontankaufs (z.B. im Supermarkt) finden beim Entscheider die Phasen 2 bis 4 überhaupt nicht statt, Phasen 1 und 5 werden vielleicht sogar unbewusst durchlaufen. Phase 6 muss nicht eintreten (hängt stark vom Angebotspreis ab). Lediglich die Erfahrungsphase kommt nach einer Kaufentscheidung unausweichlich.

Informationsüberlastung/-überflutung

Dem Rezipienten werden immer mehr Informationen pro Zeiteinheit dargeboten und zugemutet, die dieser in seiner begrenzten Zeit immer weniger überblicken oder gar aufnehmen kann. Er selektiert sie daher immer stärker. Ursache sind eine kontinuierlich zunehmende Anzahl von Medien und steigende Kommunikationsaktivitäten seitens der kommunizierenden Unternehmen. Dies führt zu einer stetig wachsenden Informationsflut.

So musste der Leser einer Publikumszeitschrift schon Mitte der neunziger Jahre durchschnittlich etwa 35 bis 40 Sekunden Zeit aufwenden, um die Informationen nur *einer* Anzeige in dieser Zeitschrift aufzunehmen. In der Praxis tat er dies gerade mal 2 Sekunden. Im Schnitt kamen also nur ca. 5% der dargebotenen Werbeinformationen auch wirklich zum Empfänger durch. (Quelle: Prof. Kroeber-Riel, in „Strategie und Technik der Werbung", 2. Auflage, Stuttgart, 1990). Seitdem hat sich die Informationsüberflutung weiter exponentiell verstärkt. So gibt es in Deutschland zur Zeit etwa 2000 Zeitungen und Zeitschriften und durch die dynamische Zunahme von Privatsendern in Rundfunk und TV, die Entwicklung des Pay-TV und insbesondere durch die rasante Entwicklung des Internets mit dem (vorläufigen?) Höhepunkt der sozialen Medien, steigt zwar der durchschnittliche Medienkonsum und die Medienverweildauer der Menschen an, gleichzeitig aber auch die Unmöglichkeit, diese Flut zu überblicken, geschweige denn, sie noch zu beherrschen. Die Rahmenbedingungen für die Rezeption von Marketingbotschaften sind damit nochmals dramatisch schlechter geworden.

Intangible Assets

Unsichtbare Vermögenswerte eines Unternehmens. Sie mindern oder erhöhen den Gesamtwert eines Unternehmens. Entspricht bei börsennotierten Unternehmen dem Preis, den ein Investor für das Unternehmen über den substanziellen Unternehmenswert (Kapital- und Anlagevermögen) hinaus zu bezahlen bereit wäre (Goodwill). Wesentlicher Bestandteil ist z.B. der kapitalisierte Wert einer Marke oder auch die Erwartung einer glänzenden Unternehmenszukunft. Zum Teil können die immateriellen Werte die substanziellen Werte um ein Vielfaches übersteigen; typisch war das bei Unternehmen der New Economy, wo außer einer Geschäftsidee und der Phantasie von Investoren kaum substanzielles Vermögen vorhanden war.

Integrierte Kommunikation

Auch als ganzheitliche Kommunikation oder Corporate Communication bezeichnet. Beides meint eine auf die relevanten Zielgruppen widerspruchsfrei fokussierte Ausrichtung aller (visuellen, medialen, akustischen und verbalen)

Botschaften aller Kommunikatoren eines Unternehmens. Dabei gibt es unterschiedliche Integrationsräume. Die wichtigsten sind formale, inhaltliche, zeitliche, mediale, instrumentale, organisatorische, regionale und verhaltensbezogene Integration.

Internationalisierung

Expansionsstrategie von Unternehmen, die den angestammten Heimmarkt verlassen und über Export, Filialisierung, Lizenzierung etc. versuchen, in anderen Ländern Fuß zu fassen, Umsatz und Ertrag zu erwirtschaften. Dies kann sowohl in undifferenzierter (Globalisierung) wie in differenzierter Marktbearbeitung erfolgen.

Involvement

Begriff aus der Zielgruppenanalyse. Gibt den Grad des Interesses einer Person an einer Sache, an einem Thema, einem Angebot usw. an. Je höher das Involvement einer Person bezüglich einer Sache ist, desto höher ist ihr Interesse, mehr darüber zu erfahren. Einteilung erfolgt meist in High- oder Low-Involvement oder High- bzw. Low-Interest. Genauer wären aber 4 Stufen zu unterscheiden: No, low, medium und high.

Kaufbarrieren

Faktoren, die eine Kaufentscheidung zugunsten eines Angebots und damit auch dessen Abverkauf behindern. Dies können Faktoren sein, die im Angebot selbst begründet sind (zum Beispiel der Preis), aus Einstellungen (zum Beispiel Vorurteile) oder aus situativen Rahmenbedingungen (zum Beispiel schlechte Konjunktur) resultieren.

Käufer-/Kaufrelevanz

Gibt an, wie relevant ein Nachfrager Angebotsmerkmale bewertet. Liefert für die verschiedenen Angebotsmerkmale eine Rangfolge der Abnehmer-Erwartungen (Präferenzen, Wertigkeit) an das Angebot und/oder einen Anbieter.

Kernbotschaft

Kern (Nukleus) der zu kommunizierenden Inhalte an eine Zielgruppe in einer bestimmten Kommunikationsstufe in Form eines zentralen Nutzenversprechens an die Zielpersonen einer Kommunikations-Zielgruppe, der bei diesen eine klare Vorteilserwartung auslösen kann (gibt häufig den sog. „Reason why" an, also den Grund, weshalb jemand ein Angebot kaufen sollte).

Knowledge-Management

Das meist innerbetriebliche Management von Wissen durch Bereitstellen, Zugänglichmachen und Verbreiten impliziten wie expliziten Wissens.

Kommunikations-Instrumente

Die verschiedenen kommunikationspolitischen Segmente. Man unterscheidet nach extern zumeist Öffentlichkeitsarbeit, Pressearbeit, Verkaufsförderung, Absatzwerbung und Personale Kommunikation, ergänzt um interne Kommunikation.

Kommunikationsmittel, Werbemittel

Die „Hardware", mit der die werbliche Botschaft vermittelt wird, zum Beispiel Anzeigen, Commercials, Plakate, Druckschriften, Messestand usw.

Kommunikations-Mix

Die zeitlich, inhaltlich, medial und funktional genau aufeinander abgestimmte Kombination von Kommunikationsinstrumenten, -mitteln und -maßnahmen, speziell ausgerichtet auf ein Angebot und eine Kommunikations-Zielgruppe.

Kommunikationsträger, Werbeträger

Medien/Kanäle, welche die kommunikativen (werblichen) Botschaften transportieren, zum Beispiel Zeitungen und Zeitschriften, Anzeigenblätter, Fernsehen, Litfasssäulen und Plakatwände, Messen, TV, Internet usw.

Kommunikationsstrategie

Umfasst die zentralen strategischen Entscheidungen der Kommunikationsplanung: Kommunikations-Zielgruppe, Kommunikationsziel, psychologische Positionierung, Intensität des Auftritts. Den Beginn bildet eine Analyse der kommunikativen Ausgangssituation.

Kommunikations-Ziel

Die knappe und präzise Beschreibung der bei einer Zielgruppe (Fokussierung) durch kommunikative Maßnahmen zu bewältigenden Kommunikationsaufgabe, der dafür zu erreichenden Wirkung (Einstellungsveränderung), zeitlich fixiert (terminiert), quantifiziert und messbar formuliert.

Kostenführerschaftsstrategie

siehe Preis-Mengen-Strategie

Kundenvorteil

siehe Nutzenvorteil

Lead-Agentur

Agentur, die eine Leitfunktion bei einem übergeordneten Kommunikationsthema oder Projekt übernimmt und für dessen Umsetzung weitere Dienstleister und Agenturen steuert und koordiniert. Beispiel: eine Agentur, die eine Dachwerbekampagne entwickelt hat, die auf andere Länder ausgedehnt und mit lokalen Agenturen unter Anleitung und/oder mit Unterstützung der Lead-Agentur landestypisch adaptiert werden soll.

Lean Management

Philosophie einer Unternehmenspolitik und -organisation flacher Hierarchien, kurzer Entscheidungswege und dezentralisierter Leistungserbringung bei extensiver Nutzung von Zukaufmöglickeiten.

Lebenszyklus

Modell zur Beschreibung der Nachfrage nach einem Angebot. Dient als Planungsinstrument im Marketing und beschreibt Geburt, Wachstum und Alterungsprozess eines Angebots. Fünf Phasen werden dabei unterschieden: Einführungs-, Wachstums-, Reife-, Sättigungs- und Rückgangsphase.

Große Bedeutung kommt einer schnell und erfolgreich durchlaufenen Einführungs- und Wachstumsphase zu, um auf einem Markt möglichst schnell Fuß zu fassen (vgl. Diffusionsprozess), um eventuelle Zeitvorteile zu nutzen (Time-to-Market), frühzeitig Umsätze zu erwirtschaften und damit ein schnelles Return-on-Investment zu erzielen. Das eigentliche Umsatzvolumen wird dann in der Reife- und Sättigungsphase erwirtschaftet, jedoch mit sinkenden Ertragsquoten infolge Preisverfalls. Das Modell ist übertragbar auf Branchen, Märkte oder Marken.

Leistungsprofil
siehe Erwartungsprofil

Loyalität
Die Festigung von Kundenbeziehungen steht hier im Mittelpunkt der Bemühungen mit dem Ziel, Marktpositionen zu festigen und Marktanteile zu verteidigen; Loyalität dient als Sammelbegriff für Kundentreue, Kundenbindung, Markenbindung und Herstellerbindung. Ziel des sogenannten Customer Relationship Managements. In Zeiten mehrheitlich vorherrschenden Verdrängungswettbewerbs infolge gesättigter Märkte kommt der Pflege vorhandener Kunden und einer Etablierung von deren Loyalität meist eine höhere Bedeutung zu als dem Gewinnen neuer Kunden, was nur über eine Motivation zum Marken-/Lieferantenwechsel möglich wäre.

Marketing-Kommunikation
Sammelbegriff für die marktgerichtete Kommunikation, im engeren Sinne von Absatz- und Imagewerbung, Events, Direktmarketingmaßnahmen, Messen und Ausstellungen, abverkaufsfördernde Maßnahmen, Online-Werbung.

Marketing-Mix
Das Marketingprogramm als Ergebnis der Marketing-Planung. Speziell auf ein Angebot oder ein Marktsegment ausgerichtete und aufeinander abgestimmte Kombination von distributorischen, produkt-, preis-/kontrahierungspolitischen und kommunikationspolitischen Mitteln und Maßnahmen.

Marktanteil
Eigenes Absatzvolumen (mengenmäßiger Marktanteil) oder Umsatzvolumen (wertmäßiger Marktanteil) im Verhältnis zum entsprechenden Marktvolumen. Gemessen normalerweise in Prozent, manchmal auch absolut angegeben in Stück oder Werteinheiten.

Als relativer Marktanteil wird der eigene Marktanteil bezogen auf den des jeweils stärksten Mitbewerbers verstanden. Gibt an, wie groß der Abstand zwischen dem eigenen Unternehmen und dem (nächst-)größten Wettbewerber ist. Ein relativer Marktanteil >1 bedeutet demnach die Marktführerschaft.

Der relative Marktanteil wird in der Portfolioanalyse mit dem Marktwachstum in Beziehung gesetzt und dient zur strategischen Bewertung eines Geschäftsfelds bzw. eines Angebots. Zugrunde liegt die Annahme, dass mit höherem relativen Marktanteil das Ertragspotenzial eines Unternehmens zunimmt. Da aber die Größe eines Unternehmens (hohes Absatzvolumen, hoher Marktanteil, hoher relativer Marktanteil) noch nichts über seine Gewinnsituation aussagt (wird nicht kostendeckend verkauft, entsteht Verlust statt Gewinn; je mehr verkauft wird, desto größer wird der Verlust), ist diese Annahme nicht allgemein gültig.

Marktanteilsabzug
Steigerung des eigenen Marktanteils, indem man wesentlichen Mitbewerbern Marktanteile wegnimmt. Typisch bei Wachstumsstrategien auf gesättigten Märkten.

Marktanteilsaufbau
siehe Marktgenerierung

Marktausschöpfung
Erschließung des gesamten Marktpotenzials, d.h. der Markt wird zu 100% durchdrungen und bedient, Marktvolumen = Marktpotenzial. Jede aktuelle und potenzielle Nachfrage ist befriedigt, es ist kein Umsatz mehr zu erzielen.

Marktdurchdringung
Beschreibt den Anteil des Marktvolumens am Marktpotenzial eines Produkts, einer Produktgattung oder eines Marktsegments.

Markteinführung
Ein neues Angebot (Produkt, System, Anlage oder Dienstleistung) auf den Markt bringen und dort in der Breite etablieren. Um schnell in den Markt zu kommen, muss Kommunikation dazu den Markt vorbereiten und sich besonders an bisherige Nicht- und Konkurrenzanwender richten.

Marktgenerierung
Begründung einer Marktnische, Schaffen neuer Nachfragepotenziale durch Produkt, Technologie- oder Verwendungsinnovation. Im Gegensatz dazu besteht bei einem Marktanteilsaufbau bereits ein Marktsegment mit Anbietern, nur man selbst ist noch nicht dabei und fängt bei Marktanteil Null an.

Marktnische
Sonderfall eines Marktsegments: Teilmarkt ohne Mitbewerber. Begründet man eine Marktnische, die rentabel ist, werden mit der Zeit auch andere Anbieter versuchen, darin Fuß zu fassen. Um die eigene Marktposition zu sichern, sollte man dies durch rechtzeitiges Errichten von Markteintrittsbarrieren erschweren (zum Beispiel durch Normen, Preisgestaltung oder Lobbyismus).

Mit Marktnische wird häufig auch generell ein kleines Marktsegment bezeichnet, das aufgrund seines geringen Ertragspotenzials für größere Anbieter nicht interessant ist.

Marktpotenzial

Maximal mögliche Absatz- oder Umsatzmenge eines Marktsegments oder Marktes über alle Anbieter betrachtet. Das Marktpotenzial beschreibt also die maximale Aufnahmefähigkeit eines Marktes für ein Produkt.

Marktsegment

Definierter Teilmarkt, in dem normalerweise eine Wettbewerbssituation vorliegt. Sonderfall ist die Marktnische, wo in der Regel keine oder keine wesentliche Wettbewerbssituation besteht.

Marktsegmentierung

Marketingstrategische Unterteilung eines in sich heterogenen Gesamt-Absatzmarktes in kleinere, in sich homogenere Teilmärkte, zum Beispiel nach absatzpolitischen, regionalen oder anwenderbezogenen Kriterien. Statt undifferenzierter Marktbearbeitung (ein Marketing-Mix für den gesamten Markt) werden signifikant verschiedene Teilmärkte auch mit verschiedenen Marketing-Mixes spezifisch angegangen (differenzierte Marktbearbeitung).

Markttransparenz

Bedeutet, dass alle Marktteilnehmer, insbesondere die Abnehmer und Kaufentscheider, alle für ihre Entscheidungen wesentlichen Informationen besitzen. Wird durch das Internet stark erhöht, da damit für die Vergleichbarkeit keine räumlichen, politischen oder zeitlichen Grenzen mehr existieren.

Marktvolumen

Aus dem Marktpotenzial bereits realisierter oder prognostizierter Absatz bzw. Umsatz aller Anbieter (stückzahl- oder wertmäßig).

Marktwachstum

Beschreibt in der Praxis die Zuwachsrate der Nachfrage, das heißt die (zunehmende) Entwicklung des Marktvolumens, also nicht das Wachstum des Marktes (entspräche gestiegenem Marktpotenzial).

Maßnahmenplan

Überblick über die geplanten Mittel und Maßnahmen und deren zeitliche, inhaltliche, mediale und funktionale Verzahnung.

Mediale Kommunikation

Umfasst alle Kommunikationsmaßnahmen, die Medien brauchen bzw. verwenden, um zur Zielperson zu gelangen. Gegensatz dazu ist die personale Kommunikation, also das direkte, persönliche Verkaufsgespräch.

Merchandising

Externe Verkaufsförderungsmaßnahmen beim Absatzmittler, am POS. Ziel ist es, den Hinein- und den Abverkauf von Produkten zu fördern, zum Beispiel über Displays, Sonderplatzierungen oder Aktionen.

Neuerdings auch als Dachbegriff für die Vermarktung von Vereinen, Kultureinrichtungen, Events oder Mediaproduktionen verwendet.

Messe

Eine der kostenintensivsten Marketingaktivitäten, bei der Produkte/Leistungen eines Unternehmens im Rahmen einer meist mehrtägigen stationären Leistungsschau/Ausstellung im direkten Mitbewerberumfeld gezeigt werden. Deutschland ist der weltweit bedeutendste Messeplatz. Je nach Besucherfokus unterscheidet man Fachmessen (B2B) und Verbrauchermessen (B2C). Hausmessen dagegen sind leistungsorientierte Veranstaltungen, die ein Unternehmen in Eigenregie durchführt und sich und seine Angebote präsentiert, ohne mit Mitbewerbern konfrontiert zu sein. Bei sogenannten Events wird von den Eventveranstaltern/Unternehmen meist ein mehr oder minder stark ausgeprägter Unterhaltungs- und Erlebnischarakter in den Vordergrund gerückt, um sich darüber auf der Image- oder der Leistungs-/Produktebene zu positionieren und zu profilieren.

Me-too(-Strategie)

Das eigene Angebot ist in seinen wesentlichen Merkmalen und Nutzen austauschbar zu den Mitbewerberangeboten. Programm ist „Wir haben's auch". Damit wird zum Beispiel versucht, an Marktentwicklungen oder Mitbewerberaktivitäten zu partizipieren. Oder auch, um die Zeit bis zu einem Nachfolge-/Neuprodukt zu überbrücken (Produktsubstitution). Steht im Gegensatz zur Differenzierung.

Mobile Communications

Kommunikation, die im Rahmen von Marketingkampagnen/-maßnahmen erfolgt, die mit Hilfe drahtloser Telekommunikation über Handys/Smartphones oder Tablet-PCs versucht, den Konsumenten direkt und abseits kabelgebundener Internetverbindungen zu erreichen, auf sein Verhalten einzuwirken und möglichst zu einem Kaufabschluss zu stimulieren.

Motive

Bewusste oder mehrheitlich auch unbewusste Beweggründe für menschliches Verhalten und Handeln. Motive sind Ausdruck eines Mangelempfindens, einer Problemerkenntnis, eines gefühlsmäßigen Defizits, eines Bedürfnisses. Motive sind Strebungen im Menschen, innere Antriebskräfte, die ihn – bewusst oder unbewusst – zu einem bestimmten Verhalten und/oder Handeln/Unterlassen antreiben. Das Motiv ist zentraler Aspekt bei der Bewertung von Kundennutzen, der Bildung von Kommunikations-Zielgruppen und der Entscheidung über die anzustrebende Einstellungsveränderung.

Es gibt in der Wissenschaftshistorie viele Modelle, die Beweggründe/Ursachen menschlichen Verhaltens zu erklären und Motive/Antriebe zu strukturieren versuchen. So werden physiologische und psychologische Motive unterschieden oder existenzielle (Vitalbedürfnisse) und sozial bedingte Motive.

Grundsätzlich kann man Motive in zwei Richtungen menschlicher Antriebsmomente einteilen: Streben nach Belohnung und Vermeidung von Bestrafung/negativen Folgen.

Maslow gruppiert sie in seiner Bedürfnispyramide in verschiedene Bedürfnisebenen, wobei seiner Theorie nach Motive einer höheren Ebene erst verfolgt werden, wenn die Motive der darunter liegenden Ebenen befriedigt sind.

Diese hierarchische Trennung scheint jedoch in der Praxis nicht haltbar. Ausnahme: Extremsituationen, wie zum Beispiel bei existentieller Bedrohung (Krankheit, Unfall, etc.), wo natürlich vorher vielleicht verfolgte „höhere" Motive, wie beispielsweise Selbstverwirklichung, gegenüber aktuellen Vitalbedürfnissen zum Teil blitzartig in den Hintergrund treten.

Der neurowissenschaftliche Limbic-Ansatz (Häusel, 2000) beruht auf Forschungserkenntnissen (u.a. aus der Psychologie, Humanethnologie, Neurobiologie, Endokrinologie). Das Modell leitet zusätzlich zu den Vitalbedürfnissen die Motive aus dem inhärenten Dominanz-, Stimulanz- und Balance-Streben des Menschen ab, das wesentlich aus dessen limbischem System (Reptiliengehirn) heraus programmiert ist.

Das Motiv-Modell von Stephen Reiss definiert auf umfangreicher empirischer Basis 16 sogenannte Lebensmotive.

Motivation

Vor dem Hintergrund der Motive eines Menschen seine Bereitschaft, etwas zu tun bzw. sich in einer bestimmten Form zu verhalten. Motivation ist die den Menschen letztlich zu Nachfrage aktivierende Variable (in der Psychologie sagt man deshalb auch Aktivierung dazu) und setzt meist eine hinreichend abgeschlossene kognitive und emotionale Einstellungsbildung voraus.

Mystery Visitor

Messestand-Besucher, der sich als potenzieller Interessent/Kunde ausgibt, um Erkenntnisse zu Botschaften/Aussagen und Standdienstverhalten zu gewinnen. Einsatz im Rahmen von Performanceüberprüfung, Benchmarking oder Standgutachten.

Nachfrage

Beruht auf den Bedürfnissen des Nachfragers und entsteht aus einem zunächst noch nicht näher spezifiziertem Bedarf, indem dieser zu Gunsten eines speziellen Anbieters und eines speziellen Angebots sukzessive konkretisiert wird.

Nutzen

Bezeichnet die Eigenschaft oder Fähigkeit eines Angebots, ein Bedürfnis zu befriedigen, ein Problem zu lösen bzw. ein Mangelempfinden zu beseitigen. Nutzen wird empfunden, indem die Zielperson die potenziellen Angebotsmerkmale an ihren spezifischen, individuellen Motiven spiegelt.

Man unterscheidet zwischen Grund- und Zusatznutzen. Erstere – als technisch-funktionale Nutzen – werden immer austauschbarer und deshalb vom Käufer vermehrt als „normal" vorausgesetzt. Differenzierende Wettbewerbsvorteile in Form höheren Gesamtnutzens können daher häufig nur noch über Zusatznutzen erzielt werden. Ein solcher Zusatznutzen können Imageaspekte sein oder Design oder allgemein Vorteilserwartungen seitens der Zielperson, wie zum Beispiel gut informiert zu sein.

Nutzenvorteil/Kundenvorteil

Das eigene Angebot bietet der Zielperson mehr kaufrelevanten Nutzen als die Mitbewerber-Angebote. Damit hat das eigene Angebot Wettbewerbsvorteile gegenüber den Konkurrenzangeboten. Oft auch als Kundenvorteil bezeichnet.

Öffentlichkeitsarbeit

Zentrale Aufgabe der Öffentlichkeitsarbeit ist es, das Image eines Unternehmens aufzubauen, zu pflegen oder zu verändern. Sie hat dabei weder ein konkretes Angebot oder Produkt zum Inhalt, noch richtet sie sich an eine eng begrenzte, genau definierte Kommunikations-Zielgruppe. Sie wendet sich stattdessen an die breite, an dem Unternehmen in unterschiedlichster Weise interessierte oder auch nicht interessierte Öffentlichkeit.

Typische Maßnahmen sind PR-Reportagen, spezielle firmenwerbliche Aktivitäten oder Tage der offenen Tür. Eines der fünf Basisinstrumente der Marketing-Kommunikation.

Oligopolistische Marktstruktur

Ein Markt mit wenigen dominierenden Anbietern und einer hohen Zahl von Nachfragern oder wenigen mächtigen Nachfragern und vielen Anbietern. Stufe zwischen monopolistischer und polypolistischer Struktur.

Operationalisierung

Bedeutet, ein Ziel konkret zu fassen, und besteht aus Terminierung (von wann, bis wann), Quantifizierung (mengenmäßige Zieldefinition, z.B. Anzahl von Kontakten, Prozentsatz an Bekanntheitsgradsteigerung, etc.) und Messbarkeit von Zielen (realistische und feststellbare Maßgrößen).

Personale Kommunikation

Der direkte Dialog zwischen Anbieter- und Nachfragerseite. Meist in Form des Akquisitionsgesprächs beim Kunden oder von Beratungsgesprächen, zum Beispiel auf Messen.

Dieser persönliche Verkauf ist die teuerste und in der Breite langsamste Art, mit Zielgruppen zu kommunizieren. Streuverluste ungezielter Akquisition sind daher zu minimieren, zum Beispiel durch entsprechende Marktvorbereitung und Selektion wie Qualifizierung der potenziellen Kontakte durch mediale Kommunikationsinstrumente. Hinzu kommt, dass über personale Kommunikation nur mit direkten Interessenten und Kunden kommuniziert wird. Andere, oft ausschlaggebende Zielgruppen, wie zum Beispiel Beeinflusser (Journalisten, Analysten, etc.) werden damit meist nicht erreicht.

Personale Kommunikation kann also fast nur in Kombination mit medialer Kommunikation effizient eingesetzt werden und muss von dieser unterstützt, vor- und nachbereitet werden. Besonders ist auf eine durchgängige und widerspruchsfreie Argumentation über alle Kommunikationsinstrumente zu achten.

Gegensatz: die mediale Kommunikation.

Eines der fünf Basisinstrumente der Marketing-Kommunikation.

Point-of-Purchase (POP)

Bezeichnet den „Ort des Einkaufs". Der Ort, an dem der Kunde ein Angebot erwirbt, zum Beispiel im Einzelhandelsgeschäft. Begriff aus dem Handelsmarketing.

Point-of-Sale (POS)

Bezeichnet den „Ort des Verkaufs". Der Ort, an dem der Kunde direkt seinen Kauf tätigt, also zum Beispiel an der Kasse. Begriff aus dem Handelsmarketing.

Polypolistische Marktstruktur

Ein Markt mit vielen Anbietern und einer hohen Zahl von Nachfragern.

Portfolio(-analyse)

Geschäftsfeldplanung. Im Basismodell wird relativer Marktanteil in Zusammenhang gesetzt mit dem Marktwachstum. Durch Unterteilung in jeweils „hoch" und „niedrig" entsteht eine Matrix mit 4 Feldern, in die Geschäftsfelder oder Produkte eingetragen und hinsichtlich ihrer Zukunftsaussichten bewertet werden können. Unterschieden werden Fragezeichen-, Star-, Melkkühe- und Arme-Hunde-Produkte. In einer weiter entwickelten Version werden als Kriterien die sogenannte Marktattraktivität und der relative Wettbewerbsvorteil zueinander in Beziehung gesetzt (beide Kriterien sind jedoch geschäfts-/branchenabhängig und deutlich aufwändiger und schwieriger berechenbar). Zudem wird manchmal die grobe Unterteilung in „hoch" und „niedrig" noch um die Kategorie „mittel" erweitert, was dann zu einer Neun-Felder-Matrix mit diffizileren Interpretationsoptionen führt. Diese Form ist aber wegen der erhöhten Komplexität in der Praxis eher selten anzutreffen.

Präferenz

Die Wertschätzung, die eine Zielperson einem Anbieter oder einem Angebot entgegenbringt. Je höher diese Wertschätzung ist, desto höher ist die Wahrscheinlichkeit einer Kaufentscheidung zu Gunsten dieses Anbieters bzw. Angebots. Enge, positive Korrelation mit Image und Einstellung.

Präferenz-Strategie

Über eine besonders gute, möglichst dem Mitbewerb überlegene Angebotsleistung sollen bei der Zielgruppe entsprechende Kaufpräferenzen bewirkt werden. Ziel ist es dabei, höhere Marktpreise als die Mitbewerber begründen und realisieren zu können. Häufig für Nischenanbieter charakteristisch. Gegenteil: Preis-Mengen-Strategie, Kostenführerschaftstrategie.

Preis-Mengen-Strategie

Durch Realisierung hoher Stückzahlen kann der Verkaufspreis niedrig gehalten werden. Das bringt hohe Marktakzeptanz und Absatzmengen. Ziel ist es also nicht, möglichst hochentwickelte Produkte anzubieten, sondern möglichst preiswerte, um schnell den Markt zu durchdringen und schnelles ROI zu erwirtschaften. Typisch für eine Gesamtmarkt-Bearbeitung und für Globalisierung. Gegenteil: Präferenzstrategie.

Pressearbeit

Pressearbeit – insbesondere die Fachpressearbeit – wendet sich an potenzielle und aktuelle Kunden- und Anwenderkreise eines bestimmten Angebots oder einer Branche. Ziel ist es, Informationen besonders glaubwürdig zu vermitteln und damit Kaufentscheidungen auf der Wissensebene vorzubereiten. Und man versucht damit auf den Informations-, Meinungsbildungs- und Kaufentscheidungsprozess einzuwirken. Gute Pressearbeit bedingt einen guten und kontinuierlichen Kontakt zu Journalisten und Redakteuren. Pressenachrichten leben von Aktualität, Neuartigkeit der Information und Exklusivität. Sie gelten als besonders glaubwürdig und objektiv. Deshalb haben Presseveröffentlichungen bei Lesern, besonders auch bei Meinungsführern und Multiplikatoren große Überzeugungskraft.

Entsprechend ihrer fachspezifischen Breitenwirkung muss Pressearbeit frühzeitig im Vermarktungsprozess einsetzen, oft noch vor Absatzwerbung, Verkaufsförderung und personaler Kommunikation. Als Kommunikations-Instrument ist sie entsprechend zu planen und mit den anderen Instrumenten abzustimmen. Eines der fünf Basisinstrumente der Marketing-Kommunikation.

Produktbelebung

Ein im Sortiment „mitgezogenes", bisher nicht aktiv vermarktetes Produkt wird „wieder entdeckt" und forciert.

Produktvariation

Ein existentes Produkt wird in seinen physikalischen, funktionalen, ästhetischen oder symbolischen Eigenschaften verändert und als neue Variante zusätzlich zum bestehenden Produkt auf den Markt gebracht.

Programm

Gesamtheit von Mitteln und Maßnahmen einer Kampagne und deren inhaltliche, zeitliche, mediale und funktionale Verzahnung sowie ihre budgetmäßige Bewertung.

Psychologische Positionierung

Im Gegensatz zum marktbezogenen Sales-Positioning „platziert" die Psychologische Positionierung („Mind-Positioning") ein Angebot im Meinungsmarkt, also im Kopf von Zielpersonen – unter Berücksichtigung der Konkurrenz. Ziel ist es, ins Relevant Set des Käufers zu gelangen, in der Wertschätzung möglichst hoch verankert zu werden und letztendlich Kaufpräferenz zu erzeugen, also Wettbewerbsvorteile zu erringen. Denn der einzig wahre Wettbewerb findet in der Wahrnehmung und Bewertung, d.h. im Kopf der Zielpersonen statt.

Natürlich muss die Psychologische Positionierung die Sales-Positionierung stützen und sie muss zur Motivlage der jeweiligen Kommunikations-Zielgruppe passen. Sie fixiert die strategische Stoßrichtung aller kommunikativen Aktivitäten für eine Kommunikationsstufe und für eine Zielgruppe. Psychologische Positionierungskriterien sind die Motive und Interessen bzw. Erwartungen der Zielpersonen.

QR-Code
Bezeichnet ein aus einem Strichcode (Barcode, EAN-Code) weiterentwickeltes zweidimensionales Schwarzweiß-, oder mittlerweile auch Farbmuster in Form einer quadratischen Matrix, mit dem sich optisch lesbar Informationen binär verschlüsselt darstellen lassen. Der QR-Code kann auf Kommunikationsmittel, Produkte oder z.B. auch Werbegeschenke gedruckt oder auch elektronisch wiedergegeben werden. Er kann eingescannt werden und in lesbare Information decodiert werden oder bereits Softwarereaktionen veranlassen. Eine häufige Nutzung ist, eine Internetadresse per QR-Code zu verschlüsseln und diesen Code auf Anzeigen, Plakaten oder Messeexponaten abzudrucken. Mit spezieller Software kann dann jemand z.B. mit seinem Smartphone den Code scannen und wird direkt zu der Website des Unternehmens, zu speziellen Landingpages (z.B. über den Messeauftritt) oder zu einem Gewinnspiel oder anderen Anwendungen verlinkt.

Quantifizierung
Konkretisierung eines Ziels hinsichtlich Anzahl/Menge.

Re-Briefing
Schriftlich fixierter Briefingzusatz, der nach dem Briefing-Gespräch zwischen Agentur und Werbeberater eventuelle Änderungen zum Kampagnen- und/oder Detail-/Zusatz-Briefing manifestiert.

Relativierende psychologische Positionierung
Differenzierungsversuch im Rahmen der psychologischen Positionierung mit dem Ziel, eine im Kopf der Zielperson von einem Mitbewerber bereits besetzte Präferenzposition erst zu relativieren, zu unterminieren, möglichst sogar zu löschen, um dann diese „freigewordene" Stelle selbst relativ einfach zu besetzen. Sehr subtile Methode, oft schwierig (Beschränkung vergleichender Werbung), aber sehr wirksam.

Relaunch
Ein meist in der Sättigungs- oder Rückgangsphase seines Lebenszyklus befindliches Produkt soll durch Änderungen vornehmlich seiner funktionalen, ästhetischen oder symbolischen Eigenschaften oder durch besondere Zusatzleistungen und Aktivitäten nochmals für Abnehmer interessant gemacht werden, um die Nachfrage danach zu beleben. Ein Relaunch dient häufig dazu, die Zeit bis zu einem wirklich neuen Produkt zu überbrücken oder auch, um Lagerbestände abzusetzen.

Relevant Set
Die begrenzte Anzahl von Marken oder Anbietern, die von einer Zielperson spontan mit einem bestimmten Produkt in Verbindung gebracht werden. Hohe positive Korrelation mit Kaufpräferenz.

Rentabilität

Maß für den Erfolg einer Firma, eines Unternehmens, eines Betriebs, einer operativen Einheit oder Geschäftsfeldes. Gibt das Verhältnis des Reingewinns zum insgesamt eingesetzten Kapital wieder.

Return-on-Investment (ROI)

Kennzahl der Rentabilität, die zur Unternehmensführung, Strategischen Planung, Produkt- und Preispolitik dient. Wird berechnet als Umsatzerfolg (= Gewinn : Umsatz) multipliziert mit dem Umschlag des eingesetzten Kapitals (= Umsatz : Investiertes Kapital).

SAIDA-Regel

Online-Abwandlung der AIDA-Regel.

Sales Positioning (SP)

Mit dem SP definieren Marketing bzw. Vertrieb, wie ein neues Geschäftsfeld oder ein neues Angebot (Produkt, System, Anlage, Dienstleistung) unter Einbeziehung der Wettbewerber nach Vermarktungskriterien (absatzbezogene, produkttechnische Erfolgsfaktoren, Wettbewerbsparameter) auf einem relevanten Markt bzw. Marktsegment platziert werden soll (bzw. wie ein bereits etabliertes Geschäftsfeld oder Angebot platziert ist). Basis hierfür ist eine möglichst genaue Analyse des Wettbewerbs und des eigenen Angebots.

Aus der SP werden die Vertriebsstrategie und -zielsetzung, zum Teil auch für Produkt-, Preis- und Distributionspolitik abgeleitet. Das SP beeinflusst auch die Festlegung der psychologischen Positionierung.

SMART

Kriterien, denen eine Zielformulierung genügen sollte: S = Specific; M = Measurable; A = Accepted; R = Realisitic; T = Timed

Sortiment

Angebotsspektrum, Produktprogramm

Sortimentsbereinigung

Veraltete, unpassende oder unrentable Produkte werden völlig aus dem Programm genommen (Eliminierung) oder sie werden durch neue Produkte ersetzt (Substitution).

Spezial-Agentur

Agentur, die auf bestimmte Kommunikationsleistungen spezialisiert ist und mit entsprechender Angebotstiefe versucht, nur einzelne Dienstleistungsbereiche und/oder Kommunikationsinstrumente profund anzubieten. Beispiele sind Mediaagenturen, PR-Agenturen, Direct-Marketing-Agenturen, Eventagenturen, Online-Agenturen.

Staff Promotion

Interne Verkaufsförderungsaktivitäten in Form von Trainings- und Motivations-maßnahmen (zum Beispiel Incentives) als Grundlage für eine fundierte perso-nale Kommunikation und erfolgreiche Akquisition.

Streuverlust

Bezeichnet den Anteil falscher bzw. ungewollter Empfänger eines Werbemittels oder einer Botschaft, bezogen auf die Gesamtmenge aller Rezipienten, die ange-gangen werden sollen, um eine definierte Zielgruppe zu erreichen.

Stufenkonzept

Zeitliche Unterteilung einer (mittel- oder langfristigen) Kampagne in mehrere, in ihrer Wirkung und/oder ihren Mitteln und Maßnahmen aufeinander aufbau-ende Teilabschnitte, die sogenannten Kampagnenstufen.

Substitution

Das Ersetzen eines Angebots oder eines Geschäftsfeldes durch ein anderes. Bei-spielsweise ein veraltetes Produkt durch seinen Nachfolger.

SWOT-Analyse

Darstellung strategischer Angebotsbetrachtung aus einer internen und einer externen Perspektive nach 4 Kriterien: Stärken (Strengths), Schwächen (Weak-nesses), Chancen (Opportunities) und Risiken (Threats). Sehr gebräuchliches Analyseinstrument im Marketing, Grundlage u.a. für Strategien zur Geschäfts-/ Angebotsoptimierung, für Benchmarking und zur Positionierung.

Testimonial

Personen in der Werbung, die aufgrund gemachter „Erfahrung" mit einem Angebot als tatsächliche oder Quasi-Experten Zeugnis ablegen für die Qualität des beworbenen Produkts oder Angebots.

Total-Cost-of-Ownership

Gesamtkosten eines Gerätes oder einer Anlage von der Planung, der Beschaf-fung über den Betrieb bis zur Entsorgung.

Umsatz

Abgesetzte Stückzahl (Menge oder Absatzvolumen), multipliziert mit dem Stückpreis (Wert). Als unternehmerisches Erfolgskriterium ist der Umsatz allein nicht geeignet, da er nichts über den Ertrag aussagt: So kann bei nicht voll kos-tendeckenden Preisen ein höherer Umsatz ein größeres negatives Ergebnis, also einen höheren Verlust bewirken.

Umsetzung

Prozess der zielgerichteten Übertragung der Werbekonzeption/des Briefings in ein Kreativ- und Gestaltungskonzept für Medien, Wort, Bild und Ton.

Undifferenzierte Marktbearbeitung

Ein Gesamtmarkt wird nicht in Teilmärkte segmentiert, sondern in seiner Gesamtheit mit einem einheitlichen Marketing-Mix angegangen. Typisch für eine Globalisierungsstrategie.

User Group

Gruppe von Anwendern, die sich zum Beispiel zum Erfahrungsaustausch zumindest in unregelmäßigen Abständen treffen oder miteinander kommunizieren. Insbesondere beim Inter-/Intranet häufig auch als Community oder Community of Practice (CoP) bezeichnet.

USP

Unique Selling Proposition, „einzigartiger Verkaufsvorteil" eines Angebots. Im Zeichen zunehmender Austauschbarkeit von Anbietern und Angeboten bezüglich ihrer technischen Merkmale ist der USP-Begriff auch im Investitionsgütergeschäft nur noch selten zutreffend. Man spricht stattdessen vermehrt von einem relativen Wettbewerbsvorteil oder dem KKV, dem komparativen Konkurrenzvorteil. Er bewertet Angebotsvorteile im Mitbewerber-Vergleich, geht also vom absoluten Angebotsvorteil des USP weg und betrachtet stattdessen den relativen Angebotsvorteil.

Differenzierende Alleinstellungen sind häufig nur noch im kommunikativen Bereich realisierbar. Man spricht dann in Anlehnung an den USP vom UAP, dem Unique Advertising Proposition, oder vom UCP, dem Unique Communication Proposition.

Verdrängungswettbewerb

Marktanteilserhöhung auf Kosten von – meist kleineren – Mitbewerbern, die dadurch von einem Markt oder Marktsegment teilweise oder vollständig verdrängt werden. Vor allem schrumpfende und stagnierende Märkte sind von Verdrängungswettbewerb gekennzeichnet, aber auch überproportionale Wachstumsziele eines Anbieters auf wachsenden Märkten werden häufig über Verdrängung kleinerer Wettbewerber realisiert.

Verkaufsförderung (Sales Promotion)

Vorwiegend taktisches, oft am Point-of-Sale (POS) eingesetztes Kommunikations-Instrument mit überwiegend kurzfristiger Wirkung.

Verkaufsfördernde Maßnahmen zeigen meist nur im Verbund mit anderen, besonders den absatzwerblichen Maßnahmen und der personalen Kommunikation ihre Stärke und sollen generell helfen, den Absatz von Angeboten direkt zu fördern. Verkaufsförderung ist rechtzeitig in den Kommunikations-Mix einzuplanen. Gerade hier entscheidet oft das Timing über Flop oder Erfolg.

Die Wirkung, das heißt der Erfolg verkaufsfördernder Aktivitäten, kann – klare Zielformulierung vorausgesetzt – meist gut festgestellt werden, zum Beispiel über die Entwicklung spezifischer Abverkaufszahlen in einem bestimmten Zeitraum.

Je nach Zielgruppe und Einsatzort unterscheidet man: Merchandising, Dealer Promotion, Customer Promotion und Staff Promotion.

Eines der fünf Basisinstrumente der Marketing-Kommunikation.

Werbeerfolg, Kommunikationserfolg

Bewertete Werbe-/Kommunikationswirkung (im Gegensatz zur unbewerteten). Gibt an, ob und in welchem Maße die definierten Werbe-Kommunikationsziele erreicht wurden. Analog für die anderen Kommunikationsinstrumente.

Werbemittel, Kommunikationsmittel

Die „Hardware", mit der die werbliche Botschaft vermittelt wird, zum Beispiel Anzeigen, Commercials, Plakate, Druckschriften, Messestand usw.

Werbeträger, Kommunikationsträger

Medien/Kanäle, welche die kommunikativen (werblichen) Botschaften transportieren, zum Beispiel Zeitungen und Zeitschriften, Anzeigenblätter, Fernsehen, Litfasssäulen und Plakatwände, Messen, TV, Internet usw.

Werbe-/Kommunikationswirkung

Als Werbe-/Kommunikationswirkung wird die durch werbliche bzw. kommunikative Maßnahmen erzielte kognitive, emotionale und/oder aktivierende Einstellungs-Veränderung bezeichnet (unbewertete Werbe-/Kommunikationswirkung). Bei der Bestimmung des Werbe-/Kommunikationserfolgs wird dagegen untersucht, ob und in welchem Maße diese Veränderungen zum Erreichen der definierten Ziele beitrugen (bewertete Werbe-/Kommunikationswirkung).

Zeitstrategie, Zeitwettbewerb (Time-to-Market)

Hier besteht die Vermarktungsstrategie nicht darin, möglichst hochentwickelte oder ausgereifte Produkte auf den Markt zu bringen, wie bei der Präferenz-Strategie. Es geht auch nicht darum, möglichst preiswerte Produkte anzubieten, um hohe Stückzahlen zu realisieren wie bei der Preis-Mengen-Strategie, sondern darum, Produkte so früh wie möglich auf den Markt zu bringen. Denn der erste Anbieter kann höhere Preise erzielen, bevor durch weitere Anbieter ein Preisverfall einsetzt, der die Ertragsmöglichkeiten so reduziert, dass die zum Teil hohen F&E- und Marketing-Vorleistungen nur noch schwer oder überhaupt nicht mehr kompensiert werden können und Verluste entstehen (typisches Beispiel: Speicherchips, Computer, Handys).

Vor allem bei investitionsintensiven Branchen und internationalem Wettbewerb wird zunehmend der Zeitfaktor zum entscheidenden Erfolgsfaktor, bei vielen Unternehmen vielleicht sogar zum Überlebenskriterium. Verschärft gilt dies beim E-Business, wo oft nicht mehr der Große den Kleinen frisst, sondern der Schnelle den Langsamen.

Zielgruppe

Auch Zielgruppe der Kommunikation oder Kommunikations-Zielgruppe genannt. Abgeleitet aus der Bedarfsträgeranalyse und weiteren für die Kommunikation potenziell relevanten Zielpersonen werden die Zielpersonen vor allem unter psychologischen, verhaltensorientierten und kommunikativen Gesichtspunkten beschrieben. Anschließend werden die Zielpersonen hinsichtlich ihrer

angebotsrelevanten Motive, Erwartungen und zentralen Interessen zu möglichst homogenen Gruppierungen zusammengefasst. Als Ausdruck der jeweils
zentralen Zielpersonenmotive bekommen die Zielgruppen dann möglichst tref-
fende Namen, die ihre jeweils primären Erwartungen möglichst schnell, gut und
plastisch zum Ausdruck bringen. Anschließend kann noch eine Priorisierung
der Kommunikations-Zielgruppen durchgeführt werden, d.h. eine Einteilung in
wichtige und weniger wichtige Zielgruppen.

4C's

Entscheidende Kriterien im Online-Marketing: Content, Context, Community,
Connectivity. Community entspricht dem Zielgruppenbegriff, Content bezeich-
net die zentrale inhaltliche Interessens- und Verhaltensausrichtung von Online-
Usern, Context bedeutet, den Content im richtigen, von den Usern gesuch-
ten und/oder vermuteten thematisch-inhaltlichen Umfeld zu platzieren und
Connectivity fordert die Erfüllung der technisch-medialen Voraussetzungen der
User (z.B. kurze Seitenladezeiten).

Über den Autor, Kontakt

Ralph Erik Hartleben hat an der Friedrich-Alexander-Universität Erlangen-Nürnberg Elektrotechnik (Vordiplom) und Betriebswirtschaftslehre (Diplom) studiert. 1983 startete Ralph Erik Hartleben als Werbeberater bei der Siemens AG und übernahm in den folgenden Jahren in mehreren Bereichen, im In- wie im Ausland, anspruchsvolle Aufgaben im Bereich Marketing, Vertrieb und Kommunikation. Als wichtiger Meilenstein auf seinem Berufsweg erweist sich 1991 der Auftrag, für Siemens eine Methodik zur Planung von Kommunikationsstrategien zu entwickeln, sie im Unternehmen weltweit einzuführen, zu schulen und zu controllen. Hinzu kam die Entwicklung und Implementierung von Tools und Best Practice Case Studies sowie die praxisnahe Aufbereitung grundlegender Kommunikationsthemen. Er unterstützte die geschäftsführenden Bereiche, Zweigniederlassungen und Landesgesellschaften als Inhouse-Consultant, als „Hotline" oder als Coach „on-the-Job", führte weltweit Schulungs- und Trainingsmaßnahmen durch, leitete übergreifende Projekt- und Kampagnenteams und übernahm unternehmensweit Controlling- und Revisionsaufgaben. Zudem vertrat er Siemens gut 10 Jahre im Werbeausschuss der Hannover Messe.

1999 wechselt er zurück ins operative Geschäft und übernimmt die Leitung der Unternehmenskommunikation von Industrial Solutions & Services, einem Siemens-Bereich mit ca. 4,5 Mrd. € Umsatz und rund 30.000 Mitarbeitern in über 90 Ländern.

Im Oktober 2002 wird ihm die Verantwortung für die Siemens Headquarter-Foren bei Corporate Communications in München übertragen. Ziel: die Weiterentwicklung und strategisch konsistente Ausrichtung dieser Institution unmittelbarer Dialogkommunikation und Öffentlichkeitsarbeit des Unternehmens.

2004 gründete Ralph Erik Hartleben IRKU, Institut zur Revision der Kommunikationsabteilung in Unternehmen, und berät seitdem erfolgreich Unternehmen im Bereich strategischer Kommunikationsarbeit, Steigerung der Effizienz und Effektivität im Marketing sowie Performance-orientiertem Kommunikationsmanagement. Er erstellt ausgeklügelte Benchmarkingstudien zur Kommunikation und ist eine Institution im Bereich Messen und Ausstellungen. Alleine in den letzten drei Jahren hat er ca. 700 Messestände auf Stärken und Schwächen hin untersucht und ihre Marketingleistung analysiert. Seit über 10 Jahren ist er Sprecher des branchenübergreifenden Messetreffs der Industrie (BÜM) und hat zahlreiche Veröffentlichungen zu Messethemen geschrieben.

Im Jahre 2006 nahm Ralph Erik Hartleben zudem den Ruf an die Technische Hochschule Amberg-Weiden an und bildet Studierende seitdem dort als Professor für internationales Marketing und Unternehmensführung aus, wobei seine umfangreiche Praxiserfahrung seine Lehre besonders auszeichnet.

Als Folge der langjährigen Einblicke in die Praktiken der Personalführung bei Unternehmen und als Gegenantwort zu der Finanz- und Wirtschaftskrise ab 2009 gründet er zusammen mit zwei Partnern zum Jahresende 2012 DIIWU, das Deutsche Institut zur Implementierung werteorientierter Unternehmensführung, mit dem Ziel, Unternehmen dabei zu unterstützen, durch eine wirksame Umsetzung von Unternehmenswerten im Unternehmensalltag die Mitarbeiterzufriedenheit als Grundlage höherer Profitabilität zu erhöhen.

Ralph Erik Hartleben ist Berufenes Mitglied im Europäischen Beirat der Medien-Audit-Institution bpa-worldwide und Mitglied im Marketing Club Nürnberg. Bei der Bayerischen Akademie für Marketing und Werbung e.V. ist er Dozent für die Fächer Konzeption und Briefing sowie für Marketing-Controlling bei den Studiengängen zum Werbefachwirt bzw. zum Kommunikationswirt. Er ist Vertragstrainer bei der Nürnberger Akademie für Absatzwirtschaft (NAA) und arbeitet auch als freier Trainer und Dozent.

Möglichkeit zum Feedback und zur Kontaktaufnahme mit dem Autor haben Sie unter www.irku.de bzw. per E-Mail unter hartleben@t-online.de.

Stichwortverzeichnis

Nicolai Andler

Tools für Projekt-management, Workshops und Consulting

Kompendium der wichtigsten Techniken und Methoden

5., überarbeitete und erweiterte
Auflage, 2013, 488 Seiten,
226 Abbildungen/Tabellen, gebunden
ISBN 978-3-89578-430-9, € 49,90

Das erfolgreiche Standardwerk richtet sich an Projektmanager und -mitarbeiter, Berater, Trainer, Führungskräfte und Studenten, die mehr Instrumente beherrschen wollen als Mindmap oder Brainstorming. Sie finden darin alle wichtigen Tools, inklusive Bewertung und Hinweisen zur Anwendung.

Christian Holzer

Unternehmenskonzepte zur Work-Life-Balance

Ideen und Know-how für Führungskräfte, HR-Abteilungen und Berater

2013, 247 Seiten, gebunden
ISBN 978-3-89578-424-8, € 34,90

Christian Holzer bietet authentische Modelle und mehr als 400 praktische Tipps zur Work-Life-Balance, untermauert durch Praxisbeispiele aus Coachings, Beratungen und eigener Führungs-erfahrung – ein Ideenpool für soziale Nachhaltigkeit, Employer Branding und Personalentwicklung.

Mario Pricken

Die Aura des Wertvollen

**Produkte entstehen in Unternehmen,
Werte im Kopf. 80 Strategien**

Mai 2014, ca. 272 Seiten,
ca. 95 Abbildungen, gebunden
ISBN 978-3-89578-438-5, ca. € 39,90

Mario Pricken hat Produkte, Objekte, Ereignisse und Organi-
sationen über deren gesamten Lebenszyklus hinweg sorgfältig
analysiert, von der Herstellung bis zur Entsorgung. Dabei hat er
80 Parameter identifiziert, die besondere Wertvorstellungen in uns
auslösen und unser Begehren wecken. Entstanden ist ein einzigartiger Katalog von Werten, der uns zeigt, wie sich Produkte mit
einer ganz besonderen Aura versehen lassen.

„Die Aura des Wertvollen" ist gleichzeitig ein Innovationsbuch für
kreative Vordenker aus Produktentwicklung, Marketing, Design,
Events oder der Kunst sowie Lesestoff für diejenigen unter uns,
die wertvolle Dinge schätzen und verstehen wollen, was diese
Produkte zu etwas Besonderem macht. Es zielt auf Intuition und
Verstand, ist zugleich inspirierend und unterhaltsam und bietet
uns eine völlig neue Perspektive auf das Erschaffen, Vermarkten
und den Erwerb besonders begehrter Produkte.

Christian Zich

Intelligente Werbung,
Exzellentes Marketing

**Ein praktischer Leitfaden zu
Kundenpsychologie und Neuromarketing,
Prozessen und Partnermanagement**

2012, 340 Seiten, 52 Abbildungen,
10 Templates, 32 Tabellen, gebunden
ISBN 978-3-89578-377-7, € 39,90

Ein Buch für Marketingabteilungen und Agenturen. Es zeigt, wie
erfolgreiche Marketingkommunikation funktioniert, bietet ein
Referenz- und ein Reifegradmodell zum Optimieren der Prozesse
und zur Selbstüberprüfung, dazu gute und schlechte Beispiele,
Checklisten und Templates.